国家出版基金项目
NATIONAL PUBLICATION FOUNDATION

中国语言文学
一流学科建设文库

"马克思主义文学批评的中国形态研究"系列丛书

主编 胡亚敏

毛泽东思想与阿尔都塞

MAO ZEDONG SIXIANG YU A'ERDUSAI

颜 芳 著

人民出版社

总　序

　　"马克思主义文学批评的中国形态研究"丛书从 2011 年国家社会科学基金重大项目立项到 2019 年交付人民出版社,历时八年,若从 2009 年提出这一构想算起,则有十年之久,时间或许还更早。之所以提出建构马克思主义文学批评的中国形态(以下简称"中国形态"),是因为处于转型期的当代中国在文学和文化建设上有不少问题需要研究,这些问题不可能完全从经典马克思主义那里找到现成答案,也不可能仅靠异域的西方马克思主义文学批评来应对。中国马克思主义文学批评必须建构自己的话语体系,才能有效地面对和研究中国当代的文学现象,也才可能在与西方马克思主义文学批评家的对话中具有话语权。立项以来,课题组主持召开了以"马克思主义文学批评的中国形态研究"为主题的两次国际学术研讨会和一次国内学术研讨会,以及若干小型专题研讨会,发表了 77 篇学术论文。2018 年 5 月,"马克思主义文学批评的中国形态研究"重大项目顺利结项。2019 年 2 月,"马克思主义文学批评的中国形态研究"系列丛书获 2019 年度国家出版基金资助。

一

　　建构一种既有鲜明特色又具有普遍意义的中国形态是一项十分艰巨的任务。作为首席专家,我在申报这一重大项目时,与课题组成员商议,初步确定从四个方向入手,即探讨经典马克思主义文学批评范式,梳理和辨析马克思主义文学批评中国形态的历史进程，考察中国马克思主义文学批评在西方的传播和对西方学者的影响，探究和提炼马克思主义文学批评中国形态的理论特质。这四个方向既有各自的研究领域和重点，又以中国形态为聚焦点，构成一个相对完整的有机整体。经过这些年的艰苦努力，这一构想基本得以实现。呈现在读者面前的这套丛书共 6 部，分别为《马克思主义文学批评范式研究》（孙文宪著）、《走向资本批判视域的经典马克思主义文学批评》（万娜著）、《马克思主义文学批评中国形态的历史进程》（黄念然著）、《中国早期马克思主义文学批评形态研究》（魏天无著）、《"毛泽东主义"与阿尔都塞》（颜芳著）、《马克思主义文学批评中国形态的当代建构》（胡亚敏著）。

经典马克思主义文学批评范式研究旨在为中国形态提供理论根据。这一研究方向完成了两部著作。孙文宪的《马克思主义文学批评范式研究》从马克思恩格斯的文学批评与其哲学、政治经济学之间的互文关系以及围绕"艺术生产"所形成的话语特点等，阐述马克思主义文学批评作为一种自成系统的、有别于其他批评理论的文学研究范式所具有的性质、特点与功能。万娜的《走向资本批判视域的经典马克思主义文学批评》则通过细读马克思的四部与政治经济学密切相关的著作，从政治经济学这一特殊视域来研究马克思的一些新的理论或概念的发展脉络，以及这些变化与马克思主义文学批评的内在联系。

中国形态的历史研究重在考察和总结中国形态的历史经验。黄念然的《马克思主义文学批评中国形态的历史进程》和魏天无的《中国早期马克思主义文学批评形态研究》分别从史论结合和个案分析两方面展开。前者将中国形态的发展分为三个阶段，即中国形态的发生和毛泽东文艺思想的形成（近现代之交至新中国成立）、中国形态的发展与变异（1949 年至"文革"结束）和新时期以来中国形态的建构实践，总结了中国形态在不同阶段的基本特征及得失。该书既纵向梳理了中国形态的历史风貌，又横向对马克思主义文学批评中国化的复杂态势作了整合，从历史和逻辑两方面对中国形态的发展史作了比较全面的描述。后者是对早期中国马克思主义文学批评家的个案研究，该书选择了七位有代表性的批评家，从文学批评形态入手，深度解读了这些批评家的批评理念和批评实践，通过这些鲜活的个案展示中国马克思主义文学批评萌芽阶段的状况以及形成具有中国特色文学批评形态的过程。

中国形态与西方关系这一方向的成果为颜芳的《"毛泽东主义"与阿尔都塞》，该书采用比较文学流变研究视野，探讨以毛泽东同志为主要代表的中国共产党人的哲学、文化和文艺思想对西方思想家的影响。她将研究对象集中在毛泽东思想与阿尔都塞的理论建构之间的关系上，厘清毛泽东的辩证法和意识形态思想如何通过跨文化的"理论旅行"参与生成了阿尔都塞的相关理论的过程，并逐一辨析阿尔都塞的辩证法和意识形态中的相关术语、范畴和理论对毛泽东思想的阐释、误读及创造性转化，为理解中国形态的理论特征提供了来自西方批评家的视角与参照。

中国形态的理论成果为胡亚敏的《马克思主义文学批评中国形态的当代建构》。该书致力于建构中国形态的理论特质，提炼和阐发了人民、民族、政治、实践等多个标志性的核心概念，并对当代社会出现的一些亟待解决的时代课题如文学与高科技、文学与资本、文学批评的价值判断等作了深入探讨，提出了一些有价值的观点和策略。这些具有中国特色的范畴和打上时代印记的问题各有侧重又互相交织，构成中国形态区别于其他形态的显著特征。

本套丛书的作者全部为华中师范大学文艺学教研室教师。华中师范大学有研究马克思主义文学批评的传统。1978年12月，华中师范大学与中国社会科学院、中国人民大学联合率先成立"全国马列文论研究会"，华中师范大学为驻会单位。经过几十年的建设和几代人的努力，马克思主义文学批评已成为华中师范大学文艺学学科的主攻方向，并逐步形成了一支富于开拓和协作精神的学术团队。教研室的老师们虽有各自的研究方向和理论兴趣，但整个团队有长期合作的经验，大家能够齐心协力地投入到马克思主义文学批评的研究和教学中。这种投入起初也许出于承诺和责任，如今则成为一种理论自觉，因为老师们在研究中逐步认识到马克思主义文学批评具有其他文学批评所不具备的优势。马克思主义的历史视野和辩证精神为全面考察文学的产生、存在和发展提供了先进的理论指南，使文学研究真正成为一门科学；并且马克思主义是从超越资本主义生产方式的高度研究资本主义的，它所具有的革命性和批判性在当今世界仍具有阐释的有效性和现实的针对性；特别是马克思恩格斯所揭示的历史发展的必然规律和人类社会远景，成为激励大家前行的精神力量。

二

本套丛书对马克思主义文学批评的中国形态作了富有开拓性的总结和建构，在研究范式、研究方法和研究思路上有新的探索，产生了一批具有理论深度和现实针对性的研究成果，彰显了中国马克思主义文学批评的特色和理论贡献。本套丛书不仅是对中国形态的概括总结，而且是对世界马克思主义文学批评的丰富。

提出建构中国形态是本书的开拓性尝试。这里"形态"不是模式，不是一种固定或可以套用的样式，而是一种具有整体性和创造性的开放类型。"马克思主义文学批评的中国形态"作为一个特有的概念，之所以不同于俄苏或西方马克思主义文学批评，也就在于"中国形态"本身是一种具有区别性特征的整体性构架。这种整体性表现为即使研究某一个或两个问题，都直接影响或关联到整个形态系统。也就是说，中国形态的建构既不是孤立的分门别类研究，又不是形态内部各部分的相加，而是以整体性的面貌出现的。这种整体性又与差异性相关，中国形态的整体性是一种具有原创性的差异研究。在这一点上，"中国形态"的研究特色与阿尔都塞提出的"问题域"比较接近。阿尔都塞曾说，马克思与黑格尔、费尔巴哈的区别不是继承或扬弃的问题，而是由于"问题域"不同而形成的整体的差异性。并且，中国形态是生成性的或者说是建构性的，它始终处于不断发现和不断实践的过程中。将中国形态作为新的问题意识和研究对象，是这套丛书的重要特色之一。

本套丛书在研究视野和研究方法上也有一些新的开拓。经典马克思主义文学批评具有鲜明的意识形态性和多学科性。在研究中，《马克思主义文学批评范式研究》一书努力摆脱用现有的或西方的文学理论来解读马克思主义文学批评的思路，另辟蹊径，强调经典马克思主义文学批评具有自身的文学观念、理论基础和研究对象，并且主张文学活动与社会政治、经济体制的关系应成为文学批评关注的重要内容。该书在经典马克思主义研究上还作了跨学科的尝试，即将经典马克思主义文学批评纳入哲学、美学、政治经济学、社会学等知识背景中，为经典马克思主义文学批评的理论阐释搭建了一个视野开阔的知识平台。当然，这种探索仅仅是起步，在研究后期我们越来越强烈地意识到，还需要进一步加强对经典马克思主义文学批评与其他学科相关性和有机性的研究。《走向资本批判视域的经典马克思主义文学批评》一书力图避免以往在引用马克思恩格斯观点时忽视其思想是发展的这一事实，将经典马克思主义文学批评还原为一个动态的、历史建构性的、逐步成熟的过程。该书在文本细读的基础上，重新阐释了经典马克思主义文学批评与马克思政治经济学中的"劳动""生产""分工"等概念的关系。例如，书中具体分析了"劳动"这一概念的内涵在马克思政治经济学语境中的发展脉络，以及这些变化对马克思主义文学批评性质的影响。把握经典马克思主义的思想发展也是今后我们在经典马克思主义研究中需要注意的又一重要方面。

中国形态作为一个正在形成的批评模式，有责任向世界推出一批有自身理论特色的概念和话题。《马克思主义文学批评中国形态的当代建构》一书承担了这一任务，提炼和阐发了一些具有中国特色的批评概念。"人民"就是一个被中国形态注入了新质的概念。人民作为中国革命和建设中的阶级集合体，不是一个抽象的同质符号，而是由千千万万真实的个人组成的历史主体，"以人民为中心"成为中国形态的鲜明特点。该书对"民族"概念作了重新阐释：英语 Chinese Nation 对应的是统一的多民族的"中华民族"；中国形态的"民族"是一个历史范畴，民族的核心是文化，民族认同和民族精神是民族维度的核心尺度。该书还将"政治"概念从阶级延伸到作为人的解放的"政治"，并在政治与审美的关系上作了超越批评的外在和内在疆域的探索。"实践"作为唯物史观的核心范畴，在中国形态中被置于十分重要的位置，中国形态的实践观更注重从主体方面去把握实践，理想的实践活动是主体的超越性和历史的规定性的矛盾统一。该书还对当今文化和文学建设中出现的问题作了创造性的思考。在文学与科技的关系上，该书指出了高科技对文学创作的革命性影响和科技的意识形态建构功能；对市场经济条件下文学的性质进行重新定位，指出文学不仅具有审美属性和意识形态性，而且具有商品属性，文学的精神品格在艺术生产中具有优先权；针对当今文学创作和批评的价值判断缺失或失范问题，该书以马克思的社会理想为基础重建价值体系，提出考察作品应以是否有利于人的全面发展作为价值判断的根本准绳。

本套丛书在史料发掘、清理和辨析上也有新的特点和收获，具体包括两个方面：一是对马克思主义文学批评在中国的传播、论争、著作出版等史实作了梳理、辨析和拓展；二是有关毛泽东哲学、文化和文艺思想对西方思想界的影响的资料收集。《马克思主义文学批评中国形态的历史进程》对马克思主义文学批评在中国早期的传播与译介、对现代文学社团关于马克思主义文艺理论的著述、对文艺民族形式论争和延安时期文学社团成立等事件的梳理和总结，均为中国马克思主义文学批评研究提供了有价值的史料参考。《中国早期马克思主义文学批评形态研究》通过研读批评文本，辨析、澄清马克思主义批评家与其他批评家在历次文艺论争中立场、观点的分歧，探讨文艺与政治、文艺与现实、文艺与阶级性、文艺与大众、文艺的内容与形式等马克思主义批评中的重大理论问题，为当代中国马克思主义文学批评的创新发展提供了历史镜鉴。有关毛泽东思想对西方影响的史料收集是丛书的又一个亮点。《毛泽东思想与阿尔都塞》通过收集阿尔都塞历年公开出版物中涉及毛泽东著作的史实，证明阿尔都塞对毛泽东及其著作的关注和接受不是个别作品和个别时期的现象，而是纵贯其三十多年学术写作生涯，是一种持续的、密切的和深度的关注和接受。该书还尝试厘清阿尔都塞在重建辩证唯物主义和历史唯物主义的若干范畴时对毛泽东思想所作的吸收和转化等。

三

中国形态的建设既是一项具有学术开创意义的研究，又是一个不断建构的过程，或者说是一个不断探讨和发展的领域。提出一个新的研究领域和范式固然不容易，而真正作出有重要学术价值的思想成果更是需要付出异常艰苦的努力。今后我们将在研究思路和方法上作进一步调整，从经典文本再出发，探讨经典马克思主义与当代中国文学批评之间的内在联系，并逐步形成对西方马克思主义文学批评的超越。

从整体的和发展的观点研究经典作家的文本，是我们正在做并且准备继续做的工作。我们将会重返经典文本，将马克思主义文学批评置于马克思的整个理论体系中，以求更为完整准确地把握经典马克思主义文学批评的特质和内涵。马克思首先是一位革命家，他对文艺的关注是与他对无产阶级革命的思考紧密联系在一起的，他的文学批评是其革命活动的一个组成部分。马克思恩格斯关于文学艺术的论述多夹杂在有关社会问题的评述中，与他们所从事的哲学、政治经济学、历史学等学科的研究交织在一起，并且马克思恩格斯的批评理论和实践多散见于不同文稿、笔记或书信中。因此，只有回到经典文本的初始语境，以跨学科的视野作综合研究，才能避免对经典马克思主义文学批评理解上的片面和疏漏。同时，整体研究又需要与经典作家的理论发展联系起来。我们面对的是一个在崎岖山路上不断攀登和探索的马克思，他的理论兴趣在不同阶段随着研究的需要不断转移，其思想观念也有所改变和发展。马克思关于文学批评的观念也经历了一个发展的过程，其中既有范式的转换，又有认识的深化。并且有关马克思的著述也处于不断发现、更新和变动之中，《马克思恩格斯全集》第二版的编辑和出版就充分说明了这一点。因此，我们需要在马克思的整个知识语境和思想发展历程中把握马克思主义经典文本群的丰富内涵和思维轨迹。

经典文本语境的研究还需要扩展到文本产生的写作环境和文化传统中。深入了解经典作家写作的那个时代的社会性质和特点，包括当时的现实状况和工人阶级运动、马克思的个人际遇以及马克思与同时代人的关系等，将会更加深切地体会和理解经典作家提出问题的缘由和针对性。不仅如此，经典马克思主义植根于西方文化传统之中，马克思的博士论文《德谟克利特的自然哲学和伊壁鸠鲁的自然哲学的差别》研究的就是德谟克利特和伊壁鸠鲁这两位著名的古希腊学者。我们在考察经典马克思主义的理论来源时，应该从19世纪德国古典哲学、英国古典政治经济学和法国空想社会主义的基础上延伸，把马克思主义文学批评的思想来源与"两希"（古希伯来文明与古希腊文明）以来的西方文化传统联系起来，辨析整个西方文化传统对马克思的浸润和马克思对这些思想文化的批判和吸收。简言之，只有把马克思的思想置于西方文化和历史的长河中考察，才有助于更加全面地把握经典马克思主义文学批评深邃的理论内涵。

关于中国形态与经典马克思主义的关系问题，是下一步有待认真思考的又一问题。21世纪的今天不同于20世纪，更不同于19世纪，由于文化传统和时代的差异，中国马克思主义文学批评不可能完全复制19世纪的经典马克思主义，但也绝不是像西方有些学者所说的那样，毛泽东的理论是对马克思主义的一种"偏离"(Divergence)①。一方面，中国形态始终保持着与经典马克思主义在精神上和血脉上的内在联系；另一方面，又不能把马克思主义视为一种固定的体系，正如詹姆逊所说，那些将马克思主义作为永恒不变的观念系统的看法是对马克思主义的误解，"在它凝固为体系的那一刻便歪曲了它"②。

理论的发展和突破需要反思。马克思本人就是在对黑格尔、费尔巴哈、欧文、亚当·斯密等人的理论的吸收和反思基础上形成和提出自己的观点的，并且马克思也有对自身理论的反思。马克思主义诞生一百多年来，西方马克思主义的诸多理论观点也多是在反思经典马克思主义的过程中展开的，如他们反对照搬第二国际、第三国际的一些理论，根据西方社会的发展和需要提出一些独树一帜的观点，包括总体性理论、意识形态理论、文化工业理论、交往理论、异化理论、新感性和晚期资本主义等。尽管西方马克思主义的有些观点有偏颇之处，但这些学者针对西方社会问题提出的理论和对策，无疑延续并强化了马克思主义的生命力。中国形态同样需要有一种反思的态度，根据中国国情对经典马克思主义文学批评的一些观念或概念有所调整和发展，同时也需要从中国立场反思西方马克思主义文学批评，辨析和批判西方马克思主义对经典马克思主义的重构和遮蔽，并在对西方马克思主义的反思中逐步彰显中国特色。

理论的价值在于在场，批评应该对现实发言。中国形态将在反思的基础上，努力运用马克思主义的立场方法研究当代社会和文化中的新问题，并作出引领时代的新阐发，形成具有自身理论特质的体系和观点。卢卡奇在《历史与阶级意识》一书中明确表示，马克思主义不是一个现成的能够应用于一切场合的公式，而是方法。即使现代的研究完全驳倒了马克思的全部命题，"每个严肃的'正统'马克思主义者仍然可以毫无保留地接受所有这种新结

---

① Catherine Lynch, "Chinese Marxism", *Encyclopedia of Modern Political Thought* (Volume 1), Gregory Claeys (ed.), Los Angeles & London: CQ Press, 2013, p.130.

② [美] 弗雷德里克·詹姆逊：《语言的牢笼 马克思主义与形式》，钱佼汝、李自修译，百花洲文艺出版社 2010 年版，第 306 页。

论，放弃马克思的所有全部论点，而无须片刻放弃他的马克思主义正统"①。"正统"绝不是坚持马克思所得出的每一个个别结论，而在于方法。在新的历史条件下，中国形态将随着社会的发展和时代的变化不断调整和产生新的理论、新的范畴，以回应时代之问。而这种对马克思主义的发展才是对马克思主义的最好坚持。

最后想说的是，一路走来，要感谢的人很多。感谢全国社科规划办和评审专家的信任，感谢鉴定会上九位学者的肯定和鞭策，感谢人民出版社和国家出版基金规划管理办公室的大力支持。所有这一切我们都铭记在心，唯有以在马克思主义文学批评研究的道路上继续前行，来表达我们的谢意和敬意！

胡亚敏

2019 年 6 月 6 日于华大家园

2019 年 6 月 30 日（二稿）

---

① ［匈］卢卡奇：《历史与阶级意识》，杜章智等译，商务印书馆 2009 年版，第 47—48 页。

目　录

导　论

　　路易·皮埃尔·阿尔都塞（Louis Pierre Althusser，以下简称阿尔都塞）是 20 世纪最为重要的西方马克思主义理论家之一，尤其是他的辩证法思想和意识形态理论对西方当代批评理论产生了重要影响。佩里·安德森（Perry Anderson）于 20 世纪 70 年代末在《西方马克思主义探讨》中留下了一个有待探讨且饶有兴味的命题：在谈及阿尔都塞和萨特等老一辈理论家以中国共产主义替代苏联共产主义作为"参考视野"后，安德森指出，"毛泽东主义（Maoism）的实质和影响超出了本书的讨论范围；对此问题有必要另外加以详细讨论。"① 近年来中国马克思主义文学批评研究不断深入，同时国外学界对阿尔都塞生前未出版作品进行了源源不断的整理出版、翻译和研究。这就使得有必要对"毛泽东对于阿尔都塞思想的重要性仅仅是边缘性的"这种观点加以重新审视，也就是说，在阿尔都塞理论全貌越来越显豁的当下，重新认识阿尔都塞对毛泽东思想所"效忠的深度"（the depth of the allegiance）或许恰逢其时。② 本论著即是对回答佩里·安德森命题的一次初步尝试。

　　"毛泽东主义"（Maoism）是一个产生并通行于西方学术界的对毛泽东思想的一个指代术语。"毛泽东主义"这个术语还意味着毛泽东不仅仅是马克思主义和列宁主义的追随者，而且还特别强调了毛泽东对思想领域的贡

---

① Perry Anderson, *Considerations on Western Marxism*, London & New York: Verso, 1979, p.102, note 12.

② Jason Barker, "Blind Spots: Re-reading Althusser and Lacan in Cultural Studies", in Philip Bounds and David Berry ed., *British Marxism and Cultural Studies: Essays on a Living Tradition*, New York: Routledge, 2016, p.134.

献，强调了毛泽东是一个具有原创性的思想家。① 相对于国内惯用的"毛泽东思想"，在西方知识语境中之所以突出其为"毛泽东主义"，一方面是沿用了与"马克思主义"、"列宁主义"类似的构词方式，但另一方面又强调了毛泽东思想体系对马克思主义和列宁主义的推进和发展。值得注意的是，正因为"毛泽东主义"是一个西方术语，因此它不可避免地带有"西方性"，且服务于西方知识生产的特定视域，是西方知识界和西方社会对毛泽东思想加以接受和阐发的产物。"正如毛泽东常常强调要发展出一种'具有中国特点的马克思主义'的重要性一样，反过来，在西方情境中，人们也有充分的理由谈及'具有西方特点的毛泽东思想'"。②

"毛泽东主义"不仅通行于西方，而且是阿尔都塞本人所经常使用的一个术语。在其自传《来日方长》中阿尔都塞指出，"当然，拉丁美洲的斗士们知道我身在法国共产党内，但是他们同样也知道我强烈地倾向于毛泽东主义……"③ 由于讨论的是毛泽东思想与阿尔都塞的关系，本论著中的"毛泽东主义"特指在阿尔都塞特定理论视域中的、根据阿尔都塞特定的理论需要、经由阿尔都塞阐发和转化了的毛泽东思想。尽管阿尔都塞是毛泽东著作法译本在法国最初的也最积极的读者之一，但是阿尔都塞所能掌握的关于毛泽东思想和中国情况的资料相对有限，他本人又从未到过中国，故而阿尔都塞所理解的中国与毛泽东思想实际上是他"头脑中的中国"④ 和"头脑中的毛泽东"。更重要的是，由于阿尔都塞所面对的是异常激烈的政治斗争和理论论战，因而他对毛泽东思想的理解实际上服务于他解决自身政治困境和理论

---

① Joseph S. Wu, "Understanding Maoism: A Chinese Philosopher's Critique", in *Asian Philosophy Today*, Dale Maurice Riepe ed., New York & London & Paris: Gordon and Breach, 1981, p.71.

② [美] 理查德·沃林：《毛泽东的影响：东风西进》，宇文利译，《国外理论动态》2014 年第 4 期，第 49 页。

③ Louis Althusser, "The Future Lasts Forever", in *The Future Lasts Forever: A Memoir*, Oliver Corpet and Yann Moulier Boutang ed., Richard Veasey tr., New York: The New Press, 1995, p.234.

④ "我们头脑中的中国（China in our heads）"是法国 1960 年代的毛泽东主义团体 La Gauche Prolétarienne 的座右铭。参见 Camille Robcis, "'China in Our Heads': Althusser, Maoism and Structuralism", *Social Text*, Vol.30, No.1, 2012, p.52。这里用这个短语来形容阿尔都塞对中国和毛泽东的想象性理解。

困境的需要。故此，阿尔都塞的"毛泽东主义"应被理解为是"根据阿尔都塞本人先在的理论框架来重新勾画毛泽东的思想肖像"，也就是说，"阿尔都塞视域中的毛泽东不是真正意义上的、历史真实中的那个毛泽东"。①

阿尔都塞与中国及毛泽东思想的关联既显明又隐蔽。言其显明，首先是因为收录在其代表作之一的《保卫马克思》中的两篇奠基性论文《矛盾与多元决定（研究笔记）》和《关于唯物辩证法（论起源的不平衡）》中均对毛泽东的《矛盾论》进行了多次富于深度的援引与阐发。正因为这两篇论文及阿尔都塞在其他文章或场合中所表露出来的对中国的同情（如1966年匿名发表的《论文化革命》），法国共产党（以下简称法共）在整个1960年代以组织"理论的审讯"（theoretical trial）等形式对阿尔都塞不断加以"毫不留情的抨击"，特别是在围绕"人道主义"（humanism）的党内论争中，法共知识分子反复抨击阿尔都塞"太过依赖毛和中国的思想"。② 这些"审讯"给阿尔都塞所打上的"亲中"的标签，反而使得阿尔都塞与毛泽东思想的关系更加广为人知。然而，赞成毛泽东思想实际上就意味着与为苏联背书的法共路线背道而驰。阿尔都塞的学生皮埃尔·马舍雷（Pierre Macherey，以下简称马舍雷）在访谈中回顾阿尔都塞与"毛泽东主义"的关系时，指出"（这种关系）始终伴随着怀疑和毫无根据的指责"③。作为法共成员，这些来自党内的抨击、怀疑和指责给阿尔都塞所带来的压力是极大的。实际上，阿尔都塞因为自己的毛泽东思想倾向始终处于被法共驱逐出党的威胁之中。④ 故此，阿尔都塞对自己的毛泽东思想倾向又必须加以一定程度的隐匿，再加上其相当数量的作品在他生前并未出版，这就使得对阿尔都塞理论与毛泽东思想关系的辨认在很长一段时间内显得十分扑朔迷离。阿尔都塞的"亲中"倾向固然广为人知，但是阿尔都塞在自身理论建构中究竟在哪些方面、以何种程

① 张一兵、尚庆飞：《理解毛泽东：一种结构主义的尝试——从阿尔都塞的〈保卫马克思〉谈起》，《中国人民大学学报》2003年第6期，第37页。

② Camille Robcis, "'China in Our Heads': Althusser, Maoism and Structuralism", *Social Text*, Vol.30, No.1, 2012, p.57.

③ Agon Hamza and Frank Ruda, "Interview with Pierre Macherey", *Crisis & Critique*, Vol.2, Issue 2, Nov.2015, p.302.

④ Robert J.C.Young, *White Mythologies: Writing History and the West*（*Second Edition*）, London & New York: Routledge, 2004, p.19.

度、经由哪些理论路径接受、吸纳并发挥了毛泽东思想仍然有待深入探讨和进一步明确。

萨义德（Edward Said）所提出的"理论旅行（traveling theory）"的概念强调："正如人和批评流派一样，思想和理论也会旅行——从一个人到另一个人，从一个情景到另一个情景，从一个时期到另一个时期"。① 故此，本论著的研究目的就是着力探讨毛泽东思想是如何通过跨文化的"理论旅行"在阿尔都塞的理论中被接受、阐发和转化的，也即试图厘清毛泽东思想是如何介入和参与阿尔都塞的理论生成过程的，以及在这个跨文化的理论旅行和理论生成的过程之中，又发生了哪些阐释、误读或创造性转化。

选定辩证法理论与意识形态理论两大方面展开研究并非笔者主观的或任意的选择，而是在对相关材料开展了全面搜集和研究工作的基础上，忠实于材料自身所呈现的特点和重点而做出的选择。笔者通过前期对相关材料加以尽可能全面的搜集和深度整理，辨别出阿尔都塞对毛泽东思想的理论性吸收和接受主要集中于阿尔都塞的辩证法理论和意识形态理论两大方面，而辩证法理论与意识形态理论也正好是阿尔都塞理论对当代西方后结构主义、后现代主义等思潮及西方文学／艺术批评理论、文化转向等产生巨大影响力的两大方面，故此，选定上述两方面作为研究重点。

通过"毛泽东主义"这条线索去梳理阿尔都塞的理论建构，有助于加深对阿尔都塞的辩证法及意识形态理论的理解，同时也有助于加深对法国"毛泽东主义"的理解。此外，通过厘清阿尔都塞对毛泽东的辩证法及意识形态思想的接受、阐发与转化，也将为认识和提炼中国马克思主义批评理论的特点和特性提供来自西方理论家的视角与镜鉴。

法国"毛泽东主义"的特点是"文本细读、抽象化和体系化（close reading, abstraction and systemization）"，毛泽东的写作在法国被严肃地对待，并且给予了缜密的、理论性的分析，很多具有社会地位和政治影响力的知识分子以直接或者边缘性的方式介入法国"毛泽东主义"，其中，阿尔都塞及其学生就对《毛泽东选集》做出了严谨的、精细的分析，直到今天，毛泽东

---

① Edward W. Said, *The World, the Text and the Critic*, Cambridge: Harvard University Press, 1983, p.226.

思想的声音仍在法国精英知识分子中回荡。① 相对于上世纪中叶席卷世界其他地区的毛泽东思想而言，法国"毛泽东主义"的特点就在于众多法国知识分子、思想家对"毛泽东主义"的参与和介入，而在所有与"毛泽东主义"相关的法国思想家中，阿尔都塞对"毛泽东主义"的接受又是极为突出的。早在法国"毛泽东主义"全盛期（1966—1976）② 的十多年前，阿尔都塞在其 1953 年发表的《论马克思主义》中就提及了《矛盾论》并将毛泽东纳入了马克思主义经典作家的行列。③ 不但如此，从 20 世纪 50 年代到 80 年代，阿尔都塞在其公开出版物中对"毛泽东主义"的肯定性援引持续了三十多年，贯穿了他大半个学术生涯。即使在法国"毛泽东主义"全面退潮之后，他也没有放弃对"毛泽东主义"的坚持，在其晚年的自传中，他仍痛悔没去中国见毛泽东，认为这是他一生所犯的"最愚蠢的错误"。④ 故而，为更好地理解阿尔都塞的辩证法和意识形态理论，"毛泽东主义"是不容忽视的一条重要线索。并且，由于阿尔都塞在巴黎高师任教多年而建立的崇高地位，他对"毛泽东主义"的深度的、持续的和密集的接受与阐发又与他的学生和在他周围的一批当时的重要知识分子对"毛泽东主义"的兴趣形成了互动关系，阿尔都塞的"毛泽东主义"可被视为法国"毛泽东主义"的重要理论源头，故此，厘清"毛泽东主义"与阿尔都塞的关联也就有助于加深对法国"毛泽东主义"的理解。

　　厘清阿尔都塞对毛泽东思想的接受，还有利于从西方理论家的视角加深对中国马克思主义批评理论的特点的认识。"中国马克思主义文学批评与一

① Julian Bourg, "Principally Contradiction: The Flourishing of French Maoism", in *Mao's Little Red Book: A Global History*, Alexander C.Cook ed., New York: Cambridge University Press, 2014, p.232, p.242.

② Julian Bourg, "Principally Contradiction: The Flourishing of French Maoism", in *Mao's Little Red Book: A Global History*, Alexander C.Cook ed., New York: Cambridge University Press, 2014, p.225.

③ "À propos du marxisme", *Revue de l'enseignementphilosophique*, vol.3, no.4, 1953, pp.15–19. 英译本为 "On Marxism"，收录于 Louis Althusser, *The Spectre of Hegel: Early Writings*, G.M. Goshgarian tr., London & New York: Verso, 1997, pp.241–258。

④ Louis Althusser, "The Future Lasts Forever", in *The Future Lasts Forever: A Memoir*, Oliver Corpet and Yann Moulier Boutang ed., Richard Veasey tr., New York: The New Press, 1995, p.234.

般的文学究竟有哪些实质性的不同？中国对马克思主义文学批评到底有哪些贡献？显然，人们对于这些问题很难作出清晰的回答。长期以来，中国马克思主义文学批评……未形成鲜明的问题意识，既缺乏对中国马克思主义文学批评的整体观照，又未深入研究其理论特质"①，而加深对中国马克思主义批评理论的"理论特质"、理论特点和特殊性的理解的一个有效途径就是借助西方视角，即通过分析西方"毛泽东主义"者对毛泽东思想的阐发和接受为建构中国马克思主义批评理论提供镜鉴和参考。"中国文学批评的当代建构离不开异质文化的融入"，来自西方视角的异质活力"构成了对中国固有文学观念的挑战，并促进了中国文学批评理论体系的更新"②。鉴于阿尔都塞在其辩证法和意识形态理论中通过其若干重要理论范畴吸收和转化了毛泽东思想，其理论深度和对毛泽东思想接受的连贯性在西方"毛泽东主义"中是极为突出的，故此，阿尔都塞的"毛泽东主义"可作为建构中国马克思主义批评理论的重要参考之一。通过阿尔都塞的阐发，毛泽东思想的术语和范畴就既是属于中国的，又更具有了超民族性的世界属性。

---

① 胡亚敏：《马克思主义文学批评"中国形态"探讨》，《中国文学批评》2015年第4期，第53页。

② 胡亚敏：《"概念的旅行"与"历史场域"——〈概念的旅行——西方文论关键词与当代中国〉导言》，《湖北大学学报》（哲学社会科学版）2015年第1期，第43页。

第一章　阿尔都塞接受毛泽东思想概说

　　本章将致力于围绕以下两个方面梳理阿尔都塞接受"毛泽东主义"的总体概况。其一，初步厘清阿尔都塞在历年公开出版物中援引"毛泽东主义"的有关情况[①]，勾勒出跨越三十多年的"毛泽东主义"在阿尔都塞理论著述中留下的种种踪迹。其二，初步厘清阿尔都塞历时三十余年持续援引、思考和阐发"毛泽东主义"的主要原因。

　　在1985年[②]写作的回忆录《来日方长》[③]中，阿尔都塞多处正面提及和评价毛泽东和中国，而这距离他第一次在出版物中肯定性地援引"毛泽东主义"，即在1953年[④]发表的《论马克思主义》[⑤]一文中提及毛泽东的《矛盾论》和《实践论》，已经跨越了三十多个年头。在公开出版物中对"毛泽东主义"的援引和对毛泽东思想的阐发，是毛泽东思想与阿尔都塞的理论思考之间持

---

① 所谓"援引'毛泽东主义'"指的是阿尔都塞在论述中提到了毛泽东及毛泽东《矛盾论》等著述之处。

② 除非特别说明，本章所标注的阿尔都塞著作及论文的写作时间均参考自巴利巴尔写作的《生平传略》（关群德译），收录于［法］路易·阿尔都塞：《保卫马克思》，顾良译，商务印书馆2010年版，第256—267页。

③ "L'avenir dure longtemps"，其英译本收录于 *The Future Lasts a Long Time and the Facts*，Richard Veasay trans., London: Chatto & Windus, 1993。中译本收录于［法］路易·阿尔都塞：《来日方长：阿尔都塞自传》，蔡鸿滨、陈越译，上海人民出版社2013年版。

④ 除非特别说明，本章所标注的阿尔都塞著作及论文的出版时间均指法文原版的初版时间，出版年表及出版信息参考自 "Bibliography of the Published Writings of Louis Althusser", in Gregory Elliott, *Althusser: The Detour of Theory*, Leiden & Boston: Brill, 2006, pp.387–404.

⑤ "À propos du marxisme", *Revue de l'enseignement philosophique*, vol.3, no.4, 1953, pp.15–19. 英译本为 "On Marxism"，收录于 Louis Althusser, *The Spectre of Hegel: Early Writings*, G.M. Goshgarian tr., London & New York: Verso, 1997, pp.241–258。

续不断的互动关系的最为直观也最为有力的证明。故此，阐明毛泽东思想对阿尔都塞来说实际上纵贯了阿尔都塞几乎大半部分的写作生涯，而绝非一时一地的兴趣，对援引"毛泽东主义"的阿尔都塞著述加以整理因而是非常必要的。"毛泽东主义"在阿尔都塞的 20 世纪 50 年代的著作中开始出现，在 20 世纪 60 年代和 70 年代中期的著述中最为密集，此后逐渐减少但仍未断持续。在阿尔都塞的著述中，有的对"毛泽东主义"及毛泽东著作进行了详细的阐发，有的则是一带而过。但是，一方面考虑到整理工作本身应尽量保持其完整性，另一方面更是考虑到阿尔都塞与毛泽东思想的每次交集均处于与法国共产党亲苏路线的紧张关系之中，其每一次在公开出版物中援引"毛泽东主义"均弥足珍贵，故此全部纳入整理。虽然可能仍有未及之处，但以下概述或可为阿尔都塞接受和吸收毛泽东思想的轨迹勾勒大略的风貌。当然，这个尝试仍是初步的和未完成的。随着阿尔都塞更多未出版作品在国外学界及中国的进一步的出版和翻译，包括对阿尔都塞手稿、笔记以及阿尔都塞以非法语发表的相关著述的整理和发表，对阿尔都塞与毛泽东思想关系的理解仍将是一个动态的朝向无限可能性敞开的过程。此外，本章还将深入剖析阿尔都塞接受和吸收毛泽东思想的主要原因。通过梳理阿尔都塞在其具体语境中面对的政治形势和理论形势，初步厘清阿尔都塞接受和吸收毛泽东思想的原因主要是理论性的或者说是基于他的理论建构的需要。

第一节　阿尔都塞公开出版物中的"毛泽东主义"

阿尔都塞首次提及"毛泽东主义"的公开出版的著述，正是 1953 年发表的《论马克思主义》一文。尤为值得注意的是，《矛盾论》1952 年才被翻译成法文首次在法国出版[①]，次年旋即出现在阿尔都塞发表的论文中，其对

[①]　毛泽东的《矛盾论》的法文译本最初在法国刊登于 *Cahiers du communism*，Vol.29，1952，pp.673–816。参见 Julian Bourg 的考证。Julian Bourg，"Principally Contradiction: The Flour-ishing of French Maoism"，in *Mao's Little Red Book: A Global History*，Alexander C.Cook ed.，New York: Cambridge University Press，2014，p.233.

毛泽东思想接受之迅疾是惊人的。在这篇论文中，阿尔都塞列出了一个所谓最重要的关于唯物辩证法的马克思主义文本的书目，在其中提到了毛泽东的"最新作品(《矛盾论》)"，尤其强调《矛盾论》中的"两个新思想"即"主要矛盾"和"矛盾的主要方面"，认为《矛盾论》延续了从马克思以来的持续不断的对辩证法加以定义和确认、使之更加精确的努力，而此前的矛盾概念太抽象了。① 他还提及毛泽东的《实践论》中谈到特定时期的知识的生产总是受制于既存的社会实践的决定性形式，也就是说总体而言受制于既存的社会生产方式。② 根据阿尔都塞在文中的标注，他读到的《矛盾论》和《实践论》均来自《毛泽东选集》。③ 法国"毛泽东主义"团体"无产阶级左翼"(Gauche Prolétarienne) 的创始人班尼·莱维(Benny Lévy) 在 1971 年的访谈中谈到了巴黎高师的学生跟随阿尔都塞一起阅读毛泽东著作的这段经历，为阿尔都塞对毛泽东著作的早期接受情况提供了宝贵的侧面证词："阿尔都塞在最初的作品里就谈到了毛及毛的敏锐 (subtlety)。当时'红宝书'还没被翻译成法文，我们读到的是 Editions Sociales 版本的《毛泽东选集》。我们是从毛泽东的哲学文本开始读起的，因为这些文本当时正在被阿尔都塞研究，然后很快——虽然也花了一年时间——我们就得到了毛泽东选集的全本。阿尔都塞对这些文本的评价非常高……他的最初的那些文章都引用了毛主席的《矛盾论》来论述矛盾问题，但是他并不明说。……然而我们必须将属于凯撒的归于凯撒：他毕竟是（我们）接触毛泽东的渠道"，莱维还详细描述了学生们的阅读过程，"当我们开始读毛的著作的时候，已经读了《资本论》、列宁等其他著作，因此当我们开始读毛的著作的时候我们感到一种理论的愉悦 (a theoretical delight)。读完了毛之后，我们又把《资本论》、列宁等一切重读了一遍。（读了毛的著作，笔者注）之后，我们必须要彻底整理我

---

① Louis Althusser, *The Spectre of Hegel: Early Writings*, G.M. Goshgarian tr., London & NY: Verso, 1997, pp.247–249.

② Louis Althusser, *The Spectre of Hegel: Early Writings*, G.M. Goshgarian tr., London & NY: Verso, 1997, p.253.

③ Louis Althusser, *The Spectre of Hegel: Early Writings*, G.M. Goshgarian tr., London & NY: Verso, 1997, p.247.

们的思路。"①莱维在访谈中提到的《毛泽东选集》应该是 1955 年到 1959 年间由 Editions Sociales 出版的 *Mao Tsé-Toung: Oeuvres choisies*。②当然，莱维提到的《毛泽东选集》与阿尔都塞在《论马克思主义》中提到的《毛泽东选集》很可能不是同一个版本，从版本学的角度，极有必要考证阿尔都塞在 1953 年之前就读到的那版《毛泽东选集》的具体情况，这是笔者暂时力有不逮之处。但是，通过以上虽未完全精确的考证足以推断以下事实：阿尔都塞是毛泽东著作在法国的最初的读者之一；从《矛盾论》《实践论》到《毛泽东选集》，阿尔都塞从 20 世纪 50 年代初期就对毛泽东著作展开了高度理论化的全面和深度阅读。早在法国"毛泽东主义"全盛期（1966—1976）的十多年前，阿尔都塞就将毛泽东及其著作纳入了马克思主义经典作家的行列，与马克思、列宁等马克思主义经典作家并提，并尤为注意到了毛泽东《矛盾论》中关于主次矛盾、矛盾的主次方面等新颖概念。这些特点将在阿尔都塞未来的著述中不断得到反复的回响、强化与补充。

进入 20 世纪 60 年代以后，已有研究证明，阿尔都塞愈加密切关注毛泽东的写作和中国政治动态，在整个 1960 年代他常年订阅中国共产党宣传部门出版的法文通讯：《北京信息》（*Pékin information*）和《新中国手册》（*Les cahiers de la Chine nouvelle*）。③研究者还在阿尔都塞的档案中发现了两卷关于毛泽东著述（涉及毛泽东的《矛盾论》《实践论》《关于正确处理人民内部矛盾的问题》等）的笔记与索引卡片（题为"Notes sur Mao Zedong"），此外还有两卷本的中国外宣资料。④这些新证据的发现，为阿尔都塞在随后 20

① Benny Lévy, "Investigation into the Maoists in France", February, April, November 1971, tr., Michell Abidor, https://www.marxists.org/archive/levy-benny/1971/investigation.htm. 采访中用的是化名 Pierre Victor。

② 参见《〈毛泽东选集〉大辞典》（附录一：《毛泽东选集》索引），http://cnki.hilib.com/ref-book/ShowDetail.aspx?Table=CRFDOTHERINFO&ShowField=Content&TitleField=Title-ShowTitle&Field=OTHERID&Value=R20060633100A000016。

③ Camille Robcis, "'China in Our Heads': Althusser, Maoism and Structuralism", *Social Text*, Vol.30, No.1, 2012, p.53. Camille Robcis 前往法国 Institut Mémoires de l'Édition Contemporaine 查阅到了关于阿尔都塞与毛泽东、与中国相关的笔记等资料，发表在这篇论文中。

④ Camille Robcis, "'China in Our Heads': Althusser, Maoism and Structuralism", *Social Text*, Vol.30, No.1, 2012, p.67. 均藏于 Institut Mémoires de l'Édition Contemporaine，笔记和索引卡卷宗为 AL T2.A57-0301/02。外宣资料卷宗为 AL T2.A57-0501/02。

多年对毛泽东及其著作持续不断的援引提供了更具说服力的解释。

1962 年，阿尔都塞发表《矛盾与多元决定（研究笔记）》①；1963 年，阿尔都塞发表《关于唯物辩证法（论起源的不平衡）》②。在这两篇著名论文中，阿尔都塞多次引用毛泽东的《矛盾论》，并以毛泽东关于主次矛盾、矛盾主次方面、矛盾不平衡律等三方面的理论创新作为阿尔都塞批判法国马克思主义中的黑格尔主义倾向的重要理论支撑，对《矛盾论》辩证法的阐述也与阿尔都塞自身建构的一系列理论范畴如"多元决定论（或过度决定论）"、"结构因果律"、"主导结构"等存在重要关联，这也将是以下章节的重点着力之处。

1965 年，阿尔都塞及其弟子巴利巴尔等共同撰写的《读〈资本论〉》出版③。在《从〈资本论〉到马克思的哲学》部分，阿尔都塞再次援引毛泽东的《矛盾论》："我将毛泽东的 1937 年的论矛盾的文本看作对反映在政治实践中的马克思主义辩证法的各种结构的一种反思描述。"并将《矛盾论》与列宁的著作并提，认为《矛盾论》也属于症候性文本。④ 延续着上述 1962、1963 年两篇论文的思路，阿尔都塞将毛泽东的《矛盾论》与他自身对"结构"的阐发、对矛盾的复杂性的阐发联系在一起；同时，这还显示了他认为有必要对毛泽东的著作加以"症候式阅读"，——正如他要求对马克思主义的著作逐一进行"症候式"阅读，以便发现"问题域"（problématique）对其对象的反思。⑤

1966 年，阿尔都塞以匿名形式在《马列主义手册》第 14 期发表《论文化革命》⑥。如巴利巴尔所指出的，人们很快发现这篇文章的作者就是阿尔都

---

① Louis Althusser, "Contradiction et surdétermination", *La Pensée*, No.106, 1962, pp.3–22.

② Louis Althusser, "Sur la dialectique matérialiste (De l'inégalité des origines)", *La Pensée*, No.110, 1963, pp.5–46.

③ Louis Althusser, É. Balibar, R. Establet, P. Macherey and J. Rancière, *Lire 'le Capital'*, Paris: François Maspero, 1965.

④ Louis Althusser, Étienne Balibar, *Reading Capital*, tr., Ben Brewster, London: NLB, 1970, pp.32–33.

⑤ Louis Althusser, Étienne Balibar, *Reading Capital*, tr., Ben Brewster, London: NLB, 1970, p.31. [法] 路易·阿尔都塞、[法] 艾蒂安·巴利巴尔：《读〈资本论〉》，李其庆、冯文光译，中央编译出版社 2001 年版，第 26—27 页。

⑥ Anonymous, [Louis Althusser], "Sur la révolution culturelle", *Cahiers marxistes-léninistes*, No.14, November–December 1966, pp.5–16.

塞，并且因为他的这种"两面手法"，即一方面希望影响自己在法国共产党中的学生，另一方面又私下与从法国共产党叛离出去的"毛泽东主义"青年合作，他立刻被两个阵营的人揭穿，致使他在政治和情感上付出了极高的代价。① 这篇论文的许多论述与阿尔都塞发表于 1970 年的著名的《意识形态和意识形态国家机器（研究笔记）》有诸多重叠之处，显示了"毛泽东主义"对意识形态问题的强调与阿尔都塞意识形态国家机器理论的深刻关联。关于阿尔都塞为什么冒如此重大的风险写作并发表这篇论文以及阿尔都塞的意识形态理论与毛泽东思想的关系，后面章节将展开详细论述。

1968 年，阿尔都塞的论文《马克思主义的历史任务》以匈牙利语在布达佩斯出版。② 阿尔都塞指出，"我们缺乏一种描述形势的变化的理论"，他接着在注释中指出，"关于形势的理论、关于不同层次之中的主导的转移的理论，最引人注目的构想就是毛泽东的《矛盾论》"。③

1968 年到 1970 年之间，阿尔都塞写作了一系列关于再生产和意识形态理论的论文，这批论文除了《意识形态和意识形态国家机器（研究笔记）》于 1970 年发表之外，其他所有文章迟至 1995 年才结集为《论再生产》一书在法国发表。④ 这本著作与"毛泽东主义"关联十分密切。其中，《什么是哲学?》《什么是生产方式?》《国家和国家机器》《政治的和工会的意识形态国家机器》《生产关系的再生产与革命》《论意识形态》《论生产关系对生产力的优先性》等章节均涉及毛泽东思想，包括赞同列宁和毛泽东对生产关系的优先性的强调；对意识形态中的矛盾和斗争的强调；对无产阶级意识

---

① ［法］E. 巴利巴尔:《阿尔都塞与中国》,吴志峰译,《马克思主义与现实》2015 年第 4 期,第 102—103 页。

② Louis Althusser, "A Marxista Filózofia Történelmi Feladata", in *Marx–Elmélet Forradalma*, Budapest: Kossuth, 1968, pp.272–306. 该文英译本收录于 *The Humanist Controversy and Other Writings*（1966–1967）。

③ Louis Althusser, *The Humanist Controversy and Other Writings*（1966–1967）, Francois Matheron ed., G.M.Goshgarian tr., London & New York: Verso, 2003, p.198.

④ Louis Althusser, *Sur la reproduction*, Paris: Presses Universitaires de France, 1995. 巴利巴尔指出,阿尔都塞在 1970 年《思想》上发表的《意识形态和意识形态国家机器（研究笔记）》实际上只是阿尔都塞当时写作的、也即后来被命名为《论再生产》理论工程的"摘要的'拼合物'"（［法］艾蒂安·巴利巴尔:《法文版序:阿尔都塞和"意识形态国家机器"》,［法］路易·阿尔都塞:《论再生产》,吴子枫译,西北大学出版社 2019 年版,第 9 页）。

形态在社会转变中的作用的强调等。此外，在该书《告读者》中，阿尔都塞还特意又提到了作为马克思主义哲学传统的毛泽东的《矛盾论》、《实践论》以及《人的正确思想是从哪里来的?》等论著。① 将上述论文与 1966 年的《论文化革命》和 1970 年发表的《意识形态和意识形态国家机器（研究笔记）》加以对照阅读并发掘它们与"毛泽东主义"的潜在关联，将在以下章节详细展开。

1969 年，阿尔都塞与意大利著名记者、政治家玛契奥琪（Maria Antonietta Macciocchi）的通信结集为 *Lettres de l'intérieur du Parti* 出版，在这部通信集之中，阿尔都塞多次援引《关于正确处理人民内部矛盾的问题》和毛泽东的群众路线理论，例如，指出如何判断"人民"的组成是选举的关键："只要你不能回到这个问题，即现在、在一个特定的国家，什么组成了人民……，你就根本不能在政治上有所作为"②，表现了阿尔都塞的"群众"、"人民"概念与毛泽东"群众"、"人民"概念的直接联系。

1971 年，阿尔都塞发表《马基雅维利与我们》。③ 其中阿尔都塞提到，"马基雅维利关于军队的命题……预示了卡尔·冯·克劳塞维茨、恩格斯和毛泽东的军队与战争理论。"④ 这正暗示了阿尔都塞不仅熟悉毛泽东的哲学思想，而且对毛泽东的游击战等军事理论也有所涉猎。事实上，确实有证据显示阿尔都塞读过毛泽东的游击战理论，对此随后将再次给予说明。

1973 年，阿尔都塞发表《答约翰·刘易斯》。⑤ 值得注意的是，最初向 New Left Books 提议的《答约翰·刘易斯》的原初标题曾是《毛说千万不要忘记阶级斗争！（Mao's Never Forget the Class Struggle!)》，但《新左派评论》拒绝了这个动议。⑥ 当然，这并不排除出版商希望借用一个与毛泽东相关的

---

① [法] 路易·阿尔都塞：《论再生产》，吴子枫译，西北大学出版社 2019 年版，第 50 页。

② Louis Althusser & Maria Antonietta Macciocchi, *Letters from inside the Italian Communist Party to Louis Althusser*, Stephen M. Hellman tr., London: NLB, 1973, pp.4–5.

③ Louis Althusser, "Machiavel et nous", in *Écrits philosophiques et politiques. Tome II*, 1971, pp.42–168.

④ Louis Althusser, *Machiavelli and Us*, Francois Matheron ed., G.M.Goshgarian tr., London & New York: Verso, 1999, p.82.

⑤ Louis Althusser, *Réponse à John Lewis*, Paris: François Maspero, 1973.

⑥ Gregory Elliott, *Althusser: The Detour of Theory*, London & Boston: Brill, 2006, p.229.

标题来迎合当时追捧"毛泽东主义"的欧洲知识界，但也侧面说明了出版商已经察觉到阿尔都塞的这本书确实与"毛泽东主义"存在强烈关联。有研究者将阿尔都塞的这一时期命名为"马克思主义的毛泽东化"（"Maoisation" of Marxism），以强调这一时期阿尔都塞理论所呈现的高度政治化倾向。① 值得说明的是，如前所述，阿尔都塞借由毛泽东思想对马克思主义的辩证唯物主义与历史唯物主义的更新工作实际上早在 1950 年代就开始了。阿尔都塞在这篇文章中提出了著名的"哲学归根到底是理论领域的阶级斗争"的命题，而这个命题又与阿尔都塞援引毛泽东的"千万不要忘记阶级斗争"密切相关。② 颇有意味的是，阿尔都塞曾在 1974 年获访华邀请，但未能成行，但是他给毛泽东"寄去一本亲笔题赠的《答约翰·刘易斯》，甚至向其建议以何种顺序阅读"。③

1974 年，阿尔都塞出版《自我批评材料》，其中收录同名论文。④ 在这篇文章里，阿尔都塞将毛泽东与列宁、葛兰西并提，强调他们的理论是马克思主义劳工运动理论的关键性文本。同时在谈到理论中的阶级斗争问题时，认为正如恩格斯、列宁、毛泽东所指出的，这个问题归根结底就是唯心主义和唯物主义之间的斗争。他还再次高度评价了毛泽东的《矛盾论》思想，认为"为了谈论以及为了评价哲学，应该从毛的矛盾范畴出发，……（在每个哲学中）你必须要考虑它的矛盾的趋势，以及每个趋势中的主次矛盾和矛盾的主次方面。"⑤

1978 年，阿尔都塞的《今日马克思主义》一文在意大利发表。⑥ 在这篇论文中，阿尔都塞指出毛泽东"大胆地使辩证法服从于（他的'矛盾'论的）

---

① Gregory Elliott, *Althusser: The Detour of Theory*, London & Boston: Brill, 2006, p.252.

② Louis Althusser, *Essays in Self-Criticism*, Graham Lock tr., London: NLB, 1976, p.39.

③ ［法］路易·阿尔都塞：《来日方长：阿尔都塞自传》，蔡鸿滨、陈越译，上海人民出版社 2013 年版，第 418 页。

④ Louis Althusser, "Éléments d'autocritique", in Louis Althusser, *Éléments d'autocritique*, Paris: Hachette, 1974, pp.9–101.

⑤ Louis Althusser, *Essays in Self-Criticism*, Graham Lock tr., London: NLB, 1976, p.114, pp.144–145.

⑥ Louis Althusser, "Il marxismo oggi", in *Enciclopedia Europea*, Vol. VII, Garzanti, Milan, 1978, pp.280–282.

辩证法",触及了意识形态关系的性质,实践地质疑了关于辩证法的形而上学观念。① 这篇论文延续了《论再生产》中将毛泽东的辩证法思想、意识形态理论纳入其重建历史唯物主义的国家理论和上层建筑理论的思路。1978年,阿尔都塞还发表了《局限中的马克思》。在这篇论文中,阿尔都塞谈及马克思、列宁、葛兰西和毛泽东都极为重视理论的质量等观点,并引用了毛泽东的自力更生口号。② 可以说,"毛泽东主义"与阿尔都塞的后期理论思考仍发生着关联。

1985 年左右,阿尔都塞写作了《唯一的唯物主义传统:斯宾诺莎(第一部分)》。③ 在这篇论文中,阿尔都塞指出,"斯宾诺莎(对'上帝'概念的颠覆)这种革命的哲学策略,让我尤为想到毛泽东的城市游击战和农村包围城市以及马基雅维利的政治军事策略。"④ 这正说明了除了毛泽东的哲学思想,阿尔都塞还关注过毛泽东的军事理论。阿尔都塞用把加农炮朝向自己的堡垒等形象来描述斯宾诺莎对上帝观念的颠覆,显示了他在思考斯宾诺莎的同时也在思考毛泽东和马基雅维利。遥远东方的毛泽东的游击战为他提供了想象/思考斯宾诺莎哲学的具象化场景。在下面章节的论述中,将进一步阐述斯宾诺莎和毛泽东在阿尔都塞思想中的并置关系。

1985 年左右,阿尔都塞写作了《来日方长》,这部回忆录直到 1992 年才出版。⑤ 这部回忆录充满了悖论式的综合:既有强烈的自我毁灭(self-an-

---

① Louis Althusser, "Marxism Today", in *Philosophy and the Spontaneous Philosophy of the Scientists & Other Essays*, Gregory Elliott ed., London: Verso, 1990, pp.278–279. 翻译参考了以下中译本:[法] 路易·阿尔都塞:《今日马克思主义》,陈越、赵文译,载刘纲纪主编,《马克思主义美学研究》(第 5 辑),广西师范大学出版社 2001 年版。

② Louis Althusser, "Marx dans ses limites", in *Écrits philosophiques et politiques. Tome I*, 1994, p.365, 514.

③ Louis Althusser, "L'unique tradition matérialiste", in *Lignes*, No.18, January 1993, pp.75–119. 这篇文章原本是属于阿尔都塞的自传手稿的一部分,只是阿尔都塞最后把这部分从自传中拿掉了。但据此可以推断该文写作时间应与自传写作时间重叠。

④ Louis Althusser, "The Only Materialist Tradition, Part I: Spinoza", in *The New Spinoza*, Warren Montag and Ted Stolze ed., Minneapolis: the University of Minnesota Press, 1997, p.10.

⑤ Louis Althusser, "L'avenir dure longtemps", in *L'avenir dure longtemps*, *suivi de Les Faits*, Olivier Corpet and Yann Moulier Boutang ed., Paris: Éditions Stock / IMEC, 1992, pp.7–279.

nihilation）倾向，如自称是学术骗子，没读过多少黑格尔，也不懂弗洛伊德，学术上一无是处；同时又有奇异的乐观主义精神，如自称是乐观主义者，坚信马克思主义会以新的形式存在下去，这似乎正是阿尔都塞一生个性与人生轨迹的写照：归根结底，他仍想参与世界并且改变世界。① 只有理解了这种悖论，才能更好地体认阿尔都塞在这部唯一的长篇回忆录中的与"毛泽东主义"相关的三次重要的表述。一是认为由于"法国政治"的原因，没去中国见毛泽东（并且毛泽东还允诺阿尔都塞可以访谈）是他一生所犯的"最愚蠢的错误"。② 二是终于承认 1966 年的《论文化革命》的匿名文章是自己写的。③ 三是颇为自豪地指出自己的"毛泽东主义"倾向对法国共产党的党内路线的影响。"法国共产党的领导层总是怀疑我想要从内部影响党的路线朝着'毛泽东主义'的方向发展，他们的怀疑是对的。我的努力显然让他们感到困扰了！"但是，阿尔都塞随即指出，"这并不是关键问题，我们必须要看向法国之外"，他指的正是他的"毛泽东主义"倾向对拉丁美洲的影响，"我的罪孽就是我的作品在完全不同的语境下被其他国家的读者阅读了！原谅我指出这一点：无数的哲学家、政治家和意识形态工作者都声称在我的领导之下，追随着我的写作所开创的'半毛泽东主义'（semi-Maoist）方向。"④ 由此可见，阿尔都塞在这部自传中对自己的学术成就加以毁灭性贬损的同时，却对自己写作所带来的对法国共产党党内路线的影响、对拉丁美洲革命的推动作用充满了激情，并且将自己理论的影响力归于"半毛泽东主义"倾向。

---

① Warren Montag, "A Process Without a Subject or Goal（s）: How to Read Althusser's Autobiography", in *Marxism in the Postmodern Age: Confronting the New World Order*, Antonio Callari, Stephen Cullenberg and Carole Biewener ed., New York & London: The Gulford Press, 1995, pp.56–58.

② Louis Althusser, "The Future Lasts Forever", in *The Future Lasts Forever: A Memoir*, Oliver Corpet and Yann Moulier Boutang ed., Richard Veasey tr., New York: The New Press, 1995, p.234.

③ Louis Althusser, "The Future Lasts Forever", in *The Future Lasts Forever: A Memoir*, Oliver Corpet and Yann Moulier Boutang ed., Richard Veasey tr., New York: The New Press, 1995, p.354.

④ Louis Althusser, "The Future Lasts Forever", in *The Future Lasts Forever: A Memoir*, Oliver Corpet and Yann Moulier Boutang ed., Richard Veasey tr., New York: The New Press, 1995, pp.233–234.

因此，阿尔都塞归根结底是一个始终践行着《关于费尔巴哈的提纲》精神的纯正的马克思主义者：归根到底他最关心的是如何改变世界，即使他对自己的学术成就做了不符事实的贬低和指控。一方面，这就意味着，正如阿尔都塞的自陈，他对毛泽东思想的接受始终是与他改变世界的斗争与革命的激情联系在一起的，其旨归不只在理论的自我增殖，而始终在于对现实世界的指涉与穿透，这一点将在下面章节中得到反复的强调与阐明；另一方面，这种影响法国共产党路线、鼓动拉丁美洲革命、试图改变世界的威力又恰恰来自阿尔都塞毕生的理论建构——无论他如何对此自我贬斥。这就意味着必须要对他所谓的"半毛泽东主义"中的含混性加以彻底梳理，如厘清阿尔都塞思想中的毛泽东思想与马克思主义、列宁主义、黑格尔主义、斯宾诺莎主义、弗洛伊德—拉康主义等理论的对位与补位关系，厘清毛泽东思想在这种复杂关系中是如何被"阿尔都塞化"的，等等。此外，在近年来整理出版的阿尔都塞生前未出版的若干重要遗稿之中，也可以发现他在其中对毛泽东思想做了一些颇有意味的援引。例如，在《在哲学中成为马克思主义者》中，阿尔都塞在谈及意识形态最终的功能是服务于阶级斗争、服务于政治的时候，提及毛泽东、列宁和葛兰西，指出必须承认哲学从它服务于阶级斗争的功能来说，也应是意识形态的及政治的。① 在阿尔都塞的遗稿《写给非哲学家的哲学入门》的13章《政治实践》的第13个注释中，阿尔都塞特意提及毛泽东的"自力更生、艰苦奋斗"。② 在阿尔都塞晚期关于"相遇的哲学"的重要论述之中，毛泽东也被多次提及。其中最值得注意的部分，是阿尔都塞在访谈《哲学与马克思主义》中，指出马克思、恩格斯未明确提出过一种在"不可预见的、独特的、偶然的历史事件（the unforeseen, unique, aleatory historical event）"的意义上的历史理论以及政治实践的理论，他认为列宁、葛兰西和毛泽东"只是部分地思考过"这种理论，而唯一提出这种理论的是马基雅维利。③ 尽管阿尔都塞只承认毛泽东是"部分地思考"过相遇的理论，但同时

① Louis Althusser, *How to Be a Marxist in Philosophy*, Bloomsbury Publishing, 2017, p.130.

② Louis Althusser, *Philosophy for Non-philosophers*, G.M.Goshgarian, tr., & ed., London & New York: Bloomsbury, 2017, p.205.

③ Louis Althusser, *Philosophy of the Encounter: Later Writings, 1978–87*, Oliver Corpet and Francois Matheron ed., G.M.Goshgarian tr., London: Verso, 2006, p.266.

也意味着阿尔都塞"部分"地将毛泽东也纳入了他的所谓偶然唯物主义的潜流之中。

以上对阿尔都塞历年公开出版物中"毛泽东主义"相关内容的整理，说明阿尔都塞对毛泽东及其著作的关注和接受不是只出现在个别作品和个别时期的现象，而是纵贯了阿尔都塞三十多年写作生涯的持续的、密切的和深度的关注与接受。该整理不但为"阿尔都塞接受了毛泽东思想"这个事实提供资料性的支撑，而且或可对现有的关于阿尔都塞接受毛泽东思想的研究构成一定的补充。例如，有研究认为，以 1965 年《保卫马克思》为顶点，阿尔都塞此后的公开出版的著作中涉及毛的内容"渐渐消失了"。[1] 但事实上，1965 年以后的阿尔都塞生前出版的《马克思主义的历史任务》《马基雅维利与我们》《答约翰·刘易斯》《自我批评材料》《今日马克思主义》等著述中均涉及了毛泽东思想。可以说，即使在法国共产党组织了党内"审判"之后，阿尔都塞仍然在批判的声浪之中不断地在公开出版物中"偷渡"着他的"毛泽东主义"倾向。如佩里·安德森所说，即使在"（中苏分裂时）以拥护苏联、反对中国的立场而在国际上著称的法国共产党"的内部，阿尔都塞对中国的同情仍是不加掩饰的（thinly veiled）。[2] 又比如，很多研究都关注到了阿尔都塞对于《矛盾论》的兴趣，但是通过以上梳理，我们可以推断出阿尔都塞事实上至少还阅读了毛泽东关于实践、生产关系、意识形态、阶级斗争、军事和战争理论、对苏论战等相关著述；除了毛泽东的单篇文章，他应该还读过《毛泽东选集》。[3] 当然，随着新的材料的出现，对阿尔都塞与毛泽东思

---

[1] Jason Barker, "Blind Spots: Re-reading Althusser and Lacan in Cultural Studies", in Philip Bounds and David Berry ed., *British Marxism and Cultural Studies: Essays on a Living Tradition*, New York: Routledge, 2016, p.134.

[2] Perry Anderson, *Considerations on Western Marxism*, London & New York: Verso, 1979, p.39.

[3] 例如巴利巴尔认为，阿尔都塞从来没有被毛泽东的其他文本（尤其是《实践论》）吸引过。参见 [法] E. 巴利巴尔：《阿尔都塞与中国》，吴志峰译，《马克思主义与现实》2015 年第 4 期，第 101 页，注释 4。但是，根据以上梳理，阿尔都塞至少在 1953 年的《论马克思主义》中就提及了《实践论》。此外，有研究指出，阿尔都塞的 1953 年的两篇关于马克思主义哲学的论文（其中之一就是《论马克思主义》）就"包含了来自毛泽东的关于理论与实践之间关系的思想。"(https://plato.stanford.edu/entries/althusser/#MarNotHeg) 据此，笔者对巴利巴尔的看法持保留意见。

想的关系的思考还有待更新。

第二节　纵贯三十年的接受：政治原因亦或理论原因？

那么，到底是什么原因使得阿尔都塞从 20 世纪 50 年代到 80 年代对毛泽东思想的关注与接受持续了三十多年？阿尔都塞不但早在 1950 年代就密切关注了毛泽东和中国，而且在法国"毛泽东主义"全面退潮的 70 年代中后期，在大批前"毛泽东主义"者纷纷倒戈，要么转向宗教，如前文提到的班尼·莱维从"毛泽东主义"转而信仰犹太教，要么如本纳德–亨利·莱维（Bernard-Henri Lévy）等人转向"新哲学"派（New Philosophy）的时候，阿尔都塞仍坚持对毛泽东及其思想的正面评价并不断援引。巴迪欧（Alain Badiou）虽然也有"毛泽东主义"倾向，但是他从来不是法国共产党成员，从不需要掩藏他的"毛泽东主义"倾向，而是始终公开承认自己是"毛泽东主义"者并组建和加入"毛泽东主义"团体。相比之下，阿尔都塞在法国共产党内的批判和质疑的阴云之下对"毛泽东主义"三十多年的坚持就更见其难得了。有研究认为，可能也正因为阿尔都塞无法公开自己的"毛泽东主义"倾向，使他得以更加富于成效地、更加充分地将毛泽东的思想融入自己的理论写作中去。① 事实上也确实如此。纵观法国 1950 年代之后的理论界，尽管受到法国"毛泽东主义"风潮影响的大有人在，但是，声援和介入"毛泽东主义"运动是一回事，将"毛泽东主义"嵌入自身理论的建构中、真正因为"毛泽东主义"而改变了自身理论的走向和路径又是另一回事了。若深入考察这些理论家在自身理论中对毛泽东思想的接受，特别是若论这种接受的直接性、深度和持续性，无疑阿尔都塞是极为突出的。虽然他从未公开声称自己是"毛泽东主义"者，但是毛泽东思想显然对阿尔都塞来说有着某种持续不竭的吸引力，跨越了 20 世纪 50 年代到 80 年代这法国当代思想史中尤

---

① Robert J.C.Young, *White Mythologies: Writing History and the West (Second Edition)*, London & New York: Routledge, 2004, p.18.

为风云激荡的三十年，仍能与阿尔都塞的思想产生碰撞与对话。

诚如佩里·安德森所说，整个西方马克思主义是西方工人阶级斗争和社会主义运动不断失败中的产物，西方马克思主义在 1968 年前的主要理论成果，都是在孤立和绝望的政治处境中产生的，这当然也包括阿尔都塞在这一时期的著述。① 而 1956 年的苏共 20 大及随后公开化的"中苏分裂"，使中国走向世界社会主义革命和"第三世界"反帝国主义革命的舞台中心。中国取代苏联成为西方左翼知识分子的替代性（alternative）选择。中国和毛泽东当然也是阿尔都塞寻求社会主义革命新希望的替代性选择。阿尔都塞在 1967 年的《致读者》中明确陈述了苏共 20 大和中苏分裂两个重大事件是他写作《保卫马克思》一系列文章的重要背景，② 对《矛盾论》的援引和对斯大林主义的批判是密不可分的。此外，在阿尔及利亚出生并成长的阿尔都塞对反殖民主义、"第三世界主义"的支持与他的"毛泽东主义"也存在着深刻关联。③ 阿尔都塞反复抨击过法国理论界的"外省习气"、沙文主义、对法国以外的国家的成就的视而不见。④ 阿尔都塞的世界视野为他接受毛泽东思想奠定了合理的基础。但是，在当时一大批转向中国的西方左翼理论家中，阿尔都塞及其"毛泽东主义"仍是特殊的。有研究者指出，在所有西方马克思主义理论家中，阿尔都塞的"毛泽东主义"倾向可被看作"严肃地对待世界体系中的'边远'地区"的典范，也正因为如此，他得以对马克思主义这一传统中的欧洲中心主义、过度关注西方事务等习气进行了反拨。⑤ 为什么即使在所有同情"毛泽东主义"的西方马克思主义理论家中，阿尔都塞对"毛泽东主义"的"严肃对待"仍然是独树一帜的？这就意味着除了上述一般原因，必须还要寻找阿尔都塞之所以坚持"毛泽东主义"的更为特殊的也更为深沉隐秘的原因。

---

① Perry Anderson, *Considerations on Western Marxism*, London & New York: Verso, 1979, p.42–43.

② ［法］路易·阿尔都塞：《保卫马克思》，顾良译，商务印书馆 2010 年版，第 248 页。

③ Pal Ahluwalia, *Out of Africa: Post-Structuralism's Colonial Roots*, London & New York: Routledge, 2010, p.135.

④ ［法］路易·阿尔都塞：《序言：今天》，载［法］路易·阿尔都塞：《保卫马克思》，顾良译，商务印书馆 2010 年版，第 8 页和第 13 页。

⑤ Joseph McCarney, "For and Against Althusser", in *New Left Review*, No.176, 1989, p.127.

巴利巴尔曾指出有两种身份在阿尔都塞那里融为一体、并行不悖，"阿尔都塞是哲学家，同时也是共产主义者，不因为一者而减损另一者"。① 关于什么是两者之间互不减损，巴利巴尔在一次访谈中给出了更为详尽的解释，"阿尔都塞，从他最初的文章开始，就具有一种双重的维度：政治的和哲学的，……他从不想因为一个维度而有损于另一个维度"。② 巴利巴尔的观点揭示了阿尔都塞构架其理论思考的特殊方式：一方面，阿尔都塞的哲学从来都不是自我指涉的，而总是指向外部的现实世界，他的哲学建构一刻不停地朝向现实的政治维度。如杰姆逊（Fredric Jameson）就指出，"（阿尔都塞的）黑格尔其实是代指斯大林的暗号（code word）"③。另一方面，阿尔都塞的政治维度又一刻不停地与其哲学的或理论的维度发生着关联。如阿尔都塞在《保卫马克思》的序言《今天》中所指出的，"这些文章虽然每篇都是在特定场合下诞生的，但是它们又是同一个时代和同一段历史的产物。……历史把我们推到了理论的死胡同中去，而为了从中脱身，我们就必须去探索马克思的哲学思想"，也就是说，阿尔都塞回应自己所遭遇的特定时代和历史的方式恰恰又是回到理论维度，他试图承担着他所希冀的为建立一种前所未有的马克思主义的科学和哲学而从事理论工作的"大知识分子"的职能，避免重蹈缺乏理论素养的"法兰西贫困"的覆辙。④

之所以反复阐述阿尔都塞的两个身份或两个维度，是为了据此更好地理解毛泽东思想吸引阿尔都塞的深层原因：阿尔都塞对毛泽东思想的接受固然与一定的政治背景密不可分，但是绝不能轻视这长达三十多年的接受背后的深刻的哲学／理论的原因。换句话说，仅仅作为"共产主义者"的阿尔都塞对中国政治和毛泽东思想的关注有可能会随着历史情景的变迁而转移注意

---

① Étienne Balibar, Margaret Cohen and Bruce Robbins, "Althusser's Object", in *Social Text*, No.39, 1994, p.157.

② "'A Period of Intense Debate about Marxist Philosophy'：An Interview with Étienne Balibar", July, 2016, http://www.versobooks.com/blogs/2782-a-period-of-intense-debate-about-marxist-philosophy-an-interview-with-etienne-balibar.

③ Fredric Jameson, *The Political Unconscious: Narrative as a Socially Symbolic Act*, London & New York: Routledge, 2002, p.22; Fredric Jameson, "Periodizing the 60s", in *Social Text*, No.9/10, The 60's without Apology, 1984, p.191.

④ [法] 路易·阿尔都塞：《保卫马克思》，顾良译，商务印书馆2010年版，第3—5页。

力，例如，可能会随着 70 年代中后期法国"毛泽东主义"退潮、"毛泽东主义者"们纷纷倒戈而放弃甚至否定毛泽东思想。而阿尔都塞超越了法国社会和思想界一时一地的风潮，对毛泽东思想持续关注了三十多年，则这种接受关系不应是暂时的或者策略性的。伊夫·杜鲁（Yves Duroux）在与巴利巴尔的对谈中指出，阿尔都塞本人说过，阿尔都塞对毛泽东的矛盾理论的引用"不是为了在政治上站在中国一边从而去反对苏联，而恰恰是因为毛泽东文本自身的理论的严密（theoretical rigor）"。① 巴利巴尔在近年来为中文版多卷本《阿尔都塞著作集》所写的序言《阿尔都塞与中国》中，也提到了阿尔都塞认为毛泽东是"新列宁"，对阿尔都塞还有他的学生们来说，毛泽东既是一流的马克思主义哲学家（即一位货真价实的哲学家），又是一位天才的政治战略家，有能力用概念的方式对革命胜利的根源进行思考。②"新列宁"正代表着阿尔都塞及学生们对毛泽东的定位：除了政治地位，他们尤为看重作为哲学家和理论家的毛泽东。巴利巴尔在另一次访谈中也提供了很多有力的细节。他回忆起当时阿尔都塞和学生们之所以立刻就认为毛泽东就是"新列宁"，是因为和列宁一样，毛泽东不仅是政治领袖，还是深刻的哲学家和马克思主义理论家（un philosophe profond et un théoricien du marxisme），在这篇访谈中他还再次确认了阿尔都塞引用和接受毛泽东的原因：真正让阿尔都塞感兴趣的是《矛盾论》所创造的一系列新的范畴：主次矛盾、矛盾的主次方面，等等，阿尔都塞和学生们读到之后立刻意识到这些范畴不但是非同寻常的（extraordinaire），而且是根基性的（fondamental）。③ 以上这些证词与前文所梳理的阿尔都塞从 20 世纪 50 年代以来的公开出版物中对毛泽东著述的援引是完全吻合的。阿尔都塞不是在 20 世纪 60 年代突然发现了"毛泽东主义"，《矛盾与多元决定（研究笔记）》中的"毛泽东主义"倾向实际上

---

① "A Philosophical Conjuncture: An Interview Étienne Balibar and Yves Duroux（Paris，6 May 2007）", in *Concept and Form*, *Volume 2: Interviews and Essays on Cahiers Pour L'Analyse*, Peter Hallward and Knox Peden ed., London & New York: Verso，2012，pp.177-178.

② [法] E. 巴利巴尔：《阿尔都塞与中国》，吴志峰译，《马克思主义与现实》2015 年第 4 期，第 101 页。

③ Étienne Balibar，"Althusser et Gramsci: entretien avec Étienne Balibar", http://revueperiode. net/althusser-et-gramsci-entretien-avec-etienne-balibar/，8 September 2016.

在 20 世纪 50 年代便已经在阿尔都塞的思想中扎根。

　　对阿尔都塞的"毛泽东主义"倾向的最有力的证明来自 1963 年 11 月他写给法国共产党的一篇"自我检讨"。在 1962 年《矛盾与多元决定（研究笔记）》发表后，阿尔都塞在这篇文章中的"毛泽东主义"倾向以及反黑格尔主义倾向与法国共产党的"反毛泽东主义"以及法国共产党对黑格尔主义的理论遗产的恪守态度之间的裂隙变得越来越明显，这种裂隙随着"中苏分裂"的加剧使得阿尔都塞卷入了麻烦，但是阿尔都塞在接下来的《关于唯物辩证法（论起源的不平衡）》中对毛泽东思想的援引更加"变本加厉"，在这篇论文中他愈加把毛泽东塑造成一个理论上令人尊敬的人物，终于，在《关于唯物辩证法（论起源的不平衡）》发表的两个月后，法国共产党中央委员会召开集会，将阿尔都塞单列出来，作为向毛泽东思想示好的例子大加谴责，在 1963 年的 11 月 30 日法国共产党组织的"理论的审讯"（theoretical trial）中，阿尔都塞用提前写好的《对批评的回应》巧妙地应对了法国共产党的谴责，在这篇自我检讨中，他一方面坚持认为毛泽东的《矛盾论》特别是毛泽东对"主次矛盾"的区分具有"重大的理论价值"，另一方面又指出虽然《矛盾论》具有重要的理论价值，但是当时的中国错误地将帝国主义而不是资本主义当作主要矛盾，因此中国对《矛盾论》的运用是错误的，换句话说，阿尔都塞通过部分地退让、承认中国对《矛盾论》的运用不当从而表示了继续效忠法国共产党的国际主义路线的决心，但是同时又不减损他对毛泽东的矛盾观点具有"真正的马克思主义本质"和具有重要的理论价值的坚持。[①] 尤为值得注意的是，无论遭受到何种指责和攻击，阿尔都塞始终坚持认为毛泽东辩证法思想具有重要的理论价值，或者更具体地说，坚持认为毛泽东辩证法的若干范畴对他自身的理论建构具有重要的理论价值。巴利巴尔也指出，阿尔都塞当然不可能这么天真，他不会不知道在中苏分裂的形势下，作为法国共产党成员引用毛泽东、称颂毛泽东的哲学天分所带来的影响，但是巴利巴尔认为，不能把阿尔都塞引用《矛盾论》仅仅归结为战术上的考虑，或者

---

① Gregory Elliott, *Althusser: The Detour of Theory*, London: Verso, 2006, pp.18–19, pp.168–169, p.346; Julian Bourg, "Principally Contradiction: The Flourishing of French Maoism", in *Mao's Little Red Book: A Global History*, Alexander C.Cook ed., New York: Cambridge University Press, 2014, p.237.

仅仅归结为把赌注押在当时在法国共产党内仍是不怎么知名的、也不够正统的毛泽东身上而去挑战法国共产党机器的内在张力，他更愿意相信阿尔都塞所要强调的是一个共产主义知识分子能够并且应该完全自由地把一切能够获得的理论（包括"毛泽东主义"）的"好处占为己有"。①

至此，以上各种证据均指向这样一个结论：虽然不能完全排除阿尔都塞借用毛泽东的声誉来获得某种政治姿态的可能性——如有研究认为阿尔都塞在《保卫马克思》和《读〈资本论〉》中与毛泽东思想保持一致，是为了"弥补"在公开场合对法国共产党效忠造成的负面影响，从而继续在党内外保持他的革命的资格（revolutionary credentials），②但是阿尔都塞在三十多年间不断地思考和引用毛泽东思想，首先而且主要应该是由于阿尔都塞坚信毛泽东思想对马克思主义理论的发展特别对他自身思想的生成和建构具有某种关键性的、无以替代的理论作用。因此，仅仅将其归于一时一地的政治原因恐怕远非客观和深刻。更准确地说，尽管如前所述阿尔都塞的理论建构不能仅仅被理解为理论的自我增殖和自我指涉，而要注意到它始终指向现实政治，也即作为"哲学家"的阿尔都塞总是同时也是作为"共产主义者"的阿尔都塞，但是，阿尔都塞实现其政治关怀的路径却始终是理论的或哲学的。故此我们可认为，阿尔都塞对毛泽东思想的接受，应该是主要作为"哲学家"身份的阿尔都塞，与被他视为马克思主义经典作家的毛泽东在哲学和理论意义上的深刻关联与复杂共生。因此，唯有将毛泽东思想的"理论价值"究竟是以什么路径、在哪些方面、在何种程度介入了阿尔都塞自身的理论建构抽丝剥茧、鞭辟入里地加以显露和澄清，方可真正还原阿尔都塞接受毛泽东思想的过程，方可真正呈现作为理论家的阿尔都塞与作为理论家的毛泽东是如何在阿尔都塞的理论构建中展开深层次的理论对话的真实图景，而这正是本论著的主要任务。

具体说来，以下章节将分别就毛泽东思想与阿尔都塞的辩证法思想与意识形态理论之间的复杂联系展开论述。在此基础上，还将试图厘清毛泽东思

---

① ［法］E. 巴利巴尔：《阿尔都塞与中国》，吴志峰译，《马克思主义与现实》2015 年第 4 期，第 102 页。

② Gregory Elliott, *Althusser: The Detour of Theory*, London: Verso，2006, p.222.

想通过对阿尔都塞的辩证法思想和意识形态理论的介入，从而与当代西方理论中的后结构主义、文化转向和文化研究等理论思潮之间所发生的关联。如前所述，阿尔都塞对毛泽东著述的兴趣是多方面的。之所以选取辩证法和意识形态两部分加以重点讨论，是因为通过对阿尔都塞 20 世纪 50 年代以来公开出版物的梳理，以及对其他研究材料加以梳理之后，确实发现他对毛泽东关于辩证法和关于意识形态(包括生产关系）的论述最感兴趣、谈论得最多、吸纳到他自己的理论中也最充分。这也恰好与巴利巴尔关于阿尔都塞与毛泽东思想的"两次相遇"的论述是完全对应的，巴利巴尔认为，毛泽东思想与阿尔都塞的第一次相遇是指阿尔都塞在 20 世纪 50 年代初第一次读到《矛盾论》和 60 年代初发表《矛盾与多元决定（研究笔记)》和《关于唯物辩证法（论起源的不平衡)》两个时刻，毛泽东思想与阿尔都塞的第二次相遇是指阿尔都塞于 1966 年底在《马列主义手册》匿名发表《论文化革命》，也就是说，第一次是关于辩证法思想的相遇，而第二次是关于意识形态理论的相遇。①此外，根据 Camille Robcis 对阿尔都塞的关于毛泽东思想所作的笔记的研究，这些笔记的焦点在于三个方面：关于矛盾理论、关于人道主义、关于意识形态。②其中，（反）人道主义又是贯穿了阿尔都塞辩证法思想和意识形态理论的一个核心的论战目标。故此，Camille Robcis 的研究也完全符合上述关于辩证法思想和意识形态理论是阿尔都塞与毛泽东思想产生交集的最主要的两个方面的判断。

---

① ［法］E. 巴利巴尔：《阿尔都塞与中国》，吴志峰译，《马克思主义与现实》2015 年第 4 期，第 101—103 页。

② Camille Robcis，"'China in Our Heads'：Althusser, Maoism and Structuralism"，*Social Text*，Vol.30, No.1, 2012, p.59.

第二章 "毛泽东主义"与阿尔都塞的
辩证唯物主义理论（一）

在理解阿尔都塞的历史唯物主义和意识形态理论的诸种角度之中，阿尔都塞的意识形态理论与中国及与毛泽东思想的联系是一个不容忽视和错失的关键角度。阿尔都塞接受和转化毛泽东思想的理论结果正是"毛泽东—阿尔都塞问题域(Mao-Althusser problematic)"的生成[①]，它既涵盖着"过度决定"、"主导结构"等阿尔都塞辩证唯物主义的若干关键范畴和命题，也涵盖着"生产关系优先性"、"意识形态实践"、"群众意识形态革命"等阿尔都塞历史唯物主义的若干关键范畴和命题。本书将从上述两方面展开论述。

"一个重大的理论体系（a major theoretical *system*）在法国共产党的组织框架之中第一次得到了清晰的阐述，即使是它最坚定的反对者也承认这个理论体系的力量和原创性。"[②] 在佩里·安德森关于阿尔都塞理论的评价中，值得注意的是他关于阿尔都塞理论的"体系"性的强调。然而，阿尔都塞的理论是否构成一个"体系"？ 20 世纪 60 年代《保卫马克思》与《读〈资本论〉》时期的阿尔都塞与 20 世纪七八十年代彻底转向偶然的／相遇的唯物主义(matérialisme aléatoire /matérialisme de la rencontre）的阿尔都塞之间存在着显而易见的区别。实际上，某种内生性的紧张关系从 20 世纪 60 年代开始就存在于

---

① Liu Kang, "The Problematic of Mao and Althusser: Alternative Modernity and Cultural Revolution", *Rethinking Marxism*, Vol.8, Issue 3, 1995, p.2. 刘康：《毛泽东和阿尔都塞的遗产：辩证法的问题式另类现代性以及文化革命》，田立新译，《湖南科技大学学报》（社会科学版）2005 年第 6 期，第 27 页。

② Perry Anderson, *Considerations on Western Marxism*, London & New York: Verso, 1979, p.38.

阿尔都塞的理论"体系"之中。例如，在"过度决定（surdétermination）"概念与"结构因果律（causalité structurale）"概念之间、在《保卫马克思》中的不同篇什之间、在《保卫马克思》与《读〈资本论〉》之间，均存在着某种微妙而意味深刻的紧张关系。与此同时，阿尔都塞的理论又确实应被视为一个具有相对连贯性的"体系"，这是因为，经常被视为阿尔都塞后期才彻底迈出的偶然的／相遇的唯物主义转向，实际上在他的 20 世纪 60 年代的公开出版物与未公开写作之中就已潜伏了草蛇灰线。此外，阿尔都塞对辩证唯物主义的反思和重塑，又根本地关联于他对西方共产主义政党路线、西方工人运动和无产阶级革命方向的重新考量。只有将阿尔都塞的辩证法置于辩证法与革命、辩证法与政治实践的直接对应关系之中思考，才能理解阿尔都塞对马克思主义辩证唯物主义的所作的一系列改造的根本意图。那么，毛泽东思想是如何介入阿尔都塞的这个充满张力的理论"体系"之中并与之产生"对话"的？阿尔都塞对中国革命的复杂现实所作的特定理解和想象，与他对辩证唯物主义的重构之间又有何关系？以下章节力图回答上述问题。

第一节 "结构"与"形势"

早在 20 世纪 50 年代初，阿尔都塞已经注意到《矛盾论》对完全更新马克思主义哲学的理解和教学以及克服教条主义和形式主义所可能具有的价值，不过，阿尔都塞对于《矛盾论》的公开运用却在十年之后。① 所谓"十年之后"，是指除了在 1953 年发表的《论马克思主义》中浮光掠影地提及或援引了毛泽东及《矛盾论》之外，阿尔都塞是在 20 世纪 60 年代发表的一系列论著特别是 1962 年发表的代表作《矛盾与多元决定（研究笔记）》及 1963 年发表的《关于唯物辩证法（论起源的不平衡）》之中真正开始公开、深度运用和阐发毛泽东的理论文本。那么，毛泽东的理论文本及革命

---

① ［法］E. 巴利巴尔：《阿尔都塞与中国》，吴志峰译，《马克思主义与现实》2015 年第 4 期，第 101 页。

中国所深度介入的阿尔都塞 20 世纪 60 年代的理论文本是连贯而一致的吗？毛泽东的理论文本及革命中国又是怎样通过阿尔都塞 20 世纪 60 年代的理论文本延伸到他的后期写作之中的？

目前一般公认，在 1966—1967 年之间，阿尔都塞的理论演进发生了根本性转折。根据阿尔都塞的学生马舍雷的证言，1967 年之后阿尔都塞就开始解构（deconstructing）他自身构建的连贯一致的体系，这并不是说要去摧毁这个体系，而是"试图发展它的各种内在矛盾（develop its internal contradictions）"。① 这就指认了这样一个事实：在 1965 年《保卫马克思》和《读〈资本论〉》等论著发表后不久，阿尔都塞立刻对他的这些被争议性地归为"结构主义马克思主义（structural Marxism）"② 的相关论著作出了反思，而且这种反思是"解构"性的。阿尔都塞的另一位学生巴利巴尔也认为，早在 1968 年巴黎"五月风暴"事件之前，阿尔都塞就已经开始对自己的哲学进行"根本的改写"，进入一个自我批评时期，他抛弃了结构主义、"认识论断裂"等概念，力图为理论"赋予一种直接得多的政治性"。③ 那么，阿尔都塞的 1966—1967 年的理论转折从何而来？马舍雷的所谓的"各种内在矛盾"指的是什么？巴利巴尔等人在 1994 年提出了一个颇有说服力的观点，即阿尔都塞的辩证法思想在《保卫马克思》时期就存在着某种张力：一方面是以结构的复杂性（the complexity of the structure）为名的，对简单的、表现性的"总体性"加以批判的"真正的结构主义（truly structualist）"维度的阿尔都塞，以《关于唯物辩证法（论起源的不平衡）》一文为代表；另一方面是以各种形势的独一性（the singularity of the conjunctures）为名的，强调"具体情况具体分析"的、列宁主义的甚至是马基雅维利主义维度的阿尔都塞，以《矛盾与多元决定（研究笔记）》一文为代表，这种未解决的张力

---

① James H. Kavanagh and Thomas E. Lewis, "Interview with Étienne Balibar and Pierre Macherey", *Diacritics*, Vol.12, No.1, 1982, p.46.

② 以所谓"结构主义马克思主义"来命名阿尔都塞的理论写作实际上具有较大的争议性和误导性，这与"结构主义"一词的多义性以及阿尔都塞对"结构"的独特理解有关。笔者将在后文对此作出详细说明。

③ [法] E. 巴利巴尔：《阿尔都塞与中国》，吴志峰译，《马克思主义与现实》2015 年第 4 期，第 99 页。

比较隐晦，在当时未被察觉，由此也产生了两种对阿尔都塞辩证法思想的解读倾向：即"形势的阿尔都塞主义者（Althusserians of the Conjuncture）"和"结构的阿尔都塞主义者（Althusserians of the Structure）"。① 巴利巴尔等人将"结构"与"形势"分别聚焦于《关于唯物辩证法》和《矛盾与多元决定》两篇论文是否准确尚可争议，但以"结构"和"形势"之间的张力作为对阿尔都塞辩证法思想体系中从一开始就存在着的某种"内在矛盾"态势的概括应是可行的。根据巴利巴尔的上述论断，可以说同时存在着"形势的阿尔都塞"与"结构的阿尔都塞"，以及相应地，同时存在着两种对阿尔都塞的解读，或者说两种阿尔都塞主义（者）。从"结构"与"形势"的张力之中去理解阿尔都塞的辩证法思想，已成为西方阿尔都塞研究中具有共识性的重要视角。例如，格雷戈里·艾略特（Gregory Elliott）在《爱丁堡大陆哲学百科全书》的阿尔都塞辞条部分，就指出在"优先考虑具有独一性的各种'形势'（singular 'conjunctures'）的阿尔都塞主义"以及"优先考虑不变的各种'结构'（invariant 'structures'）的阿尔都塞主义"之间，存在着未解决的张力。②

为清晰起见，有必要简略界定何为"结构"、何为"形势"。根据本·布鲁斯特整理的《阿尔都塞术语汇编》，"形势"（conjoncture / conjuncture）③ 指的是矛盾被过度决定且力量处于制衡的一种状态，这正是政治策略必须要加以实施的时刻，这个术语类似于列宁的"当下时刻（current moment）"这个概念；"结构"（structure/structure）在阿尔都塞的理论中一般有两种用法，其一指的是与上层建筑相对应的经济结构（这显然不是巴利巴尔所指的"结构的阿尔都塞主义者"中的"结构"，笔者注），"结构"的另一个含义指的是与黑格尔主义的总体相对立而言的，马克思主义的总体所具有的无中心

---

① Étienne Balibar, Margaret Cohen and Bruce Robbins, "Althusser's Object", *Social Text*, No.39, 1994, p.166.

② Gregory Elliott, "The Cunning of Concepts: Althusser's Structural Marxism", *The Edinburgh Encyclopedia of Continental Philosophy*, Simon Glendinning, ed., London & New York: Routledge, 1999, p.546.

③ Conjoncture/conjuncture 在中译本中普遍被译为"形势"，如以下译本：[法] 路易·阿尔都塞：《保卫马克思》，顾良译，商务印书馆 2010 年版；[法] 路易·阿尔都塞、艾蒂安·巴里巴尔：《读〈资本论〉》（第二版），李其庆、冯文光译，中央编译出版社 2017 年版；陈越编：《哲学与政治：阿尔都塞读本》，吉林人民出版社 2003 年版，等等。

的，或说"去中心"（decentered）的结构，另外，虽然这个结构是去中心的，但阿尔都塞仍强调经济最后归根到底将起到决定作用。① 本书正是在上述意义上讨论这两个概念。

"结构"与"形势"并不是二元对立的两个范畴。尽管"形势的阿尔都塞主义"侧重从偶然的和具体的境况中以"形势"的角度思考辩证法，而"结构的阿尔都塞主义"则侧重考虑趋势和总体性，着重以"结构"的角度思考辩证法，但"形势"与"结构"这二者更类似于"横看成岭侧成峰"之中的岭、峰之别，其差异固然有之，它们始终从属于阿尔都塞的辩证法思想这同一座山脉，而不可彼此割裂。巴利巴尔对阿尔都塞辩证法理论中的"形势"与"结构"两个方面所作的区分，也并不是要将阿尔都塞的理论机械地切割为彼此疏离的两个部分，而是以此来描述阿尔都塞辩证法思想中共时存在着的、相互区分但又互为纠葛的两种倾向、两种趋势或者说两种维度。巴利巴尔可能意识到了他对阿尔都塞理论所作的结构／形势的区分易被误解为二者的二元对立，因此他在1996年版的《保卫马克思》的前言中做了补充说明。巴利巴尔明确说明了此前被他指认为分别代表着"形势"的《矛盾与多元决定》和代表着"结构"的《关于唯物辩证法》并不互相排斥，"前者（《矛盾与多元决定》）是从思考事件的角度得到多元决定的，后者（《关于唯物辩证法》）是从趋向和周期性的角度得到多元决定的，……问题的解决肯定不在于试图去选择一种角度而反对另一种角度，相反，更应该是认出在《保卫马克思》和其结构概念中，存在着历史性（作为张力的）问题特别紧密的联结——如果不是决定性的——或者存在着这两种角度的相互性本身。"② 后来巴利巴尔再次说明，"结构的阿

① Ben Brewster, "Glossary", in Louis Althusser, *For Marx*, Ben Brewster tr., London & New York: Verso, 2005, p.250; pp.254—256. 陈越老师还指出，阿尔都塞的"形势"概念来自马克思《资本论》的"世界市场的行情（Konjunktur）"和列宁、葛兰西的政治分析传统，特别是列宁关于十月革命前夕"形势"或"当前时机"等情况的分析被阿尔都塞当作"'矛盾与过度决定'的经典范例。"参见陈越：《编译后记：阿尔都塞与我们》中有关论述，载陈越编：《哲学与政治：阿尔都塞读本》，吉林人民出版社2003年版，第548—549页。

② ［法］埃迪安·巴利巴尔：《1996年重版前言》，关群德译，载［法］路易·阿尔都塞：《保卫马克思》，顾良译，商务印书馆2010年版，第12页。

尔都塞主义"和"形势的阿尔都塞主义"之间的张力是对同一个问题的回应，二者绝不是类似自然与自由、存在与事件这样的二元本体论。①

根据巴利巴尔的上述阐述，这一方面就意味着，区分"结构的阿尔都塞主义"与"形势的阿尔都塞主义"以及承认二者之间的差异性、张力关系是必要的，而且必须要将这二者的区分贯穿于对阿尔都塞理论演进的过程之中，否则就难以把握阿尔都塞理论自身特殊的"连贯性"。沃伦·蒙塔格（Warren Montag）在巴利巴尔区分"结构的阿尔都塞主义"与"形势的阿尔都塞主义"观点的基础上，进一步指出这两种趋势之间的冲突是驱动阿尔都塞思想不断向前的矛盾的辩证法动力，且这种冲突不存在最终解决的任何可能。② 这与上述格雷戈里·艾略特对阿尔都塞两种维度或趋势之间张力的"未解决"性的论断是一致的。这两种维度或趋势之间的共在性、冲突性正是阿尔都塞理论的"连贯性"所在。另外，根据巴利巴尔的如上阐述，"结构的阿尔都塞（主义）"与"形势的阿尔都塞（主义）"之间之所以存在某种张力关系正是因为它们处理的是同一个问题（如在《保卫马克思》中的辩证法问题）——若非处理同一个问题则根本不会存在二者之间因切入角度不同而导致的紧张关系，由此，"结构"与"形势"就不可能是二元对立关系，甚至在相当程度上，二者具有某种同一性。巴利巴尔再三声明"结构"和"形势"绝不是对立关系，而是一组互惠关系（reciprocal）的术语，形势正是结构的某个短暂瞬间或是结构在其接续性阶段的某种过渡，因为结构也正是不可预计的各种形势的连续，形势仅仅是被结构的某种安排所决定的。③ 由此可见，结构不是外在于形势的结构，而是由形势构成的结构，形势不是外在于结构的形势，而是由结构所造成的形势。值得注意的是，阿尔都塞的"结构"并不是存在于表层的、形势的各种变动之下的某种不变的、深层的形

---

① Étienne Balibar, "Une rencontre en Romagne", Louis Althusser, *Machiavel et nous*, Paris: Editions Tallandier, 2009, p.19.

② ·Warren Montag, *Louis Althusser*（Transitions）, New York: Palgrave Macmillan, 2003, p.133.

③ Étienne Balibar, "Structural Causality, Overdetermination, and Antagonism", *Postmodern Materialism and the Future of Marxist Theory: Essays in the Althusserian Tradition*, Antonio Callari, David F.Ruccio ed., Wesleyan University, 1996, p.115.

式。① 换言之，"结构"与"形势"并不是一般结构主义意义上的类似表层结构/深层结构的这样二元对立关系。诚如巴利巴尔所反思的，不应在18、19 世纪的那种经典的分期论模式的思路中去运用阿尔都塞的"过度决定"概念，也即将"过度决定"概念运用于一个结构朝向另一个结构的过渡或转换的分析之上 ②，这正是因为"结构"与"形势"不是互为对立、互为替代的关系。

根据巴利巴尔等人提出的上述关于"结构的阿尔都塞（主义者）"与"形势的阿尔都塞（主义者）"的阐述，那么以 1966—1967 年为界的所谓阿尔都塞思想前后期的转折的根源，就应追溯至其 20 世纪 60 年代初期著作内部的"结构"与"形势"的张力之中。由此就将马舍雷提出的以 1967 年为界的"解构"说大为提前了：与其说是 1967 年之后的阿尔都塞"解构"了1967 年之前的阿尔都塞，不如说"结构"与"形势"这两个方面及其紧张关系其实在阿尔都塞的辩证法思想诞生之初，就已经同时孕育和生成。故此，与其将阿尔都塞在 1966—1967 年发生的思想转折看作一种历时性的突变或前/后期的区分，不如将"结构"与"形势"看作阿尔都塞理论发端之初就具有的两种共时性的倾向。这也就意味着，只有始终在"结构"与"形势"的张力之中或者说在"结构"与"形势"的滑动之中，才能更好地体认阿尔都塞关于"结构"的思考的复杂性，反之亦然。这还意味着，必须要将阿尔都塞在 20 世纪 60 年代理论写作中的一系列概念看作是一个有机的、互文的、同时存在着"结构"与"形势"两种倾向的概念群落来看待，例如，应始终在与"结构因果律"概念的关系之中去解读"过度决定"概念，而不是孤立地看待它们中的任意一者。此外，阿尔都塞偶然相遇的唯物主义转向的根源，也应追溯至他 20 世纪 60 年代初期的《保卫马克思》等理论文本之中。目前已有研究发现，阿尔都塞的偶然相遇的唯物主义转向实际上肇始于 1960 年代中期。G.M. 戈什格瑞恩（G.M.Goshgarian）在

---

① Vittorio Morfino, "The Concept of Structural Causality in Althusser", *Crisis & Critique*, 2015, Vol.2, Issue 2, p.107.

② Étienne Balibar, "Structural Causality, Overdetermination, and Antagonism", *Postmodern Materialism and the Future of Marxist Theory: Essays in the Althusserian Tradition*, Antonio Callari, David F.Ruccio ed., Wesleyan University, 1996, p.115.

阿尔都塞1966年夏天的笔记中找到了一个有力佐证：阿尔都塞在其中已经提及他构思着一种"相遇的理论（theory of the encounter）"，戈什格瑞恩认为，这段笔记是目前为止唯一可获得的文献证据，可以证明有一股原子论的、唯名论的、偶然的—唯物主义的潜流贯穿于阿尔都塞从早期到后期的写作之中。① 戈什格瑞恩的这个发现直接将阿尔都塞后期写作回溯至他20世纪60年代中期的思考之中，从而揭示了阿尔都塞思想中一以贯之的连贯性，有力地回应了将阿尔都塞思想看作断裂性的若干阶段的那种看法。然而还需进一步追溯，因为在阿尔都塞20世纪60年代写作中的"过度决定"、"形势"等概念与他后期的偶然相遇的唯物主义理论之间，应存在着直接的承接、对应和联系。有研究认为，阿尔都塞在20世纪60年代初期写作的《矛盾与多元决定》中所强调的"形势"在他的1980年代写作中得到了复现，并由此发展出一种"相遇的唯物主义，或者说是'形势'的唯物主义"。② 这也就意味着，不应将阿尔都塞后期偶然相遇的唯物主义转向视为某种绝对的断裂，而是应将其至少回溯至他1960年代初期的《保卫马克思》等论著之中加以讨论。如果说阿尔都塞从1960年代的辩证唯物主义写作，到20世纪七八十年代逐渐走向对辩证唯物主义的重建，并最终转向偶然相遇的唯物主义，则该转变仍要回溯至其

---

① G.M.Goshgarian, "Introduction", in Louis Althusser, *The Humanist Controversy and Other Writings*（*1966–1967*）, Francois Matheron ed., G.M.Goshgarian tr., London & New York: Verso, 2003, p.xvii; G.M.Goshgarian, "The Very Essence of the Object, the Soul of Marxism and Other Singular Things: Spinoza in Althusser 1959–67", in *Encountering Althusser: Politics and Materialism in Contemporary Radical Thought*, Katja Diefenbach, Sara R. Farris, Gal Kirn, Peter D. Thomas, ed., London & New York: Bloomsbury, 2013, p.107. "偶然相遇的唯物主义"可用来总括阿尔都塞在不同时期以相近但稍有差异的术语命名［如"偶然的唯物主义（matérialisme aléatoire）"、"相遇的唯物主义（matérialisme de la rencontre）"］。该"相遇的理论"在1982年被阿尔都塞重新命名为"偶然的唯物主义"（*Encountering Althusser: Politics and Materialism in Contemporary Radical Thought*, Katja Diefenbach, Sara R. Farris, Gal Kirn, Peter D. Thomas, ed., London & New York: Bloomsbury, 2013, p.90）。

② Gregory Elliott, "The Cunning of Concepts: Althusser's Structural Marxism", in *The Edinburgh Encyclopedia of Continental Philosophy*, Simon Glendinning ed., Routledge, 1999, p.546.

1960 年代以来的写作之中处理"结构"与"形势"关系的功过得失之中加以考虑。

　　毛泽东的理论文本以及革命中国的现实，正是在"结构的阿尔都塞"与"形势的阿尔都塞"的张力之中，介入阿尔都塞重塑马克思主义辩证唯物主义的理论历程之中并与之发生思想对话的。这也正是为什么毛泽东的辩证法思想不仅与侧重形势的阿尔都塞的"过度决定"、"形势"、"压缩"/"转移"等概念相关，同时也与侧重结构的阿尔都塞的"结构"、"主导结构"等概念相关。同时，如上所述，由于阿尔都塞后期的偶然相遇的唯物主义与他的早中期思想中的"形势"概念倾向存在着强烈的关联，那么毛泽东辩证法思想与"形势的阿尔都塞"的对话，还应成为解读阿尔都塞逐渐走向后期思想演进的一把重要钥匙。此外，由于阿尔都塞理论在"结构"与"形势"之间的滑动，阿尔都塞得以吊诡地同时与结构主义和后结构主义①、现代性与后现代性保持相关性。蒙塔格指出，"结构"和"形势"的张力使得在阿尔都塞理论之中体现后现代主义与现代主义、理性主义与非理性主义的对立，而阿尔都塞理论可以被用于对这些对立双方的任何一方的辩护。② 相应地，毛泽东辩证法思想也奇异地经由阿尔都塞的中介，而汇流于西方结构主义、后结构主义的衍生之中。以下章节正是从这些方面展开阐述。

---

① 尽管如前所述阿尔都塞本人极其反对被归类于"结构主义"，但是人们时常还是将他视为"结构主义马克思主义"的代表人物。此外，"结构主义"与"后结构主义"本身就是一对难题性范畴。法国理论中很少用"后结构主义"这个概念，"结构主义"一词在法国理论中本身就具有批判意识形态、人道主义、主体性、中心、稳定的意义和形而上学等意思，"后结构主义"这个概念其实是经过了美国学术界的建构而反过来回到法国知识界的一个概念。(Camille Robcis，"'China in Our Heads'：Althusser, Maoism and Structuralism", *Social Text*, Vol.30, No.1, 2012, p.67, note 10.) 此外，"后结构主义"一词也并非指某个连贯一致的哲学教义，而是主要起源于美国学术界的，试图囊括德里达、福柯、德勒兹、利奥塔、拉康等形形色色法国哲学家思想的一个术语。(Bensmaïa, Réda, "Poststructuralism", Kritzman, Lawrence ed., *The Columbia History of Twentieth-Century French Thought*, Columbia University Press, 2005, pp.92–99) 本书仍沿用"后结构主义"一词，旨在突出阿尔都塞与他同时代的、后来被命名为"后结构主义"的理论家之间在理论立场上的平行、暗合与共振。

② Warren Montag, *Louis Althusser*（Transitions）, New York: Palgrave Macmillan, 2003, p.133.

第二节 "毛泽东主义"与阿尔都塞的黑格尔主义
批判及"过度决定"论

阿尔都塞对于毛泽东辩证法思想的兴趣首先是来自阿尔都塞坚定地认为它与黑格尔辩证法有着鲜明而断然的区别。① 阿尔都塞"保卫马克思"的工作在 20 世纪 50 年代就已经展开。保卫马克思，在阿尔都塞所处的理论语境中，首先是从当时的法国理论界特别是法国共产党内部盛行的黑格尔主义手中夺回和保卫马克思。如前所述，1952 年毛泽东的《矛盾论》在法国共产党官方刊物《共产主义手册》上首次翻译发表，阿尔都塞 1953 年发表的《论马克思主义》一文就引用了《矛盾论》。在这篇论文中，阿尔都塞严厉地批判黑格尔的《精神现象学》存在着教条主义的、图式化的、先验的辩证法思想，并对仅仅用"颠倒说"来区分马克思主义与黑格尔主义的不同表示了强烈不满，即马克思绝不仅仅是简单地颠倒黑格尔主义的辩证法、汲取其合理内核而创立了马克思主义的辩证唯物主义，阿尔都塞认为，马克思、恩格斯所做的工作绝不仅是"颠倒"黑格尔的辩证法，更是力图详细说明以及定义辩证法的各种规律或原则，努力去除其最初的各种定义中的形式主义因素，值得注意的是，谈到这里，阿尔都塞立刻指出毛泽东的"最新文本"《矛盾论》中的两个新观点："主要矛盾"和矛盾的"主要方面"，它们也试图详细说明矛盾这个概念的具体结构，而此前的矛盾概

---

① 必须要指出的是，将毛泽东思想置于黑格尔理论的对立面，是阿尔都塞基于自身特定理论视域以及反黑格尔主义的理论需要而得出的结论。毛泽东思想与黑格尔主义的关系仍是一个尚存争议的问题。例如，与阿尔都塞认为毛泽东思想与黑格尔毫无关联的观点恰好相反的是，诺曼·莱文指出毛泽东的《矛盾论》深受"黑格尔化的列宁主义"也即列宁的《哲学笔记》的影响，1936 年代中共理论界以《黑格尔伦理学大纲》为标题翻译出版了列宁的《哲学笔记》的部分章节，毛泽东第一时间就阅读了该书，因而可以说黑格尔主义的思想通过列宁的《哲学笔记》"涌向了"毛泽东，故此诺曼·莱文认为，毛泽东的辩证法正是"成功地复活了马克思主义传统中的黑格尔主义因素"（参见尚庆飞：《国外学者关于毛泽东〈矛盾论〉的复调式解读——从〈辩证法的内部对话〉与〈保卫马克思〉的分歧谈起》，载《现代哲学》2006 年第 4 期，第 4 页）。

念太抽象了。① 阿尔都塞在这篇论文中实际上"预告"了十年后的《保卫马克思》多篇论文中的重要观点，例如，阿尔都塞对"颠倒说"的反思后来发展为《保卫马克思》中的认识论断裂、问题域（problématique）② 等概念，从而将马克思主义辩证法与黑格尔主义辩证法划清界限，而这篇论文将毛泽东辩证法作为批判黑格尔主义辩证法的理论资源的做法在《保卫马克思》中更是得到了淋漓尽致的体现。

从这最初的对《矛盾论》的解读中，可以看到阿尔都塞立刻辨识出了毛泽东的"主次矛盾"和矛盾"主次方面"等范畴所蕴含着的对批判黑格尔辩证法和发展马克思主义辩证法所具有的巨大理论能量。对阿尔都塞来说，毛泽东的辩证法思想是保卫马克思的理论武器，但首先是批判黑格尔主义的最重要的理论武器之一。阿尔都塞有意地将毛泽东置于黑格尔主义的对立面，似乎将"要么黑格尔，要么毛泽东（Hegel or Mao）"作为当下仅有的选项加诸读者。③ 阿尔都塞和他的学生们在最初读到《矛盾论》的时候，他们就已达成共识，认为毛泽东的矛盾论是对辩证唯物主义的重铸（une refonte du matérialisme dialectique），与黑格尔完全无关，特别是毛泽东的理论中没有阿尔都塞极为厌恶的黑格尔主义辩证法的那些规律。④ 阿尔都塞在《保卫马

---

① Louis Althusser, "On Marxism", in *The Spectre of Hegel: Early Writings*, G.M. Goshgarian tr., London & NY: Verso, 1997, pp.248–249.

② 巴什拉（Gaston Bachelard）在其 1949 年著作 *Le Rationalisme appliqué* 中提出"问题域（problématique）"概念，连同其 1934 年著作 *La formation de l'esprit scientifique* 中提出的"认识论断裂（rupture épistémologique）"概念，对阿尔都塞提出马克思早期著作与后期著作存在"认识论断裂"等重要论断有直接影响。一般认为，"问题域（problématique/problematic）"概念是指文本或话语中所假定的一系列理论概念的构型（configuration），"问题域"界定了"各种问题的'领域'（'field' of questions）"也即规定了哪些问题会被提出、对问题的解答将以什么形式给出，"问题域"还同时意味着对某些问题的"排斥"，也即使某些问题不可被思以及某些对象不可见（参考 Ted Benton, "Problematic", William Outhwaite ed., *The Blackwell Dictionary of Modern Social Thought*, 2003, pp.524–525）。该术语在汉语学界的译法有"总问题"、"问题式"、"难题性"、"问题域"等，考虑到"problématique"的确关乎问题领域的移置以及相应的显豁与遮蔽，本文从"问题域"译法，但在引用相关中译本文献时，仍遵从原译本译法。

③ Warren Montag, "Althusser's Lenin", in *Diacritics*, Vol.43, No.2, 2015, p.55.

④ Étienne Balibar, "Althusser et Gramsci: entretien avec Étienne Balibar", http://revueperiode. net/althusser-et-gramsci-entretien-avec-etienne-balibar/, 8 September, 2016.

克思》的篇什中更是反复强化毛泽东的辩证法思想与黑格尔之间的断裂性，如认为"这个小册子（《矛盾论》）的基本概念如主要矛盾和次要矛盾、矛盾的主要方面和次要方面、对抗性矛盾和非对抗性矛盾、矛盾发展的不平衡规律等，在黑格尔著作中都是无从找到的"①，或指出"……在马克思的《政治经济学批判导言》（1857 年）和在毛泽东的论文（1937 年）中找不到这些黑格尔范畴(如异化、扬弃等)的丝毫痕迹，也就不会感到奇怪的了。"②因此，毛泽东辩证法对于阿尔都塞的价值，首先就在于它能精准地动摇和打击阿尔都塞的心腹大患：黑格尔主义及其辩证法。那么，阿尔都塞所称的黑格尔主义到底指的是什么？为什么要批判黑格尔主义？为什么要尤为批判黑格尔主义的辩证法思想？为了清晰地辨认出"毛泽东主义"进入阿尔都塞思想的具体路径，必须首先彻底厘清以上问题。同时，只有还原"毛泽东主义"究竟是在什么样的理论形势中进入阿尔都塞的思想中，才能有力地阐明为什么恰好是毛泽东的辩证法思想可以成为阿尔都塞批判黑格尔主义的最重要的理论武器。

一、黑格尔主义批判及"通过毛泽东来阅读马克思"

马克思的《1844 年经济学哲学手稿》经由列菲弗尔（Henri Lefebvre）在 1933 年左右译介到法国，引发了关于"青年马克思"以及马克思与黑格尔继承关系的讨论。1933 年到 1939 年亚历山大·科耶夫（Alexandre Kojève）开设关于黑格尔《精神现象学》的课程，直接开启了法国黑格尔主义（French Hegelianism）的复兴。法国黑格尔主义是黑格尔思想在法国生成的一种黑格尔主义的变体。经过一个世纪在法国理论舞台上的消失之后，20 世纪 30 年代复兴的法国黑格尔主义尤为强调苦恼意识、主奴辩证法，以及变形了的黑格尔辩证法，对法国存在主义、法国黑格尔主义倾向的马克思

---

① ［法］路易·阿尔都塞：《矛盾与多元决定（研究笔记)》，载［法］路易·阿尔都塞：《保卫马克思》，顾良译，商务印书馆 2010 年版，第 81 页，注释 1。

② ［法］路易·阿尔都塞：《关于唯物辩证法（论起源的不平衡)》，载［法］路易·阿尔都塞：《保卫马克思》，顾良译，商务印书馆 2010 年版，第 194 页。

主义思想产生了重大影响。① 阿尔都塞开展他的马克思主义理论工作的直接的知识语境就是回应法国黑格尔主义的影响，特别是二战之后它在法国马克思主义中的影响。威廉·刘易斯（Williams S. Lewis）将阿尔都塞理论对话或理论论战的对象追溯为 1945 年之后法国马克思主义三大主要派别：其一是法国共产党的所谓"官方"的马克思主义，二战之后，法国共产党全面支持斯大林主义，并将之作为证明自身领导性政治地位合法性的依据，尤为坚持只有工人阶级政党才有能力引导资本主义社会向共产主义社会的辩证性的转变；其二是黑格尔主义倾向的马克思主义（Hegelian Marxism），其代表人物如奥古斯特·科尔纽（Auguste Cornu）等极为赞同列菲弗尔从黑格尔主义角度对马克思主义所作的解读，列菲弗尔认为马克思的方法论来自黑格尔的《逻辑学》中的辩证法，而马克思的异化理论来自黑格尔的《精神现象学》中对人类意识的一般历史的描述，马克思本质上就是黑格尔左翼，因此他们强调马克思主义主要是一种关于人类异化的理论，从而弱化和忽略了阶级斗争的作用；其三是存在主义马克思主义（Existentialist Marxism），这种流派同样受到黑格尔主义的影响，特别是受到了科耶夫和伊波利特（Jean Hyppolite）对黑格尔主义的解读思路的影响，尤为注重黑格尔《精神现象学》中关于自我意识、个人意识的部分，将自我意识与黑格尔辩证法的发展联系起来，历史就成为个人实现其本质和自由的过程，与第二种流派不同之处在于，存在主义马克思主义的代表萨特（Jean-Paul Sartre）反对将意识作为社会结构的产物的观点，而特别强调意识作为本体论意义上的存在。② 后两种显然与法国黑格尔主义思潮有着明显联系，此外如果考虑到阿尔都塞所称的"黑格尔主义"实际上暗指斯大林主义，那么其实第一种即法国共产党的所谓官方的马克思主义也与阿尔都塞所批判的"黑格尔主义"息息相关。因此，若非大破无以大立，阿尔都塞要"保卫马克思"，首先必须从理论上肃清上述流派的马克思主义背后共同的黑格尔主义源头。

---

① Robert Sinnerbrink, *Understanding Hegelianism*, London & New York: Routledge, 2014, p.125.

② Williams S. Lewis, *Louis Althusser and the Tradition of French Marxism*, Maryland: Lexington Books, 2005, pp.126–142.

那么，在阿尔都塞的理论语境中，"黑格尔主义"到底所指为何？必须承认，如佩里·安德森所说，阿尔都塞与科莱蒂（Lucio Colletti）一样，把除了他们自己以外的所有其他体系无差别地归入一个单一的哲学阵营并把它看作完全由黑格尔派生而来、因而受到了黑格尔的污染，他们还都声称唯有他们自己的著作才与马克思再次直接联结。① 因此，阿尔都塞所称的"黑格尔主义"无疑具有一定程度的泛化攻击，甚至自树假想敌的成分。他的"黑格尔主义"在理论上当然主要与黑格尔思想有关，但是不能完全等同于黑格尔思想本身。此外，阿尔都塞所抨击的"黑格尔主义"还带有强烈的选择性解读的倾向。巴迪欧（Alain Badiou）就曾一针见血地指出，阿尔都塞与他的论敌萨特其实都对《逻辑学》中的唯物主义的黑格尔熟视无睹。② 因此，与他的论敌一样，阿尔都塞实际上也陷入了重《精神现象学》而轻《逻辑学》的法国黑格尔主义的窠臼。此外，阿尔都塞所谓的"黑格尔主义"还带有强烈的政治隐喻色彩。由于阿尔都塞选择了留守在法国共产党内部的这条道路，因此，虽然他获得了与国内工人阶级保持名义上的一定程度的接触的机会，代价却是不能对任何重要的政治问题发表独立声明，除非以最为玄奥的形式出现(the most oracular form)。③"黑格尔"、"黑格尔主义"在阿尔都塞的理论中正是这种最为玄奥的形式的体现。杰姆逊曾指出"（阿尔都塞的）黑格尔其实是代指斯大林的暗号（code word）"④。阿尔都塞对"黑格尔主义"的批判实际上还暗含了他对苏联、对斯大林主义，同时也是对为斯大林主义背书的法国共产党及其路线的不满和批判。故而，阿尔都塞理论中的"黑格尔主义"固然以黑格尔思想为基础和主体，但同时又是他出于自身理论的便利性需要而建构的一种带有一定程度泛化和变形的黑格尔思想。阿尔都塞所抨击的黑格尔主义，实质上应被理解为"阿尔都塞主义"理

---

① Perry Anderson, *Considerations on Western Marxism*, London & New York: Verso, 1979, p. 70.

② [法] 阿兰·巴迪欧：《黑格尔在法国》，谢晶译，载 [法] 阿兰·巴迪欧：《巴迪欧论张世英（外二篇）》，孙向晨编，谢晶等译，上海三联书店 2016 年版，第 9 页。

③ Perry Anderson, *Considerations on Western Marxism*, London & New York: Verso, 1979, p. 44.

④ Fredric Jameson, *The Political Unconscious: Narrative as a Socially Symbolic Act*, London & New York: Routledge, 2002, p. 22.

论视域中的黑格尔主义。① 本书作者对"黑格尔主义"的一切讨论，也正是针对阿尔都塞所理解的"黑格尔主义"而言的，与黑格尔主义本身并不能完全等同。

那么，到底为什么阿尔都塞要反对"黑格尔主义"？以及，为什么保卫马克思就必须要反对"黑格尔主义"？阿尔都塞在 1963 年发表的《关于唯物辩证法（论起源的不平衡）》中指出："如果说黑格尔关于社会总体性的理论从来不构成某种政治的基础，如果说不存在和不可能存在黑格尔的政治，这绝不是一种偶然。"② 阿尔都塞之所以拒斥黑格尔主义，其原因不仅仅是理论的，更是政治的，也即他认为黑格尔主义辩证法所直接对应和召唤的对社会总体性的认知或想象、对历史发展动力和方向的安置和规划存在重大缺陷，因而不能导向政治实践、不能引发社会变革。阿尔都塞在十多年后的 1975 年"亚眠答辩"中的现场演说更清晰地阐明了这个观点。阿尔都塞将这个国家博士论文的答辩现场变为一场令人震惊的长篇演说。他指出如果不是苏共二十大，如果不是赫鲁晓夫对于斯大林主义的批判以及随之而来的自由化，他根本不会写作任何论著，因此他的论战目标非常明确：他就是要反对法国共产党知识分子内部的那些人道主义的胡言乱语，那些虚弱的关于自由、劳动或异化的论著；他的目的也非常明确，他要开启第一个关于斯大林主义的左翼批判，以便为西方的革命工程注入一些实质内容，因此对他来说，哲学就是战场，有前线、有壕沟、有堡垒、有边界；他曾经用黑格尔去攻击笛卡尔的堡垒，然后他又用斯宾诺莎作为武器去攻击黑格尔，他甚至承认自己在引用的时候总显得十分粗糙，但是这并不是问题的关键，因为最紧要的事情是要转变理论的方向、批判主流的观念，从而为全新的政治思想打开通路。③ 将哲学作为"战场"，这是穿透阿

---

① 马舍雷、巴利巴尔都指出，"没有所谓的阿尔都塞主义的理论，阿尔都塞是马克思主义者，他不是'阿尔都塞主义者'"。参见 James H. Kavanagh and Thomas E. Lewis, "Interview with Étienne Balibar and Pierre Macherey", *Diacritics*, Vol.12, No.1, 1982, pp.46—47. 尽管如此，仍有很多研究将阿尔都塞对于马克思所作的具有鲜明特色的理论阐述和建构称为阿尔都塞主义。在这里，借用该词是为了更好地阐明阿尔都塞理论中的黑格尔主义的特定所指。

② ［法］路易·阿尔都塞：《保卫马克思》，顾良译，商务印书馆 2010 年版，第 200 页。

③ "News: Doctor Althusser etc.", in *Radical Philosophy*, Issue 12, 1975, p.44.

尔都塞理论写作意图的一个重要比喻。阿尔都塞直言不讳自己在引用时的粗疏——这当然也包括了前文所述的阿尔都塞的"黑格尔主义"所具有的泛化和变形等特征，但最重要的是反击黑格尔主义，因为阻碍全新的政治思路形成的障碍正是黑格尔主义。需要补充的是，阿尔都塞攻击黑格尔堡垒的武器除了斯宾诺莎，还有弗洛伊德—拉康理论，还有列宁主义，并且当然还有毛泽东思想。

那么，为什么黑格尔主义阻碍了"全新的政治思路"的形成？为什么"不存在也不可能存在"黑格尔主义的政治？这就需要进一步深化阐明黑格尔主义所关联的若干种理论倾向。格雷戈里·艾略特（Gregory Elliott）曾指出，理解阿尔都塞的最好方式之一就是通过他所反对的那些理论倾向来反观阿尔都塞，他因此将阿尔都塞式的马克思主义的特点总结为：反经验主义（anti-empiricism）、反人道主义（anti-humanism）、反历史主义（anti-historicism）、反经济主义（anti-economism）。① 以上四种阿尔都塞所竭力抨击的"主义"恰好基本覆盖了他的主要论敌——法国官方马克思主义、法国黑格尔主义倾向的马克思主义、法国存在主义马克思主义等——的理论脉络。例如，在阿尔都塞看来，法国官方马克思主义恪守经济主义、斯大林主义、人道主义、历史主义；人道主义和历史主义又是法国黑格尔主义倾向的马克思主义和法国存在主义马克思主义的理论根基。

同时，以上四种阿尔都塞所竭力抨击的"主义"又均与黑格尔主义——至少是阿尔都塞所理解的黑格尔主义——有着深刻勾连。其中，"人道主义"在阿尔都塞的理论中主要指的是费尔巴哈和青年马克思著作（尤其以马克思《1844年经济学哲学手稿》为代表）中的将"人类本质"或人类的自我实现看作是全部历史过程和历史目的的"主体"的观点，而马克思成熟时

---

① Gregory Elliott, *Althusser: The Detour of Theory*, London & Boston:Brill, 2006,p.38, 369. 目前多数中译本将阿尔都塞的 anti-humanisme 译为反人道主义，本书也从这种译法。实际上阿尔都塞的人道主义批判包含了深刻的反人本主义、反人类中心论、反人类本质主义和主体性批判维度，而并非对一般意义上的"人道主义"的批判。此外，李其庆老师在《读〈资本论〉》中译本译序中，将阿尔都塞对马克思主义的理解归纳为反经验主义、反还原主义、反历史主义、反人道主义(参见 [法] 路易·阿尔都塞、艾蒂安·巴里巴尔：《读〈资本论〉》(第二版)，李其庆、冯文光译，中央编译出版社2017年第2版，第11—15页)，Elliott 对阿尔都塞的上述总结与李其庆老师的总结具有一致性。

期著作所展示的作为科学的历史唯物主义正是反人道主义的。① 在阿尔都塞看来，"经济主义"和"人道主义"看似南辕北辙实则殊途同归。阿尔都塞指出，斯大林主义所倡导的经济主义的进化论只是一种颠倒了的黑格尔主义，不过是用"物质"取代了黑格尔主义的"绝对理念"而已。② 至于在法国共产党内部盛行的人道主义，则不过是将科耶夫的黑格尔主义与青年马克思著作杂糅在一起，将科耶夫的人类学的黑格尔主义解读染上了一层马克思主义的光晕，改造成了人（Man）走向共产主义的叙事。③ 因而，诚如阿尔都塞在《读〈资本论〉》中所指出的，如果从理论的问题域的角度来看，如果不考虑其政治形态和目标，人道主义和历史主义的唯物主义实际上都回到了第二国际的经济决定论和机械论解释的基本理论原则之中。④ 因此，在阿尔都塞看来，对马克思主义的"经济主义"或"人道主义"的理解，实际上都重复了黑格尔的"绝对理念"的自我实现的逻辑，只不过分别将"绝对理念"替换为了物质／经济或人（Man）而已。阿尔都塞从来都不是只反对"人道主义"或者只反对"经济主义"，他始终反对的是"人道主义加上经济主义"，因为"人道主义"与人类主体的意识有关，"经济主义"与人类主体的需求有关。⑤ 因此，二者有着强烈的内在共通性。巴利巴尔反复指出，阿尔都塞认为经济主义和人道主义的结合正是占统治地位的资产阶级意识形态的特征，有些人甚至以此为名，预言资本主义和社

---

① 对阿尔都塞所批判的"人道主义"的定义参考了以下资料：Ben Brewster, "Glossary", in Louis Althusser, *For Marx*, Ben Brewster tr., London & New York: Verso, 2005, pp.251–252; Ted Benton, *The Rise and Fall of Structural Marxism: Althusser and His Influence*, New York: St. Martin's Press, 1984, p.60.

② Louis Althusser, *Philosophy of the Encounter: Later Writings, 1978–87*, Oliver Corpet and Francois Matheron ed., G.M.Goshgarian tr., London: Verso, 2006, p.254.

③ Simon Choat, *Marx Through Post-Structuralism: Lyotard, Derrida, Foucault, Deleuze*, Bloombury Academic, 2010, p.22.

④ Louis Althusser, Étienne Balibar, *Reading Capital*, tr., Ben Brewster, London: NLB, 1970, p.138.[法] 路易·阿尔都塞、[法] 艾蒂安·巴利巴尔：《读〈资本论〉》，李其庆、冯文光译，中央编译出版社 2001 年版，第 158 页。

⑤ Étienne Balibar, Margaret Cohen and Bruce Robbins, "Althusser's Object", in *Social Text*, No.39, 1994, p.165.

会主义将会"合流"。① 因此，"人道主义"与"经济主义"归根到底都是西方主体哲学的不同镜像，对它们的批判与阿尔都塞一以贯之的对主体哲学的批判是相一致的。

阿尔都塞所批判的"历史主义"，在阿尔都塞的理论中主要指的是俄国十月革命之后广为流传的对马克思主义的一种阐释方式，以卢卡奇、柯尔施、葛兰西、科莱蒂、萨特等人为代表，其特点是线性的时间观，以及相应地历史被看作某个当下的自我意识的表现：如卢卡奇强调的革命无产阶级的阶级意识、如葛兰西强调的统治阶级的有组织的意识形态、如萨特强调的人类"实践"，等等，因此，阿尔都塞所说的历史主义是一种试图在具体的历史过程之上强加以某种哲学图式的努力，由于提前设定了历史的变化的过程和目的，因而历史目的论（historical teleology）可被认为是历史主义的主要思想。② 阿尔都塞在《马克思主义不是历史主义》一文中特别针对葛兰西的历史主义进行了详尽批判。阿尔都塞批判葛兰西将马克思主义的本质概括为"绝对的历史主义"的观点，指出葛兰西的历史主义实际上是对第二国际的科学主义的谬误所做的过度补偿而导致的另一重谬误，即不加批判地追随了黑格尔的线性目的论，以及其对于时间和历史的同质化的理解。③ 需要补充的是，阿尔都塞在这一时期对葛兰西的批判存在着意味深长的误读。④ 佩里·安德森指出，阿

---

① ［法］E. 巴利巴尔：《阿尔都塞与中国》，吴志峰译，《马克思主义与现实》2015 年第 4 期，第 98 页。

② 对"历史主义"的定义参考了以下资料：Ben Brewster, "Althusser Glossary", in Louis Althusser, Étienne Balibar, *Reading Capital*, tr., Ben Brewster, London: NLB, 1970, p.134; Ted Benton, *The Rise and Fall of Structural Marxism: Althusser and His Influence*, New York: St. Martin's Press, 1984, pp.59–60.

③ Stefan Kipfer, "City, Country, Hegemony: Antonio Gramsci's Spatial Historicism", in *Gramsci: Space, Nature, Politics*, Michael Ekers, Gillian Hart, Stefan Kipfer and Alex Loftus ed., Wiley-Blackwell, 2013, p.84. ［法］路易·阿尔都塞、［法］艾蒂安·巴利巴尔：《读〈资本论〉》，李其庆、冯文光译，中央编译出版社 2001 年版，第 134—164 页。

④ 阿尔都塞对葛兰西理论的态度是较为复杂的，并不局限于《保卫马克思》《读〈资本论〉》中对"历史主义"的葛兰西的批判。随着阿尔都塞后期写作相关文献的逐步浮现，目前得到公认的是，除了阿尔都塞"意识形态国家机器"概念与葛兰西"领导权（hegemony）"概念的密切联系，阿尔都塞对马基雅维利的阐释与葛兰西在《现代君主论》中对马基雅

尔都塞实际上把卢卡奇、柯尔施、葛兰西、萨特、科莱蒂等混为一谈，统一归为所谓的"历史主义"的不同形式，而阿尔都塞认为所谓"历史主义"就是以下这些观点构成的一种意识形态：认为社会是一种循环的"表现"的总体，历史是线性时间的同质性的流动，哲学不过是历史过程的自我意识，阶级斗争是集体的"各主体"的斗争，共产主义是超越了资本主义异化的真正的人道主义，等等，而阿尔都塞认为上述论点中的大部分都来源于黑格尔。① 此外，杰姆逊指出，历史主义应被理解为阿尔都塞的一个"政治密码（political code）"，代指列宁的帝国主义理论、斯大林对社会主义和共产主义的区分、考茨基以及各种社会民主主义的关于历史发展的图式。② 正因为"人道主义"与"历史主义"的理论底色都带有黑格尔主义的逻辑，阿尔都塞特别警告，要尤为注意人道主义与历史主义的结合，因为所谓的"历史主义的人道主义"将把历史变成"人的本质的转化形势"，生产关系、政治的和意识形态的社会关系就被归结为"人类关系"的历史化，而这就使马克思的思想倒退为 18 世纪的意识形态。③

至于阿尔都塞所反对的第二国际的"经验主义"，实际上也带有黑格尔主义哲学的目的论色彩。④ 至此可以说，阿尔都塞所主要反对的几种主要理论倾向都与黑格尔主义——准确说是与阿尔都塞所理解的黑格尔主义——有不同程度的关联。而阿尔都塞的所谓"不可能存在"黑格尔主义的政治以及

维利所作的阐释也有着直接的继承关系。比起通常的描述，或者比起阿尔都塞所显著地表露出来的态度，阿尔都塞实际上对葛兰西是相当赞同的（Ross Speer, "The Machiavel-lian Marxism of Althusser and Gramsci", in *Décalages*, Vol.2, Iss.1, 2016, article 7, p.14）。

① Perry Anderson, *Considerations on Western Marxism*, London & New York: Verso, 1979, pp.69–70.

② Fredric Jameson, *The Political Unconscious: Narrative as a Socially Symbolic Act*, London & New York: Routledge, 2002, p.12.

③ [法] 路易·阿尔都塞、[法] 艾蒂安·巴利巴尔：《读〈资本论〉》，李其庆、冯文光译，中央编译出版社 2001 年版，第 160 页。

④ Brian O'Boyle and Terrence McDonough, "Epistemological Problems and Ontological Solutions: A Critical Realist Retrospective on Althusser", in *Sraffa and Althusser Reconsidered: Neolibralism Advancing in South Africa, England, and Greece*, Paul Aarembka ed., Emerald Group Publishing Limited, 2014, p.159.

黑格尔主义在政治上的危害，实际上是运用黑格尔主义这一"暗号"，直接指向苏联及第二国际以及法国共产党等西方工人阶级政党臣服于这些与黑格尔主义有着密切联系的错误理论倾向而导致的政党路线的僵化和教条化以及政治上的无所作为。

由此，对所谓黑格尔主义的批判，也就能够同时打击上述若干种错误理论倾向。有研究者用"稻草人"来比喻黑格尔主义在阿尔都塞理论中的作用，认为"黑格尔主义"实际上在阿尔都塞的理论中就等于经济主义加人道主义。[1] 这种说法可能有失偏颇。因为如果说阿尔都塞仅仅简单地将"黑格尔主义"等同于经济主义或人道主义，那么阿尔都塞所做的工作也就无非流于只针对一时一地的、个别"主义"的口舌之争。毋宁说，阿尔都塞在"黑格尔主义"中找到了某种足以同时穿透经济主义、人道主义、历史主义、经验主义等错误理论倾向的命门。在阿尔都塞看来，对这些错误倾向在理论上的拨乱反正，可同时动摇斯大林主义、"异化"论等当时法国官方马克思主义、法国黑格尔主义的马克思主义、法国存在主义马克思主义和斯大林主义的理论根基。可以说，在阿尔都塞 1950 年代和 1960 年代开展其理论工作的具体"形势"中，黑格尔主义成为了阿尔都塞清算当时若干马克思主义错误倾向的突破口。实际上，在 1960 年代中期黑格尔仍能牢牢地占据了知识界的议程，或者说黑格尔在二战后持续成为法国知识界的中心议题，很大程度上恰恰是拜阿尔都塞及其学生对黑格尔多年以来的激烈攻击所赐。[2] 也就是说，黑格尔主义的持续不断的"问题化"，恰恰是由阿尔都塞及其学生刻意经营而来。为什么要持续多年仍牢牢揪住黑格尔主义不松手？这正是因为在阿尔都塞及其学生对黑格尔主义所作的"问题化"的建构之中，"黑格尔主义"得以与各种错误的马克思主义倾向之间发生着上述犬牙交错的联动关系，故而在阿尔都塞保卫马克思的理论工程中居于极为重要的战略地位。在阿尔都塞看来，为了保卫马克思，最紧迫的前提条件首先是必须要扫清黑格尔主义的残余。只有彻底肃清这些错误的

---

[1] Simon Clarke, *One Dimensional Marxism: Althusser and the Politics of Culture*, Allison & Busby, 1980, p.91.

[2] Michael Kelly, "The Post-War Hegel Revival in France: A Bibliography Essay", *Journal of European Studies*, Vol.13, No.51, 1983, p.213.

马克思主义理论倾向背后的黑格尔主义的理论根源，才能正本清源，才能真正保卫马克思。

　　至此，初步厘清了阿尔都塞批判的究竟是什么黑格尔主义、为什么要批判黑格尔主义，特别是为什么批判黑格尔主义成为阿尔都塞保卫马克思的重要前提条件。正是在这种特定的理论路径中，毛泽东思想尤其是毛泽东的辩证法思想成为阿尔都塞清算马克思主义中的黑格尔主义倾向的重要理论武器，从而也成为阿尔都塞纠偏人道主义、经济主义、历史主义、经验主义等错误倾向以及与法国共产党官方马克思主义、法国黑格尔主义倾向的马克思主义、法国存在主义马克思主义展开理论论战的重要理论武器。在具体的时代形势之中，这个武器重要到什么程度呢？正是因为毛泽东既不是葛兰西那样的历史主义者，也不是斯大林那样的教条主义者，故而阿尔都塞认为通过毛泽东这个人物可以避免历史主义和重建辩证唯物主义。① 言其重建辩证唯物主义，是因为如前所述，阿尔都塞认为无论是葛兰西的历史主义还是教条主义倾向的斯大林主义都与黑格尔主义有着这样或那样的关联，而恰恰是毛泽东辩证法思想能够超越西方马克思主义以及苏联马克思主义的窠臼（即无论如何仍与黑格尔主义传统保持着这样或那样的联系、无论如何始终仍然在黑格尔主义的基础上构想辩证唯物主义），因而能够真正促成马克思主义的辩证唯物主义的重建和新生。此外，对黑格尔主义辩证思想的批判又与对黑格尔主义的线性的、目的论的历史主义批判密不可分。因为黑格尔主义倾向的马克思主义者总是相信辩证法具有基督教天意（Christian Providence）的特征，在其中矛盾的出现仅仅是为了立刻被解决；他们还相信历史总有一个终点，各种事件的进程总是温柔地引导人们毫无危险也毫无意外地走向这个终点；他们深信辩证法能克服所有难题，还认为资产阶级总能自动产生自己的掘墓人，相信新世界已经在旧世界的子宫中等

---

① 　Étienne Balibar, "Althusser et Gramsci: entretien avec Étienne Balibar", http://revueperiode. net/althusser-et-gramsci-entretien-avec-etienne-balibar/, 8 September 2016.

待降生。① 因此,在阿尔都塞看来,黑格尔主义在政治上不可能有所作为

---

① "News: Doctor Althusser etc.", in *Radical Philosophy*, Issue 12, 1975, p.44. 需要指出的
是,阿尔都塞对于黑格尔主义的态度是较为复杂的。约翰·格兰特考察了阿尔都塞1947
年的博士论文《论黑格尔思想中的"内容"》,发现阿尔都塞在其中将黑格尔视为优于
马克思的一位哲学家,因为马克思将"劳动"视为历史的"起源(origin)",而黑格尔
的辩证法则相反,没有任何既定的思想内容构成黑格尔辩证法的"起源"。(John Grant,
*Dialectics and Contemporary Politics: Critique and Transformation from Hegel through Post-
Marxism*, London & New York: Routledge, 2011, pp.38–39.) 诺曼·莱文梳理了阿尔都
塞与黑格尔的认识论决裂的渐进过程:阿尔都塞在1947年完成博士论文之后,遭遇到
1950年开始的萨特、让·伊波利特和科耶夫掀起的黑格尔复兴,再加上当时对费尔巴
哈的人本主义的兴趣又被重新点燃,以及1956年赫鲁晓夫揭发斯大林罪状等思想、政
治形势,阿尔都塞才最终走向与黑格尔的决裂,并发动一场论证马克思与黑格尔发生
断裂的文字圣战([美]诺曼·莱文:《阿尔都塞对〈大纲〉的曲解》,李旸译,《马克思主
义与现实》2011年第1期,第21页)。故此不难理解,为什么在1963年的《关于唯
物辩证法(论起源的不平衡)》中阿尔都塞对黑格尔的哲学进行了猛烈批判,认为它是
"关于简单本原的异化的所谓原始哲学(及其所包含的各种概念)的意识形态神话(du
mythe idéologique d'une philosophie de l'origine et de ses concepts organiques /the ideological
myth of a philosophy of origins and its organic concepts)",从而是一种与马克思主义对立
的起源的哲学或"原始哲学"(参见 Louis Althusser, *Pour Marx*, Paris: La Découverte,
2005, p.203; Louis Althusser, *For Marx*, Ben Brewster tr., London & New York: Verso,
2005, p.198; [法]路易·阿尔都塞:《保卫马克思》,顾良译,商务印书馆2010年版,
第193页)。但是,颇有意味的是,在1968年发表的《论马克思与黑格尔的关系》一
文中,阿尔都塞又认为,在黑格尔的辩证法的目的论本质中,在起源中已经存在着目
的,因此"……在黑格尔中没有起源,也……没有任何开端",阿尔都塞甚至指出,黑
格尔的逻辑是德里达称为"涂抹(rature)"概念的第一个形式,尽管他立刻又给予一个
限定性判断,即黑格尔的"涂抹"即是辩证的、目的论的否定之否定。(Louis Althusser,
Politics and History: Montesquieu, Rousseau, Hegel and Marx, Ben Brewster tr., London:
NLB, 1972, p.184) 另外,也正是在1975年发表的《在哲学中成为马克思主义者是简
单的吗?》即亚眠答辩中,阿尔都塞还指出,马克思与黑格尔非常接近的是,他(和黑
格尔一样)都坚持拒绝每一种关于起源(the Origin)和主体(the Subject)的哲学,参
见 Louis Althusser, "Is it Simple to be a Marxist in Philosophy?", in Louis Althusser, *Essays
in Self-Criticism*, Grahame Lock tr., London: NLB, 1976, p.178。有研究者指出,阿尔都塞
在《论马克思与黑格尔的关系》这篇论文之中一反他之前的论述,认为将目的论从黑格
尔之中消除是可能的,以便可以从黑格尔的文本中提炼出无主体的过程或无目的(*telos*)
的过程概念(Warren Montag, "Hegel, *sive* Spinoza: Hegel as His Own Other", in *Be-
tween Hegel and Spinoza: A Volume of Critical Essays*, Hasana Sharp and Jason E. Smith ed.,
London & New York: Bloomsbury, 2012, p.89)。上述研究实际上佐证了前文所论述内
容,即阿尔都塞的"黑格尔主义"在相当程度上不能完全等同于黑格尔主义本身,而是

与其历史主义特别是历史目的论密不可分，而它的历史目的论的根源又在于它在辩证法和社会总体的理论构架上出现了致命的问题。阿尔都塞正是要通过颠覆已经沦为天意论的黑格尔主义辩证法和已经消泯了革命必要性和紧迫性的黑格尔主义历史目的论，通过廓清和重申马克思主义辩证法区别于黑格尔主义辩证法的特殊性，来鼓舞和重振西方社会工人运动和无产阶级革命的发生。在阿尔都塞看来，恰恰是在毛泽东辩证法之中，蕴含着突破黑格尔主义的历史目的论陷阱、激发西方社会变革的能量。

正是由于辩证法与革命、辩证法与政治实践的直接对应性，如果说批判黑格尔主义是阿尔都塞保卫马克思的最重要前提，则批判黑格尔主义的辩证法则成为阿尔都塞清算黑格尔主义的首要任务。在阿尔都塞看来，回到马克思、保卫马克思的重要路径之一正是借由毛泽东的理论文本，也即，通过毛泽东来阅读马克思（Reading Marx through Mao）①。阿尔都塞借助毛泽东的理论文本来反观和凸显马克思主义辩证法（之于黑格尔主义辩证法）的特殊性的意图是非常明确的。在《读〈资本论〉》中，阿尔都塞指出要在对马克思主义的"最深刻的总问题的揭示和生产"、在"马克思主义辩证法的直接的政治存在"之中去阅读马克思主义辩证法的特殊理论形式，也正是在上述原则和要求之下，阿尔都塞提出"要把毛泽东于 1937 年写的《矛盾论》看作政治实践中的马克思主义辩证法结构的反思描述。"② 这就是说，要通过毛泽东《矛盾论》去重新把握马克思主义辩证唯物主义的本质特征及其直接对应的政治实

出于阿尔都塞自身的理论斗争需要而建构的一种"阿尔都塞主义"视域中的"黑格尔主义"，由此，阿尔都塞在论述黑格尔思想时在各种文本之间表现的某种不一致性也就可以理解了。无论是抨击黑格尔主义是起源论和目的论的哲学也好，还是试图从黑格尔主义提炼出无主体和无目的过程概念也好，如何解读"黑格尔主义"显然更多地与阿尔都塞理论写作在某种具体形势中的便利性有关。

① 学者 Greene 提出"通过毛泽东阅读阿尔都塞（reading Althusser through Mao）"（Doug Enaa Greene, "Reading Althusser through Mao", https://zh. scribd.com/document/269315655/Reading-Althusser-Through-Mao）此处借用了 Greene 的句式，强调阿尔都塞通过毛泽东辩证法的棱镜重新观照马克思辩证法。当然，在经由毛泽东辩证法思想去阅读马克思的同时，阿尔都塞也经由斯宾诺莎、弗洛伊德、马基雅维利等去阅读马克思，并在其后期写作中走向偶然相遇的唯物主义。

② ［法］路易·阿尔都塞、［法］艾蒂安·巴利巴尔：《读〈资本论〉》，李其庆、冯文光译，中央编译出版社 2001 年版，第 26 页。

践及革命路径规划。阿尔都塞在《矛盾与多元决定（研究笔记）》的文末，表示通过"不平衡性"或"多元决定性"这个马克思主义矛盾的特殊性从而认识到了"马克思主义辩证法本身"①，那么，阿尔都塞抵达"马克思主义辩证法本身"的理论旅程，以及通过揭示马克思主义辩证法本身的特殊性从而开启了新的革命思路，则正是毛泽东的辩证法思想在其中起到了至关重要的作用。

那么，毛泽东及其辩证法理论，或者更准确地说，阿尔都塞对毛泽东辩证法思想所作的解读和发挥，究竟是怎样介入和参与了阿尔都塞对黑格尔主义的批判的呢？巴利巴尔给出了初步的线索，他指出，阿尔都塞在《关于唯物辩证法（论起源的不平衡）》这篇作为阿尔都塞第一哲学的"基石"的论文中，认为毛泽东是以下两种思想的"持有人甚至是发明人"，而这两种思想标志着与马克思主义中的黑格尔遗产的"断裂"：一是"关于一个社会总体（主要是社会历史的总体，如 1917 年的俄国、30 年代的中国、60 年代的法国）的各构成部分的复杂性的思想，这种复杂性不能化约为一个简单而唯一的原则或某种本质的表达"；二是"关于构成一切发展或过程的不平衡性的思想，这种不平衡性使得矛盾的加剧带来的不是'超越'，而是'转移'、'凝缩'和'决裂'"。② 然而，这些线索仍失之简略，需要继续追问的是：究竟是毛泽东的辩证法的哪些范畴、哪些原理与阿尔都塞的批判黑格尔主义的理论工程发生了契合？毛泽东的辩证法在阿尔都塞的解读中又得到了什么样的延伸和拓展？在和毛泽东的辩证法思想对话的过程中，阿尔都塞创造出哪些新的范畴和概念？诸如此类的重重问题，促使下面的讨论必须要沿着这些线索继续深入追索下去，直至努力还原其中的细部事实。

二、"毛泽东主义"与"过度决定论"

值得注意的是，在《矛盾与多元决定（研究笔记）》的第六个注释中，阿尔都塞在其 20 世纪 60 年代公开出版物中第一次援引了毛泽东的《矛盾

---

① ［法］路易·阿尔都塞：《保卫马克思》，顾良译，商务印书馆 2010 年版，第 213 页。
② ［法］E. 巴利巴尔：《阿尔都塞与中国》，吴志峰译，《马克思主义与现实》2015 年第 4 期，第 102 页。

论》。在该注释中，阿尔都塞指出，《矛盾论》是毛泽东为与教条主义斗争而写的，其中一些基本概念如主要矛盾和次要矛盾、矛盾的主要方面和次要方面、对抗性矛盾和非对抗性矛盾、矛盾发展的不平衡规律等与黑格尔主义毫无关系。比起对注释内容的文本细读，首先需要仔细推敲的，是这个注释所嵌入其中的非同寻常的上下文语境。具体说来，这个注释是标注在这样一句话的句末："我所以说生命攸关，因为我坚信，马克思主义哲学的发展当前就取决于这一项任务。"①就注释与正文的关系来看，这是一个带有补充性质的注释，与正文形成呼应之势。在同一个段落里阿尔都塞已经指出，这个所谓对马克思主义发展来说"生命攸关"的任务，就是要区分马克思主义辩证法和黑格尔主义辩证法的"根本的不同"，换句话说，就是要彻底阐明马克思主义辩证法相对于黑格尔主义辩证法而言的"规定性"和"特有结构"到底是什么。实际上，如前所述，从 20 世纪 50 年代开始，阿尔都塞在著述中就已经在对马克思主义中的黑格尔主义遗产进行反思，到了 20 世纪 60 年代初，阿尔都塞认为这个任务已经到了极为严峻、关乎马克思主义生死存亡的程度，而他通过这个注释所暗示的，正是他认为毛泽东在当时"在法国共产党中还是一位不知名的作者，而且无论如何，人们认为他不够正统"②的思想，可以为破解这个至关重要的困局提供思路。

区分马克思主义辩证法和黑格尔主义辩证法的"根本的不同"，也就意味着必须要对所谓的"颠倒说"加以深化。马克思在写于 1873 年 1 月 24 日的《资本论》第一卷第二版跋中有过如下著名表述，"我的辩证方法，从根本上来说，不仅和黑格尔的辩证方法不同，而且和它截然相反。在黑格尔看来，思维过程，即他称为观念而甚至把它变成独立主体的思维过程，是现实事物的创造主，而现实事物只是思维过程的外部表现。我的看法则相

---

① "Je dis *vital*, car je suis convaincu que le *développement philosophique du marxisme est actuel-lement suspendu à cettetâche.*" Louis Althusser, *Pour Marx*, Paris: La Découverte，2005，p.92; "I say *vital*, for I am convinced that *the philosophical development of Marxism currently depends on this task.*" Louis Althusser, *For Marx*, Ben Brewster tr., London & New York: Verso，2005，p.93; [法] 路易·阿尔都塞：《保卫马克思》，顾良译，商务印书馆 2010 年版，第 81 页。

② [法] E. 巴利巴尔：《阿尔都塞与中国》，吴志峰译，《马克思主义与现实》2015 年第 4 期，第 102 页。

反，观念的东西不外是移入人的头脑并在人的头脑中改造过的物质的东西而已。……在他那里，辩证法是倒立着的。必须把它倒过来，以便发现神秘外壳中的合理内核。"① 阿尔都塞在《论青年马克思》中对"颠倒说"进行了详尽阐发，他指出，用头着地的人、转过来用脚走路的人，总是同一个人，也就是说，事物并不会因为位置移动而改变本质和内容，因而"颠倒说"无法完全揭示马克思对他所接触到的思想，特别是对黑格尔主义思想曾经付出的巨大劳动，以及他是如何从当时受神秘主义和异化影响最深的世界中、从这块沉重的意识形态的襁褓中挣脱出来的努力。② 因而，迫在眉睫的是彻底厘清马克思是如何改造了辩证法的内核或者说改造了辩证法的结构，而不能满足于从辩证法"含义"颠倒的角度去理解马克思主义辩证法之于黑格尔主义辩证法的关系。③

众所周知，马克思对什么是辩证唯物主义给出了以下原则："辩证法在对现存事物的肯定的理解中同时包含对现存事物的否定的理解，即对现存事物的必然灭亡的理解；辩证法对每一种既成的形式都是从不断的运动中，因而也是从它的暂时性方面去理解；辩证法不崇拜任何东西，按其本质来说，它是批判的和革命的。"④ 由于马克思给出的是这样一个大体的原则而不是某种终极性的定义，因而给后人包括给阿尔都塞留下了巨大的阐释空间。同时，由于马克思本人用"颠倒说"阐释他与黑格尔主义之间的关系，而"颠倒说"恰恰又是最不能令阿尔都塞感到满意的，因此阿尔都塞要做的正是要发明出一系列新的概念和概念群来阐明他所理解的马克思主义与黑格尔主义之间的断裂关系，在这个名义上为保卫马克思的过程中，阿尔都塞通过借助毛泽东去阅读马克思，最后实际上发展出了具有自身特点的一种马克思主义理论也即"阿尔都塞主义"。因此，正如阿尔都塞所反复言说的要区分马克思主义辩证法和黑格尔主义辩证法的"根本的不同"，应该被理解为阿尔都塞本人的理论建构，他在这个过程中所勾勒的马克思主义辩证法的样貌，实质也是"阿尔都塞主义"视域中的马克思主义辩证法的样貌，正如

---

① [德] 马克思：《资本论》（第 1 卷），人民出版社 1975 年版，第 24 页。
② [法] 路易·阿尔都塞：《保卫马克思》，顾良译，商务印书馆 2010 年版，第 61—63 页。
③ [法] 路易·阿尔都塞：《保卫马克思》，顾良译，商务印书馆 2010 年版，第 80—81 页。
④ [德] 马克思：《资本论》（第 1 卷），人民出版社 1975 年版，第 24 页。

阿尔都塞所称的黑格尔主义实质也是"阿尔都塞主义"视域中的黑格尔主义一样。

（一）黑格尔主义辩证法及其社会总体的"简单性"实质

在阿尔都塞对马克思主义辩证法所作的诸种建构之中，与"毛泽东主义"最为相关的、阿尔都塞用"毛泽东主义"这把利刃首先去剖开的正是这样一组对立关系：与马克思主义辩证法及（社会）总体（totalité/totality）的"复杂"（complexe/complex）或"复杂性"（complexité/complexity）对立的黑格尔主义辩证法及（社会）总体（totalité/totality）的"简单"（simple/simple）或"简单性"（simplicité/simplicity）。在阿尔都塞看来，马克思主义用"复杂性"的辩证法彻底改造了黑格尔"简单性"的辩证法。阿尔都塞对于马克思和黑格尔的辩证法和社会总体概念的区分，既是理论的，更是政治的。① 阿尔都塞关注的始终是为什么"黑格尔关于社会总体性的理论从来不构成某种政治的基础"、为什么"不存在和不可能存在黑格尔的政治"②，以及相应地，为什么马克思的社会总体理论可以构成某种政治的基础、为什么马克思主义的政治实践可能存在，其中根本原因，正是在于二者的辩证法构架的根本不同。本书并不力图梳理阿尔都塞理论中的"黑格尔主义"批判的全部方面和全部过程，而主要关切其中与毛泽东思想最为相关的、被阿尔都塞作为马克思主义因而也是"毛泽东主义"对立面的黑格尔主义的那些方面。具体说来，与毛泽东思想最相关的正是阿尔都塞重点抨击的黑格尔主义的总体的"简单"或"简单性"及其背后的黑格尔主义的矛盾的"简单性"。

阿尔都塞指出，"黑格尔的总体（La totalité hégélienne/The Hegelian totality）总是简单统一体（une unité simple/a simple unity）和简单本原（un principe simple/a simple principle）的异化发展（le développement aliéné/the alienated development），而这一发展本身又是观念（l'Idée/the Idea）发展的一个阶段。因此，严格地说，黑格尔的总体总是简单本原的现象（le

---

① Stephen Cullenberg, "Althusser and the Decentering of the Marxist Totality", in *Postmodern Materialism and the Future of Marxist Theory*, A. Callari and D.F. Rucciio ed., London: Wesleyan UP, 1996, p.134.

② ［法］路易·阿尔都塞：《保卫马克思》，顾良译，商务印书馆 2010 年版，第 200 页。

phénomène/the phenomenon）和自我表现（la manifestation de soi/the self-manifestation），而简单本原在其各种表现中，甚至在为恢复简单本原作准备的异化过程中，始终继续存在。"①因此，在黑格尔主义的社会总体中，千变万化的历史世界具体生活的所有因素（经济制度、社会制度、政治制度、法律制度、习俗、道德、艺术、宗教、哲学等）总是被归结为一个简单内在本原，阿尔都塞举罗马为例，在黑格尔主义中，罗马的历史、制度、危机和事业无非抽象法人的内在本原在当时的表现和破灭，这一内在本原既是以往各社会形态的本原在当时的回音，又是它自身的回音，所以它是简单的。②因而，黑格尔的总体中的所有具体的差异，包括这一总体中的各个"领域"（如市民社会、国家、宗教、哲学等）在内，总是刚刚被肯定便立即被否定，因而，作为简单本原的异化和现象，这些差异一概是"无差异的"、平等的和相同的。③在阿尔都塞看来，黑格尔主义的"总体"的"简单性"意味着差异总是必然得到消泯和扬弃。

与黑格尔主义总体的"简单性"相匹配的，则是黑格尔主义的矛盾的"简单性"。阿尔都塞认为，"黑格尔的矛盾之所以能够是简单的，只是因为构成任何历史时期本质的内在本原是简单的"，"既然某个特定历史社会（希腊、罗马、神圣罗马帝国、英国，等等）的总体，即千变万化的现象，在原则上可被*归结为*（*réduire/reduce*）一个简单内在本原（à un *principe interne simple/* to a *simple internal principle* 中文斜体为笔者根据原文所加，笔者注，下同），那么，矛盾由此而有权取得的这种简单性也就能够在历史社会中得到反映"，也就是说，黑格尔主义"把构成某个历史世界具体生活的所有因素（经济制度、社会制度、政治制度、法律制度、习俗、道德、艺术、宗教、哲学，乃至战争、战役、失败等历史事件）归结为一个统一的内在本原（la réduction de tous les elements…à *un* principe d'unité interne/this reduction of all elements…to *one* principle of internal unity）"，因而，"黑格尔的矛盾的简单性

① Louis Althusser, *Pour Marx*, Paris: La Découverte, 2005, p.209; Louis Althusser, *For Marx*, Ben Brewster tr., London & New York: Verso, 2005, p.203; [法] 路易·阿尔都塞：《保卫马克思》，顾良译，商务印书馆 2010 年版，第 198 页。

② [法] 路易·阿尔都塞：《保卫马克思》，顾良译，商务印书馆 2010 年版，第 90—91 页。

③ [法] 路易·阿尔都塞：《保卫马克思》，顾良译，商务印书馆 2010 年版，第 198—199 页。

无非是一国人民内在本原的简单性反映，即一国人民最抽象的意识形态的反映，而不是它的物质现实性的反映。"①

故此可说，根据阿尔都塞的理解，黑格尔主义的总体和辩证法是具有强烈一元论（monism）和还原论（reductionism）倾向的，这正是阿尔都塞所批判的黑格尔主义的"简单性"的实质所在。黑格尔主义是一元论的，是因为黑格尔主义始终只存在一个简单本原。阿尔都塞正是要把马克思从黑格尔的这个辩证法的一元论（dialectical monism）中拯救出来，用具体的"结构"来取代单一本原（如把绝对主体作为单一本原）。② 黑格尔主义是还原论的，是因为黑格尔的总体强调具体生活的所有因素总是向着内在统一体的唯一本原（*un* principe）的不断还原（réduction），也就是说，总体中千变万化的领域最终都归结或还原（*réduir*）为一个简单本原。如前所述，阿尔都塞的"黑格尔主义"实际上包蕴着他对当时一系列马克思主义的错误思潮（人道主义、经济主义、历史主义等）的反思，而阿尔都塞正是认为这些思潮不同程度地都具有某种一元论或还原论（如经济一元论）的倾向。例如，被阿尔都塞分别讽刺为"穷人的黑格尔主义"的经济主义和"富人的进化论"的人道主义，实际上都是还原论的图式（reductionist schemas），是黑格尔的"神正论"的世俗化版本，这些理论倾向将真实历史的复杂性预先排除了。③ 故此可进一步理解，在阿尔都塞的理论构架中，对黑格尔主义的一元论的还原论的批判，也就成为破解上述经济主义等错误倾向的关键。

对这种还原为一个简单本原的黑格尔主义的总体，阿尔都塞在《读〈资本论〉》中进一步概括为表现的总体（totalité expressive / expressive totality）。在阿尔都塞看来，在古典哲学体系中，除了笛卡尔的机械论的体系，还有莱布尼茨的旨在"说明整体对它的各个要素的作用"的"表现概念"，而莱布

① Louis Althusser, *Pour Marx*, Paris: La Découverte, 2005, p.102;Louis Althusser, *For Marx*, Ben Brewster tr., London & New York: Verso, 2005, p.103; [法] 路易·阿尔都塞:《保卫马克思》，顾良译，商务印书馆 2010 年版，第 91 页。

② 这是 Richard Macksey 的观点。参见 *The Structuralist Controversy: The Languages of Criticism and the Science of Man*（*40th Anniversary Edition*），Richard Macksey and Eugenio Donato ed., Baltimore: John Hopkins University Press, 2007, p.149。

③ Gregory Elliott, "Althusser's Solitude", in *The Althusserian Legacy*, E.Ann Kaplan and Michael Sprinker ed., London & New York: Verso, 1993, pp.22–23.

尼茨模式完全支配着黑格尔的思想，"在原则上假定他所谈到的整体可以归结为唯一的*内在性原则*（une *essence intérieure*/an *inner essence*），也就是归结为内在本质，因而整体的各个要素仅仅是内在本质的现象表现形式。……但是这个有关内在本质—外在现象（essence intérieure/phénomène extérieur; inner essence/outer phenomenon）的范畴为了能够在所有的地方和所有的时刻被用于属于上述整体的每一个现象，它要以某种整体的性质为前提，也就是要以精神整体的这种性质为前提，在这种精神整体中，每一个要素作为'整体的组成部分'都是整个整体的表现。"① 特别要注意的是，在黑格尔主义的表现的总体中，有且仅有一个"唯一的内在性原则"，或者更准确地说，有且只有唯一的一个*内在本质*（an *inner essence*）；围绕这个唯一的内在本质，形成了一种"内在本质—外在现象"的总体。因此，阿尔都塞认为以黑格尔主义的社会总体为代表的这种"表现的总体"总是设定一个根本的矛盾（a fundamental contradiction）和一个单一的本质（a single essence），而总体中的所有层次和领域都是这一个根本矛盾和这一个单一本质的表现和现象。② 简言之，黑格尔主义的总体和辩证法的"简单性"，归根结底是因为这个总体总是还原为一个根本的矛盾或一个单一的本质。在阿尔都塞看来，黑格尔主义实际上就是依赖于这样一个简单矛盾（a simple contradiction）：即黑格尔在《精神现象学》中所描述的存在离开自身的异化过程。③

那么，在政治后果上，黑格尔主义的这种社会总体思想，由于把一切社会可见领域——市民社会、国家、宗教、哲学等——都理解为理念或精神（Idea/Spirit）的表现，它们归根结底都依附于理念／精神，因此任何社会领域都不是独立的，这就导致任何的政治干预都将是无效的，而这正是黑格尔

---

① Louis Althusser, Étienne Balibar, *Lire "le Capital" II*, Paris: François Maspero, 1973, p.62; Louis Althusser, Étienne Balibar, *Reading Capital*, tr., Ben Brewster, London:NLB, 1970, pp.186–187; [法] 路易·阿尔都塞、[法] 艾蒂安·巴利巴尔：《读〈资本论〉》，李其庆、冯文光译，中央编译出版社 2001 年版，第 217 页。

② Anthony Jarrells, "Overdetermination", in *Encyclopedia of Postmodernism*, Victor E.Taylor, Charles E.Winquist ed., London & New York: Routledge, 2001,p.268.

③ John Grant, *Dialectics and Contemporary Politics: Critique and Transformation from Hegel through Post-Marxism*, Routledge, 2011, p.41.

主义总体的"政治的贫困"。① 黑格尔主义的社会总体构架之所以无法导向有效的政治实践，正是因为它使一切社会领域匍匐于一个简单本原的至高无上的地位之下。如前所述，在阿尔都塞看来，这种黑格尔主义的"政治的贫困"实际上已经影响了西方政治生活特别是西方马克思主义和工人运动的政治实践，人道主义、历史主义、经济主义等流弊丛生。黑格尔主义将所有社会领域——经济、政治、艺术、宗教等——归为一个简单本原的表现，这种还原论也"污染"了马克思主义，例如，在经济主义倾向的马克思主义中，上层建筑只是经济基础的被动的效果；在历史主义倾向的马克思主义中，所有实践都被吸收为一个共同的历史的共在之中，知识被相对化，科学的独立性被剥夺，而仅将马克思主义看作当代世界阶级意识的自我表达而不是一种客观的科学。② 虽然"简单本原"被不断替换，有时是经济、有时是阶级意识，但是黑格尔主义总体的一元论和还原论逻辑被不断复制了，相应地，社会领域的独立性也被彻底褫夺了。正如马丁·杰（Martin Jay）所指出的，黑格尔的这个简单本原或简单统一体始终是一个"精神的"（spiritual）简单本原或简单统一体，在其中，真实的、物质的各种差异（actual material differences），被以意识形态的方式"变形"（transfigured）了，但却不是真正地被"调和"（reconciled）了。③ 因而，这是一种虚假的还原和统一，也必将因此留下后患，因为社会领域的真实的、具体的差异必将迟早反噬和肢解这个虚构的简单本原本身。

在阿尔都塞看来，与黑格尔主义的社会总体和辩证法的简单性所针锋相对的，就是马克思主义的社会总体和辩证法的复杂性，具体来说，就是"过度决定"（或多元决定）或"过度决定论"（或"多元决定"论）（surdéter-

---

① Stephen Cullenberg, "Althusser and the Decentering of the Marxist Totality", in *Postmodern Materialism and the Future of Marxist Theory*, A. Callari and D.F. Rucciio ed., London: Wesleyan UP, 1996, pp.134–135.

② Norman Geras, "Louis Althusser", in *A Dictionary of Marxist Thought*, Tom Bottomore, Laurence Harris, V.G.kiernan and Ralph Miliband ed., Oxford & Malden: Blackwell, 1983, p.17.

③ Martin Jay, "Louis Althusser and the Structuralist Reading of Marx", in Martin Jay, *Marxism and Totality: The Adventures of a Concept from Lukacs to Habermas*, Berkeley & Los Angeles: University of California Press, 1984, p.406.

mination/overdetermination）及其所构思的马克思主义社会总体，正是"过度决定"（或"多元决定"）这个概念体现了马克思主义辩证法与黑格尔主义辩证法相对而言的断然分明的特殊性。正如阿尔都塞所指出的，"一切矛盾在历史实践中都以多元决定的矛盾而出现；这种多元决定正是马克思的矛盾和黑格尔的矛盾相比所具有的特殊性"。① 与关于"过度决定论"的一般讨论相比，本书更为关切的是"毛泽东主义"与"过度决定论"的对话关系：究竟毛泽东辩证法思想的哪些层面被纳入了"过度决定论"的理论构架，或者说纳入阿尔都塞的反黑格尔主义"简单性"的理论框架？阿尔都塞又对其做了哪些阐释和发挥？以"毛泽东主义"为线索是否有助于更深切地把握"过度决定论"的某些理论特质？反之亦然，以"过度决定论"为镜鉴，是否可以返照出毛泽东辩证法的某些理论特质？

阿尔都塞始终关注和强调毛泽东辩证法的"复杂性"，而阿尔都塞所阐发的毛泽东辩证法的"复杂性"又正与他所理解的马克思主义辩证法的"复杂性"息息相关。因此，极有必要首先对阿尔都塞的所谓毛泽东辩证法的"复杂性"加以辨析。在1953年发表的《论马克思主义》中，阿尔都塞就指出，毛泽东主要矛盾和矛盾主要方面的观点详细阐明了矛盾概念的具体的结构，而此前的矛盾概念太抽象了。②《论马克思主义》中的前马克思主义结构的"抽象"与马克思主义的结构的"具体"之间的对立，在《保卫马克思》中进一步发展成了前马克思主义特别是黑格尔主义的"简单"与马克思主义的"复杂"之间的对立。更重要的是，阿尔都塞认为，正是毛泽东辩证法最好地体现了什么是矛盾的"复杂性"："我们通过第一个区别③ 就一眼可以看到，这个概念直接意味着在同一过程中存在着几个矛盾（否则就不可能把主要矛盾同次要矛盾对立起来）。这就等于说存在的是一个复杂过程。……第二个区别（矛盾的主要方面和次要方面的区别）只是在每个矛盾的内部反映出过程的复杂性，也就是说，在过程中存在着多种矛盾，其中有一个是主导的矛盾，而我们必须加以研究的，正是这种复杂性。"阿尔都塞接着指出，"由此可见，过

---

① ［法］路易·阿尔都塞：《保卫马克思》，顾良译，商务印书馆2010年版，第95页。

② Louis Althusser, "On Marxism", in *The Spectre of Hegel: Early Writings*, G.M. Goshgarian tr., London & New York: Verso, 1997, pp.248–249.

③ 这里"第一个区别"指的是阿尔都塞在前文提到的毛泽东关于主要矛盾和次要矛盾的区分。

程的复杂性是这些根本区别的核心。这里，我们又触及马克思主义的一个基本要点或中心要点"。① 因此，与黑格尔主义相对立的是，在阿尔都塞看来，毛泽东的辩证法以及马克思主义的辩证法始终强调的是同时存在着多种矛盾的复杂过程。

阿尔都塞认为，黑格尔的"统一体"是"简单"的、"原始"的："这个原始统一体在把自己撕裂成两个对立面的同时实现了自己的异化，使自己成为既是自己又是他物；而两个对立面则在两重性中具有统一性，在外在性中具有内在性。……对立面的相互抽象是对原来的统一性的否定，而新的统一体从原有统一体的撕裂和异化中又对这种抽象实现了否定，从而丰富了自己的内容。于是，对立面重归统一，重建起了新的简单统一体"，因而，阿尔都塞指出，黑格尔的辩证法"完全取决于一个根本的前提条件，即简单的原始统一体（c'est-à-diretout entière suspendue à cette présupposition radicale d'uneunité originaire simple/it is completely dependent on the radical presupposition of a simple original unity）通过否定的作用在自身内部不断发展"，因而新的统一体所恢复的"无非是那个原始的统一性和简单性（cette unité et cette simplicité originaires/the original simplicity and unity）。"② 要特别注意的是，在阿尔都塞看来，马克思主义的辩证法否定的正是黑格尔的辩证法的这个"根本的前提条件"，也就是说，马克思主义的辩证法与黑格尔的辩证法的最根本的不同，就是在于不承认黑格尔的辩证法的这个前提条件：不承认黑格尔主义的这一个简单的原始统一体（une unité originaire simple）的存在、更不承认这个简单的原始统一体通过否定、异化等变化重新建立起包含有原始的统一体及其简单性的新的统一体这个过程。阿尔都塞说得非常清楚，"马克思主义抛弃了黑格尔哲学的这样一种狂妄要求，即黑格尔自称是原始的统一体，而这个过程的每个阶段上重新产生的统一体通过它的自我发展，再产生出过程的全部复杂性，自己却永远不会灭亡，永远不会丧失其简单性

---

① ［法］路易·阿尔都塞：《保卫马克思》，顾良译，商务印书馆 2010 年版，第 188 页。

② Louis Althusser, *Pour Marx*, Paris: La Découverte, 2005, p.202;Louis Althusser, *For Marx*, Ben Brewster tr., London & New York: Verso, 2005, p.197; ［法］路易·阿尔都塞：《保卫马克思》，顾良译，商务印书馆 2010 年版，第 191—192 页。

和统一性，因为多样性和复杂性始终只是用以表现其自身本质的'现象'。"①

因而，阿尔都塞抨击黑格尔矛盾的最根本之处，正是在于它的矛盾对立统一运动的根本前提条件存在致命错误，并最终恢复的是原始的"统一体"或者说原始的那个简单本原。如此，若再来细读这段表述，"《政治经济学批判导言》无非是长篇地论证了以下的论点：简单过程只存在于复杂结构之中，简单范畴的普遍存在从不是原始存在（l'existence universelle d'une catégorie simple n'est jamais originaire/the universal existence of a simple category is never original），它只是在一个历史长过程的结尾，作为一个错综复杂的社会结构的产物而出现；因而我们在现实中永远也遇不到单纯的简单性（不论是简单的本质或简单的范畴）（l'existence pure de la simplicité, qu'elle soit essence ou catégorie/the pure existence of simplicity, be it essence or category），而只是遇到复杂的、有结构的过程，只是遇到存在和'具体'。正是这个根本原则才彻底驳倒了黑格尔矛盾的母型。"②阿尔都塞所指的黑格尔主义矛盾的母型就是这种"单纯的简单性"的存在，更准确地说，是简单范畴或简单本质普遍性地作为"原始（originaire）存在"——或者也可以理解为"起源性"或"本原性"的存在——的可能。也就是说，起源或本原绝不可能是简单的或单一的③。阿尔都塞所建构的马克思主义的"复杂性"和黑格尔主义的"简单性"之间的根本对立之处，就在于是否坚持起源或本原的简单性或单一性，以及要不要回到起源或本原的简单性或单一性。这才是阿尔都塞所抨击的黑格尔主义的"简单性"的根本所在。

（二）"毛泽东主义"、矛盾的"差异"与"过度决定"论

上文之所以需要彻底理清阿尔都塞所反对的黑格尔主义的"简单性"，是因为这切实地关乎阿尔都塞引入毛泽东辩证法作为理论武器所瞄准的标靶所在：毛泽东辩证法的"主次矛盾说"、"矛盾主次方面说"、"对抗和非对抗

---

① ［法］路易·阿尔都塞：《保卫马克思》，顾良译，商务印书馆 2010 年版，第 192—193 页。

② Louis Althusser, *Pour Marx*, Paris: La Découverte, 2005, p.202; Louis Althusser, *For Marx*, Ben Brewster tr., London & New York: Verso, 2005, p.197; ［法］路易·阿尔都塞：《保卫马克思》，顾良译，商务印书馆 2010 年版，第 191 页。

③ 法文中的 simple 有"单一的"之意。

矛盾说"、"矛盾不平衡说"等针对的目标，不是别的，正是黑格尔主义的简单本原及其异化运动。

Camille Robcis 在阿尔都塞关于毛泽东辩证法思想的研究笔记中发现了这样一段重要内容：阿尔都塞认为毛泽东的"一分为二"意味着在革命意义上区分（division）是好事而不是坏事，他还这样写道，"统一体（unity）的平衡和稳定是暂时的、表面的。现象的固定性（immobility）似乎是精神（the spirit）的观点（但它对精神这个概念的形成却是必要的），而现象的固定性应该永远被质疑。一个带有单一一极的绝对（An absolute with a single pole），一个单一的核心（a single kernel），并不存在（形而上学）。它（即这个单一一极的绝对或单一的核心，笔者注）是一切错误的根源"，Robcis接着指出，从这些研究笔记看来，对阿尔都塞来说，毛泽东是一位"早期的形而上学和总体的解构主义者（an early deconstructionist of metaphysics, of wholeness）。"① 这段研究笔记揭示了阿尔都塞思考黑格尔主义及毛泽东辩证法的一些极为重要的角度。其一，阿尔都塞正是在对毛泽东辩证法的阅读和思考的过程中，将黑格尔主义的根本缺陷归结为"一个带有单一一极的绝对"、"一个单一的核心"。阿尔都塞在这段毛泽东研究笔记中直接提及了黑格尔主义的"精神"：由于"精神"总是将现象视为"固定"的，由此角度去理解"统一体"，则"统一体"的"平衡和稳定"也将被理解为恒定的，这正对应了黑格尔的新统一体将恢复旧统一体中不变的"原始的统一性和简单性"。正因为阿尔都塞在此处明确提及了黑格尔主义的"精神"概念，则可以据此推断，他在下文中提及的"一个带有单一一极的绝对"、"一个单一的核心"也应与黑格尔主义之间具有某种直接联系。考虑到如前所述，阿尔都塞对黑格尔主义的总体和辩证法最为诟病之处恰恰就在于它的"简单性"——一元论和还原论倾向、简单本原及其异化、表现的总体及其唯一的内在本质，等等，同时考虑到阿尔都塞从一开始就将他所理解的毛泽东辩证法作为黑格尔辩证法的对立面，那么这种推演可能并不是完全的

---

① 这是 Camille Robcis 在 Institut Mémoires de l'Édition Contemporaine（IMEC）查阅到的阿尔都塞关于毛泽东的研究笔记内容，并由她翻译。Camille Robcis, "'China in Our Heads': Althusser, Maoism and Structuralism", *Social Text*, Vol.30, No.1, 2012, p.60.

臆断。或者至少可以说，无论这段笔记中所谓的单一的绝对或单一的核心确切指的是什么，阿尔都塞对黑格尔主义的批判始终带有这种对"单一一极的绝对"、"一个单一的核心"的深切忧虑。更进一步说，阿尔都塞对毛泽东辩证法的关切以及他的"过度决定"概念应被视为对这种忧虑的回应、应被视为对如何避免"一个单一的核心"这个"一切错误的根源"的解决方案。既然这段笔记与毛泽东辩证法直接相关，而"过度决定"又是阿尔都塞所有理论范畴中最鲜明、最公开地与毛泽东思想具有关联的范畴之一，将二者并置加以考虑应是合理的。可以说，这段与毛泽东辩证法直接相关的笔记的发现可被理解为从侧面说明了阿尔都塞发明"过度决定"概念的初衷："过度决定"所要颠覆的，正是黑格尔主义及其"单一一极的绝对"、"一个单一的核心"。其二，阿尔都塞从毛泽东辩证法中读出了"一切错误的根源"就在于一个绝对的、单一的核心，这就与清算西方形而上学传统的后结构主义、解构主义、后现代主义等西方理论发生着惊人的暗合与共振，无怪乎研究者认为阿尔都塞将毛泽东视作"一位早期的解构主义者"，同时，正由于这种与"后学"的暗合与共振，毛泽东辩证法也经由阿尔都塞的中介汇流于西方"后学"思潮。实际上，Robcis 发现的阿尔都塞的这段关于毛泽东的研究笔记，还可与马舍雷 1976 年的《一分为二》论文加以并置阅读。在马舍雷的这篇论文中，他在阐释列宁的"一分为二"命题时，指出所谓"一（Un）"意味着"存在，逻各斯，主体（l'Être, le Logos, le Sujet）"等①，阿尔都塞还催促过马舍雷发表这篇论文②。考虑到阿尔都塞与马舍雷长期以来在理论构思上的密切关系，以及阿尔都塞对马舍雷论文的重视，阿尔都塞在其毛泽东笔记中提及的"单一一极的绝对"、"一个单一的核心"与马舍雷的"一"（存在，逻各斯，主体）应具有相当程度的一致性，或者至少可以说，在这个问题上，阿尔都塞与马舍雷所共享的是非常近似的思想语境、所针对的也是非常近似的思想对象。马舍雷将"一分为二"应用于逻各斯中心主义批判、主体性批判，以及阿尔都塞侧重从"区

① Pierre Macherey, *Histoires de Dinosaure: Faire de La Philosophie*, *1965–1997*, Paris: Presses universitaires de France, 1999, p.64.

② Philip Goldstein, *Post-Marxist Theory: An Introduction*, Albany: State University of New York Press, 2005, p.82.

分"及"未完成性"的角度去理解毛泽东辩证法，并将毛泽东辩证法置于"单一一极的绝对"的对立面，确实都已经非常近似于后结构主义的"差异哲学（philosophy of difference）"的某些立场。但是，阿尔都塞"过度决定"概念中对矛盾差异的理解和安置，与后结构主义的"差异"，同时也与毛泽东辩证法思想中的"差异"有着具体而微的区别。为了避免对阿尔都塞做出他本人所极力反对的未来完成式的解读，如根据阿尔都塞对后世的影响去解读阿尔都塞，或者用当下的经历了"后学化"浪潮的理论眼光去看待阿尔都塞，还是必须要回到阿尔都塞的历史和思想语境中去合乎情理地寻找这些研究笔记与阿尔都塞的范畴与理论之间的联系。

玛契奥琪（Maria Antonietta Macciocchi）在其在法国知识界广为流传的《革命中国的日常生活》中，为阿尔都塞关于毛泽东辩证法思想的阅读提供了另一个有趣的证词。① 根据她的回忆，在阿尔都塞尚未发表的文本中，阿尔都塞指出"差异和不平等（difference and inequality）"是主导着毛泽东思想的两个概念，玛契奥琪补充论述道，毛泽东是"以最强烈的程度感受到不同情景中的差异、不同环境的组合，以及感受到现实及其不平等的马克思主义理论家。"② 这段证词引起了很多研究者的兴趣。格雷戈里·艾略特（Gregory Elliott）在其论著《阿尔都塞：理论的迂回》中就引用了这段话，并认为"差异和不平等"的英译应为"difference"和"unevenness"即"差异和不平衡"。③虽然玛契奥琪在其非学术性的、游记性质的《革命中国的日常生活》中未能从学理层面详细说明她所看到的在阿尔都塞未发表的文本中所谓的"差异和不平衡/不平等"到底指的是什么、阿尔都塞又是在怎样一种理论语境中

---

① 玛契奥琪（Maria Antonietta Macciocchi）是意大利著名记者、政治家，与 1960 年代法国思想界最重要的人物如萨特、福柯、拉康、阿尔都塞过从甚密，她与阿尔都塞的通信结集为 *Lettres de l'intérieur du Parti*（1969 年出版）（参见 Camille Robcis，"'China in Our Heads'：Althusser, Maoism and Structuralism"，*Social Text*，Vol.30，No.1，2012，p.51；p.66）。

② Maria Antonietta Macciocchi，*Daily Life in Revolutionary China*，Kathy Brown tr.，New York：Monthly Review Press，1973，p.481.

③ Gregory Elliott，*Althusser: The Detour of Theory*，London & Boston：Brill，2006，p.135，note 144. 此外，Robert J.C.Young 在其著述 *White Mythologies: Writing History and the West*（*Second Edition*）（London & New York：Routledge，2004，p.20）也引用了 Macciocchi 的证词。

用"差异和不平衡／不平等"去总结毛泽东的思想，但无论如何这是一条不容忽视的线索。根据毛泽东《矛盾论》中的相关表述，如"他们不知道世界上的每一差异中就已经包含着矛盾，差异就是矛盾"，以及"世界上没有绝对地平衡发展的东西，我们必须反对平衡论，或均衡论"①，足可见强调矛盾的"差异"和"不平衡"本来就是《矛盾论》的核心要义，因此玛契奥琪的这段话应有一定可信度。如果玛契奥琪的这段话属实，那么这似乎刚好充实和呼应了上述阿尔都塞关于毛泽东辩证法的研究笔记中未尽之意：正是因为"差异"和"不平衡／不平等"，所以"统一体"不可能保持绝对的"均势和稳定"，因而阿尔都塞对"单一一极的绝对"、"一个单一的核心"所表达的深切忧虑，正可以被他所理解的毛泽东思想中的对"差异"和"不平衡／不平等"的强调所克服。事实上，"差异"和"不平衡／不平等"——更准确地说，是相较于黑格尔主义辩证法和社会总体的简单性而言的"差异"和"不平衡／不平等"——本来即是毛泽东辩证法与阿尔都塞的"过度决定"、与阿尔都塞对黑格尔主义的"单一的核心"的彻底批判、与阿尔都塞所竭力主张的马克思主义辩证法和社会总体思想的"复杂性"均息息相关的两个方面。而考虑到阿尔都塞所建构的马克思主义的总体是"去中心的结构"（structure décentrée）②，那么可以说，正是毛泽东辩证法所强调的"差异"和"不平衡"，帮助推动和促成了阿尔都塞所建构的马克思主义总体的"去中心化"，从而从根本上使得马克思主义的辩证法和总体最终区别于黑格尔主义的辩证法、总体及其"单一一极的绝对"、"一个单一的核心"。

为进一步阐明毛泽东辩证法与阿尔都塞的"过度决定"论和"过度决定"的总体之间的关系，还需厘清阿尔都塞"过度决定"论的其他理论来源，以便将《矛盾论》对"过度决定论"这个概念的贡献放置于该概念的全部理论来源中加以全面考察。一般认为，阿尔都塞"过度决定论"（surdétermination/overdetermination）概念受到了以下理论资源的启发：弗洛伊德精神分析学的"过度决定"概念、拉康将结构主义语言学引入精神分析学后的相关阐释、

---

① 毛泽东：《矛盾论》，《毛泽东选集》（第一卷），人民出版社 1991 年版，第 307、326 页。

② Ben Brewster, "Glossary", in Louis Althusser, *For Marx*, Ben Brewster tr., London & New York: Verso, 2005, pp.254–255.

列宁关于1917年俄国革命的分析以及毛泽东的《矛盾论》。首先，"过度决定"是直接借用自弗洛伊德的同名概念。阿尔都塞指出，"这个概念（即多元决定）并不是由我杜撰。我已经说过，这是我从两门现有的学科即语言学和心理分析学那里借来的。它在这两门学科中具有辩证的客观'含义'，在心理分析学中尤其如此。这种'含义'和这里确指的内容在形式上十分相仿，因而这不是随意的借用。"① 弗洛伊德的"过度决定"（Überdeterminierung）概念中的"Über"，对应法文"surdétermination"中的"sur"，都有"超过"的意思。② 事实上，弗洛伊德在《论失语症》中首次运用"过度决定"概念时，

① ［法］路易·阿尔都塞：《保卫马克思》，顾良译，商务印书馆2010年版，第201页。

② 对 surdétermination 这一阿尔都塞最重要的术语之一，本书从"过度决定"译法，但在援引顾良版《保卫马克思》的相关篇什时，仍遵从原译法即"多元决定"，如本书中同时出现"过度决定"与"多元决定"，则均指 surdétermination 这一概念。目前，国内研究学界对该术语的译法包括：1."多元决定"，见顾良《保卫马克思》译本。2."超决定"，见李其庆、冯文光的《读〈资本论〉》译本，如，"我以前力图用超决定概念说明这一现象，这种超决定概念是从精神分析借用来的。"（参见［法］路易·阿尔都塞、［法］艾蒂安·巴利巴尔：《读〈资本论〉》，李其庆、冯文光译，中央编译出版社2001年版，第219页）。3."过度决定"，认为"过度决定"不是多元论，因为德文中的 Über 和法文中的 sur 均是超过、过分之意，与多元论（pluraliste）毫无瓜葛（参见陈越：《编译后记：阿尔都塞与我们》中有关论述，载陈越编：《哲学与政治：阿尔都塞读本》，吉林人民出版社2003年版，第549—550页）。4."超越决定"，见俞吾金：《究竟如何理解并翻译阿尔都塞的重要术语 Overdetermination/Overdetermined ?》，俞吾金指出，overdetermination 有两个含义，一个是指超越决定的，另一个指具有多个心理决定因素或过度决定的，他认为《保卫马克思》中的该词是第一个含义，第二个含义主要适用于心理学（参见《当代国外马克思主义评论》2011年第9期，第97—104页）。5."非确定性"，认为该术语的本质是超越确定性，也即"非确定性"［见夏莹：《关于阿尔都塞的四个常识性判断的再考察》，《广西大学学报》（哲学社会科学版）2016年第5期，第15页］。6."超定"，强调不能将 surdétermination 理解为多元因素的决定，而应理解为一种创伤性的症候，且该术语最重要的根源是数学而不是精神分析（见蓝江：《症候与超定——对阿尔都塞 surdétermination 概念的重新解读》，《马克思主义与现实》2017年第6期，第98—106页）。在2、3、4、5、6译法中，译者均不同意甚至强烈反对将该词翻译为"多元决定"。本书从"过度决定"译法，主要出于以下考虑，其一，德文中的 Über 和法文中的 sur 中均有"超"、"超越"、"过度"之义。其二，阿尔都塞本人明确反对"多元论"，他指出，"断言统一体不是和不可能是原始的和普通的简单本质的统一体，并不如追求'一元论'的人所想象的那样，是为了迎合'多元论'而牺牲统一性"（［法］路易·阿尔都塞：《保卫马克思》，顾良译，商务印书馆2010年版，第196—197页）。这也正是为什么阿尔都塞后来又补充了"主导结构"、"既与的有结构的复杂整体"等概念，来形成以"过度决定"为核心的一个互为联动和"汇合"关系的概念群，以"主导结构"

这个概念明显地等同于当时兴起的信息理论中的"冗余"（redundancy）概念，弗洛伊德最初使用这个概念是为了表明，为了防止崩溃，人类讲话的防御措施似乎是被"过度决定"的，它可以经受住损失掉这个或那个因素。① 因此，"过度决定"在弗洛伊德理论中的原意就是要描述人类心理某个症候的决定因素的杂多甚至冗余。弗洛伊德在《梦的解析》中指出，"出现在梦的情感似乎是由若干来源的交汇所形成的，就梦的材料而言，（梦的情感）是被过度决定的"。② 而在拉康看来，"过度决定论"的一个非常重要的方面是它的"语义学本质的多价性"（polyvalent semantic nature），也即多重意义（a multiplicity of meanings）在一个复杂的表意系统里面竞争，因而拉康认为从

等来补充说明"过度决定"这个术语中的未尽之意，以及补偿该术语的缺陷（他本人并不满意这个术语），强调在反一元论的同时也要避免多元论。其三，surdétermination 必须与它的子概念"亚决定"（sousdétermination）（对该词的翻译本书从顾良本《保卫马克思》译法）加以并置考虑。二者都具有事物被多种因素所复杂决定的含义，区别在于后者描述的是革命没有爆发、停留在"决定"的门槛之处也就是尚未"决定"的状态（后文将继续论述此问题）。阿尔都塞通过上述两个概念，是要强调在任何社会形态中，各种矛盾总是无法清晰地彼此区分的，各种矛盾从本原上而言总是"不纯粹的（impure）"（Mikko Lahtinen, *Politics and Philosophy: Niccolò Machiavelli and Louis Althusser's Aleatory Materialism*, Gareth Griffiths and Kristina Köhli tr., London & Boston: Brill, 2009, p.36）。各种矛盾的不纯粹性有时表现为"过度决定"，有时表现为"亚决定"，但是各种矛盾始终是复杂共在的、"不纯粹"的。故而，为更好地区别于"亚决定"，surdétermination 宜译为"过度决定"。需要补充的是，相对于"亚决定"，"过度决定"这个概念的影响力大得多，甚至大到了人们通常还是只以"过度决定"这个概念来概括事物被多种因素所复杂决定的情态，也即，仍是主要从多元决定的角度去理解"过度决定"。例如，德勒兹在《重复与差异》中提到"过度决定"时，有如下表述，"为反对黑格尔，阿尔都塞提出了他在青年马克思那里发现的多元的或者说多元决定的矛盾的原则（a principle of multiple or overdetermined contradiction）……"（参见 Gilles Deleuze, *Difference and Repetition*, Paul Patton tr., London & New York: Continuum, 2004, p.87, note 15），在阿尔都塞的同时代人德勒兹的理解中，"surdétermination"主要被理解为"多元的／多样的（multiple）"的意思，当然，这与他自身对"差异"的思考密切相关。

① 弗洛伊德概念与信息理论的关系的观点以及弗洛伊德的论述均引自 Anthony Wilden, *Essays in Communication and Exchange*（*second edition*），New York: Tavistock Publications, 1980, p.35。

② Sigmund Freud, *The Interpretation of Dreams*（*The Complete and Definitive Text*），James Strachey tr., & ed., New York: Basic Books, 2010, p.485.

严格意义上讲，过度决定只有在语言的结构中才能被设想。① 因此，这个弗洛伊德—拉康的"过度决定"范畴突出了事物（梦境、语义等）总是处于被竞争着的多种因素所复杂决定的态势之中。阿尔都塞认为这个弗洛伊德—拉康的概念与他要阐发的内容"在形式上十分相仿"，正是因为他要寻找某个概念来旗帜鲜明地与黑格尔主义矛盾的"简单性"——特别是与其一元论和还原论倾向——分庭抗礼。阿尔都塞指出，"多元决定这个范畴（借自弗洛伊德）就像是为分析马克思和列宁而'量身定制的'，……它的长处在于能明确地呈现到底是什么使得马克思和列宁与黑格尔区别了开来——对黑格尔说来，矛盾不是被过度决定的。"② 因此，仅从准确地描述了事物的决定因素的多样性来看，这个概念是基本符合阿尔都塞要求的。其实马克思本人早就已经注意到了原因或决定因素的多重性（the multiplicity of causes or determinations）问题，例如马克思已经指出，经济基础根据无以计数的外在的环境、气候、地理的影响以及历史的影响，存在着无数的变体和阶段。③ 也就是说，如果仅仅从决定因素的多元性来说，"过度决定论"其实可以追溯到马克思的经典论著，而并不必然是阿尔都塞的发明，但阿尔都塞的创新性显然不止于此。

为了进一步理解"过度决定"这个概念，还须联系与"过度决定"关系密切的"亚决定"（sousdétermination / underdetermination）概念。巴利巴尔在《保卫马克思》的《1996 年重版前言》中指出，在 1975 年的"亚眠答辩"中阿尔都塞"令人迷惑地宣称，如果没有同样也是根本性的亚决定（sousdétermination），多元决定就不能起作用"。④ 也就是说，"过度决定"与"亚决定"总是共时存在的一个对子。巴利巴尔指出，"过度决定"和"亚决定"是互惠的关系，它们总是同时出现，因此在一个既定的形势中，关于历史现象的

---

① 拉康观点以及上述关于拉康从结构语言学角度对过度决定概念的分析均引自 Julian Wolfreys, *Critical Keywords in Literary and Cultural Theory*, New York: Palgrave Macmillan, 2004, p.177。

② [法] 路易·阿尔都塞:《论马克思与弗洛伊德 (1977)》, 赵文译, 载《当代国外马克思主义评论》2010 年第 1 期, 第 332 页。

③ Roy Bhaskar, "Determination", in *A Dictionary of Marxist Thought*, Tom Bottomore, Laurence Harris, V.G.Kiernan and Ralph Miliband ed., Oxford & Malden: Blackwell, 1983, p.139.

④ [法] 路易·阿尔都塞:《保卫马克思》, 顾良译, 商务印书馆 2010 年版, 第 16 页。

解释、关于一个新的社会形式的出现，从不会还原为一个单个的或者一致的因果关系，而总是以不同模式的互补关系展示出来。① 这就意味着，在同一时间，总是有多种关系的模式（即"过度决定"和"亚决定"）同时在起作用。因此，仅就形式层面而言，"过度决定"和"亚决定"实际上都是多元决定。有研究者指出，假如矛盾 y 被 x1 到 xn 的各种矛盾所"过度决定"，那么从另一个角度看，x1 到 xn 中的任何一个单一的矛盾，或者其中任何一个矛盾的子集，都不足以靠自身去产生矛盾 y，也就是说，y 是被 x1 到 xn 的任何子集所"亚决定"的。② 既然"过度决定"与"亚决定"都是多个矛盾的集合（或子集）而导致的，那么二者之间的根本差异究竟在哪里？ 阿尔都塞在1975 年发表的《在哲学中成为马克思主义者是简单的吗？》中，在论述为什么19 世纪的英国和20 世纪的德国没有发生革命，而恰恰是在不发达的俄国、中国、古巴发生了革命，以及该如何理解在英国和德国的阶级斗争的停滞状态时指出，这一切只能通过矛盾的不平衡及其"过度决定"和"亚决定"来理解，之所以要特意强调亚决定，是因为尽管人们很容易就接受决定论的简单增补，但是却不能接受亚决定，也即决定的临界点（threshold），如果没有跨过这个临界点，就会导致革命的流产、革命运动的停滞或消失，帝国主义在腐烂中继续发展，等等。③ 因此，"过度决定"和"亚决定"的根本差别在于前者跨越了决定的临界点从而引爆了革命，而后者描述的是革命没有发生的状态。至于事物是不是总被多种因素所复杂决定的，并不是二者的最根本的差异。

阿尔都塞不止一次强调，"我并不坚持要用多元决定这个术语（它是从别的学科借用的），在找不到更恰当的术语的情况下，我只能用它来指出一

① Étienne Balibar, "Structural Causality, Overdetermination, and Antagonism", in *Postmodern Materialism and the Future of Marxist Theory: Essays in the Althusserian Tradition*, Antonio Callari, David F.Ruccio ed., Wesleyan University, 1996, p.115. 巴利巴尔在此处还指出，正因为"过度决定"和"亚决定"永远是同时出现的，因此"结构"与"形势"就绝不是传统的对立关系。

② Mikko Lahtinen, *Politics and Philosophy: Niccolò Machiavelli and Louis Althusser's Aleatory Materialism*, Gareth Griffiths and Kristina Köhli tr., London & Boston: Brill, 2009, p.37.

③ Louis Althusser, "Is it Simple to be a Marxist in Philosophy?", in Louis Althusser, *Essays in Self-Criticism*, Grahame Lock tr., London: NLB, 1976, pp.186–187.

个事实和提出一个问题"。① 这不仅是因为要把弗洛伊德—拉康的"过度决定"这个精神分析—结构语言学的概念转换、应用于哲学（特别是辩证法）—政治（如社会总体、社会革命）分析难免会有一定的困难，更在于弗洛伊德—拉康所赋予的这个概念的事物总是被多种因素所复杂决定的原初的含义，难以完全满足阿尔都塞对于他所要"确指的内容"，他只是说，弗洛伊德—拉康的这个概念的"含义"只是与他"确指的内容在形式上十分相仿"。在借用了弗洛伊德—拉康的"过度决定"的形式的基础之上，阿尔都塞又为这个概念补充了很多实质内容，而这些实质内容的理论来源正是由列宁对于俄国1917 年革命的分析以及特别是毛泽东的《矛盾论》所提供的。

为彻底阐明"过度决定"，阿尔都塞区分了真正的"过度决定"和黑格尔的"表面上"的"过度决定"。阿尔都塞指出，黑格尔主义的矛盾"表面上很像是多元决定"、它的社会总体具有"多元决定的许多表面现象"，例如，"任何历史社会难道不是由政治、风俗、习惯、金融制度、贸易制度、经济制度、艺术、哲学、宗教等无数具体决定因素所构成的吗?"，但是在黑格尔主义的总体中，"在这些决定因素中，任何一种因素在其本质上都不是其他因素的外在因素"，因而"这种复杂性不是真正多元决定的复杂性，它只是徒具多元决定的外表，实际上却是内在化的累积。"② 因此，要彻底区分黑格尔主义的表面的过度或多元决定与马克思主义的真正的过度或多元决定，一方面，必须要彻底阐明多种决定因素之间的关系，即证明决定因素之间可以是彼此"本质上"互相作为"外在因素"的关系，另一方面，还必须要证明真正的过度决定必然不是"(简单本原的) 内在化的累积"。也就是说，要真正把握"过度决定"概念，仍是要对照它旨在针对的黑格尔主义辩证法去考虑。

对此，还需梳理阿尔都塞所反复援引的列宁关于俄国1917 年革命的分析。阿尔都塞指出，列宁的"最薄弱环节"的命题可以用来思考马克思主义的矛盾概念 ③，可以为他建构"过度决定论"提供重要的例证。值得注意的

---

① ［法］路易·阿尔都塞:《保卫马克思》，顾良译，商务印书馆2010 年版，第89 页。

② ［法］路易·阿尔都塞:《保卫马克思》，顾良译，商务印书馆2010 年版，第89—90 页。

③ ［法］路易·阿尔都塞:《保卫马克思》，顾良译，商务印书馆2010 年版，第82 页。

是，阿尔都塞在阐发为什么俄国可以取得十月革命的胜利的时候，他尤为强调根本不同的，甚至是完全"异质"的多种矛盾是如何汇合成革命爆发统一体的。阿尔都塞指出，"总之，在这种形势下，有许许多多的矛盾在起作用，而且为同一个目的在起作用，尽管这些矛盾的产生原因、意义、活动场合和范围不尽相同（n'ont pas toutes la memeorigine, ni le même sens, ni le même niveau et lielL d'application/of different origins, different sense, different levels and points of application），有些矛盾甚至根本不同（radicalement hétérogènes/radically heterogeneous），但它们却'汇合'成为一个促成革命爆发的统一体（«se fondent» en une unité de rupture /'merge' into a ruptural unity），因而不能再说只是一般矛盾单独在起作用（l'unique vertu simple de la«contradiction» générale/the sole, unique power of the general 'contradiction'）。……但严格说来，人们不能认为这些'矛盾'以及它们的'汇合'仅仅是基本矛盾的简单现象（le pur phénomène /the pure phenomena）。……也就是说，在各有关领域活动的'不同矛盾'（这些不同矛盾也就是列宁谈到的'一系列矛盾'）虽然'汇合'（fondent/merge）成为一个真实的统一体，但并不作为一个简单矛盾的内在统一体的简单现象而'消失'。这些'不同矛盾'之所以汇合成为一个促使革命爆发的统一体，其根据在于它们特有的本质和效能（leur essence et de leur efficace propres/ their own essence and effectivity），以及它们的现状（ce qu'elles sont/what they are）和特殊的活动方式（les modalités spécifiques de leur action/the specific modalities of their action）。"①有研究者注意到，阿尔都塞的"过度决定"概念与他反复强调的"一个促成革命爆发的统一体"概念之间的关系值得重视。②这是因为，一方面这也再次印证了，阿尔都塞的"过度决定"论始终指向革命和政治实践维度，也即始终旨在促成革命的爆发，另一方面更重要的是，相对于黑格尔主义的"通过否定的作用在自身内部不

---

① Louis Althusser, *Pour Marx*, Paris: La Découverte, 2005, pp.98–99; Louis Althusser, *For Marx*, Ben Brewster tr., London & New York: Verso, 2005, pp.100–101; [法] 路易·阿尔都塞：《保卫马克思》，顾良译，商务印书馆 2010 年版，第 88—89 页。

② Jim Glassman, "Rethinking Overdetermination, Structural Power, and Social Change: A Critique of Gibson-Graham, Resnick and Wolff", in *Antipode*, Vol.35, No.4, 2003, pp.687–688.

断发展"的"简单的原始统一体"(une unité originaire simple/a simple original unity)①，列宁的这个"促成革命爆发的统一体"即真正的过度决定的统一体与之存在着根本的区别。这是因为，十月革命的实践直接反驳了黑格尔主义的"一般矛盾在单独起作用"的"简单性"。俄国十月革命中的许许多多的矛盾从产生原因、意义、活动场合和范围来说是完全不同的，甚至有一些是根本上异质的（radicalement hétérogènes）。例如，根据列宁的分析，封建的和发达资本主义的关系同时存在、农民针对地主的起义与工人革命同时发生等各种矛盾并存，而这些矛盾绝不是某个单一的矛盾（例如资本与劳动力的矛盾）的表现。②这些许许多多的甚至是完全异质(例如完全不同的阶级利益)的矛盾同时并存，它们的"汇合"也并不是受某个"一般矛盾"的驱动，因此它们也绝不是某个"基本矛盾的简单现象"；在汇合成革命爆发的统一体后，它们也仍然保持自身的"特有本质和效能"、自身的"现状"和"特有的活动方式"，而不是作为一个简单矛盾的简单现象而"消失"。因此，俄国革命中的多种决定因素之间，确实是"本质上"互相作为彼此的"外在因素"而存在，它们始终保持着自身的某种独立性、现状并发挥自己的效能和作用。

在上述"过度决定"论的诸种理论来源中，弗洛伊德—拉康的理论直接为这个概念提供了形式，并突出了事物总是被多种因素所复杂决定；阿尔都塞阐发了列宁对俄国十月革命的分析，突出强调了矛盾的异质性以及某种独立性，指出这些异质的矛盾并存并在一定条件下汇合成"促成革命爆发的统一体"。然而，尽管借用了弗洛伊德—拉康、列宁的理论资源，似乎仍然缺乏真正从理论角度对黑格尔主义的"简单性"的致命一击。这是因为，仅仅强调矛盾之间的多样性、差异性、异质性甚至某种独立性，仍然无法排除这些多样性的异质的矛盾不被"还原"为或者归结为某个简单本原（或者说向着"内在化的累积"）的可能——除非能够证明这些多样性的决定因素或者说许多不同的矛盾之间存在着某种关系或存在某种机制，使它们永远也不可

① Louis Althusser, *Pour Marx*, Paris: La Découverte，2005, p.202;Louis Althusser, *For Marx*, Ben Brewster tr., London & New York: Verso, 2005, p.197; [法] 路易·阿尔都塞：《保卫马克思》，顾良译，商务印书馆2010年版，第192页。

② Ted Benton, *The Rise and Fall of Structural Marxism: Althusser and His Influence*, New York: St. Martin's Press，1984, p.63.

能被还原为某个简单本原。而正是在此肯綮之处，毛泽东的《矛盾论》为阿尔都塞提供了区别于弗洛伊德—拉康、列宁等理论家的至关重要的理论支撑。考虑到当时中苏分裂在法国共产党内造成的影响（即法国共产党明显的亲苏反中倾向给阿尔都塞带来的压力），有研究者还指出，在阿尔都塞《矛盾与多元决定（研究笔记）》这篇论文中的"列宁"的角色实际上承担了毛泽东的"替身"或者"占位符"（a stand-in or placeholder）的功能，阿尔都塞对毛泽东辩证法的阅读不仅是作为对列宁的关于历史矛盾的反思的延续，更是将其作为对列宁文本中仍处于"实践状态"的反思加以体系化的尝试。[①]还有研究者指出，阿尔都塞的列宁主义可能是新—毛主义的(neo-Maoist)[②]。因此，在阿尔都塞所阐发的列宁关于 1917 年俄国革命的论断以及列宁的辩证法思想之中，实际上也包含了——或者说至少交织着——他对毛泽东辩证法的思考。如此，就更为凸显毛泽东辩证法特别是阿尔都塞所理解的毛泽东辩证法关于"差异"和"不平衡"的强调对"过度决定"概念中所起到的重要的作用。

在"过度决定"这个概念中，阿尔都塞对矛盾"差异"的理解极大地受惠于毛泽东。在阿尔都塞看来，什么是矛盾的"差异"？阿尔都塞指出，矛盾的"差异"（la «différence» des contradictions/the "difference" of the contradictions）正是指"在任何复杂过程中必有一个主要矛盾，在任何矛盾中必有一个主要矛盾方面"。[③] 他还指出，"……我们必须回到马克思主义矛盾的本质性的差异（il faut revenir à ces différences essentielles à lacontradiction marxiste/we must return to the essential differences of Marxist contradiction），即在一个复杂过程中要区分出一个主要矛盾，以及在任何矛盾中要区分出一个主要方面。"[④] 在此可以清晰地看到，阿尔都塞正是从矛盾的"差异"的角度去看

① Warren Montag, "Althusser's Lenin", in *Diacritics*, Vol.43, No.2, 2015, p.49.

② Gregory Elliott, *Althusser: The Detour of Theory*, London & Boston: Brill, 2006, p.23.

③ Louis Althusser, *Pour Marx*, Paris: La Découverte, 2005, pp.210–211; Louis Althusser, *For Marx*, Ben Brewster tr., London & New York: Verso, 2005, p.205; [法] 路易·阿尔都塞:《保卫马克思》，顾良译，商务印书馆 2010 年版，第 200 页。

④ Louis Althusser, *Pour Marx*, Paris: La Découverte, 2005, p.206; Louis Althusser, *For Marx*, Ben Brewster tr., London & New York: Verso, 2005, p.201.

待和阐发毛泽东关于主次矛盾和矛盾的主次方面的区分，并进一步认为这种区分反映了马克思主义的矛盾概念的"本质性的"差异。阿尔都塞将毛泽东的主次矛盾说与矛盾的"差异"加以等同，这就完全符合上文中玛契奥琪的证词即阿尔都塞特别关注毛泽东关于矛盾"差异"和"不平衡"的论述。那么，需要继续追问的是：为什么恰恰是毛泽东辩证法中对矛盾的差异的强调，可以帮助阿尔都塞论证马克思主义辩证法从根本上区别于黑格尔主义的简单性或单一性？

在阿尔都塞看来，毛泽东辩证法所阐发的矛盾的"差异"首先意味着对矛盾加以区别，而正因为矛盾之间存在着区别，所以矛盾总是杂多的而不是单一的。如前所述，阿尔都塞认为矛盾的"差异"就是指"在任何复杂过程中必有一个主要矛盾，在任何矛盾中必有一个主要矛盾方面"。[①] 阿尔都塞指出，"在他（毛泽东）所下的定义里，我们一下碰到了三个值得注目的新概念。第一个概念是关于主要矛盾和次要矛盾的区别（la distinction/the distinction）；第二个概念是关于矛盾的主要方面和次要方面的区别（la distinction/the distinction）；最后，第三个概念是关于矛盾的不平衡发展；毛泽东是以'就是如此'（«c'est ainsi»/'that's how it is'）的方式提出这个三个概念的。"[②] 也就是说，阿尔都塞认为，《矛盾论》揭示了一个本已存在——因而是"就是如此"——的事实，那就是矛盾之间总是存在着"区分"或者"区别"。而所谓的"区别"，指的是矛盾之间的不能相互混淆、必须相互分别的某种"对立关系"，如阿尔都塞所指出的："我们通过第一个区别（指主要矛盾和次要矛盾的区分，笔者注）就一眼可以看到，这个概念直接意味着在同一过程中存在着几个矛盾［否则就不可能把主要矛盾同次要矛盾对立（opposer/oppose）起来］。这就等于说存在的是一个复杂过程。"[③] 此处的主

---

① ［法］路易·阿尔都塞：《保卫马克思》，顾良译，商务印书馆2010年版，第200页。

② Louis Althusser, *Pour Marx*, Paris: La Découverte, 2005, p.198; Louis Althusser, *For Marx*, Ben Brewster tr., London & New York: Verso, 2005, p.194；［法］路易·阿尔都塞：《保卫马克思》，顾良译，商务印书馆2010年版，第187页。

③ Louis Althusser, *Pour Marx*, Paris: La Découverte, 2005, p.199; Louis Althusser, *For Marx*, Ben Brewster tr., London & New York: Verso, 2005, p.194；［法］路易·阿尔都塞：《保卫马克思》，顾良译，商务印书馆2010年版，第188页。

次矛盾的"对立"特别值得深究。相对于毛泽东《矛盾论》的原文表述，此处的"对立"应是阿尔都塞的发挥甚至发明。阿尔都塞所说的主次矛盾之间的"对立"关系，其实质还是指二者之间的区分和差异关系，但是他特意使用"对立"一词，意在从反黑格尔主义辩证法的意义上，强烈地突出二者之间的非还原性的关系。这些矛盾之间的"对立"的原因是因为它们之间存在着真正的"区别"，由此它们才可以始终同时存在于"同一过程"之中，而不是作为某一矛盾或某一本质的简单现象而必然"消失"于统一体之中，而正因为这些矛盾的"对立"与共存，过程才始终是"一个复杂过程"而绝非黑格尔主义意义上的"简单"过程。

　　阿尔都塞所强调的主要矛盾与次要矛盾之间的非还原性关系可以从以下方面理解。其一，阿尔都塞指出，不管是主要矛盾还是次要矛盾，都可以对结构起"本质"的作用。"只有多元决定……把这种具体演变看作复杂整体内部的具体的结构调整，每个范畴、每个矛盾以及通过结构调整得到反映的主导结构各环节，都在结构调整中起了本质的'作用'。"① 在阿尔都塞的"过度决定"论的设计中，每个矛盾——不管是主要矛盾还是次要矛盾——都对结构起到"本质"的作用，这就意味着，无论哪一个矛盾都是不可替代的，每一个矛盾都有其独特效能，这正是它们彼此"对立"的原因，也正是它们彼此"差异"的原因。这就与黑格尔主义截然相反，因为在黑格尔主义中，领域之间的"差异"根本不存在，"作为简单本原的异化和现象，这些差异一概是'无差异的'"，也就是说，黑格尔的总体"并不真正是由'领域'构成的"。② 其二，次要矛盾和主要矛盾互为存在条件，这也就意味着，它们谁也不是谁的本质、谁也不是谁的现象。"'次要'矛盾不是'主要'矛盾的单纯现象；……次要矛盾对主要矛盾的存在十分重要，它确实构成了主要矛盾的存在条件（la condition d'existence/its condition of existence），正如主要矛盾是次要矛盾的存在条件一样。"③ 这也与黑格尔主义针锋相对，因为在

---

① ［法］路易·阿尔都塞：《保卫马克思》，顾良译，商务印书馆2010年版，第205页。

② ［法］路易·阿尔都塞：《保卫马克思》，顾良译，商务印书馆2010年版，第198—199页。

③ Louis Althusser, *Pour Marx*, Paris:La Découverte, 2005, p.211; Louis Althusser, *For Marx*, Ben Brewster tr., London & New York: Verso, 2005, p.205; ［法］路易·阿尔都塞：《保卫马克思》，顾良译，商务印书馆2010年版，第200页。

黑格尔那里，"条件"根本不存在，"'环境'或'条件'（les «circonstances» ou les «conditions» / the 'circumstances' or 'conditions'）最后只是消逝着的现象，因为'环境'或'条件'在名为'必然'实为'偶然'的形式下，从来只是观念运动的表现。"①"条件"或"存在条件"对论证矛盾的非还原性的差异是至关重要的，因为仅仅指出各个矛盾都各有其效能、都能对"结构"起到独特作用，尚不能完全防止这些矛盾向着一个"简单本原"的还原，而只有主次矛盾之间彼此互为存在条件，彼此依赖于对方而存在，这才彻底杜绝了黑格尔式的向着简单本原还原的机制。至此，阿尔都塞对毛泽东辩证法的矛盾的"差异"性的上述阐释，就从逻辑上彻底排除了两种可能：一是排除了矛盾之间的还原关系，即某一个矛盾成了其他矛盾的"简单本原"，其他矛盾只是这个矛盾的现象或表现；二是排除了所有矛盾向着黑格尔式的一个"简单本原"和一个内在本质的还原模式，也即排除了黑格尔主义的"内在本质—外在现象"的"表现的总体"的模式。故此，通过阿尔都塞对毛泽东《矛盾论》中的主次矛盾说的阐发，矛盾之间的关系就必然是非还原性的"差异"（différence）、"区别"（distinction）和"对立"（opposer），矛盾才总是杂多的而不是单一的，因此才"直接意味着同一过程中存在着几个矛盾"，过程也才总是"复杂"的。如果不存在这些差异、区别和对立，如果无法区分主次矛盾和矛盾的主次方面，矛盾的杂多就不是真正的杂多。只有论证到了这一步，只有通过阿尔都塞对毛泽东的主次矛盾说的发挥，阐明了各种矛盾何以可以非还原性地共存，这才意味着从理论上有力地证明了阿尔都塞在其毛泽东研究笔记中提及的"一个带有单一一极的绝对（An absolute with a single pole），一个单一的核心（a single kernel）"并不存在 ②。以下章节将会继续讨论，阿尔都塞的"过度决定"概念中对毛泽东论矛盾"不平衡"的阐发，是如何进一步清算这个"单一的核心"，并代之以新的辩证法规划。

---

① Louis Althusser, *Pour Marx*, Paris: La Découverte，2005，pp.213–214; Louis Althusser, *For Marx*, Ben Brewster tr.，London & New York: Verso，2005，p.208; [法] 路易·阿尔都塞：《保卫马克思》，顾良译，商务印书馆 2010 年版，第 203 页。

② Camille Robcis，"'China in Our Heads'：Althusser, Maoism and Structuralism"，*Social Text*，Vol.30，No.1，2012，p.60.

　　然而，如果细读《矛盾论》的原文表述，就会发现阿尔都塞实际上根据自己的理论需要在一定程度上夸大了毛泽东辩证法中的主要矛盾和次要矛盾的"差异"。毛泽东指出，"不能把过程中所有的矛盾平均看待，必须把它们区别为主要的和次要的两类，着重于捉住主要的矛盾"①，可以看到，毛泽东在《矛盾论》中主次矛盾及矛盾主次方面的区分，主要是一种大体上的类别的划分和把握，而阿尔都塞在反黑格尔主义辩证法的意图之中，把这种类别的划分在理论上进一步发挥成了的矛盾的非还原性的"差异"、"区分"以及"对立"。《矛盾论》中对主次矛盾及矛盾主次方面的"差异"的阐发并没有达到阿尔都塞意义上的强调非还原性的"差异"的层面。为什么存在这种夸大？这应该是由于毛泽东并不像阿尔都塞那样置身于与黑格尔主义尖锐对立的哲学语境之中，《矛盾论》对主次矛盾及矛盾主次方面"差异"的论述也并不处于与所谓"单一一极的绝对"的激烈对峙之中，因此《矛盾论》对主次矛盾及矛盾主次方面之间"差异"的程度及其性质的表述，也并不如阿尔都塞文本中那样清晰、强烈和绝对化。从总体而言，阿尔都塞对《矛盾论》的解读存在着明显的激进化倾向。《矛盾论》的确明确批判形而上学、庸俗进化论："所谓形而上学的或庸俗进化论的宇宙观，就是用孤立的、静止的和片面的观点去看世界。……因此，他们不能解释事物的质的多样性，不能解释一种质变为他种质的现象"②。《矛盾论》的确反对质的单一性、固定性，主张用关联的、动态的、全面的观点去看待事物和各种矛盾。但是阿尔都塞是将毛泽东对形而上学、庸俗进化论的批判嫁接到他所处的理论形势之中，特别是放置于反黑格尔主义的理论工程之中加以阅读。因此，《矛盾论》中对"静止"、"孤立"、"片面"宇宙观的批判以及对"质的多样性"的强调，无论是从其形式层面的措辞而言，还是从其理论倾向而言，都被阿尔都塞纳入了他反对"单一一极的绝对"的核心关切之中。阿尔都塞有意图地将《矛盾论》的上述论述在反黑格尔主义的方向上加以进一步激进化，并从中提炼出"永远要去质疑现象的固定性"以及"统一体的均

---

①　毛泽东：《矛盾论》，《毛泽东选集》（第一卷），人民出版社1991年版，第322页。

②　毛泽东：《矛盾论》，《毛泽东选集》（第一卷），人民出版社1991年版，第300—301页。

势和稳定是暂时的、表面的"①等观点。

如果进一步比对《矛盾论》原文论述，还会发现阿尔都塞是如此看重"差异"，以至于在他对《矛盾论》的理解和阐发中，在处理"差异"和"矛盾"的关系问题时，对二者关系的理解相较于《矛盾论》的原意而言存在着微妙的错位甚至倒转。《矛盾论》明确提出"差异就是矛盾"："德波林学派这类见解是反马克思主义的。他们不知道世界上的每一差异中就已经包含着矛盾，差异就是矛盾"②。《矛盾论》将"差异"与"矛盾"等同起来，将"差异"视为"矛盾"的同义词，因此在对"差异"的强调这个方面，《矛盾论》在从经典马克思主义、苏联马克思主义以来的马克思主义理论写作传统之中确实是独树一帜的。对于"差异就是矛盾"这一论断，毛泽东是极为坚持的。1937 年，毛泽东针对艾思奇《哲学与生活》一书中"差别的东西不是矛盾，例如笔、墨、椅子不是矛盾"的说法，明确指出差别不是矛盾这个说法"不对"，"应该说一切差别的东西在一定条件下都是矛盾"，例如"一个人坐椅摇笔濡墨以从事作文，是因人与作文这两个一定的条件把矛盾的东西暂时的统一了，不能说这些差别不是矛盾"，因此，"差别是世上一切事物，在一定条件下都是矛盾，故差别就是矛盾；这就是所谓具体的矛盾。"③可以看到，毛泽东是将矛盾作为差异／差别的本质加以把握，差异／差别归根到底就是矛盾，当差异／差别没有表现为矛盾状态的时候，并不意味着差异就不是矛盾，而是差异／差别被"暂时"地"统一"了，如笔、墨、椅子的差异在人与作文的条件下得到了统一，然而笔、墨、椅子之间的差异／差别归根到底还是矛盾。因此，"差异就是矛盾"命题在处理"差异"与"矛盾"的关系时，虽然在形式上将差异／差别与矛盾等同起来，但是它的重心、落脚点实际上是在"矛盾"而不是在"差异"上，也即通过对差异不是矛盾这种观点的有力排斥，将差异也作为矛盾，从而揭示矛盾的无所不在的普遍性。然而，在阿尔都塞对于"差异"和"矛盾"的关系的

---

① Camille Robcis, "'China in Our Heads': Althusser, Maoism and Structuralism", *Social Text*, Vol.30, No.1, 2012, p.60.

② 毛泽东：《矛盾论》，《毛泽东选集》（第一卷），人民出版社 1991 年版，第 307 页。

③ 毛泽东：《读艾思奇著〈哲学与生活〉一书的摘录》，《毛泽东哲学批注集》，中央文献出版社 1988 年版，第 201 页。

解读当中，他着重阐述的却是"差异"、差别和区分，而不是矛盾。阿尔都塞将"差异"作为理解毛泽东辩证法最重要的关键词之一，认为毛泽东总是以"最强烈的程度"去感受不同情景的差异①，继而从"差异"角度去阐发毛泽东的主次矛盾说，并将主次矛盾说引申和深化为各种矛盾之间的非还原性的差异性。如果说毛泽东的"差异就是矛盾"的命题将差异与矛盾等同起来，目的是将"差异"这种时常被认为不具有矛盾性、不属于矛盾的现象也纳入矛盾的范围之中，从而最终突出的是"矛盾"，那么阿尔都塞对《矛盾论》的阐发思路毋宁说可以概括为"矛盾就是差异"（尽管他没有直接这样表述），他的目的是借助并放大《矛盾论》中对矛盾的差异性的阐述，从而达到清算"单一一极的绝对"的目的。那么，阿尔都塞从"差异"角度去阐发毛泽东的主次矛盾说是不是全然的误读呢？也并不尽然。毛泽东"差异就是矛盾"命题固然如上文所述，其重心、落脚点在于"矛盾"，但是其实这个命题本身也涉及并且关联于矛盾的主次矛盾说。在指出差别就是矛盾之后，毛泽东这样补充道："这就是所谓具体的矛盾。"② 这句话中其实已经蕴藏着"矛盾就是差异"的意思，因为"这就是所谓具体的矛盾"就意味着具体矛盾就是差别，也就意味着应该始终把握具体的矛盾之间的"差别"、"差异"也即矛盾的特殊性。实际上，如果综观《矛盾论》的总体结构，就"差异就是矛盾"这个命题在其中所处的位置而言，它还应被视为上承"矛盾的普遍性"以及"矛盾的普遍性即寓于矛盾的特殊性之中"的相关论述③，下接"矛盾的特殊性"的相关论述④ 的一个过渡性的关键命题，而主次矛盾说又是作为矛盾特殊性问题中的"必须特别地提出"的"两种情形"⑤ 被提出来的，故此，"差异就是矛盾"也就直接关联于主次矛盾说。在从"矛盾的普遍性"

① Maria Antonietta Macciocchi, *Daily Life in Revolutionary China*, Kathy Brown tr., New York: Monthly Review Press，1973, p.481.

② 毛泽东：《读艾思奇著〈哲学与生活〉一书的摘录》，《毛泽东哲学批注集》，中央文献出版社 1988 年版，第 201 页。

③ 毛泽东：《矛盾论》，《毛泽东选集》（第一卷），人民出版社 1991 年版，第 304 页。

④ 毛泽东：《矛盾论》，《毛泽东选集》（第一卷），人民出版社 1991 年版，第 308 页。

⑤ 毛泽东：《矛盾论》，《毛泽东选集》（第一卷），人民出版社 1991 年版，第 320 页。

逐步过渡到"矛盾的特殊性"的论述脉络之中，"差异就是矛盾"的提出不是偶然的和随意的，相反，正是这个命题简明扼要地揭示了为什么矛盾的普遍性总是寓于矛盾的特殊性之中，因为一切差异都是矛盾，一切矛盾也都是差异，要真正理解矛盾就必须要理解不同矛盾之间的差异，就要始终在具体的条件之下去区分不同矛盾，把握各种矛盾之间在性质、程度等方面的不同，也即要深刻地把握矛盾的特殊性。故此，阿尔都塞从"差异"角度去阐发毛泽东的主次矛盾说，可以说是他在《矛盾论》本身的理论脉络之中挖掘出的合理延伸，以及对《矛盾论》隐而未发的理论潜能的实现，尽管阿尔都塞在与"单一—极的绝对"的激烈对抗之中沿着"差异"这个思路中又走得过远，对《矛盾论》的主次矛盾之间的"差异"的强调存在着某种极端化的倾向，从而在一定程度上又逾越了《矛盾论》的原意。

因此，无怪乎正是毛泽东的《矛盾论》特别是其中的矛盾"差异"说为阿尔都塞提供了反击黑格尔主义辩证法、建构"过度决定"论的至关重要的理论支撑。阿尔都塞所建构的马克思主义的辩证法强调的是"对立面的统一（unity of opposites）"，相对应的是黑格尔主义辩证法的"对立面的同一（identity of opposites）"。① 这就是说，阿尔都塞反对的并不是差异的"汇合"也即差异的"统一"，而是差异或矛盾的黑格尔主义式的"同一"也即差异的消泯。毫不意外的是，这也正是毛泽东辩证法的重要特点。在毛泽东看来，差异、矛盾与统一并不是不能兼得的，正如笔、墨、椅子在一定条件下可以统一，但"不能说这些差别不是矛盾。"② 笔、墨、椅子的统一并不必然意味着它们之间差异和矛盾的消泯，相反，在一定条件下差异的矛盾能够被统一起来，但是同时笔、墨、椅子之间仍然还是互为差别和矛盾。可以说，马克思主义的辩证唯物主义传统很少体察到在马克思主义的对立面的统一（unity）和黑格尔的对立面的同一（identity）之间的区别，因此毛泽东的一系列具有潜力的区分——对抗性矛盾和非对抗性矛盾，主要矛盾和次要

① Alex Callinicos, *Althusser's Marxism*, London: Pluto Press, 1976, p.44.

② 毛泽东：《读艾思奇著〈哲学与生活〉一书的摘录》，《毛泽东哲学批注集》，中央文献出版社1988年版，第201页。

矛盾，矛盾的主要方面和次要方面等——是值得注意的。① 换言之，毛泽东的上述区分对阐明马克思主义传统中的对立面的"统一"的根本特性能够发挥某种关键作用。甚至列宁也没有成功地区分黑格尔主义的同一（identity）与马克思主义的统一（unity），尽管列宁引入了"对立面的统一（unity of opposites）"这个概念。② 如果说在毛泽东的"差异就是矛盾"说、"主次矛盾"说之前以及在阿尔都塞受《矛盾论》影响的"过度决定"概念之中对"差异"的有效阐发之前，马克思主义的对立面的"统一"与黑格尔的对立面的"同一"未被加以区分或者未被加以有效区分，那么这恰恰是由于各种矛盾之间的"差异"没有得到过真正的理论性说明以及命名，故而对立面的"统一"就难以区别于对立面的"同一"，而当这二者难以区别的时候，就很难说马克思主义辩证法对对立面的"统一"作出了真正的理论性解释。根据埃里克斯·柯林尼可斯（Alex Callinicos）的论断，阿尔都塞使得差异（difference）的概念以及物质世界的不可还原的异质性（the irreducible heterogeneity）的概念，在马克思主义之中得到驯化（domesticated）。③ 所谓此前"差异"概念未在马克思主义之中得到"驯化"，并不是说经典马克思主义排斥或不能容纳"差异"，相反，例如在恩格斯致布洛赫的信中对上层建筑"特殊效能"的强调就正是讨论经济与上层建筑的"差异"，而是说，阿尔都塞通过"过度决定"等概念有效地阐明了何为矛盾之间的"差异"之后，"差异"才真正在马克思主义之中得到了实质性的"驯化"和吸纳，由此马克思主义的对立面的"统一"——也即具有差异性的各种矛盾的共存——才得到真正的充实和巩固，而阿尔都塞对矛盾"差异"的有效阐明，正受惠于《矛盾论》之

---

① Roy Bhaskar, "Dialectics", in *A Dictionary of Marxist Thought*, Tom Bottomore, Laurence Harris, V.G. Kiernan and Ralph Miliband ed., Oxford & Malden:Blackwell, 1983,pp.149–150. 需要补充的是，在《矛盾论》之中其实并不区分"同一"与"统一"，如其中论述道，"同一性、统一性、一致性、互相渗透、互相贯通、互相依赖（或依存）、互相联结或互相合作，这些不同的名词都是一个意思，……"（毛泽东：《矛盾论》，《毛泽东选集》（第一卷），人民出版社 1991 年版，第 327 页）认为《矛盾论》阐明了矛盾的"统一"从而区别于矛盾的"同一"，是研究者对《矛盾论》加以阐释、提炼得出的观点。

② Robert Paul Resch, *Althusser and the Renewal of Marxist Social Theory*, University of California Press, 1992, p.372, note 5.

③ Alex Callinicos, *Marxism and Philosophy*, Oxford University Press, 1983, p.95.

中对主要矛盾、次要矛盾、矛盾的主要方面和次要方面等一系列范畴所作的区分和命名。经由对差异的"驯化",则马克思主义的对立面的统一就得以真正地区别于黑格尔主义的对立面的同一。所谓"差异"在马克思主义者之中得到"驯化",还意味着需要证明差异性的多种矛盾何以异质性地共存于"统一体"也即马克思主义的总体之中,也即需要同时证明"差异"在马克思主义的总体之中是可能的及必然的,以及"差异"概念如何兼容于马克思主义的总体的"统一"。实际上,在上述两个方面的证明中,阿尔都塞都极大地受惠于《矛盾论》:以上讨论已经阐明了阿尔都塞对第一个方面的证明,在下面章节的讨论中,还将继续讨论阿尔都塞的"主导结构"等概念是如何借力于《矛盾论》,从而完成了对第二个方面的证明的。

借助对《矛盾论》中的矛盾的"差异"的阐发,阿尔都塞的"过度决定"概念在马克思主义传统中就真正打开了具有不同起源、不同时间和历史、不同效能和非还原性的各种矛盾、各种"层次"、各种领域的差异性并置的图景。在"过度决定"概念之后,在马克思主义传统之中对"差异"的讨论不再是突兀的和边缘的,"差异"得以成为一个重要的马克思主义理论命题。由《矛盾论》而延伸的对矛盾的非还原性的"差异"性的证明,使得阿尔都塞得以对马克思主义的辩证唯物主义、历史唯物主义、意识形态理论的一些基本命题展开深刻重塑。其一,矛盾的非还原性的"差异"性破除了黑格尔主义的本原或起源的单一性、简单性,真正阐明了马克思主义理论的本原或起源的差异性。阿尔都塞的《关于唯物辩证法》的副标题"论起源的不平衡"就与矛盾的"差异"性直接相关。这个较少为人注意到的副标题其实包含了阿尔都塞恢复历史起源的多重性甚至强调历史无唯一"起源"的野心。阿尔都塞特意用这个副标题"论起源的不平衡(De l'inégalité des origines/On the unevenness of origins)"作为对卢梭的《论人类不平等的起源和基础》的翻转①,在这个副标题中阿尔都塞使用"起源"的复数形式,是为了表示"并不存在哲学意义上的起源(Origine)。"② 这也就是说并不存在单一、万事万

① Louis Althusser, *Essays in Self-Criticism*, Grahame Lock tr., London: NLB, 1976, pp.185–186.

② Louis Althusser, *Essays in Self-Criticism*, Grahame Lock tr., London: NLB, 1976, p.186.

物从中衍生的唯一"起源"，如果非要说起源的话，那么只有无数个小写的、杂多的起源，而且这些起源之间是差异性的并置关系，它们不是某一个单一起源的衍生物、也并不互为还原。正因为无所谓单一"起源"，因此在阿尔都塞看来，经济主义将经济作为一切的起源、人道主义将人作为一切的起源都是谬误的。

其二，矛盾的非还原性的"差异"性和"起源"的差异性、杂多性还与阿尔都塞关于时间和历史的多样性、差异性的论述直接相关。阿尔都塞认为，从马克思主义的总体的特殊结构的角度讲，就不可能再在一个相同的历史的时间中去考虑总体的各个不同层次，而是必须给每一个层次指定一个特殊的时间，这个时间是相对自治的，因此也是相对独立的，例如，各种生产方式、各种生产关系、政治上层建筑、哲学、审美、各种科学形态等都有其自身的时间和历史。[1] 它们都有自身的时间和历史，其理论根据正在于这些不同的矛盾或层次／领域／结构之间是差异的、不可互相还原的，例如，不能将科学还原为生产方式，不能将审美还原为政治，也不能将哲学还原为生产关系，等等。"过度决定"因此恢复了矛盾之间的非还原性的"差异性"的关系，以及相应的各个领域／层次／结构各自具有的独立的时间或历史——这其中当然就包括意识形态也应具有自身的时间和历史。在下面章节对意识形态问题的讨论中，在涉及为什么意识形态可以相对于经济基础具有滞后性的时候，意识形态自身的相对独立的"时间"或时间性将再次被提及。意识形态具有相对独立的时间和历史，正是意识形态的时间／历史与经济基础的时间／历史的不一致、意识形态可以滞后亦可以先于经济基础的重要理论依据，如进一步追溯意识形态具有相对独立的时间或时间性的理论源头，则正在于阿尔都塞的"过度决定"论中所吸纳、阐发并发挥了的毛泽东辩证法中对矛盾的"差异"的强调。由此，在马克思主义的总体之中就不再只有被经济、生产力或其他单一本原所决定的单一的时间或历史，例如像庸俗马克思主义的经济决定论那样，用经济、生产力的时间或历史去覆盖或取代其他层次／领域／结构的时间或历史，或者所将其他所有层次／领域／结构中的时间与实践都纳入由经济的单一逻辑决定下的共在的、同质性的、单

---

[1]　Louis Althusser, Étienne Balibar, *Reading Capital*, tr., Ben Brewster, London:NLB, 1970, p.99.

一的历史之中。正是由于阿尔都塞将结构理解为多样的（plural），从而独一的（singular）时间性就转化为了多样的时间性（multiple temporality）。① 阿尔都塞通过"过度决定"等概念论证了各个矛盾或各个层次／领域／结构的差异性、多样性，这就必然指向差异性的时间及作为复数的历史，如上所述，"过度决定"在矛盾的"差异"问题上极大地受惠于《矛盾论》。有研究者指出，阿尔都塞正是借助毛泽东关于主次矛盾的复杂描述发展出不平衡发展与过度决定论，从而用复数的（pluralist）历史的辩证法的概念取代了僵化的辩证法的历史概念。② 马克思主义之中的经济主义倾向或人道主义倾向在单一起源和本原的理论假设之中，将真实的、复数的、差异的历史曲解为某一单一起源和本原的历史，"过度决定"并不是发明了复数的、差异性的历史，只是恢复了历史的差异性的、杂多性的本来面貌。需要补充的是，与毛泽东辩证法思想中强调"差异"相呼应的也正是他的"差异"的时间观和历史观，例如，毛泽东的"三个世界"理论中就蕴含着中国和其他第三世界国家冲破欧洲中心主义的单一、线性的时间与历史的意图。

其三，矛盾的非还原性的"差异"性、"起源"的差异性、杂多性，也就意味着不同"层次"的"相对独立性"，这直接为阿尔都塞对上层建筑和意识形态的思考提供了"上位法"依据，并为文学、美学、文化等上层建筑的诸领域的相对对立性切实地打开了理论空间。阿尔都塞指出，"在马克思那里，经济与政治的不言而喻的等同（l'identité tacite/this tacit identity）（现象、本质和真理的等同）消失了，代之以在构成一切社会形态本质的结构和上层建筑复合体中各决定性领域相互关系的新观点。……一方面，生产方式（经济因素）归根到底是决定性因素；另一方面，上层建筑及其特殊效能（efficace Spécifique/specific effectivity）具有相对独立性。"③ 之所以在马克思

---

① François Dosse, *History of Structuralism: The Rising Sign*，*1945–1966*, Deborah Glassman tr.，Minneapolis & London: University of Minnesota Press，1997，p.304.

② Robert J.C.Young, *White Mythologies: Writing History and the West (Second Edition)*, London & New York: Routledge, 2004, p.20.

③ Louis Althusser, *Pour Marx*, Paris: La Découverte, 2005, p.111; Louis Althusser, *For Marx*, Ben Brewster tr.，London & New York: Verso, 2005, p.111; [法] 路易·阿尔都塞：《保卫马克思》，顾良译，商务印书馆 2010 年版，第 100—101 页。

那里经济和政治是不能"等同"的，或者更准确说，是不能"同一"的，这正是因为政治及其他上层建筑的"特殊效能"和"相对独立性"不能"同一"于经济的效能与经济的相对独立性。而阿尔都塞彻底阐明为什么经济与政治、基础与上层建筑是"统一"而不是"同一"的重要理论依据，正是经由阿尔都塞吸收、转化了的毛泽东的"差异"的辩证法及意识形态理论。应该说，阿尔都塞的上层建筑"相对独立性"说首先的理论来源是恩格斯。阿尔都塞在《矛盾与多元决定（研究笔记）》的附录中援引了恩格斯致布洛赫的一封信中的相关论述，"恩格斯指出，上层建筑远不是经济的单纯现象，它有自己的特殊效能"。① 但是在此基础上，还必须考虑《矛盾论》中关于主次矛盾和上层建筑的论述对阿尔都塞的影响。上层建筑相对于基础具有非同一性，其在辩证法层面的依据恰恰在于吸收和转化了毛泽东"主次矛盾"说的阿尔都塞论矛盾或社会各领域之间的非还原性的"差异"。经过阿尔都塞阐释过的毛泽东的"主次矛盾说"真正地杜绝了各个矛盾或社会领域朝向单一本原的还原，从而上层建筑和意识形态的"特殊效能"才在辩证法层面真正得到了证明和保证。毛泽东的主次矛盾说本来就内含着他对上层建筑和意识形态问题的思考，毛泽东指出，"然而，生产关系、理论、上层建筑这些方面，在一定条件之下，又转过来表现其为主要的决定的作用，这也是必须承认的。……当政治文化等等上层建筑阻碍着经济基础的发展的时候，对于政治上和文化上的革新就成为主要的决定的东西了。"② 这就与阿尔都塞的"过度决定"论本来也就内含着他对上层建筑和意识形态的思考是完全一致的。阿尔都塞的"过度决定"论证是为了消除经济主义的进步主义和历史终结论。③ 和阿尔都塞的辩证法理论一样，阿尔都塞关于上层建筑及意识形态的论述同样极大地受惠于《矛盾论》，下文将有详细阐述。正是由于在"过度决定"论的理论架构中，上层建筑特别是意识形态领域的"特殊效能"相对于经济的非同一性或差异性得到了真正的证明，美学、文学、文化相对于经济的非同一性或差异性

---

① ［法］路易·阿尔都塞：《保卫马克思》，顾良译，商务印书馆2010年版，第107页。

② 毛泽东：《矛盾论》，《毛泽东选集》（第一卷），人民出版社1991年版，第325—326页。

③ ［法］路易·阿尔都塞：《保卫马克思》，顾良译，商务印书馆2010年版，第11页。

才连带得到了真正的说明。

正是由于借助《矛盾论》，阿尔都塞得以在"差异"问题上对马克思主义辩证法思想有重大推进。无怪乎英国伯明翰学派文化研究的领袖人物斯图尔特·霍尔指出阿尔都塞的一项重大推进就是使他"能够生活在差异中并与差异共存 (live in and with *difference*)"，也即承认存在着来自不同的起源的有差异的各种社会矛盾 (different social contradictions with different origins)，以及认识到推动历史前进的各种矛盾并不总是出现在同一个地方，而且并不总是有着同样的历史效果，阿尔都塞因此正确地指出了许多非常杰出的马克思主义者在实践中具有的顽固的一元论的 (monistic) 陋习，这些马克思主义者之所以愿意不太认真地考虑一下 (play with) 差异，以便强调复杂性，是因为在道路前方总是存在着可以统一 (这些差异，笔者注) 的保证 (the guarantee of unity)。① 如果说一元论的马克思主义者 (如分别以"经济"和"人"作为唯一简单本原的经济决定论或人道主义马克思主义者) 无需认真思考"差异"，是因为他们相信总有这个唯一简单本原所预先规定好的、差异之间的所谓有着保证的"统一"在等待他们，例如，无论矛盾和差异如何发展，最终都将会在"经济"或者"人"的逻辑之中得到解释、得到"统一"，故而这种"复杂性"、"差异"、"统一"是虚假的。相反，阿尔都塞的"差异"不假设任何唯一简单本原、不以任何"可以统一的保证"为前提，并且还通过"过度决定"等概念在马克思主义传统之中真正地给予差异以"理论化"的命名，从而恢复了历史的不同起源、矛盾的不同效果，使得人们正视矛盾的起源与发展无从"保证"、历史的进程亦无从"保证"的现实，也即真正地使得人们可以生活在差异之中。

那么，阿尔都塞"过度决定"概念对"差异"的强调与后结构主义特别是与"差异的哲学 (philosophy of difference)"是否是一回事？目前，将阿尔都塞与西方后结构主义联系起来考察，已成为西方阿尔都塞研究的一个重要方面。有研究认为，阿尔都塞既是后结构主义者的同时代人

---

① Stuart Hall, "Signification, Representation, Ideology: Althusser and the Post-Structuralist Debates", in *Critical Studies in Mass Communication*, Vol.2, No.2, 1985, p.92.

(contemporary)，又是他们的先行者（precursor），他预见（anticipates）到了接下来会被利奥塔、德里达、福柯和德勒兹所讨论的诸多议题①。其中，"过度决定"概念特别是其中对"差异"的阐发无疑是阿尔都塞"预见"到后结构主义并与之产生共振的重要方面，后文将展开论述。但是，阿尔都塞对矛盾的"差异"的强调实际上与后结构主义有着本质的差别：除了阿尔都塞始终没有放弃经济基础归根到底起决定作用这一马克思主义根本原则，也即总是在马克思主义的基本框架之中去讨论差异，从而区别于后结构主义之外，更因为"过度决定"概念处于与"结构"、"结构因果律"等阿尔都塞其他范畴的联系和互动之中，上述概念所构成的有机的概念群落，共同构成了阿尔都塞这一时期的辩证法思想。故此，不能孤立地讨论或过度强化"过度决定"概念之中的矛盾"差异"性，"过度决定"概念之中的矛盾"差异"性并不超越于"结构"、"结构因果律"等概念所设定的阈值。斯图尔特·霍尔已经敏锐地觉察到，阿尔都塞的"差异"与那些接下来的传统也即后结构主义大为不同，尽管后结构主义有时候将阿尔都塞指认为他们的创始人（originator），因为诸如后结构主义或福柯的话语理论强调差异（如话语的多元性的差异，意义的永恒的滑移，能指的无尽的滑动）的程度已经超越了可以将复杂结构中的"差异中的统一（unity in difference）"加以理论化的临界点，而阿尔都塞不是像德里达的解构主义的战斗口号那样只强调"差异"，而且同时兼顾"统一性以及差异性（unity *and* difference）"，从而不至于成为那种赋予"差异"以特权的思潮的人质。②杰姆逊也从文学批评的角度指出阿尔都塞的"差异"与后结构主义的"差异"的本质区别，也即后结构主义关于非连续性和异质性的狂欢仅仅是阿尔都塞的诠释的初始阶段（an initial moment），阿尔都塞的诠释接下来会要求将文本中的这些碎片、无以计数的层次、各种异质的冲动重新关联起来（related），但是是在结构的差异（structural difference）和

---

① Simon Choat, *Marx through Post-Structuralism: Lyotard，Derrida，Foucault，Deleuze*，Bloombury Academic，2010, pp.19–20.

② Stuart Hall, "Signification, Representation, Ideology: Althusser and the Post-Structuralist Debates", in *Critical Studies in Mass Communication*, Vol.2, No.2, 1985, pp.92–93.

决定性矛盾（determinant contradiction）的模式之中关联起来。① 因此，至少在《保卫马克思》与《读〈资本论〉》时期，阿尔都塞是在与"结构"、"一个'既与的'、有结构的复杂整体"（Un Tout complexe structuré «déjà donné»）② 等概念的紧张关系之中去思考"差异"的。阿尔都塞所强调的矛盾的"差异"，其实质正是杰姆逊指出的"结构的差异"或霍尔所说的兼顾"统一性以及差异性"意义上的"差异"，阿尔都塞在"差异"之中同时寻求的是如何将"差异中的统一"加以"理论化"的那个临界点、是将差异在结构之中"重新关联"起来的可能性，更确切地说，阿尔都塞努力寻求的是不同的差异何以"汇合"为革命爆发的统一体，从而在具体"形势"之中采取具体的政治策略，这就本质性地区别于后结构主义的理论旨趣。故此，阿尔都塞"过度决定"概念中的矛盾的差异性也就必然地指向下文即将论述的"过度决定"概念中的矛盾的不平衡性、"主导结构"等概念。

（三）"毛泽东主义"、矛盾的"不平衡"与过度决定论

"过度决定"概念中对矛盾之间的"差异"的阐发是阿尔都塞阐述马克思主义辩证法的特殊性、将马克思主义辩证法彻底地区别于黑格尔主义辩证法及其简单性的其中一个关键方面，另一个关键方面——同时也是矛盾"差异"的必然伴生和矛盾"差异"的由来——则是矛盾的"不平衡"。尽管矛盾不平衡是源于马克思的一个经典命题，列宁对此也有丰富的论述，但是阿尔都塞对矛盾不平衡的阐释，应该说主要来自他对毛泽东辩证法思想的解读。

侧重从矛盾的不平衡角度去把握毛泽东辩证法，是阿尔都塞阐释毛泽东思想的重要特征之一。根据玛契奥琪的证词，在阿尔都塞看来，差异和不平衡是主导着毛泽东思想的最重要的两个概念③。阿尔都塞在《保卫马克思》

---

① Fredric Jameson, *The Political Unconscious: Narrative as a Socially Symbolic Act*, London & New York: Routledge, 2002, p.41.

② Louis Althusser, *Pour Marx*, Paris: La Découverte, 2005, p.198；[法] 路易·阿尔都塞：《保卫马克思》，顾良译，商务印书馆 2010 年版，第 187 页。

③ Maria Antonietta Macciocchi, *Daily Life in Revolutionary China*, Kathy Brown tr., New York: Monthly Review Press, 1973, p.481.

中对毛泽东关于矛盾不平衡性的援引和阐发亦引起巴迪欧的关注。阿尔都塞在《矛盾与多元决定（研究笔记）》和《关于唯物辩证法（论起源的不平衡）》中对毛泽东《矛盾论》矛盾不平衡性的解读让巴迪欧认识到"不平衡理论正是毛泽东唯物辩证法的内核"，尽管巴迪欧最终与阿尔都塞在对毛泽东辩证法思想的解读上分道扬镳。① 的确，阿尔都塞在《保卫马克思》的上述篇什之中对毛泽东关于矛盾不平衡性的论述进行了引人瞩目的援引和解读，甚至可以说，在阿尔都塞看来矛盾不平衡理论就是毛泽东辩证法思想的真正的"内核"，那么，阿尔都塞的解读对毛泽东思想做了哪些阐发？这些阐发又如何关联于他的理论目标和政治目标？

什么是阿尔都塞所理解的矛盾的"不平衡"？阿尔都塞的"不平衡"（inégal/ inégalité）具有"不平等"、"不平衡"等意义。阿尔都塞的《关于唯物辩证法》中的副标题"论起源的不平衡（De l'inégalité des origines / On the unevenness of origins）"是对卢梭的《论人类不平等的起源和基础》的有意翻转，这个副标题是为了表明没有哲学意义上的"起源（Origin）"，"每个开始都以不平衡为标志"②。该术语在英译本往往被译成"uneven/unevenness"。然而有研究者指出，英译本将"inégalité"译为"unevenness"失却了阿尔都塞原副标题中的双重含义：正因为该标题是对卢梭的《论人类不平等的起源和基础》的翻转，则"inégalité"应该既指在结构意义上的不平衡，又指在历史和政治意义上的不平等。③ 由此可见，"不平衡"具有辩证法以及历史／政治的双重维度。

本·布鲁斯特（Ben Brewster）指出，阿尔都塞的"不平衡发展"术语

---

① 蓝江：《不平衡矛盾与一分为二——巴迪欧论毛泽东的〈矛盾论〉》，《毛泽东邓小平理论研究》2018 年第 4 期，第 102 页。

② Louis Althusser, *Essays in Self-Criticism*, Grahame Lock tr., London: NLB, 1976, pp.185–186.

③ 这是 Bruno Bosteels 的观点。普林斯顿大学法语和意大利语系于 2013 年 12 月举行了"《读〈资本论〉》，1965—2015"的纪念研讨会，与会者包括阿兰·巴迪欧、巴利巴尔等。这是时任康奈尔大学教授的 Bruno Bosteels 在该研讨会上题为 "Reading Capital from the Margins: The Logic of Uneven Development" 的发言内容。以上内容出现在 Bosteels 发言视频的 10'53—11'33 处（http://www.princeton.edu/~benj/ReadingCapital/）。

直接来自列宁和毛泽东①，而实际上，阿尔都塞的这一术语更多地倚重于毛泽东。安德鲁·莱文（Andrew Levine）认为，"矛盾不平衡发展"法则无疑是来自毛泽东，尽管阿尔都塞是以列宁的正统马克思主义的幌子将其"走私（smuggled in）"进来。② 为什么说阿尔都塞的"不平衡发展"主要受到了毛泽东的影响？他又是如何将其以列宁的名义"走私"进来的？阿尔都塞的文本给出了直接依据。在引用了马克思《政治经济学批判导言》中著名的关于物质生产与艺术生产不平衡及"生产关系作为法的关系怎样进入了不平衡的发展"的表述之后，阿尔都塞立刻援引毛泽东的论述来概括马克思主义的矛盾不平衡法则："我们在马克思主义的实践中，也应该抓住它的要害：矛盾不平衡发展的法则。毛泽东的一句话说得很清楚：'世上没有绝对地平衡发展的东西（il n'est rien dans le monde qui se développe d'une manière absolument égale; nothing in this world develops absolutely evenly）'。正如大家所知道的，这条法则（即矛盾不平衡发展的法则，笔者注）不仅关系到帝国主义，而且也关系到'世界的一切存在（tout ce qui existe dans lemonde; everything in this world）'。"③ 阿尔都塞接下来立刻指出，矛盾的"不平衡"就必然意味着主次矛盾的区分："在任何复杂过程中必定有一个主要矛盾，在任何矛盾中必定有一个主要方面。"④ 阿尔都塞的论述不仅在文字表述上，而且在论述思路上，与《矛盾论》保持着高度的一致性。其一，阿尔都塞不仅完全赞同主次矛盾说，而且和毛泽东一样，阿尔都塞直接将主次矛盾说等同于马克思主义的矛盾不平衡法则。毛泽东认为，"在复杂的事物的发展过程中，有许多的矛盾存在，其中必有一种是主要的矛盾，由于它的存在和发展规定或影响着其他矛盾的存在和发展。……这两种矛盾情况（此处指前文提到的"主要的矛盾和非主要的矛盾以及矛盾之主要的方面和非主要的方面"，笔者注）

---

① Ben Brewster, "Glossary", in Louis Althusser, *For Marx*, Ben Brewster tr., London & New York: Verso, 2005, p.250.

② Andrew Levine, *A Future for Marxism? Althusser, The Analytical Turn and the Revival of Socialist Theory*, London & Sterling & Virginia: Pluto Press, 2003, p.118.

③ Louis Althusser, *Pour Marx*, Paris: La Découverte, 2005, p.206；Louis Althusser, *For Marx*, Ben Brewster tr., London & New York: Verso, 2005, pp.200–201；[法] 路易·阿尔都塞:《保卫马克思》，顾良译，商务印书馆 2010 年版，第 195—196 页。

④ [法] 路易·阿尔都塞:《保卫马克思》，顾良译，商务印书馆 2010 年版，第 196 页。

的差别性或特殊性，都是矛盾力量的不平衡性。世界上没有绝对地平衡发展的东西，我们必须反对平衡论，或均衡论。"① 可以看到，毛泽东正是用主次矛盾说去力证马克思主义的矛盾不平衡论，可以说，正是通过对主次矛盾的命名，《矛盾论》使得马克思主义的矛盾不平衡说得到了具象化的同时也是理论化的展开。实际上，毛泽东的主次矛盾说是对当时中国复杂社会结构的反映，而面对 19 世纪的法国和英国社会现实，马克思则不可能提出这样的问题："什么矛盾是今天的主要矛盾？"② 这就是说，中国复杂的历史现实促使毛泽东及中国共产党人对矛盾的不平衡问题根据中国的情势给出新的阐释，主次矛盾说只有在中国、在《矛盾论》中得到发明，可以说是马克思主义理论发展史中的历史与理论的必然。无怪乎正是《矛盾论》成为阿尔都塞在阐述矛盾不平衡问题上的重要支撑。阿尔都塞完全赞同毛泽东对于主次矛盾及矛盾主次方面的划分，他的关于"必定"有主要矛盾或矛盾的主要方面的观点完全是复述毛泽东关于事物发展过程中"必有"矛盾主要方面的论述，并将其直接等同于马克思主义矛盾不平衡发展法则。其二，尤其值得注意的是，上述论述还显示了在矛盾不平衡问题上，相较于其他经典马克思主义理论家，阿尔都塞更为倚重于毛泽东的相关论述。这不仅是说阿尔都塞在引用了马克思《政治经济学批判导言》之后，立刻就援引了《矛盾论》，而且尤其重要的是其中这样一句论述："这条法则（即矛盾不平衡发展的法则，笔者注）不仅关系到帝国主义，而且也关系到'世界的一切存在'"。矛盾不平衡律当然首先是马克思的理论发明，他对于物质生产与艺术生产及生产关系的不平衡发展的论断揭示了发展不平衡律在人类历史发展特别是资本主义发展中的普遍性。列宁在《论欧洲联邦口号》中集中论述了"经济和政治发展的不平衡是资本主义的绝对规律"以及帝国主义阶段各个资本主义国家的不平衡，如"1871 年以后，德国实力的增强要比英法快两三倍；日本要比俄国快十来倍。"③ 阿尔都塞谈及矛盾不平衡法则"关系到帝国主义"，正是指

---

① 毛泽东：《矛盾论》，《毛泽东选集》（第一卷），人民出版社 1991 年版，第 320、326 页。

② Stuart Schram, "Mao Tse-tung（Mao Zedong）", in *A Dictionary of Marxist Thought*, Tom Bottomore, Laurence Harris, V.G. Kiernan and Ralph Miliband ed., Oxford & Malden: Blackwell, 1983, pp.333–334.

③ [苏] 列宁：《列宁全集》（第 26 卷），人民出版社 1988 年版，第 366—367 页。

列宁对这个法则的重要理论推进。更为重要的是，阿尔都塞随后立刻指出，矛盾不平衡法则关系到"世界的一切存在"，此处所谓"世界的一切存在"，正是对毛泽东"世上没有绝对地平衡发展的东西"的复述，也即阿尔都塞从毛泽东的没有什么事物在这个世界上是绝对平衡地发展的这个原意之中，提炼出"世界的一切存在"（或事物）都是绝对不平衡地发展的。这个提炼是意味深长的。阿尔都塞在引用了马克思、列宁关于矛盾不平衡法则的论述之后，通过引用《矛盾论》从而特意强调该法则适用于"世界的一切存在"，显示了阿尔都塞在马克思与列宁的基础上，试图倚重于《矛盾论》而对矛盾不平衡法则加以进一步理论说明的意图。

那么，怎样才能证明矛盾不平衡法则关系到"世界的一切存在"？阿尔都塞论证了矛盾不平衡法则具有普遍性和内在性，而只有论证了矛盾不平衡是普遍的、内在的，才能说矛盾不平衡法则关系到"世界的一切存在"。在阿尔都塞看来，矛盾不平衡是没有例外的普遍性法则，"……不平衡法则没有例外。这是因为不平衡法则本身就不是一个例外，它既不是在特殊环境（例如帝国主义）下产生的一条次生法则（une loi derive；a derivatory law），也不是在不同社会形态汇合过程中出现的一条次生法则……相反，它是先于这些特殊情况而存在的原始法则（une loi primitive；a primitive law）……不平衡贯穿于一切社会形态的全部存在之中……"。① 可以看到，阿尔都塞特意强调矛盾不平衡并不只是"帝国主义"的"特殊环境"下才产生的"次生法则"，这就意味着他试图在列宁关于帝国主义阶段矛盾不平衡论述的基础之上进一步深化在马克思、列宁那里已经具有的关于矛盾不平衡的普遍性的观点，并进一步明确将不平衡法界定为"原始法则"：这就是说，没有先于不平衡法则而存在的其他法则，也没有先于不平衡法则而存在的特殊情况。由于不平衡法则是"原始法则"，它得以贯穿于一切社会形态之中，而不是只适用于局部地区或特定时期。类似的是，《矛盾论》也强调平衡是相对的、不平衡是绝对的："无论什么矛盾，矛盾的诸方面，其发展是不平衡的。有

---

① Louis Althusser, *Pour Marx*, Paris: La Découverte, 2005, p.218; Louis Althusser, *For Marx*, Ben Brewster tr., London & New York: Verso, 2005, p.212；[法] 路易·阿尔都塞：《保卫马克思》，顾良译，商务印书馆 2010 年版，第 207 页。

时候似乎势均力敌，然而这只是暂时的和相对的情形，基本的形态则是不平衡"，① 这与阿尔都塞强调不平衡法则"没有例外"是基本一致的。更重要的是，矛盾不平衡法则之所以是普遍的，根本原因就在于它是"内在"的：如果不平衡法则没有贯穿到事物或矛盾的内部，而只是适用于事物（或矛盾）与外部事物（或外部矛盾）的关系，或只是适用于某些事物（或矛盾）、某些历史时期，则不平衡法则也就必然有"例外"，就必然不是"原始法则"。阿尔都塞特别强调矛盾不平衡的"内在"性甚至将其视为矛盾不平衡的"第一性"："每当不平衡出现时，绝不是外部不平衡确立内部不平衡……相反，内部不平衡才是第一性的（l'inégalité interne qui est première ; the internal unevenness has priority），内部不平衡确定着外部不平衡在当时社会形态的作用和效果。凡把内部不平衡现象归结为外部不平衡的任何解释……都是犯了机械论的错误，都是本末倒置……必须要到原始的内部不平衡（l'inégalité intérieure primitive; the primitive internal unevenness）那里去寻找根源。"② 值得注意的是，阿尔都塞文本中关于内部不平衡第一性的表述与《矛盾论》之间存在着相当程度的一致。《矛盾论》极为强调"事物内部的矛盾性"："事物发展的根本原因，不是在事物的外部而是在事物的内部，在于事物内部的矛盾性。任何事物内部都有这种矛盾性，因此引起了事物的运动和发展。事物内部的这种矛盾性是事物发展的根本原因，一事物和他事物的互相联系和互相影响则是事物发展的第二位的原因。这样，唯物辩证法就有力地反对了形而上学的机械唯物论和庸俗进化论的外因论或被动论。"③ 尽管《矛盾论》没有将"事物内部的矛盾性"命名为"内部不平衡"，但是阿尔都塞文本中关于内部不平衡第一性的表述和论述逻辑明显与《矛盾论》具有一致性：阿尔都塞文本中的内部不平衡"确定着"外部不平衡正对应于《矛盾论》中事物内部矛盾性"引起了"事物的运动和发展；外部不平衡的次要性正对应于《矛盾论》中外部原因是"第二位的

---

① 毛泽东：《矛盾论》，《毛泽东选集》（第一卷），人民出版社 1991 年版，第 322 页。

② Louis Althusser, *Pour Marx*, Paris: La Découverte, 2005, p.218; Louis Althusser, *For Marx*, Ben Brewster tr., London & New York: Verso, 2005, p.212; [法] 路易·阿尔都塞：《保卫马克思》，顾良译，商务印书馆 2010 年版，第 208 页。

③ 毛泽东：《矛盾论》，《毛泽东选集》（第一卷），人民出版社 1991 年版，第 301—302 页。

原因";同时,与毛泽东一样,阿尔都塞也将外因说或外部不平衡论归为机械论的错误。这就意味着,和毛泽东一样,阿尔都塞将"不平衡律"永久性地引入了事物内部,并将内部不平衡性或内部矛盾确定为一切矛盾(或事物)变化、发展的"根源"。由此可以说,阿尔都塞关于矛盾内部不平衡"第一性"论述的主要来源就是《矛盾论》。

在阿尔都塞关于矛盾内部不平衡"第一性"的论断之中,不能绝对地说《矛盾论》是唯一的理论来源,马克思、列宁关于矛盾不平衡的论断当然是其重要的理论来源。此外,考虑到阿尔都塞与斯宾诺莎主义的密切联系,在斯宾诺莎的"上帝是万物的内在原因(causa immanens),而不是万物的外在原因(causa transiens)"①与阿尔都塞关于内部不平衡第一性及对于外部不平衡性次要性的论断之间,显然也有相当程度的联系。然而,矛盾不平衡说确实主要应是一个马克思主义的命题而不是斯宾诺莎主义的命题。因为"矛盾(contradiction)"在斯宾诺莎主义的宇宙之中是完全不可能存在的,因此阿尔都塞引入矛盾概念就意味着进入了一个"黑格尔主义的空间",使得斯宾诺莎的"各种非等级制的物质的表面(nonhierarchical material surfaces)"被指派了一个开端(beginning)、一个必要的第一步,尽管这并不等于(对矛盾的——笔者注)解决②。然而,阿尔都塞将矛盾引入斯宾诺莎的"实体(substantia)"的宇宙之中,就不仅是进入一个黑格尔主义的空间,而更是进入一个改造了黑格尔矛盾学说的马克思、列宁的空间以及特别是毛泽东的空间。与其说是黑格尔主义的矛盾学说使得阿尔都塞所建构的带有浓厚斯宾诺莎色彩的"一个'既与的'、有结构的复杂整体"(Un Tout complexe structuré «déjà donné»)③具有了极其重要的"开端"、迈出了"必要的第一步",实际上更确切地说,是毛泽东所发展了的马克思主义的矛盾不平衡律使其具有了"开端"、"第一步"。由此这个"整体"才不只是斯宾诺莎式的"整体",而更是将矛盾纳入自身、将矛盾作为自

---

① [荷] 巴鲁赫·斯宾诺莎:《伦理学》,贺麟译,商务印书馆1997年版,第22页。

② Gregor Moder, *Hegel and Spinoza: Substance and Negativity*, Evanston: Northwestern University Press, 2017, p.112.

③ Louis Althusser, *Pour Marx*, Paris: La Découverte, 2005, p.198; [法] 路易·阿尔都塞:《保卫马克思》,顾良译,商务印书馆2010年版,第187页。

身再生产根本机制的马克思主义的"整体"，而《矛盾论》又真正阐明了矛盾何以内在于事物自身。按照阿尔都塞的论断，毛泽东的崇高的原因就在于他"大胆地使辩证法服从于（他的'矛盾'论的）辩证法，从而实践地质疑了关于辩证法的形而上学观念，……"[1]。所谓毛泽东使得辩证法"服从于"辩证法，就是指《矛盾论》使得辩证法自身也辩证法化，使得辩证法自身也要服从于辩证法的规律，使得矛盾自身也不能外在于矛盾的法则。正是由于毛泽东通过论证"事物内部的这种矛盾性是事物发展的根本原因"[2]，从而将矛盾推及到事物内部，而正因为将矛盾推及矛盾内部，辩证法的法则才真正覆盖辩证法自身，辩证法才真正是普遍的和绝对的。阿尔都塞借助《矛盾论》中的使辩证法"服从于"辩证法的矛盾观而发展出来的矛盾内在不平衡的"第一性"说，将不平衡法则推及一切事物或矛盾自身，从而真正地证明了不平衡法则是穿透一切事物或矛盾、一切过程、一切历史、一切社会形态、"世界的一切存在"的先在的、"原始的"、根本性法则。

值得注意的是，如仔细辨别，则会发现阿尔都塞对《矛盾论》进行了微妙的改写：阿尔都塞将《矛盾论》中的"事物内部的矛盾性"表述或转述为"内部不平衡"，而"事物内部的矛盾性"其实并不能等于"内部不平衡"：前者更加突出的是事物内部的"矛盾性"。《矛盾论》一以贯之的是对矛盾的强调，这当然包括对事物内部的"矛盾性"的强调。有研究者发现，在阿尔都塞解读《矛盾论》的过程中，存在着一个意味深长的症候：尽管《矛盾论》特别强调矛盾的"普遍性和绝对性（universality and absoluteness）"，然而阿尔都塞所感兴趣的却是《矛盾论》中的主次矛盾说。[3] 的确，即使不能说阿尔都塞完全忽略了《矛盾论》中关于矛盾普遍性或绝对性的论述，但是相比《矛

---

[1] [法] 路易·阿尔都塞：《今日马克思主义》，陈越、赵文译，《马克思主义美学研究》2002年00期，第449页。

[2] 毛泽东：《矛盾论》，《毛泽东选集》（第一卷），人民出版社1991年版，第301页。

[3] Agon Hamza, *Althusser and Pasolini: Philosophy, Marxism, and Film*, Palgrave Macmillan, 2016, p.43. 此处对应的《矛盾论》原文应是："矛盾的普遍性或绝对性这个问题有两方面的意义。其一是说，矛盾存在于一切事物的发展过程中；其二是说，每一事物的发展过程中存在着自始至终的矛盾运动。"（毛泽东：《矛盾论》，《毛泽东选集》（第一卷），人民出版社1991年版，第305页）

盾论》中的其他观点，他在《保卫马克思》的若干篇什之中对《矛盾论》主次矛盾说的阐发兴趣确实是压倒性的。阿尔都塞不使用《矛盾论》中的"事物内部的矛盾性"，而代之以"内部不平衡"，可以说正与上述症候相关。德里克（Arif Dirlik）认为，矛盾概念与矛盾性（contradictoriness）居于毛泽东思想的中心位置，矛盾概念在毛泽东文本中无处不在，是毛泽东理解世界的认识论关键所在，矛盾概念应该被认为是毛泽东的"发明（invention）"，尽管他对这个概念的理解有来自国内和国外的多种资源，但是毛泽东所指派给这个概念的意义重新形塑了这个概念以描述中国现代性经验。① 毛泽东对事物的"内部矛盾"的强调、使辩证法"服从于"辩证法，这正是毛泽东"发明"了矛盾概念的重要表现。如果说《矛盾论》强调将矛盾推及事物内部，而阿尔都塞则强调将不平衡推及事物内部。《矛盾论》中那种使得辩证法"服从于"辩证法、使得矛盾推及矛盾自身的磅礴的、不竭的动能，在阿尔都塞这里被微妙地置换为内部的"不平衡"性。由此，在一定程度上可以说，阿尔都塞对《矛盾论》关于矛盾及其普遍性或绝对性的论述做了某种弱化处理，而这又实际上预示着"阿尔都塞主义"的理论命运，这一点将在随后的章节中继续讨论。

尽管存在着某种"改写"，但如上所述，阿尔都塞关于矛盾不平衡的普遍性和内在性的论述仍显示了他与《矛盾论》之间密切的思想对话。矛盾不平衡说特别是矛盾不平衡法则的普遍性或内在性的论证，对阿尔都塞确立其这一时期的辩证法思想是至关重要的：阿尔都塞的过度决定、亚决定、主导结构、"去中心的结构"或"去中心的总体"、"压缩"/"置换"等一系列概念，实际上都是对矛盾不平衡普遍性和内在性的不同侧面的理论表述。矛盾不平衡法则的普遍性或内在性得到真正论证，是上述范畴得以成立的重要前提。如阿尔都塞指出的，过度决定和亚决定概念都是马克思主义的整体及其不平衡性的反映。② 阿尔都塞如此强调矛盾不平衡律，以至于他直接指出矛盾的本质就是矛盾不平衡，而矛盾不平衡的本质就是"过度决

① Arif Dirlik, "Modernism and Antimodernism in Mao Zedong's Marxism", in *Critical Perspectives of Mao Zedong's Thought*, Arif Dirlik, Paul Healy and Nick Night ed., New Jersey: Humanities Press, 1997, pp.76–78.

② Louis Althusser, *Essays in Self-Criticism*, Grahame Lock tr., London: NLB, 1976, p.184.

定"或"多元决定"："矛盾'发展'中存在的不平衡，即矛盾过程的不平衡，就是矛盾的本质。……这里的不平衡性具有它所确指的内在本质：多元决定"。① 可以看到，在这里阿尔都塞不是在一般意义上强调矛盾的不平衡，他强调的是矛盾"'发展'中存在的"、"过程的"不平衡，也即正是他在《矛盾论》基础上发展出来的具有内在性和普遍性的矛盾不平衡。有研究者指出，阿尔都塞的过度决定概念充分发展了毛泽东系统地建立起来的"每一个过程中的不平衡（uneven development of each process）"的概念②，尽管该研究者在其中呈现了一个"阿尔都塞式"的症候，即将毛泽东原文中的"矛盾存在于一切事物的发展过程中"③的"矛盾"理解或替换为"不平衡"，但是过度决定概念确乎是与阿尔都塞根据《矛盾论》而发展出来的具有内在性和普遍性的矛盾不平衡更直接关联着。如果不平衡仍被理解为适用为某一时期或适用于解释事物（或矛盾）之间关系的法则，如果内部矛盾不平衡的第一性没有得到证明，如果不平衡不是贯穿于"世界上的一切存在"、一切过程的普遍的"原始法则"，则过度决定、亚决定、主导结构、"去中心的结构"或"去中心的总体"、"压缩"/"置换"等一系列概念也就不具有对达及所有事物内部、达及对社会、历史的全部存在加以说明的理论能量。

如果说阿尔都塞借助《矛盾论》中关于"差异"的论述挑战了黑格尔主义的还原论的一元论，那么通过借助《矛盾论》而论证矛盾不平衡的普遍性和内在性，则进一步彻底清算了黑格尔主义。阿尔都塞以主次矛盾的区分证明过程总是"复杂"的，而不是黑格尔主义式的"简单"的。阿尔都塞指出，"在任何复杂过程中必定有一个主要矛盾，在任何矛盾中必定有一个主要方面。"④ 这与毛泽东《矛盾论》的论述是完全一致的："过程发展的各个阶段中，只有一种主要的矛盾起着领导的作用，是完全没有疑义

① ［法］路易·阿尔都塞：《保卫马克思》，顾良译，商务印书馆 2010 年版，第 209 页。

② Claudia Pozzana, "Althusser and Mao: A Missed Encounter?" in *The Idea of Communism* (*Volume 3 The Seoul Conference*)，Alex Taek-Gwang Lee & Slavoj Žižek ed.，London & New York: Verso, 2016, p.104.

③ 毛泽东：《矛盾论》，《毛泽东选集》（第一卷），人民出版社 1991 年版，第 305 页。

④ ［法］路易·阿尔都塞：《保卫马克思》，顾良译，商务印书馆 2010 年版，第 196 页。

的。"① 正是因为矛盾不平衡是普遍地贯穿于"过程发展各个阶段中",各种矛盾之中才总有可能区分出主要矛盾和次要矛盾。矛盾不平衡律及主次矛盾的区分只有在马克思主义辩证法中才可能存在,因为在黑格尔主义辩证法中矛盾是"一律平等"的,因而根本不可能存在主要矛盾、主导矛盾或"主导结构"。② 主次矛盾的区分不仅是矛盾的"差异"性的体现,更是矛盾的"不平衡"的体现,阿尔都塞借由《矛盾论》所阐发的矛盾不平衡就进一步杜绝了矛盾朝向黑格尔主义式的某一简单本原的还原。阿尔都塞指出,"在黑格尔那里,任何一个特定的矛盾都不是主导的矛盾。……差异作为这一本原的异化现象实际上是一律平等的。"③ 在阿尔都塞看来,在黑格尔主义的总体之中,一切具体的差异都匍匐于、归结为或还原为一个简单本原,故此根本不可能存在矛盾的主次之别,以及矛盾的主次方面的区分。阿尔都塞借由《矛盾论》所阐发的矛盾不平衡的绝对性和普遍性,就针锋相对于总能指认出"一个'本质的'矛盾"("one 'essential'contradiction")的黑格尔主义。④ 如马丁·杰(Martin Jay)所指出的,由于黑格尔主义的总体总是还原为一个原始的、简单的统一体(an original simple unity)的异化的剥落(alienated exfoliation),因此,这个总体中的所有因素都仅仅只是该总体隐含着的这一个本质的、起源性的本原(the essential genetic principle)的各种展示或瞬间,而正因为这些瞬间同样都是该总体的表现,因而就没有办法去决定哪个比其他更为重要。⑤ 相反,在阿尔都塞看来,由于在一切过程中、在一切社会形态之中、在"世界上的一切存在"之中"必定"能区分主次矛盾,必然能决定"哪个因素比其他因素更重要",由此才能说,阿尔都塞所建构的马克思主义的

---

① 毛泽东:《矛盾论》,《毛泽东选集》(第一卷),人民出版社1991年版,第322页。

② "主导结构"是阿尔都塞根据毛泽东辩证法中的"主要矛盾"发展出来的一个重要概念,但是又与毛泽东的"主要矛盾"不尽相同,下面章节将专门讨论,在此暂不赘述。

③ [法]路易·阿尔都塞:《保卫马克思》,顾良译,商务印书馆2010年版,第198页。

④ José López, *Society and Its Metaphors: Language, Social Theory and Social Structure*, New York & London: Continuum, 2003, p.125.

⑤ Martin Jay, "Louis Althusser and the Structuralist Reading of Marx", in Martin Jay, *Marxism and Totality: The Adventures of a Concept from Lukacs to Habermas*, Berkeley & Los Angeles: University of California Press, 1984, p.406.

总体根本性地区别于黑格尔主义的"简单"的总体。

阿尔都塞在清算黑格尔主义的总体和辩证法的"简单性"的同时，力图建构起"（马克思主义的）去中心的结构（structure décentrée / decentered structure）"或者说"（马克思主义的）总体（totalité/totality）"。所谓"去中心的结构"或去中心的"总体"是指，黑格尔的总体假定了在复杂表象背后存在着一个起源的、原始的本质，因此黑格尔的结构是一个有中心的结构，而马克思主义的总体绝不以黑格尔主义式的方式与构成总体的各个要素相区隔，且该总体之中的每个要素都是所有其他要素的存在条件，因此，马克思主义的结构或总体没有中心，也即是去中心的结构或总体，在其中只有一个主导的因素（dominant element），以及归根到底由经济决定，因此，马克思主义的结构或总体就是去中心的结构或总体。阿尔都塞对《矛盾论》中的矛盾的"差异"和矛盾的"不平衡"阐发，不仅关乎于他对黑格尔主义的清算，更关乎于他对这个马克思主义的"去中心的总体"的建构。"去中心的总体"首先必然是由具有差异性的多个矛盾/领域/结构组成。阿尔都塞所建构的马克思主义的总体不是像黑格尔主义的总体那样被一个本质矛盾（one essential contradiction）的发展所统御，马克思主义的总体是由彼此不能还原为对方的效果(effect)的多个矛盾所构成的。①这正是阿尔都塞借助《矛盾论》所阐释的矛盾之间的非还原的差异性。在经济归根到底起作用的前提下，所有的矛盾、层次、领域、结构都具有相对独立性，都具有自身的特殊效能、时间与历史，并不是某一个"本质矛盾"的表现或外化，因而，不能也不必分辨哪个矛盾/层次/领域/结构是中心。此外，阿尔都塞借助《矛盾论》主次矛盾论证明："只要在整体中有一个矛盾支配着其他的矛盾，整体就势必是复杂的。"②如果整体或总体中总是有一个主要矛盾"支配"着其他次要矛盾，那么也就说明这个整体绝不是某一个单一的、原始的、简单的本质或中心的外化，而必然是复杂的或者说是多中心甚至"去中心"的（关于"主导结构"以及主要矛盾如何"支

①　Stephen Cullenberg，"Althusser and the Decentering of the Marxist Totality"，in *Postmodern Materialism and the Future of Marxist Theory*，A. Callari and D.F. Rucciio ed.，London: Wesleyan UP，1996，p.136.

②　[法] 路易·阿尔都塞：《保卫马克思》，顾良译，商务印书馆 2010 年版，第 196 页。

配"着其他矛盾，下文将有详细阐述），因此，这个整体也就必然是非黑格尔主义的、马克思主义的整体。更重要的是，矛盾的"不平衡"还直接意味着"主导结构"的必然存在以及主次矛盾以及矛盾的主次方面的"交换"或转换，而正是主次矛盾及矛盾主次方面的"交换"或转换为阿尔都塞清算黑格尔主义提供了致命一击，阿尔都塞也借此阐明了新的理论思路和革命方向。阿尔都塞以毛泽东的主次矛盾说为基础，阐明了主次矛盾"交换"的理论机制："根据实践经验表明，主导结构虽然是固定的，但结构中各矛盾的地位却在变化：主要矛盾变为次要矛盾，一种次要矛盾上升到主要地位；矛盾的主要方面变为次要方面，一个次要方面又变为主要方面。始终存在一个主要矛盾和一些次要矛盾，但在固定不变的主导结构中，主要矛盾和次要矛盾在各个环节交换位置。"① 这与毛泽东《矛盾论》阐明主次矛盾和矛盾的主次方面的转化是完全一致的，"这种具体的矛盾状况，以及矛盾的主要方面和非主要方面在发展过程中的变化，正是表现出新事物代替旧事物的力量。"② 如果说，矛盾不仅是"差异"的，而且可以区分主次矛盾，故而是"不平衡"的，甚至主次矛盾还是可以"交换"的，那么这个由多个差异的、不平衡的矛盾构成的总体当然就是"去中心"的，由此黑格尔主义的总体及其总是存在一个"本质矛盾"的"简单性"就彻底丧失了说服力。

《矛盾论》中的矛盾不平衡及主次矛盾"交换"机制，对阿尔都塞来说除了具有反黑格尔主义的理论重要性之外，还具有极大的政治重要性。如前所述，阿尔都塞认为矛盾不平衡的本质就是"过度决定"③，如果说，"矛盾不平衡发展"对阿尔都塞来说具有"政治上的不可或缺性（political indispensability）"④，这正是因为，如阿尔都塞所承认的，"如果说所有的矛盾都受不平衡法则的制约，如果说为了成为马克思主义者或者说能够开

---

① ［法］路易·阿尔都塞:《保卫马克思》，顾良译，商务印书馆 2010 年版，第 206 页。

② 毛泽东:《矛盾论》,《毛泽东选集》（第一卷），人民出版社 1991 年版，第 326 页。关于阿尔都塞"主导结构"和毛泽东"主要矛盾"的异同，下文将详细讨论，此处不赘述。

③ ［法］路易·阿尔都塞:《保卫马克思》，顾良译，商务印书馆 2010 年版，第 209 页。

④ Andrew Levine, *A Future for Marxism? Althusser*, *The Analytical Turn and the Revival of Socialist Theory*, London & Sterling & Virginia: Pluto Press, 2003, p.118.

展政治活动（以及为了能够进行理论实践），必须不惜一切代价去区分主要矛盾和次要矛盾，区分矛盾的主要方面和次要方面，……这一主要矛盾正像列宁说的那样，是我们在政治斗争中（或在理论实践中）为打碎整个链条所必须紧紧抓住和加以利用的'决定性'环节，或用另一种形象的说法，这是我们为'引起统一物的分解'所必须攻下的战略要点。"①在阿尔都塞看来，抓住主要矛盾成为整个政治行动的关键所在，或者更准确地说，是"过度决定"得以发生的关键所在。如果说亚决定没有跨过决定的临界点，故而导致革命的流产、革命运动的停滞或消失，帝国主义在腐烂中继续发展②，那么在具体"形势"之中抓住主要矛盾并采取政治行动，正是"过度决定"得以发生的根本原因。过度决定概念明显地援引了毛泽东的这一思想，即任何革命政治都必须处理总是不平衡发展的各种过程。③ 所谓处理不平衡发展的各种过程，正是指时刻去区分、把握主要矛盾，从而根据这个动态中的主要矛盾——可能是经济，也可能是政治、文化或其他领域——判断政治介入的方向和时机。从这个意义上说，阿尔都塞根据《矛盾论》发展出的主次矛盾转化机制及对主要矛盾的政治重要性的阐发，就将"过度决定"概念转化为一种政治行动、政治干预的直接机制。

《矛盾论》中的矛盾不平衡及主次矛盾"交换"机制还直接关乎阿尔都塞意识形态理论的建构。如果说，如前文所述，阿尔都塞关于上层建筑和意识形态"相对对立性"的阐发与他对《矛盾论》的"差异"的阐发相关，那么，阿尔都塞对《矛盾论》主次矛盾"交换"的阐发则直接关乎他对意识形态在一定条件下可以起主导作用的重要论断。在阿尔都塞的"过度决定"论所建构的不对称的、去中心的总体之中，在每个特殊的形势中总有一个因素是主导因素（dominant element），尽管这个因素就像其他因

---

① ［法］路易·阿尔都塞：《保卫马克思》，顾良译，商务印书馆 2010 年版，第 206—207 页。

② Louis Althusser, "Is It Simple to be a Marxist in Philosophy?", in Louis Althusser, *Essays in Self-Criticism*, Grahame Lock tr., London: NLB, 1976, pp.186–187.

③ Claudia Pozzana, "Althusser and Mao: A Missed Encounter?" in *The Idea of Communism* (*Volume 3*, *The Seoul Conference*), Alex Taek-Gwang Lee & Slavoj Žižek ed., London & New York: Verso, 2016, p.104.

素一样归根到底被经济所决定，但是与严格的经济主义的模式不一样的是，即便经济本身也不必然是主导因素。^①这就是说，随着主次矛盾的"交换"，其他非经济的因素或矛盾也可以起主导作用。在1966年匿名发表的《论文化革命》中，为了说明意识形态在一定形势中可以成为决定一切的"战略点"，阿尔都塞指出："这个关于在工人运动史的某种政治形势中意识形态可能起支配作用（un rôle *dominant*; a *dominant* role）的论点，只会触犯那些经济主义、进化主义和机械主义的'马克思主义者'，也就是说，只会触犯那些对马克思主义辩证法一无所知的人。只有那些混淆了主要矛盾和次要矛盾、矛盾的主要方面和次要方面，混淆了矛盾的主次和矛盾的主次方面的变化(changement de place; the reversal）的人，简而言之，只有那些混淆了经济因素归根到底的决定作用和在特定生产方式中或特定政治形势下某种特定因素（经济的、政治的或意识形态的因素）的支配作用的人，才会对这个论点感到惊讶。"^②这段话明显地揭示了，阿尔都塞的意识形态能够在一定"形势"中可以成为支配或主导因素、主要矛盾的观点，其原理正是来自《矛盾论》中矛盾不平衡律特别是主次矛盾的变化或转换论。^③

故此毫不奇怪的是，阿尔都塞阐发最多的正是《矛盾论》中的矛盾特殊

---

① Peter Thomas，"Philosophical Strategies: Althusser and Spinoza", in *Historical Materialism*, Vol.10, No.3，2002, p.102.

② Anonyme (Atribué à Louis Althusser), "Sur la révolution culturelle", in *Décalages*, Vol.1, Issue 1, article 8, 2010, p.13; Anonymous (Attributed to Louis Althusser), "On the Cultural Revolution", Jason E. Smith tr., in *Décalages*, Vol.1, Issue 1, 2010, pp.12-13. 对该文的翻译全部来自吴子枫老师的最新译本，谨致谢忱。

③ 阿尔都塞在《读〈资本论〉》中以"错位（décalages）"代替了矛盾不平衡的概念［这是 Bruno Bosteels 的观点，普林斯顿大学法语及意大利语系于2013年12月举行了"《读〈资本论〉》，1965—2015"的纪念研讨会，这是 Bruno Bosteels 在该研讨会上发表的题为"Reading Capital from the Margins: The Logic of Uneven Development"的发言内容。以上内容出现在 Bosteels 发言视频的18'25—19'00处（http://www.princeton.edu/~benj/ReadingCapital/)］。尽管阿尔都塞在《读〈资本论〉》中以"错位"替代了矛盾不平衡，但是《读〈资本论〉》也涉及对政治、哲学、审美、科学等各自都有自己的时间和历史的讨论 (Louis Althusser, Étienne Balibar, *Reading Capital*, tr., Ben Brewster, London:NLB, 1970, p.99)，而"错位"正发生在上述各自有自己的时间和历史的领域之中。

性和不平衡理论以及特别是其中的"矛盾可变性"理论（mutability of con-
tradiction），而正是"矛盾可变性"为文化和意识形态领域的革命提供了合理
性。①《矛盾论》的"矛盾可变性"理论以及阿尔都塞以此为基础阐发的主
次矛盾"交换"说，对当代文学、文化、审美和艺术研究而言具有至关重要
的意义。有研究者认为，阿尔都塞所建构的马克思主义的"去中心"的"结
构"或"总体"尽管没有取消马克思主义的经济归根到底所起的决定作用，
但是却将文学"保释"出来，给予文学或艺术以"白天活动的"高度的自由。②
实际上远不止文学或艺术被"保释"出来，"矛盾可变性"和主次矛盾"交换"
说所揭示的真实图景是：文学、文化、审美、艺术不仅相对于经济和其他领
域具有差异性和"相对独立性"，而且完全可以在一定的"形势"之中起到
主导作用，成为"统一物"被分解、"整个链条"被打碎的起主导作用的主
要矛盾。在以下章节关于阿尔都塞意识形态理论的讨论中，这一点还将继续
展开。

---

① Liu Kang, "The Legacy of Mao and Althusser: Problematics of Dialectics, Alternative Mo-
dernity, and Cultural Revolution", in *Critical Perspectives on Mao Zedong's Thought*, Arif
Dirlik, Paul Healy and Nick Knight ed., New Jersey: Humanities Press, 1997, pp.236–237.

② Peter Barry, *Beginning Theory: An Introduction to Literary and Cultural Theory*, Manchester:
Manchester University Press, 2002, p.164.

第三章 "毛泽东主义"与阿尔都塞的
辩证唯物主义理论（二）

上一章重点讨论了"毛泽东主义"与阿尔都塞的黑格尔主义批判、"过度决定论"范畴的深刻关联，以及阿尔都塞对毛泽东关于矛盾的"差异"和"不平衡"的阐发，这一章将继续讨论阿尔都塞的"转移（déplacement / displacement）"、"压缩（condensation / condensation）"①、"主导结构（structure à dominante / structure in dominance）"、"结构（structure / structure）"、"形势（conjoncture/conjuncture）"等范畴与毛泽东思想的对话。

第一节 "毛泽东主义"、黑格尔主义历史目的论批判与
"转移"和"压缩"

根据巴利巴尔的说法，阿尔都塞将毛泽东视为以下思想的"持有人甚至发明人"："关于构成一切发展或过程的不平衡性的思想，这种不平衡性使得矛盾的加剧带来的不是'超越'，而是'转移'、'凝缩'和'决裂'"。② 那么什么是"构成一切发展或过程的不平衡性"？这不是一般

---

① 该对范畴的译法从顾良先生的《保卫马克思》中的译法。

② ［法］E. 巴利巴尔：《阿尔都塞与中国》，吴志峰译，《马克思主义与现实》2015 年第 4 期，第 102 页。

意义上的不平衡性，正是上面章节详加阐述的"关系到'世界的一切存在 (tout ce qui existe dans lemonde; everything in this world)'"① 的毛泽东意义上的、强调普遍性和内在性的矛盾不平衡法则。什么是"超越"？所谓"超越"（«dépassements»），巴利巴尔在另一处明确指出，就是指"黑格尔图式中的否定之否定"（le schéma hégélien de la négation de la négation）。② 这就是说，阿尔都塞将作为矛盾不平衡必然结果的"转移"/"压缩"看作对黑格尔主义的"否定之否定"法则及其历史哲学特别是历史目的论（teleology）的否定和替代。那么，毛泽东的矛盾不平衡思想是如何介入了阿尔都塞的"转移"/"压缩"概念及其对黑格尔主义历史目的论的批判的呢？阿尔都塞又如何以此为基础，建构起一种反历史目的论的矛盾"阶段"说？

阿尔都塞指出，"之所以批判黑格尔主义的历史哲学就是因为它是目的论的，从它的各种来源中它就在追求一个目的（也即绝对知识的实现），……黑格尔主义辩证法的关键结构就是否定之否定，它就是目的论本身，也等同于（黑格尔主义的——笔者注）辩证法。"③ 在阿尔都塞看来，黑格尔主义的"否定之否定"的辩证法与其历史目的论是一体两面的，要批判黑格尔主义的历史目的论，就必须要从批判其"否定之否定"着手。根据本·布鲁斯特整理的《术语汇编》，在阿尔都塞的理论中，所谓黑格尔主义的"否定之否定（négation de la négation; negation of the negation）"是指摧毁和恢复（deconstruction and resumption）的过程（也即扬弃 Aufhebung; supersession），在这个过程中精神（the spirit）从一个阶段发展为另一个阶段。④ 阿尔都塞通过对"否定之否定"的批判，实际上不仅要质疑黑格尔主义的历史目的论，更是要挑战庸俗马克思主义的历史进化论和

---

① Louis Althusser, *Pour Marx*, Paris: La Découverte, 2005, p.206；Louis Althusser, *For Marx*, Ben Brewster tr., London & New York: Verso, 2005, pp.200–201; [法] 路易·阿尔都塞：《保卫马克思》，顾良译，商务印书馆 2010 年版，第 195—196 页。

② Étienne Balibar, "Althusser et Mao", http://revueperiode.net/althusser-et-mao/, 18 mai 2015.

③ Louis Althusser, *The Humanist Controversy and Other Writings (1966–1967)*, Francois Matheron ed., G.M.Goshgarian tr., London & New York: Verso, 2003, p.238.

④ Ben Brewster, "Negation of the Negation", in Louis Althusser, *For Marx*, Ben Brewster tr., London & New York: Verso, 2005, p.252.

历史目的论。

那么，阿尔都塞为什么要反对黑格尔主义的"否定之否定"以及历史目的论或历史进化论？这是因为，"辩证法作为否定之否定的抽象，具有否定性，而否定之否定本身又是对恢复异化了的原始统一体的现象的抽象。"① 在阿尔都塞看来，黑格尔主义辩证法的根本问题就在于通过否定之否定、异化、扬弃等机制对"原始统一体"的不断"恢复"，而由于否定之否定等机制总是朝向对"原始统一体"的"恢复"，则在其中就蕴藏着鲜明的黑格尔式的历史进化论和历史目的论倾向。阿尔都塞对黑格尔主义否定之否定的批判有着直接的现实指向性。如前所述，阿尔都塞理论语境中的黑格尔主义特指法国黑格尔主义，特别是经科耶夫阐释了的黑格尔主义。科耶夫将黑格尔的历史哲学阐释为一种"历史终结论（the end of history）"，黑格尔的哲学变成了关于任何矛盾的最终的合题和调解（the ultimate synthesis and reconciliation）的哲学。② 故此，科耶夫式的黑格尔主义的实质是矛盾通过原始统一体的不断异化最终在其更高阶段的形式之中被调和的目的论，既然所有矛盾都被预设为注定会在历史的终点中得到解决，科耶夫式的黑格尔主义在事实上就成为了消泯和遏制矛盾的学说。黑格尔主义辩证法的"否定之否定"等机制及其历史哲学中的历史目的论，实际上已经取消了革命的必要性和紧迫性。无怪乎阿尔都塞讽刺具有黑格尔主义倾向的马克思主义者总将辩证法看作"基督教天意"（Christian Providence）。③ 阿尔都塞对卢卡奇、柯尔施、葛兰西、科莱蒂、萨特等人的"历史主义"的批判，正在于其历史目的论（historical teleology）。④ 此外，阿尔都塞对列宁的帝国主义理论、斯大林对社会主义和共产主义的区分、考茨基以及各种社会民主主义的规划的批判，

---

① ［法］路易·阿尔都塞：《保卫马克思》，顾良译，商务印书馆 2010 年版，第 210 页。

② Susan M. Ruddick, "A Dialectics of Encounter", in Pierre Macherey, *Hegel or Spinoza*, Minneapolis & London: University of Minnesota Press, 2011, pp.xiii–xiv.

③ "News: Doctor Althusser etc.", in *Radical Philosophy*, Issue 12, 1975, p.44.

④ 对"历史主义"的定义参考了以下资料：Ben Brewster, "Althusser Glossary", in Louis Althusser, Étienne Balibar, *Reading Capital*, tr., Ben Brewster, London: NLB, 1970, p.134; Ted Benton, *The Rise and Fall of Structural Marxism: Althusser and His Influence*, New York: St. Martin's Press, 1984, pp.59–60.

也在于其历史主义。① 要驳斥上述历史主义的理论倾向和政治倾向，要开启新的革命路径和激发新的革命动能，就必须要批判黑格尔主义的历史目的论；而要批判黑格尔主义的历史目的论，就必须要清算"否定之否定"。

正是由于上述原因，阿尔都塞激烈地反对黑格尔主义辩证法中的"否定之否定"规律及相关的历史目的论。更具深意的是，阿尔都塞认定毛泽东完全排除了黑格尔主义的"否定之否定"规律，并直接将毛泽东辩证法置于"否定之否定"的对立面。巴利巴尔指出，1952 年《矛盾论》被译成法文刊登在法国共产党官方刊物《共产主义手册》上之后给阿尔都塞带来了震惊和启示，阿尔都塞认为毛泽东将"事物对立统一的法则"当作"辩证唯物主义的最根本法则"，而且还尤其忽略了"否定之否定"这条在法国官方马克思主义当中最明显地继承自黑格尔"逻辑学"的法则。② 阿尔都塞刻意强调毛泽东辩证法排除了"否定之否定"，实际上与他身处其中（甚至可以说很大程度上是由他发起）的"斯宾诺莎—黑格尔"③ 的哲学对立斗争紧密相关。为了彻底清算黑格尔主义历史目的论，阿尔都塞针锋相对地提出，历史是"没有主体也没有目的的过程 [process without a Subject or Goal（s）]"，并且尤为反对西方启蒙运动以来将人（Man）当作历史的主体（Subject）和历史的目的（Goal）④。阿尔都塞所建构的无起源、无主体、非目的论的历史论，其最重要的理论源头之一正是斯宾诺莎。如果说黑格尔在"否定（negation）"问题上对斯宾诺莎持对立观点，认为斯宾诺莎的"一切规定都是否定"排除了否定之否定；黑格尔还批判斯宾诺莎的哲学没有主体性、人格和精神性

① Fredric Jameson, *The Political Unconscious: Narrative as a Socially Symbolic Act*, London & New York: Routledge, 2002, p.12.

② [法] E. 巴利巴尔：《阿尔都塞与中国》，吴志峰译，《马克思主义与现实》2015 年第 4 期，第 101 页。巴利巴尔同时也指出，并不能认为毛泽东排除了否定之否定法则，参见同文第 101 页，注释 4。

③ 阿尔都塞对斯宾诺莎传统在西方当代批判理论中的复兴以及西方当代哲学的"斯宾诺莎—黑格尔"之争起到了重要作用。有研究者认为，西方当代哲学围绕黑格尔和斯宾诺莎两种范式在很多本质方面展开了论争，追随黑格尔的包括法兰克福学派、科耶夫、萨特、拉康、巴迪欧，追随斯宾诺莎的则包括阿尔都塞及其学派以及德勒兹（Malden Dolar, "Foreword: Hegel or Spinoza? Yes, Please", in Gregor Moder, *Hegel and Spinoza: Substance and Negativity*, Evanston: Northwestern University Press, 2017, p.xi）。

④ Louis Althusser, *Essays in Self-Criticism*, Grahame Lock tr., London: NLB, 1976, p.94; p.97.

(subjectivity, personhood or Spirituality)①，那么相应地，阿尔都塞正是要"用斯宾诺莎作为武器去攻击黑格尔"。② 正是在这种"斯宾诺莎—黑格尔"的哲学斗争的形势之中，阿尔都塞匆忙且带有目的性地将毛泽东辩证法解读为对"否定之否定"的否定。然而事实上，阿尔都塞认为毛泽东的辩证法排除了"否定之否定"的法则，在相当程度上是阿尔都塞出于其特定理论需要对毛泽东辩证法所作的选择性阐发甚至误读。③

---

① Vance Maxwell，"Hegel's Treatment of Spinoza: Its Scope and Its Limits"，*Between Hegel and Spinoza: A Volume of Critical Essays*，Hasana Sharp，Jason E. Smith ed.，Bloomsbury，2012，p.109.

② "News: Doctor Althusser etc."，in *Radical Philosophy*，Issue 12，1975，p.44.

③ 阿尔都塞认为毛泽东的辩证法完全忽略和抛弃了"否定之否定"法则，这显示了阿尔都塞对毛泽东辩证法的阐释是与其特定的理论视域直接相关的。实际上关于毛泽东辩证法与黑格尔主义"否定之否定"的关系仍尚存争议。如李泽厚认为，"毛泽东的辩证法也完全不同于自黑格尔以来的'否定之否定'为核心的过程系统，而是与中国的《老子》《孙子》有着更多继承关系的以'矛盾论'。"（参见李泽厚：《中国现代思想史论》，东方出版社1987年版，第189页）然而，有研究者统计，从1936年到1965年，毛泽东在其著作、讲义、谈话和批注中以肯定性语气谈到"否定之否定"的地方不少于10次（参见刘尊武、王长里：《毛泽东与否定之否定规律》，载《南昌大学学报》（社会科学版）1995年第1期，第35—36页）。此外，毛泽东在1928年《中国红色政权为什么能够存在》中提出的强调事物矛盾发展的曲折性的"波浪式前进"也被研究者认为是对恩格斯和列宁强调的"螺旋式"的否定之否定规律的发展（参见郭建宁：《毛泽东关于否定之否定规律的三种表述》，载《齐鲁学刊》1993年第2期，第10页）。毛泽东确实也否定过"否定之否定"并提出了"肯定否定说"，这在毛泽东1964年8月18日的《关于哲学问题的讲话》中体现得比较突出："质量互变，否定之否定同对立统一规律平行的并列，这是三元论，不是一元论。最基本的是一个对立统一。质量互变就是质和量的对立统一。没有什么否定之否定，肯定、否定、肯定、否定……事物发展，每一个环节，即是肯定，又是否定（参见：https://www.marxists.org/chinese/maozedong/1968/5-104.htm）。"西方学界围绕毛泽东与"否定之否定"的关系也产生了一些重要的论争。根据尼克·莱特（Nick Knight）的梳理，施图尔特·施拉姆（Stuart Schram）强调毛泽东把对立统一律作为基本规律而抛弃了否定之否定规律，并以此证明毛泽东辩证法的"非正统性"，而尼克·莱特认为，毛泽东在1964年8月的《关于哲学问题的讲话》中"反对"否定之否定规律仅此一例，且毛泽东的"肯定否定"论只代表名称上的变化，并不是企图削弱否定之否定规律（参见尼克·莱特：《毛泽东运用否定之否定规律的"正统性"》，毕岚编译，载《毛泽东思想研究》2000年第1期，第123页以及尼克·莱特：《毛泽东运用否定之否定规律的"正统性"（续）》，毕岚编译，载《毛泽东思想研究》2000年第2期，第119页）。故此，国内外部分研究仍主张毛泽东辩证法并未排除"否定之否定"法则，认为毛泽东的

尽管阿尔都塞在"否定之否定"这个问题上对毛泽东辩证法存在一定程度的误读，但这并不能排除阿尔都塞的另一对范畴"转移"/"压缩"与毛泽东辩证法的关联，以及上述范畴所带来的对黑格尔主义历史目的论的批判性超越。

与"过度决定"一样，"压缩"和"转移"也是阿尔都塞借用自弗洛伊德—拉康的理论体系的术语。弗洛伊德将"压缩"和"转移"视为梦的两种机制。弗洛伊德指出，"与梦的隐意（dream-thoughts）的范围和丰富性相比，梦总是短暂的、贫乏的和简短的。写一个梦可能仅需要半页纸。而关于潜藏其下的梦的隐意的分析则可能要花费六、八甚至十二倍的时间和空间"，也就是说梦的显意（dream-contents）是对梦的隐意的压缩（condensation）。① 关于"转移"，弗洛伊德指出，在梦的工作（dream-work）中可以假设一种心理的力量，它一方面剥夺了某些具有较高心理价值的某些因素的强度，另一方面通过"过度决定"，从具有较低心理价值的因素中创造出了新的价值然后进入梦的显意中，弗洛伊德认为，如果该假设成立的话，那么在梦的形成（dream-formation）过程中就发生了*心理强度的移动和转移（transference and displacement of psychical intensities）*。② 拉康则将弗洛伊德的"转移"和"压缩"与语言学中的"转喻（metonymy）"和"隐喻（metaphor）"加以比较，认为语言学中的转喻和隐喻以及心理分析中压缩和转移范畴都揭示了思想或者能指的异化，即思想或能指都必须要经过语言的中介，因此拉康认为有必要将某些语言机制和无意识特有的主要行为的本质模式加以比较。④ 也就是说，拉康肯定

"肯定否定"说、"波浪式前进"说都是对"否定之否定"法则的发展。笔者认为，对毛泽东辩证法思想的多方面来源——中国古代辩证法传统和（经过列宁和俄苏马克思主义转化了的）黑格尔主义辩证法——均不应忽略。阿尔都塞刻意强调毛泽东辩证法与黑格尔主义"否定之否定"无关，应主要被视为他出于自身理论便利而作出的解读。

① Sigmund Freud, *The Interpretation of Dreams*（*The Complete and Definitive Text*）, James Strachey tr. & ed., New York: Basic Books, 2010, p.296.

② Sigmund Freud, *The Interpretation of Dreams*（*The Complete and Definitive Text*）, James Strachey tr. & ed., New York: Basic Books, 2010, p.324.

④ Anika Lemaire, *Jacques Lacan*, David Macey tr., London & New York: Routledge, 1977, p.191.

了语言学中的"转喻"和"隐喻"与精神分析中的"转移"和"压缩"具有类似的工作机制。

根据本·布鲁斯特整理的《术语汇编》，阿尔都塞理论中的"转移"和"压缩"具有以下含义："弗洛伊德用压缩和转移来表示梦的隐意在梦的工作中的两种再现方式——通过压缩一定数量的梦的隐意成为一个形象，或者通过在一个形象和另一个形象之间传递心理强度（psychical intensity）。阿尔都塞运用心理上的过度决定的压缩和转移的过程作为类比，来表示马克思主义历史理论中的各种矛盾的过度决定的不同形式。在平稳时期社会形态的各种重要矛盾被转移所中性化了（neutralized）；但是，在革命情景中，这些矛盾将压缩或融合导致革命爆发。"①由此可以明确以下三点：其一，阿尔都塞将这对精神分析—语言学的概念转化为了具有革命和政治维度的辩证法范畴；其二，转移和压缩是"过度决定"（同时也是"亚决定"）的不同"形式"，这就是说，转移和压缩描述的是处于复杂过程中的复杂矛盾即主要矛盾、次要矛盾、矛盾的主要和次要方面的运动；其三，阿尔都塞以"转移"和"压缩"对应于非革命时期和革命时期，但这并不是说"转移"和"压缩"是线性展开的，相反，阿尔都塞恰恰就是要用这对范畴去颠覆黑格尔主义的线性的、目的论的历史观。阿尔都塞用这对范畴去描绘的是"作为'阶段'、'时段'、'时期'而存在的过度决定的和特殊的'瞬间'"，以及"标志着每个阶段特点的特殊主要矛盾的演变。"②由于主次矛盾始终处于"交换"或转换之中，这就意味着，每个矛盾在某一"阶段"、"时段"、"时期"都可能成为主要矛盾。相应地，无论是过度决定还是亚决定都是以"转移"和"压缩"为特征的，这就意味着所有的矛盾都正在"转移"和"压缩"之中，或者是曾经被"转移"和"压缩"过；因此各种矛盾的"转移"和"压缩"的过程之中并不存在"过度决定"从其中开始"辐射（radiate）"的起源（Origin）和中心（Centre），矛盾的过度决定和亚决定因而不能被描述为线性的因果过程，甚至也不

---

① Ben Brewster, "Contradictions, Condensation, Displacement and Fusion of", in Louis Althusser, *For Marx*, Ben Brewster tr., London & New York: Verso, 2005, p.250.

② ［法］路易·阿尔都塞：《保卫马克思》，顾良译，商务印书馆2010年版，第207页。

是多线性的因果过程。① 这就是说，以马克思主义的无中心／去中心的复杂总体为前提，这对范畴描述的是在多个矛盾／领域／结构构成的去中心的复杂总体之中的各个矛盾彼此之间的多重非线性的运动关系，"转移"和"压缩"运动在矛盾之间作用，根据"阶段"、"时段"、"时期"的不同，不断地使得某一些矛盾替代其他矛盾成为新的主要矛盾。与从黑格尔主义总体中的单一本原之中"辐射"出来的线性或多线性运动不同的是，"转移"和"压缩"不是描述矛盾朝向某个单一本原的转移和压缩，而始终是发生在矛盾之间的转移和压缩，这就彻底质疑了黑格尔主义辩证法中隐含的目的论倾向。

那么，毛泽东的辩证法又是如何介入阿尔都塞的这对范畴之中的呢？阿尔都塞写道，"……正如毛泽东所指出的，这种区分（即区分主要矛盾和次要矛盾以及区分矛盾的主要方面和次要方面）对于正视具体的现实，正视人们当时的历史现实，对于阐明由对立面的同一占统治地位现实是必需的，也就是说：1）矛盾着的双方，依据一定的条件，各向着其相反的方向（d'un contraire à la place de l'autre / of one opposite into the place of another）转化，各矛盾之间和各矛盾方面之间地位的变化［我们把这种交替叫做转移（déplacement / displacement）］；2）对立面在一个真实统一体内的'同一（identité / identity）'［我们把这种'融合'现象叫做压缩（condensation /condensation）］。……这种通过转移产生的主要矛盾，只要通过压缩（"融合"）才能起到爆炸性的'决定'作用。"② 若仔细推敲就会发现，在这些表述中阿尔都塞实际上既引用了又微妙地转化了毛泽东的辩证法思想。

阿尔都塞的"转移"概念与毛泽东辩证法中的"矛盾的同一性"法则和矛盾不平衡法则之间存在着复杂的关联。若仔细研读阿尔都塞的以下这句话即"矛盾着的双方，依据一定的条件，各向着其相反的方向转化，各矛盾之间和各矛盾方面之间地位的变化（我们把这种交替叫做转移）"（尤

---

① Mikko Lahtinen, *Politics and Philosophy: Niccolò Machiavelli and Louis Althusser's Aleatory Materialism*, Gareth Griffiths and Kristina Köhli, London & Boston: Brill, 2009, p.54.

② Louis Althusser, *Pour Marx*, Paris: La Découverte, 2005, pp.216–217; Louis Althusser, *For Marx*, Ben Brewster tr., London & New York: Verso, 2005, pp.210–211; [法] 路易·阿尔都塞：《保卫马克思》，顾良译，商务印书馆 2010 年版，第 206—207 页。

为值得注意的是在"……方向转化"后阿尔都塞加的一个注释，笔者注）①，就会发现，阿尔都塞在论证"各矛盾之间和各矛盾方面之间地位的变化"也即主次矛盾和矛盾主次方面的变化或转移时，通过上述注释明确指出了其论证的前提条件就是毛泽东《矛盾论》中的"矛盾着的双方，依据一定的条件，各向着其相反的方向转化"，也即毛泽东辩证法中的"矛盾的同一性"中的"第二种意义"②（第一种意义是矛盾的互为依存，笔者注）。但是，若再仔细推敲就会发现，毛泽东的"矛盾的同一性"法则所针对的对象与阿尔都塞此处的论证对象实质上并不相同。毛泽东的"矛盾的同一性"针对的是"矛盾着的双方，依据一定的条件，各向着其相反的方面转化"的情况，也就是说，仅仅针对的是矛盾中的两个对立面来论述的。对此，毛泽东说得非常清楚，"没有上，无所谓下；没有下，也无所谓上。没有祸，无所谓福；没有福，也无所谓祸"，③也就是说，毛泽东所说的矛盾的"转化"指的是向着该矛盾对立面的"转化"，如"上"、"下"之间的转化。但是，阿尔都塞的所谓"各矛盾之间和各矛盾方面之间地位的变化"或"转移"指的是什么呢？他指的并不主要是矛盾对立面之间的转化，而是主要矛盾和次要矛盾，以及矛盾的主要方面和次要方面的转化。当然，其中，矛盾的主要方面和次要方面的转化这个部分，可视为仍是大体在毛泽东所论述的矛盾的转化的范围中进行讨论的，因为矛盾的主要方面和次要方面确实有可能就是"矛盾着的双方"。但是，阿尔都塞将毛泽东的针对于矛盾中的两个对立面的"转化"直接运用于他所想要论证的主要矛盾和次要矛盾的"转

---

① 在此处，阿尔都塞特意加了一个关于《矛盾论》的注释："*De la Contradiction*, pp.56–57", Louis Althusser, *Pour Marx*, Paris: La Découverte, 2005, p.216; [法]路易·阿尔都塞：《保卫马克思》，顾良译，商务印书馆2010年版，第206—207页，注释内容为"毛泽东：《矛盾论》，《毛泽东选集》1969年中文版第一卷第301—302页"。这是阿尔都塞的"转移"、"压缩"概念受到了毛泽东辩证法影响的其中一个力证。

② 毛泽东：《矛盾论》，《毛泽东选集》（第一卷），人民出版社1991年版，第327页。《矛盾论》此处原文为："同一性、统一性、一致性、互相渗透、互相贯通、互相依赖（或依存）、互相联结或互相合作，这些不同的名词都是一个意思，说的是如下两种情形：第一，事物发展过程中的每一种矛盾的两个方面，各以和它对立着的方面为自己存在的前提，双方共处于一个统一体中；第二，矛盾着的双方，依据一定的条件，各向着其相反的方面转化。这些就是所谓同一性。"

③ 毛泽东：《矛盾论》，《毛泽东选集》（第一卷），人民出版社1991年版，第328页。

移"，则确实就是阿尔都塞对毛泽东辩证法所作的选择性发挥了。也就是说，阿尔都塞在此处巧妙地（甚至较为隐蔽地）将毛泽东的关于"上、下"、"福、祸"等矛盾对立面的转化法则，运用到了对于复杂结构中的主要矛盾和次要矛盾以及矛盾的主次方面的"转移"概念之中。这究竟是有心的还是无意的误读？对阿尔都塞来说，哲学就是战场，他在引用的时候总显得十分粗糙。①《关于唯物辩证法》其实是一篇论战檄文，也许，在理论战斗的具体形势之中，他对《矛盾论》的引用也是较为"粗糙"的。甚至也许他故意用这种"粗糙"的引用，去论证他急于论证的观点。那么，是不是就意味着阿尔都塞的"转移"概念与毛泽东的辩证法没有关系呢？其实也不然。如前节所述，阿尔都塞理论中的矛盾的主要矛盾和次要矛盾及其转化（也包括矛盾主次方面的转化）的直接来源和理论基石是毛泽东的主次矛盾说和矛盾"不平衡"律，因此，用来描述主次矛盾和矛盾主次方面转化的"转移"概念，在大体上仍属于矛盾"不平衡"的范畴，就不能说与毛泽东辩证法无关了。

如果说在"转移"这个概念中，阿尔都塞通过运用和转化毛泽东的辩证法思想将弗洛伊德的"转移"概念改造得适用于描述"各矛盾之间和各矛盾方面之间地位的变化"，那么在"压缩"这个概念中，情况则恰好相反。也就是说，阿尔都塞试图运用精神分析的范畴去区分毛泽东辩证法所强调的主次矛盾、矛盾的主次方面。② 在阿尔都塞的这段表述即"对立面在一个真实统一体内的'同一（identité/identity）'[我们把这种"融合"现象叫做压缩（condensation / condensation）]。……这种通过转移产生的主要矛盾，只要通过压缩（"融合"）才能起到爆炸性的'决定'作用"之中，阿尔都塞明确指出，压缩（或融合）就是主要矛盾引起革命爆发的机制。阿尔都塞认为，主要矛盾的压缩将引起革命爆发或者说引起"统一物分解"："是我们在政治斗争中（或在理论实践中）为打碎整个链条所必须仅仅抓住和加以利用的'决定性环节'，或用另一种形象的说法，这是我们为'引起统

---

① "News: Doctor Althusser etc.", in *Radical Philosophy*, Issue 12, 1975, p.44.

② Julian Bourg, "Principally Contradiction: The Flourishing of French Maoism", in *Mao's Little Red Book: A Global History*, Alexander C.Cook ed., New York: Cambridge University Press, 2014, p.236.

一物的分解'所必须攻下的战略要点。"① 值得注意的是，在"引起统一物的分解"这个短语之后阿尔都塞立刻用注释的方式表明了该短语是援引自毛泽东的《矛盾论》。但是，若比对《矛盾论》原文就会发现，毛泽东所强调的"引起统一物的分解"的机制其实是"两个矛盾着的因素互相斗争"所引起的"相对地静止的状态和显著地变动的状态"，前者指事物的量变，后者指事物的质变。② 也就是说，毛泽东认为能够引起"统一物分解"根本原因在于矛盾的斗争性，而并不是阿尔都塞所说的"压缩"或"融合"。因此可以说，在这里阿尔都塞用弗洛伊德意义上的"压缩"即心理强度的增强，对毛泽东的主要矛盾的运动机制作了补充甚至某种微妙的改写。

尽管"转移"和"压缩"与毛泽东辩证法的关系较为复杂，但是毕竟这对范畴是为描述阿尔都塞借用自毛泽东辩证法的主要矛盾和矛盾的主要方面的产生和变化（即"转移"所起的作用）以及描述主要矛盾引发革命爆发的机制（即"压缩"所起的作用）而服务的，故此可以说，阿尔都塞将毛泽东看作矛盾的"压缩"和"转移"这种新型的矛盾运动模式的"发明人"是充分理由的。

那么，需要追问的是，"转移"和"压缩"何以能够代替"超越"或"否定之否定"、何以反击了黑格尔主义的历史目的论？在矛盾的"转移"和"压缩"的基础上，阿尔都塞提出了与历史目的论针锋相对的矛盾的"阶段"论。阿尔都塞指出，"建立在矛盾过度决定基础上的转移和压缩，由于它们在矛盾中所占的主导地位，规定着矛盾的阶段性（非对抗阶段、对抗阶段和爆炸阶段）"，关于三个阶段，阿尔都塞详细解释如下，"第一个阶段的特点是矛盾的过度决定主要以转移的形式而存在的（这个"借喻的"形式与历史学或理论中通用的术语"量变"是同一个意思）；在第二个阶段，矛盾的过度决定主要以压缩的形式而存在（在社会中表现为尖锐的阶级冲突，在科学中表现为理论危机，等等）；最后一个阶段即革命爆发的阶段，其特点是矛盾的压缩出现不稳定性，从而导致整体的分解和重新组合，也就是

---

① ［法］路易·阿尔都塞：《保卫马克思》，顾良译，商务印书馆2010年版，第207页。

② 毛泽东：《矛盾论》，《毛泽东选集》（第一卷），人民出版社1991年版，第332页。

说，在质的新基础上全盘改组整体的结构。"① 也就是说，只存在根据主要矛盾的产生和转换以及主要矛盾在强度上的变化所导致的矛盾的不同阶段以及这些不同阶段之间的更迭，而既然每一个"非对抗阶段、对抗阶段和爆炸阶段"都产生于并围绕着不同的主要矛盾，因而就彻底排除了黑格尔主义式的围绕同一个简单本原的不断异化的线性的目的论演进。此外，矛盾的"压缩"和"转移"还必然意味着主要矛盾和次要矛盾、矛盾的主要和次要方面一定是共存的——尽管随着强度的此消彼长它们彼此之间的地位在不断发生轮换。换句话说，转移和压缩只有在其他一个或多个矛盾的多种因素被转移或者被压缩到这个矛盾之中的情况下，才是可能的，反之亦然。② 因此，主次矛盾之间的共存关系、互为替代的关系是永在的，某一矛盾总是要么是主要矛盾、要么是次要矛盾，而不可能被消泯，故而矛盾只能被"转移"或被"压缩"，而不可能如黑格尔主义所构想的被"超越"或"扬弃"。

归根到底，如阿尔都塞所指出的，运用"转移"或"压缩"范畴是为了阐明"由对立面的同一占统治地位"的这个"现实"，而所谓"对立面的同一占统治地位"，也就是"压缩"及其"爆炸性的'决定'"占统治地位③，这对范畴的初衷就是为了阐明革命是何以爆发的。与"不存在和不可能存在黑格尔的政治"④、黑格尔主义的历史目的论恰好相反的是，"转移"或"压缩"指明了在复杂现实之中政治行动和革命爆发的真实的可能性。有研究者认为，阿尔都塞在马基雅维利的理论中发现了一种"对否定之否定加以否定的辩证结构"，这种辩证法结构强调转移（displacement）以及新事物的出现，足可克服黑格尔辩证法的唯心主义、目的论的普遍历史观，克服黑格尔的简单化的矛盾以及矛盾的扬弃机制，而正是简单化的矛盾以及扬弃机制排斥了

---

① ［法］路易·阿尔都塞：《保卫马克思》，顾良译，商务印书馆 2010 年版，第 212—213 页。

② Mikko Lahtinen, *Politics and Philosophy: Niccolò Machiavelli and Louis Althusser's Aleatory Materialism*, Gareth Griffiths and Kristina Köhli tr., London & Boston: Brill, 2009, p.54. 该论著将马基雅维利作为阿尔都塞清算黑格尔"否定之否定"的理论来源，可见，与阿尔都塞解读毛泽东的辩证法一样，阿尔都塞也从反否定之否定的角度去解读马基雅维利的思想。

③ ［法］路易·阿尔都塞：《保卫马克思》，顾良译，商务印书馆 2010 年版，第 206—207 页。

④ ［法］路易·阿尔都塞：《保卫马克思》，顾良译，商务印书馆 2010 年版，第 200 页。

真实的革命爆发的可能性。① 实际上，上述论断更为适用于阿尔都塞通过与《矛盾论》的对话而阐发的"对否定之否定加以否定"的矛盾"转移"或"压缩"机制。与否定之否定或扬弃的机制相反的是，"转移"或"压缩"有效地解释了为什么矛盾不可能朝着某一简单本原线性演进、被不断"扬弃"，为什么矛盾之间运动方式只能是"转移"或"压缩"以及由此导致的主要矛盾的交换和过度决定的发生，以及由此为什么是"过度决定"将带来"引起统一物的分解"。阿尔都塞的"转移"或"压缩"与毛泽东辩证法发生关联并不是偶然的。在毛泽东辩证法中确实蕴藏着一种新颖的历史理论的潜能。田辰山主张中国传统思想中的道家思想的"通变"对毛泽东辩证法产生了重要影响，他认为毛泽东的唯物辩证主义简而言之是关于"连续性（continuity）"，毛泽东将对立统一或者说对立面的连续性（continuity of opposites）看作辩证法的核心，主次矛盾说就意味着要追求"连续性"。② 尽管施拉姆主张毛泽东辩证法完全排除否定之否定的观点尚存争议，但是他的以下看法是极有参考价值的，他认为，毛泽东的矛盾"肯定否定"说强调了在历史过程中新事物的不断出现，且和"否定之否定"模式不一样，新事物不仅仅是对以往事物的回应（a reaction）。③ 毛泽东的主次矛盾说特别是其主次矛盾交换的机制，确实是蕴含着开启新事物的永动的不竭的"连续性"，由于这些新事不同于以往事物，甚至不是对以往事物的回应，而是在全新的逻辑、时间和空间之中展开，则相应地，毛泽东的辩证法和历史观都应被视为非线性的。尽管如上所述，阿尔都塞借用弗洛伊德的"转移"/"压缩"术语与毛泽东的主次矛盾说加以参照阐发，存在着诸多改写，但是，阿尔都塞显然准确地把

---

① Banu Bargu, "Machiavelli after Althusser", in *The Radical Machiavelli: Politics*, *Philosophy and Language*, Filippo Del Lucchese, Fabio Frosini, Vittorio Morfino ed., Leidon & Boston: Brill, 2015, p.436.

② Chenshan Tian, *Chinese Dialectics: From Yijing to Marxism*, Lexington Books, 2005, pp.156–158.

③ Stuart Schram, *The Thought of Mao Tse-Tung*, Cambridge & New York: Cambridge University Press, 1989, p.140. 毛泽东的矛盾肯定否定说见毛泽东 1964 年 8 月 18 日的《关于哲学问题的讲话》："质量互变，否定之否定同对立统一规律平行的并列，这是三元论，不是一元论。最基本的是一个对立统一。质量互变就是质和量的对立统一。没有什么否定之否定，肯定、否定、肯定、否定……事物发展，每一个环节，既是肯定，又是否定"。

握住了毛泽东辩证法和历史论的上述新颖和革命性的动能。

第二节 "毛泽东主义"与阿尔都塞的"主导结构"

"主导结构（structure à dominante/structure in dominance）"是阿尔都塞的另一个与毛泽东辩证法密切相关的重要理论范畴，同时，该范畴又与阿尔都塞的"过度决定"论、结构因果律、"结构"、"形势"等范畴紧密联动着。本节将围绕"毛泽东主义"与阿尔都塞的"主导结构"的相关方面展开论述。

一、从"主要矛盾"到"主导结构"

什么是"主导结构"？根据本·布鲁斯特整理的《术语汇编》，"马克思的总体既不是如黑格尔主义一样将一切因素平等地视为一个本质的现象，也不认为其中某些因素是另一些因素的附带现象（如经济主义或机械论的观点），因此，马克思的总体中的各个因素就是不对称地彼此关联着却又具有相对独立性（asymmetrically related but autonomous），其中一个因素是主导因素（dominant），也就是说，马克思的总体有一个主导的结构。但是这个主导因素并不总是固定的，而是随着各种矛盾的过度决定和不平衡发展不断变化。"[①]在阿尔都塞看来，马克思主义的总体中总是存在一个主导结构，而该主导结构是"过度决定"论和矛盾不平衡律（特别是上文论述的毛泽东意义上的具有普遍性和内在性的矛盾不平衡）的必然表现。

"主导结构"被研究者普遍认为是阿尔都塞根据毛泽东辩证法特别是毛泽东的主要矛盾说所发明的一个概念。例如，有研究者认为"从毛泽东的辩证法概念中，阿尔都塞发展出了主导结构的概念"[②]；或是认为，毛泽东在

[①] Ben Brewster, "Structure in Dominance", in Louis Althusser, *For Marx*, Ben Brewster tr., London & New York: Verso，2005, p.255.

[②] Thanes Wongyannava, *Evolving Views of "Historicism": Althusser's Criticisms of Gramsci*, University of Wisconsin-Madison，1984, p.59.

"矛盾及其各个方面的主导的各种关系（the relations of domination）"影响了阿尔都塞[1]；或是认为"在不平衡发展这个概念上，可以清晰地看到阿尔都塞对毛泽东论述的援引，……不平衡发展确保了一个复杂统一体中的各种不同矛盾中的一个矛盾在社会形态中比其他矛盾要重要，……这也正是阿尔都塞所说的'主导结构'（a 'structure articulated in dominance'）"[2]；或是认为"马克思主义的矛盾总是'过度决定的'，因为它总是内在地发展为一个全然的具有主导结构的社会复杂体，通过转向毛泽东的《矛盾论》，阿尔都塞强调必须区分历史过程中的主要矛盾和次要矛盾以及矛盾的主次方面，也就是说，必须要抓住矛盾的不平衡性"[3]；或是认为"尤其是这样两个概念，即主导（dominance）和过度决定，定义了（阿尔都塞所认为的）马克思所发现的一个新的、结构因果律的本质……就这两个概念中的第一个概念而言，也即，一个社会总是复杂的统一体，而该统一体被它的其中一个领域或者其中一个实践所主导，在这里，阿尔都塞严重依赖于（relies heavily）毛泽东的《矛盾论》，《矛盾论》指出每个社会都有很多矛盾但是总有一个矛盾是主要的，就像在每个矛盾中也有主要和次要方面一样"[4]。故而可以说，阿尔都塞的"主导结构"概念主要受到了毛泽东的主要矛盾说及矛盾不平衡律的影响，这是毋庸置疑的。同时，研究者们也都注意到了阿尔都塞的"主导结构"与毛泽东的主要矛盾是互相区别的两个概念，因而强调"主导结构"是阿尔都塞从毛泽东的辩证法中"发展"而来的。然而，阿尔都塞的"主导结构"究竟是如何"发展"了毛泽东的辩证法思想，而在这种"发展"中又存在哪些隐蔽却关键的转化或误读，这种转化或误读又是怎样服务于阿尔都塞自身理论建构的？这些方面仍是有待厘清的。

阿尔都塞的"主导结构"与毛泽东的主要矛盾确实是互相区别的两个

---

① Agon Hamza, *Althusser and Pasolini: Philosophy, Marxism, and Film*, Palgrave Macmillan, 2016, p.44.

② Jim Glassman, "Rethinking Overdetermination, Structural Power, and Social Change: A Critique of Gibson-Graham, Resnick and Wolff", in *Antipode*, Vol.35, No.4, 2003, pp.688–689.

③ Vittorio Morfino, *Plural Temporality: Transindividuality and the Aleatory between Spinoza and Althusser*, Brill Academic Publishers, 2014, p.156.

④ Bruno Bosteels, *Badiou and Politics*, Durham & London: Duke University Press, 2011, p.56.

概念。阿尔都塞指出，"根据实践经验证明，主导结构虽然是固定的（reste constant/remains constant），但结构中各矛盾的地位（l'emploi des roles/the disposition of the roles within it）却在变化……始终存在一个主要矛盾和一些次要矛盾，但在固定不变的主导结构中，主要矛盾和次要矛盾在各个环节中交换位置"；"……复杂整体主导结构的不变性（invariant/invariant）本身就是构成（constituent /constitute）主导结构的各种矛盾的具体可变性的条件，也就是各种矛盾的转移、压缩、交替……的条件。"① 由这些表述可见，主导结构是一些主要矛盾和次要矛盾所"构成（constituent /constitute）"的，因此主要矛盾和主导结构就是构成与被构成的关系，这就显见二者的差别。

但是，阿尔都塞所强调的主导结构的"固定（constant/constant）"和"不变（invariant/invariant）"以及有且只有一个主导结构，又是与毛泽东的主要矛盾的思想直接相关的。阿尔都塞指出，"始终存在着一个主要矛盾和一些次要矛盾，但在固定不变的主导结构中，主要矛盾和次要矛盾在各个环节上交换位置。毛泽东说：'不管怎样，过程发展的各个阶段中，只有一种主要的矛盾起着领导的作用（le rôle dirigeant/ the leading role），是完全没有疑义的。'"② 必须要注意到阿尔都塞在此处的论证逻辑：在上述两句话中，后一句话应被视为前一句话的理论依据。也就是说，阿尔都塞论证主导结构的"固定不变"，其直接的理论依据就是毛泽东所说的"只有一个主要矛盾起着领导的作用"，毛泽东主次矛盾说中的主要矛盾的唯一性和固定性（即总是有且只有一个主要矛盾）为阿尔都塞论述其主导结构的唯一性和固定性（即总是有且只有一个主导结构）提供了理论支撑，二者的思路和逻辑完全是一致的。有研究者指出，毛泽东的辩证法"不仅总在干扰和妨碍（disrupted and disturbed）而且总在转移（displaced）中心矛盾，因此也就为这个不在场的中心（the absent center）制造出了必需的空的位置（the necessarily

---

① Louis Althusser, *Pour Marx*, Paris: La Découverte, 2005, p.217, p.219; Louis Althusser, *For Marx*, Ben Brewster tr., London & New York: Verso, 2005, p.211, p.213; [法] 路易·阿尔都塞：《保卫马克思》，顾良译，商务印书馆2010年版，第206和209页。

② Louis Althusser, *Pour Marx*, Paris: La Découverte, 2005, p.217; Louis Althusser, *For Marx*, Ben Brewster tr., London & New York: Verso, 2005, p.211; [法] 路易·阿尔都塞：《保卫马克思》，顾良译，商务印书馆2010年版，第206页。

empty place），故而可以容纳各种矛盾的持续的轮换（a constant alternation of contradictions）"。① 所谓"主导结构"就是这个"不在场的中心"的"空的位置"，正因为其"空"，所以它允许了主次矛盾在其中的持续的轮换，而正因为它是"不在场的中心"，因而它虽为"空"但始终存在。

"主导结构"和"主要矛盾"的关联还不止于此。为说明二者的关系，有必须引入另一个概念，也即"主导矛盾（dominant contradiction）"。严格说来，在阿尔都塞理论中主导矛盾并不是一个突出的概念，如本·布鲁斯特所整理的《术语汇编》就没有专门收录这个概念，只是在其中提到，虽然存在着固定的、不变的主导结构，但是"主导要素（the dominant element）却并不总是固定的，它随着各种矛盾的过度决定及其不平衡发展而变化。"② 这里的主导要素也即主导矛盾。但是，这确实又是一个厘清阿尔都塞的"主导结构"与毛泽东的"主要矛盾"之间关系的极为关键的概念。正是通过它的中介，阿尔都塞才完成了对毛泽东主要矛盾理论的转化，并且这种转化还伴随着一定程度而且是颇具深意的误读，同时，这看似微小的误读对于阿尔都塞建构其"结构"概念却是至关重要的。

阿尔都塞的"主导矛盾"概念的原型正是毛泽东的"主要矛盾"，其本身应视为对毛泽东"主要矛盾"的化用和误读。若仔细推敲就会发现，在阿尔都塞的文本中，毛泽东的主要矛盾也即"主要的（principal/principal）""领导的（dirigeant/ leading）"矛盾在阿尔都塞文本中被隐蔽地转化成了"主导的或支配的（dominante /dominant）"矛盾。相应地，毛泽东的"次要（secondaire/secondary）"矛盾也被转化成了"从属的 / 附属的（subordonnée/subordinate）"矛盾；而矛盾的主次关系则被转化成了"主导—从属关系（domination-subordination/domination-subordination）"。阿尔都塞将毛泽东的"主要矛盾"转化为"主导矛盾"在这段表述中看得非常清楚："确实，毛泽东说：'单纯的过程只有一对矛盾，复杂的过程则有一对以上的矛盾……在复杂的事物的发展过程中，有许多的矛盾存在，其中必有一种是主

---

① Warren Montag, "Althusser's Lenin", in *Diacritics*, Vol.43, No.2, 2015, p.56.

② Ben Brewster, "Glossary", in Louis Althusser, *For Marx*, Ben Brewster tr., London & New York: Verso, 2005, p.255.

要的矛盾（la contradiction principale/the principal contradiction）……'第二个区别（矛盾的主要方面和次要方面的区别）只是在每个矛盾的内部反映出过程的复杂性，也就是说，在过程中存在着多种矛盾，其中有一个是主导的（dominante/dominant）矛盾，而我们必须加以研究的，正是这种复杂性。"[①] 可以看到，阿尔都塞在引用毛泽东《矛盾论》时，用的是"主要的矛盾（la contradiction principale）"这个表述，因而较为忠实地翻译了毛泽东的这个术语，但是在引用了《矛盾论》之后，阿尔都塞却立刻以"主导的（dominante/dominant）矛盾"来置换了"主要的矛盾"这个表述。这种置换看似只是细微差别，实则是对毛泽东的范畴的本质性的转化。这是因为，"dominante（阿尔都塞也使用 dominer 等形式）"具有占主导地位（的）、统治（的）、支配（的）、控制（的）的意思，这就大为超越了毛泽东"主要矛盾"的原意。阿尔都塞指出，"说一个矛盾支配（domine/dominates）其他矛盾，这意味着该矛盾所处的复杂整体是个有结构的统一体（une unité structure/a structured unity），而在这种结构中，各矛盾间存在着明显的主从关系（domination-subordination/domination-subordination）。因为，在马克思主义看来，一个矛盾对其他矛盾的支配（la domination/the domination），不可能是由于人们把不同的矛盾集合成为一个矛盾而造成的一种偶然布局。"[②] 可以看到，正是在把毛泽东的"主要的矛盾"转化为了"主导（或支配）的矛盾"之后，阿尔都塞建立起了主导（支配）矛盾对其他矛盾的支配关系或主从关系，而正是这种主导矛盾与其他矛盾之间的主导、支配关系，才使得这些矛盾构成"复杂整体是个有结构的统一体"。

反观毛泽东《矛盾论》的原文论述，在谈到关于什么是"主要矛盾"时，毛泽东指出，"在复杂的事物的发展过程中，有许多的矛盾存在，其中必有一种是主要的矛盾，由于它的存在和发展规定或影响着其他矛盾的存在和发

[①] Louis Althusser, *Pour Marx*, Paris: La Découverte, 2005, p.199; Louis Althusser, *For Marx*, Ben Brewster tr., London & New York: Verso, 2005, p.194; [法] 路易·阿尔都塞：《保卫马克思》，顾良译，商务印书馆 2010 年版，第 188 页。

[②] Louis Althusser, *Pour Marx*, Paris: La Découverte, 2005, pp.206–207; Louis Althusser, *For Marx*, Ben Brewster tr., London & New York: Verso, 2005, p.201; [法] 路易·阿尔都塞：《保卫马克思》，顾良译，商务印书馆 2010 年版，第 196 页。

展";"任何过程如果有多数矛盾存在的话，其中必定有一种是主要的，起着领导的、决定的作用，其他则处于次要和服从的地位。"① 尽管《矛盾论》指出主要矛盾具有所谓"领导的、决定的作用"，但若仔细推敲，就会发现这个"领导的、决定的作用"是相对于破解这个多个矛盾存在的困局的总体而言的，也就是说，主要矛盾是为了"迎刃而解"某个具体困局而必须要找到的要害和肯綮之处。毛泽东指出，"万千的学问家和实行家，不懂得这种方法（即抓住主要矛盾的方法，笔者注），结果如堕烟海，找不到中心，也就找不到解决矛盾的方法。"② 因而，毛泽东对主要矛盾和次要矛盾的区分最终目的是为了寻求解决矛盾的"方法"。换句话说，主要矛盾相对于其他矛盾之所以是"主要"的、是"规定或影响着"其他矛盾的、是处于"领导的决定的作用"，只是因为主要矛盾在某个具体的历史时刻被赋予了某种至关重要的战略性。《矛盾论》并没有规定主要矛盾对其他矛盾具有"支配"作用。如果非要说《矛盾论》中提到了"支配"，那也是为了指出"事物的性质，主要地是由取得支配地位的矛盾的主要方面所规定的"③，也就是说，《矛盾论》承认的是某一个矛盾的"主要方面"对这一个矛盾的其他方面的"支配地位"，而且这种"支配地位"只是为了确定事物的性质。至于主要矛盾与次要矛盾等其他矛盾之间的关系是不是"支配"性的，《矛盾论》中并没有涉及。以资本主义社会中的主要矛盾为例，《矛盾论》指出，"例如在资本主义社会中，无产阶级和资产阶级这两个矛盾着的力量是主要的矛盾；其他的矛盾力量，例如，残存的封建阶级和资产阶级的矛盾，农民小资产者和资产阶级的矛盾，无产阶级和农民小资产者的矛盾，自由资产阶级和垄断资产阶级的矛盾，资产阶级的民主主义和资产阶级的法西斯主义的矛盾，资本主义国家相互间的矛盾，帝国主义和殖民地的矛盾，以及其他的矛盾，都为这个主要的矛盾力量所规定、所影响。"④ 在这段表述中，虽然无产阶级和资产阶级是主要矛盾，但很难说无产阶级和资产阶级这对主要矛盾"支配""统治""控制"着封建阶级和资产阶级的矛盾等其他矛盾——

① 毛泽东：《矛盾论》，《毛泽东选集》（第一卷），人民出版社 1991 年版，第 320、322 页。
② 毛泽东：《矛盾论》，《毛泽东选集》（第一卷），人民出版社 1991 年版，第 322 页。
③ 毛泽东：《矛盾论》，《毛泽东选集》（第一卷），人民出版社 1991 年版，第 322 页。
④ 毛泽东：《矛盾论》，《毛泽东选集》（第一卷），人民出版社 1991 年版，第 320 页。

尽管只要这对主要矛盾一天不解决，其他矛盾就始终只是处于从属地位，从而不可能登上历史舞台的正中央——这才应该是毛泽东辩证法中的"其他的矛盾"之所以"都为这个主要的矛盾力量所规定、所影响"的实质所在。有研究指出，毛泽东的主要矛盾和矛盾的主要方面从来不是决定与被决定的决定论的问题，毋宁说，主要矛盾和次要矛盾只关乎于在具体的地点、合适的情景和适当的时间之中哪一个矛盾成为了主要矛盾、成为了焦点和中心。① 这就是说，相较于阿尔都塞的理解，毛泽东辩证法中的主要矛盾相对于次要矛盾的作用其实更为灵活、机动，二者之间不是控制、决定或支配关系，毋宁说主次矛盾是由具体形势（地点、情景、时间）动态地造就的某种态势。

阿尔都塞通过将毛泽东的"主要矛盾"转化为"主导矛盾"，就将毛泽东辩证法中的矛盾的"主次"关系转化为矛盾的"主从"关系。正是这一关键性改造，为"主导结构"相对于复杂统一体的多个矛盾和多个结构具有"支配"或统领关系打通了理论的路径。可以看到，毛泽东的矛盾主次关系逻辑被阿尔都塞一个环节、一个环节地放大、强化、泛化：在复杂事物发展过程中，毛泽东指出"必有一种是主要的矛盾"──阿尔都塞将其改造为其中必有一个"主导的（dominante/dominant）矛盾"──以同样的逻辑推演，则在具有多个复杂结构的"统一体"中，也必然总有且只有一个"主导结构"。正是因为主导矛盾可以控制、支配、统领其他矛盾，那么同理可证，主导结构也必然可以控制、支配、统领其他矛盾。阿尔都塞指出，"……'矛盾'的这种互为依存并不取消占统治地位（règne sur/reigns over）的主导结构……相反，它在每个矛盾的现实存在条件的内部，恰恰是构成整体统一性的这一主导结构的表现（la manifestation de cette structure à dominante qui fait l'unité du tout/the manifestation of the structure in dominance that unifies the whole）。"② 特别值得注意的是其中的两处表述，主导结构"占统治地位"，"règne sur/reigns over"也可以理解为"占支配地位"，也就是说，

---

① Chenshan Tian, *Chinese Dialectics: From Yijing to Marxism*, Lexington Books, 2005, p.159.

② Louis Althusser, *Pour Marx*, Paris: La Découverte, 2005, pp.211–212; Louis Althusser, *For Marx*, Ben Brewster tr., London & New York: Verso, 2005, pp.205–206; ［法］路易·阿尔都塞：《保卫马克思》，顾良译，商务印书馆 2010 年版，第 201 页。

在具有多个复杂结构的"统一体"中，主导结构统治着、支配着其他所有结构。另一处更加值得注意，那就是"构成整体统一性的这一主导结构（cette structure à dominante qui fait l'unité du tout/ the structure in dominance that unifies the whole）"，实际上这个短语更宜理解为将整体联合（或统一）起来的主导结构，也就是说，能够使得具有多个复杂结构的这个整体成为一个"统一体"的，不是别的，正是主导结构。无怪乎阿尔都塞强调主导结构的极端重要性："……在黑格尔总体中，没有主导结构，主导结构是使实在的复杂整体成为统一体的绝对条件，是使复杂整体真正成为政治实践的对象的绝对条件，而政治实践的宗旨就是要改造这种结构。"① 一方面，主导结构是使得复杂整体成为"统一体"的"绝对条件"、绝对前提；另一方面，辨识主导结构以及对主导结构的改造、转换正是一切政治实践的"宗旨"和目的。以下论述正是围绕上述两方面展开。可以说，至少在《保卫马克思》时期，带有强烈"毛泽东主义"色彩的"主导结构"概念成为寄托着阿尔都塞最大的理论期待和政治期待的概念之一，阿尔都塞急于证明：正是"主导结构"使得复杂整体成为"统一体"，只需通过变革"主导结构"便可撬动整个复杂统一体，如此马克思主义的政治实践就找到了至关重要的突破口。

二、"毛泽东主义"、"主导结构"与"结构的阿尔都塞"

1965 年 5 月 10 日，皮埃尔·马舍雷在收到了即将出版的第一版《读〈资本论〉》之后写信给阿尔都塞，信中表达了他对"整体"（whole，应对应于阿尔都塞表述中的 tout，笔者注）这个概念的疑虑，"……整体这个概念确实是一个关于结构的唯灵论的（spiritualist）概念……"，阿尔都塞在 1965 年 5 月 13 日的回信中承认，"……我同意你所说的关于总体（totality，应对应于阿尔都塞表述中的 totalité，笔者注）是关于结构的意识形态的概念的观点，……我意识到这个问题已经有一阵子了。但是我必须要说，至少暂时，如果要更进一步将是很困难的……我倾向于在那些提到了一个'有机的整体

---

① ［法］路易·阿尔都塞：《保卫马克思》，顾良译，商务印书馆 2010 年版，第 200 页。

(an 'organic whole')'的马克思的文本中寻求庇护（take refuge），同样，我也在毛泽东的《矛盾论》中寻求庇护。我现在感到还是不能越过'有机整体'和'矛盾'这两个概念的界限。"①

可以看到，阿尔都塞在《读〈资本论〉》出版前承认，他的所谓"整体"、"总体"等概念除了在马克思那里寻求庇护，还在"毛泽东的《矛盾论》中寻求庇护"，此处的"整体"、"总体"正是阿尔都塞在《读〈资本论〉》中的"结构因果律"所统摄的"总体（totalité）"、"整体（tout）"，同时也应是他在这一时期写作的《保卫马克思》[特别是其中的《论唯物辩证法（论起源的不平衡）》]中着重的"一个'既与的'、有结构的复杂整体"（Un Tout complexe structuré «déjà donné»）②。根据阿尔都塞此处的陈述，《矛盾论》所支撑、所"庇护"的上述概念，正关联着巴利巴尔所概括的以结构的复杂性为名（in the name of the complexity of the structure）的"真正的结构主义的（truly structualist）"阿尔都塞③。

首先必须进一步明确，什么是"结构"的阿尔都塞？目前学界已经越来越倾向于将阿尔都塞的"结构"从本就十分庞杂含混的一般意义上的"结构主义"之中区别出来。例如，北美学术界曾倾向于将拉康、列维-斯特劳斯、罗兰·巴特和阿尔都塞等不同的"结构主义"归为同一个基于索绪尔语言学和弗洛伊德无意识理论的庞大理论工程之中，但实际上阿尔都塞（包括他的弟子马舍雷）的工作并不能被同化到任何同质性的所谓"法国结构主义"的形式之中。④ 尽管阿尔都塞曾在1949年到1950年代对列维-斯特劳斯的结构主义感兴趣，但他是用结构主义去反对形形色色的现象学，而不是"效忠"结构主义；阿尔都塞本人更是坚决反对将自己的理论归为"结构主义"，并

---

① 该信由 Montag 英译，转引自 Warren Montag, *Althusser and His Contemporaries: Philosophy's Perpetual War*, Durham & London: Duke University Press, 2013, pp.73—74。

② Louis Althusser, *Pour Marx*, Paris: La Découverte, 2005, p.198；[法] 路易·阿尔都塞：《保卫马克思》，顾良译，商务印书馆2010年版，第187页。

③ Étienne Balibar, Margaret Cohen and Bruce Robbins, "Althusser's Object", in *Social Text*, No.39, 1994, p.166.

④ Clint Burnham, "Macherey, Pierre", in *Encyclopedia of Contemporary Literary Theory*, Irena R. Makaryk ed., University of Toronto Press, 1993, p.414.

对同时代的"结构主义"有诸多批判。① 阿尔都塞强烈反对将他的《保卫马克思》及《读〈资本论〉》等论著归为结构主义。在 1966 年夏天写给弗兰卡(Franca Modonia)的信中,阿尔都塞承认在这些论著中确有模糊含混之处,而正是这些模糊含混之处使得人们可能将这些论著认作某种"结构主义主张的连署(a counter-signature of the structualist claim)",而他恰恰是公开反对结构主义的。② 阿尔都塞还直言所谓"结构主义马克思主义"仅仅是一种意识形态。③ 阿尔都塞所理解的"结构"带有鲜明的斯宾诺莎主义色彩。阿尔都塞在《读〈资本论〉》中阐发的"结构因果律",被公认为是对斯宾诺莎的上帝作为内在因(causa immanens)概念的世俗化。④ 阿尔都塞承认,"……向'一个不在场的原因的效果('effectivity of an absent cause')示好是诱人的,与其说这是结构主义的,不如说这是斯宾诺莎主义的!"⑤ 他反复强调,"我们从不是结构主义者。……我们是斯宾诺莎主义者。"⑥ 杰姆逊明确指出,"如果有人希望将阿尔都塞的马克思主义界定为一种结构主义,那么必须要明白这个限定条件,即阿尔都塞的结构主义是只存在一个结构的结构主义(a structuralism for which only one structure exists),这个结构也就是生产方式自身,……"杰姆逊还进一步阐释了阿尔都塞的"结构"与斯宾诺莎哲学的关系,"这个'结构'就是一个不在场的原因(an absent cause),因为它在经验上无法被呈现为任何一个因素,它就不是整体(the whole)的一个部分或者是整体的一个层次,而是那些层次之间的各种关系的整体系统(the entire

---

① 列维-斯特劳斯设置的原始社会与西方社会的二元对立是阿尔都塞所不认可的,以上参见 Jason Barker, "Missed Encounter: Althusser-Mao-Spinoza", in *Angelaki*, 2015, Vol.20, Iss.4, pp.72–73。

② G.M.Goshgarian, "Introduction", in Louis Althusser, *The Humanist Controversy and Other Writings*(*1966–1967*), Francois Matheron ed., G.M.Goshgarian tr., London & New York: Verso, 2003, p.xii)。

③ Warren Montag, *Althusser and His Contemporaries: Philosophy's Perpetual War*, Durham & London: Duke University Press, 2013, p.16.

④ Perry Anderson, *Considerations on Western Marxism*, London & New York: Verso, 1979, p.65.

⑤ Louis Althusser, *Essays in Self-Criticism*, Grahame Lock tr., London: NLB, 1976, p.126.

⑥ Louis Althusser, *Essays in Self-Criticism*, Grahame Lock tr., London: NLB, 1976, pp.131–132.

system of relationships among those levels）。"① 杰姆逊所说的"只有一个结构"实际上指的是"那些层次之间的各种关系的整体系统"，也就是说，这所谓"只有一个结构"，指的是阿尔都塞将所有社会层次、社会领域的不同的各个结构从总体上设想为一整个关系系统，在这整个关系系统的多个结构的背后，隐在着一个"不在场"的"结构"，它在"经验上"无法被呈现，它不是总体的任何一个部分，但又聚拢并推动总体中的各个层次、各个结构按"结构因果律"而运动。故此，从理论脉络和学理来源而言，来自斯宾诺莎传统的阿尔都塞的"结构主义"，也就本质性地区别于来自索绪尔传统、列维-斯特劳斯传统的一般意义上的"结构主义"。有研究者指出，由于阿尔都塞的结构因果律的"结构"是内在于结构的各种效果之中的结构，结构的各种效果不是外在于结构，而正是结构本身，因此阿尔都塞的结构因果律是一种只有一个层级的阐释模式，这就区别于结构主义者的两个层级的阐释模式（如原因/效果，深层结构/表层结构，本质/现象等）。② 这就是说，不应该用一般意义上的"两个层级"、二元对立的结构主义的模式，来套用"只有一个结构"的阿尔都塞的"结构"。

　　尽管阿尔都塞的"结构"不同于一般意义上的结构主义的"结构"，但是不可否认的是，至少在《保卫马克思》和《读〈资本论〉》时期，阿尔都塞确实力图论证有结构的"总体"、"整体"、"结构"③。那么，毛泽东的《矛盾论》如何为"真正的结构主义的"阿尔都塞提供了理论的"庇护"？《矛盾与多元决定（研究笔记）》发表之后引起很大的争议，其中主要的批评意见是认为阿尔都塞的"过度决定论"或"多元决定论"犯了"多元论"、"多元主义"的错误，因此阿尔都塞以《关于唯物辩证法（论起源的不平衡）》这篇论文去澄清这种误解。在该论文的开头，阿尔都塞引用了法国共产党

---

① Fredric Jameson, *The Political Unconscious: Narrative as a Socially Symbolic Act*, London & New York: Routledge, 2002, p.21.

② Yin-Bin Ning, "Althusser's Structuralist Model", in *Humanities East/West*, 1994, Vol.12, No.6.

③ 有研究者指出在阿尔都塞那里，"结构（structure）"与"整体（whole）"两个术语是可互换的（Warren Montag, *Althusser and His Contemporaries: Philosophy's Perpetual War*, Durham & London: Duke University Press, 2013, p.86）。

官方哲学家 R．加罗迪等人的指责，他们认为阿尔都塞"过度决定"用"多元"史观代替了马克思主义的"一元"史观。① 在上述章节中已经详细讨论了阿尔都塞用"过度决定"论概念——特别阿尔都塞如何通过阐发毛泽东辩证法从而发展了矛盾的"差异"和矛盾的"不平衡"法则——如何批驳了黑格尔主义的还原论的一元论。但是批驳黑格尔主义的还原论的一元论，并不意味着阿尔都塞要走向多元主义。实际上，通过"过度决定"概念及其他相关概念，阿尔都塞正是一方面要反对还原论，另一方面还要反对多元主义。阿尔都塞最初被弗洛伊德的"过度决定"这个概念所吸引，就是因为通过这个概念弗洛伊德在分析无意识及其驱动力的时候"既避免了还原论（reductionism）又避免了多元主义（pluralism）"。② 那么，为什么要反对多元主义？特别是在既然"过度决定"概念中对"差异"的强调似乎已能十分便利地与多元论嫁接的情况下？阿尔都塞极力避免走向多元主义，并用"'既与的'、有结构的复杂整体"、结构因果律等概念强力反击多元主义，有理论上的和政治上的多重原因。其中最直接的政治原因之一，应是只有反多元主义的、具有主导结构的辩证法及其具有"统一性"的社会总体，才能导向有效的马克思主义政治介入。有研究者指出，尽管阿尔都塞与拉康、德里达、福柯等理论家有诸多共同的关切，但是阿尔都塞与他们的区别在于语言习惯（idiom），例如，当考察上述理论家论著中的一个中心难题也即因果律难题时，阿尔都塞始终是在马克思主义理论的那些伟大的内部论争之中去思考，这是因为马克思主义理论始终植根于社会主义和共产主义运动史，始终与这些运动实践相关。③ 阿尔都塞与拉康、德里达、福柯等人的区别也不仅仅是语言习惯，更重要的是理论旨趣：马克思主义理论始终根植于社会主义和共产主义运动，阿尔都塞的理论亦如是。这也正是巴利巴尔指出阿尔都塞的从最初的理论写作开始，就同时具有"政治

---

① ［法］路易·阿尔都塞：《保卫马克思》，顾良译，商务印书馆 2010 年版，第 153—154 页。

② Robert Paul Resch, *Althusser and the Renewal of Marxist Social Theory*, University of California Press, 1992, p.372.

③ Warren Montag, "Introduction", in Louis Althusser, *Philosophy for Non-philosophers*, G.M.Goshgarian, tr., & ed., London & New York: Bloomsbury, 2017, p.3.

和哲学"的"双重维度"的原因所在。① 因此，要走向有效的政治介入，就必须要对多元主义的关于社会存在的异质性想象作出理论超越。

阿尔都塞正是借助由《矛盾论》发展的"主导结构"说对多元主义作出了理论超越，论证了社会总体是"有结构的复杂整体"，并由此提出了一种有鲜明革命导向的替代方案。有研究指出，阿尔都塞和毛泽东一样，在各个领域的相对独立性的异质性的、多维度的图景之中发现了一种合理的秩序（a rational order），也即在其中总有一个主要矛盾决定其他矛盾的存在和发展。② 的确，阿尔都塞和毛泽东一样，在强调矛盾差异的同时，在差异之中找到了一种"秩序"，也即主次矛盾说。并且如前所述，阿尔都塞更进一步将毛泽东的矛盾的"主次"关系转化为"主从"关系、将毛泽东的主要矛盾发展为主导（支配）矛盾，并依此逻辑发展出"主导结构"概念，而正是"主导（支配）"关系这一关键机制使得"结构"具有"统一性"。阿尔都塞指出，"一个矛盾支配其他矛盾（domination/domination），这不是一个无足轻重的简单事实，它是一个关系到复杂整体本质的（essentiel à la complexité même/essential to the complexity itself）事实。……断言统一体不是和不可能是原始的和普遍的简单本质的统一体，并不如同追求'一元论'……的人们所想象的那样，是为了迎合'多元论'而牺牲统一性；这说的是另一回事，这是断言，马克思讲的统一性是复杂整体的统一性（l'unité de la complexité meme/the unity of the complexity itself），复杂整体的组织方式和构成方式恰恰就在于它是一个统一体。这是断言，复杂整体具有一种多环节主导结构的统一性（le tout complexe possède l'unité d'une structure articulée à dominante / the complex whole has the unity of a structure articulated in dominance）。正是这种特殊结构确立了矛盾与矛盾之间、各矛盾方面之间存在的支配关系；毛泽东指出，这种支配关系（les rapports de domination/the relations of domination）是矛盾的基本（essentiels /

---

① "'A Period of Intense Debate about Marxist Philosophy'：An Interview with Étienne Balibar"，July，2016，http://www.versobooks.com/blogs/2782-a-period-of-intense-debate-about-marxist-philosophy-an-interview-with-etienne-balibar.

② Robert A.Gorman，*Neo-Marxism: The Meanings of Modern Radicalism*，Greenwood Press，1982，p.154. 此处该研究者将毛泽东的主次矛盾说误解为一种主次矛盾之间的决定论，对此问题笔者前面章节已有论述，在此不赘述。

essential）关系。"① 由上述表述可以看出，阿尔都塞在这里再次援引了毛泽东，从而再次强化了毛泽东所强调的矛盾之间的"支配关系"——如上节所论述的，更确切地说，是阿尔都塞在"误读"毛泽东主次矛盾说的基础上阐发和转化了的矛盾之间的"支配关系"。阿尔都塞还特别强调，在毛泽东主次矛盾说基础上转化而来的主次矛盾之间的"一个矛盾支配其他矛盾"的关系这个事实绝不是"无足轻重"的，而是"关系到复杂整体本质"。这就是说，作为矛盾之间的本质的、基本的（essentiels /essential）的关系也即矛盾之间的"支配"关系的有无，直接意味着"复杂整体（la complexité même /the complexity itself）"是不是真正的"复杂整体"、是不是具有复杂整体的"统一性（l'unité/ the unity）"。与主次矛盾之间"支配"关系相一致的是阿尔都塞所强调的"主导结构"对"整体"的"联合或统一"作用，如上节所述，"……它在每个矛盾的现实存在条件的内部，恰恰是构成整体统一性的这一主导结构的表现（la manifestation de cette structure à dominante qui fait l'unité du tout/the manifestation of the structure in dominance that unifies the whole）。"② 这就是说，正是主导结构"构成统一性"或联合起总体（l'unité du tout/ unifies the whole），从而使总体成为统一体。正是在这个意义上，阿尔都塞才能够作出如此论断："……主导结构是使实在的复杂整体成为统一体的绝对条件……"。③ 这是因为，这个"有结构的统一体"或"复杂整体"避免了走向了多元主义以及"偶然"论，并由此为政治实践指明方向。如果说在一种既定的情景之中，没有一种社会过程相较于其他而言更具有主导性（dominant），那么这个社会就不是一个有结构的统一体（a structured unity），而只是一个无结构的多元体（an unstructured plurality）。④ 多元主义又与经验论、偶然至上论相关，而正由于"有结构的统

---

① Louis Althusser, *Pour Marx*, Paris: La Découverte, 2005, pp.207–208; Louis Althusser, *For Marx*, Ben Brewster tr., London & New York: Verso, 2005, pp.201–202; [法] 路易·阿尔都塞：《保卫马克思》，顾良译，商务印书馆 2010 年版，第 196—197 页。

② Louis Althusser, *Pour Marx*, Paris: La Découverte, 2005, pp.211–212; Louis Althusser, *For Marx*, Ben Brewster tr., London & New York: Verso, 2005, pp.205–206; [法] 路易·阿尔都塞：《保卫马克思》，顾良译，商务印书馆 2010 年版，第 201 页。

③ [法] 路易·阿尔都塞：《保卫马克思》，顾良译，商务印书馆 2010 年版，第 200 页。

④ Jim Glassman, "Rethinking Overdetermination, Structural Power, and Social Change: A Critique of Gibson-Graham, Resnick and Wolff", in *Antipode*, Vol.35, No.4, 2003, p.688.

一体"得到了证明，阿尔都塞指出，"矛盾虽然不再是具有单一含义，它并不因此而变得'模棱两可'，从而成为任何经验多元论的产物，就像诗人的灵感那样随风飘荡，听从环境和'偶然'的支配（à la mercides circonstances, et des «hasards»; at the mercy of circumstances and 'chance'）。相反，……矛盾从此就有了复杂的、有结构的和不平衡的规定性"，阿尔都塞指出，这就是矛盾的过度决定。① 在这段表述之中，"真正的结构主义"的阿尔都塞的理论本色表露无遗。这就是说，若非阿尔都塞在主次矛盾之间建构的"支配"关系以及与此相关的"主导结构"说，那么社会总体就仍是无秩序、"无结构"、臣服于环境和偶然的"多元体"，而不可能成为有机的、"有结构"、在偶然之中存在着必然性的"统一体"或"复杂整体"。在阿尔都塞之后，拉克劳（Ernesto Laclau）和墨菲（Chantal Mouffe）尽管继承并发展了阿尔都塞的"过度决定"论，但更直接强调"一种不由任何深层的本原或主导结构所'缝合'的总体的概念（a conception of totality that is not 'sutured' by any underlying principle or structure in dominance）"。② 在拉克劳和墨菲看来，不是别的而正是由"主导结构""缝合"起阿尔都塞的"总体"概念——尽管这正是他们着力批判之处，但这正从反面证明了"主导结构"之于"总体"的至关重要性。阿尔都塞在这一时期通过主次矛盾及主导结构证明社会总体是"有结构的统一体"，不仅具有理论的重要性，更具有政治的重要性，他强调通过主导结构而结构起来的"统一体"或"复杂整体"才能成为"政治实践的对象"③，这就是说，在阿尔都塞看来，政治实践难以在"无结构"的"多元体"之中展开。阿尔都塞归根到底还是落脚到对政治实践的强调，正是由于这一时期的阿尔都塞倾向于在"结构"、"总体"、"整体"等范畴之中而不是像后期偶然相遇的唯物主义那样倾向于从"相遇"、"偶然"等范畴之中寻求政治实践的希望和目标，无怪乎研究者指出，"我们现在懂得阿尔都塞引用《矛盾论》在战略上的急迫

---

① Louis Althusser, *Pour Marx*, Paris: La Découverte, 2005, p.215; Louis Althusser, *For Marx*, Ben Brewster tr., London & New York: Verso, 2005, p.205; [法] 路易·阿尔都塞：《保卫马克思》，顾良译，商务印书馆2010年版，第205页。

② Anthony Jarrells, "Overdetermination", in *Encyclopedia of Postmodernism*, Victor E. Taylor and Charles E. Winquist ed., London & New York: Routledge, 2001, p.268.

③ [法] 路易·阿尔都塞：《保卫马克思》，顾良译，商务印书馆2010年版，第200页。

性（the tactical imperatives）了，《矛盾论》一方面批判了黑格尔主义的矛盾的简单性，……但却不会自动地陷入阿尔都塞随后所称的那种偶然性的统治（the reign of the aleatory）。"① 在上述论述逻辑之中，无论是主次矛盾之间的"支配"关系还是"主导结构"都直接与毛泽东主次矛盾相关，非此则不可能证明社会总体是作为"政治实践的对象"的"有结构的统一体"或"复杂整体"，这正是"真正的结构主义"的阿尔都塞与毛泽东辩证法直接相关的力证所在。

阿尔都塞在《读〈资本论〉》出版前夜这个特殊的时间节点，面对马舍雷的质疑而承认"在毛泽东的《矛盾论》中寻求庇护"，还意味着他将对《矛盾论》的解读关联于"结构的阿尔都塞"其他若干概念，如《读〈资本论〉》"结构因果律（causalité structurale）"概念，以及与"结构因果律"相关的、在《保卫马克思》中已经提出的"一个'既与的'、有结构的复杂整体（Un Tout complexe structuré «déjà donné»）"② 等概念。在此并不是要试图证明只有《矛盾论》启发了阿尔都塞的上述概念，而是说，尽管如上所述，阿尔都塞对"有结构"的"统一体"或"复杂整体"的证明受益于《矛盾论》，但是他在这一时期对《矛盾论》的解读又在一定程度上受制于"结构的阿尔都塞"视域。阿尔都塞的有结构的"复杂整体"的根本特征在于其复杂性、有结构等特征都是"既与的（«déjà donné»）"。阿尔都塞强调："马克思主义否定了所谓原始哲学(及其所包含的各种概念) 这个意识形态神话，而把承认一切具体'对象'具有复杂结构的既与性上升为原则，并认为正是复杂结构决定着对象的发展，决定着产生其认识的理论实践的发展。……不再是任何简单的统一体，而只是有结构的复杂统一体。不再是任何原始的简单统一体，而是有结构的复杂统一体的既与性（le toujours-déjà donné d'une unite complexe structurée；the ever-pre-givenness of a structured complex unity）。"③ 值得注意的是，并不是复杂结构本身而是复杂结构的"既与"性才是"原则"。巴利巴尔等人认

---

① Warren Montag, "Althusser's Lenin", in *Diacritics*, Vol.43, No.2, 2015, p.58.

② Louis Althusser, *Pour Marx*, Paris: La Découverte, 2005, p.198；[法] 路易·阿尔都塞：《保卫马克思》，顾良译，商务印书馆 2010 年版，第 187 页。

③ Louis Althusser, *Pour Marx*, Paris: La Découverte, 2005, p.204; Louis Althusser, *For Marx*, Ben Brewster tr., London & New York: Verso, 2005, p.199；[法] 路易·阿尔都塞：《保卫马克思》，顾良译，商务印书馆 2010 年版，第 193 页。

为，黑格尔主义的辩证法与马克思主义的辩证法的不同之处就在于，前者意味着从原始的统一体始终需要被再发现（rediscovered），而后者的复杂性总是既与的，也即任何统一体都是非原始的（nonoriginary），其复杂性不需要被再发现，因为复杂性从未失去过。[1] 阿尔都塞的复杂统一体的"既与"性主要来自斯宾诺莎将神思考为"（一个）不可数的无穷数 [(an) uncountable infinite number]"。[2] 神的不可尽数性、无限性是神的原始的、既与的本质，这正对应于阿尔都塞的社会整体（或总体、结构）的复杂性是原始的、既与的。在《关于唯物辩证法（论起源的不平衡）》之外，阿尔都塞在《读〈资本论〉》中也谈及"有结构的整体的复杂性"问题，只是他代之以一个更为直接的来自斯宾诺莎的概念即结构因果律概念。[3] 结构因果律概念实际上也受制于复杂整体的"既与"性。此外，阿尔都塞还明确指出，"过度决定"正是"结构因果律"的一种"特殊效果"。[4] 这就是说，阿尔都塞在这一时期的诸多概念都统摄于"结构"和"结构因果律"及复杂整体的"既与性"，或者说，不应脱离"结构的阿尔都塞"去孤立地讨论"过度决定""主导结构"等概念。

如果将阿尔都塞关于复杂整体的"既与性"的考量与毛泽东辩证法加以比较，可以说，毛泽东辩证法特别是主次矛盾说之中的确存在关于矛盾的复杂性、统一性的思想——正因如此《矛盾论》才能协助阿尔都塞论证"有结构的统一体"或"复杂整体"，但是毛泽东辩证法之中并不存在阿尔都塞式的带有强烈先验色彩的关于复杂矛盾统一体的"既与性"维度。然而，由于阿尔都塞对《矛盾论》的解读却不可避免地从复杂整体的"既与"性出发，其理论后果往往是遮蔽甚至扭曲了《矛盾论》之中那种蓬勃的理论动能。例如，有研究者指出，阿尔都塞对毛泽东矛盾概念的解释是"结构主义"的

---

[1] Étienne Balibar, Margaret Cohen and Bruce Robbins, "Althusser's Object", *Social Text*, No.39, 1994, p.164.

[2] Jason Barker, "Missed Encounter: Althusser-Mao-Spinoza", in *Angelaki*, 2015, Vol.20, Iss.4, p.78.

[3] José López, *Society and Its Metaphors: Language*, *Social Theory and Social Structure*, New York & London: Continuum, 2003, pp.127–128.

[4] Louis Althusser, *The Humanist Controversy and Other Writings*（1966–1967）, Francois Matheron ed., G.M.Goshgarian tr., London & New York: Verso, 2003, p.201.

甚至"形式主义"的，也就是说，假定历史必然会出现在矛盾各个方面的不变的各种形式（invariant forms）之中，因此，这种矛盾的理论就成了一种对既与的、不平等和不对称的各种角色或位置的分配（an allotment of pre-given unequal and dissymmetrical roles or positions）。① 在前面章节之中论述的阿尔都塞将毛泽东主次矛盾说"误读"为一种矛盾之间的"支配"关系，其实就带有明显的"结构主义"甚至是"形式主义"的色彩，将本身极为灵活机动的主次矛盾说相对固化为一种关于"分配"的预设模式。阿里夫·德里克（Arif Dirlik）认为，尽管所有的马克思主义都是"以冲突为基础"（conflict-based）来将世界概念化，但是在大多数马克思主义的理解之中，冲突只局限在相对有限的社会范畴（如生产、生产关系、政治、意识形态，等等）之中，且总是存在着根据它们在社会结构中的效能将这些范畴等级化（hierarchize）的冲动，但是，毛泽东所强调的各种矛盾的多样性（multitude of contradictions）则抵制这种等级化的冲动、抵制将冲突局限于有限的范畴之内。② 正是由于不满于阿尔都塞对《矛盾论》的解读，他的学生巴迪欧认为毛泽东的理论被错误地解读为一种关于"既与的各种位置（pre-given places）"的逻辑，一种关于各种位置和角色的、类似历史的句法规则的共时性的秩序。③ 的确，毛泽东的矛盾理论以及主次矛盾说，着眼点和归宿从来不是某种"既与"的秩序，甚至也不是某种关于共时秩序的描述。毛泽东辩证法最为鲜明的本色正是反一切等级化、强调矛盾和冲突的优先性，这当然就包括排斥那种将主次矛盾之间的关系加以一劳永逸的形式化、等级化、固定化的做法，把主次矛盾说变为某种形式化的"分配"机制。

阿尔都塞在 1965 年 5 月 13 日回复马舍雷的信中还透露出一个重要信息，即尽管他承认在毛泽东的《矛盾论》中寻求庇护以及从马克思文本那里寻求庇护，但是他希望找到替换"总体"、"整体"这些"临时概念"的

---

① Warren Montag, "Althusser's Lenin", in *Diacritics*, Vol.43, No.2, 2015, pp.57–58.

② Arif Dirlik, "Modernism and Antimodernism in Mao Zedong's Marxism", in *Critical Perspectives of Mao Zedong's Thought*, Arif Dirlik, Paul Healy and Nick Night ed., New Jersey: Humanities Press, 1997, p.77.

③ Warren Montag, "Althusser's Lenin", in *Diacritics*, Vol.43, No.2, 2015, pp.57–58.

更好的概念，他吁请马舍雷给予他更多启发和帮助。[1] 阿尔都塞在这封信里流露的对"总体"、"整体"等概念以及对即将出版的《读〈资本论〉》及其理论命运的焦虑是显而易见的。有研究者认为，阿尔都塞在1965年5月13日给马舍雷的回信中提及在《矛盾论》中寻求庇护是极其关键的，可以以此来理解在接下来的几年中阿尔都塞哲学的各种转折。[2] 所谓接下来的几年，正是指目前学界所公认的阿尔都塞在1966—1967年左右发生的重要理论转折（请参见第二章第一节的论述）。在1967年意大利版的《读〈资本论〉》序言以及在1972年发表的《自我批评的材料》之中，阿尔都塞多次承认《保卫马克思》《读〈资本论〉》因为理论主义和结构主义的倾向受到了损害。[3] 实际上，如前文所述，阿尔都塞的偶然相遇的唯物主义转向在他1966年夏天的笔记中已经得到表露[4]，尽管"相遇的唯物主义"或"偶然的唯物主义"在阿尔都塞1970年代和1980年代的写作中才彻底显豁。而阿尔都塞在1965年5月13日提及《矛盾论》的这封信，正处于他思想激烈斗争，即将转向对"结构的阿尔都塞"的自我批判以及转向偶然相遇的唯物主义的关键时期。下面章节将要详细讨论，在"结构的阿尔都塞"的极盛期之后，在转向"形势的阿尔都塞"的过程中，阿尔都塞对毛泽东思想的解读也扮演了一个特殊的角色。

在展开关于"形势的阿尔都塞"与"毛泽东主义"的讨论之前，必须要追问的是，为什么说"结构的阿尔都塞"与阿尔都塞的"毛泽东主义"相关，同时，"形势的阿尔都塞"也与他的"毛泽东主义"相关？这不只是说，由

---

[1] 该信由 Montag 翻译，转引自 Warren Montag, *Althusser and His Contemporaries: Philosophy's Perpetual War*, Durham & London: Duke University Press, 2013, p.74。

[2] Jason Barker, "Missed Encounter: Althusser-Mao-Spinoza", in *Angelaki*, 2015, Vol.20, Iss.4, p.74.

[3] Louis Althusser, *Essays in Self-Criticism*, Grahame Lock tr., London: NLB, 1976, p.68; p.128; p.172.

[4] G.M.Goshgarian, "Introduction", in Louis Althusser, *The Humanist Controversy and Other Writings* (*1966–1967*), Francois Matheron ed., G.M.Goshgarian tr., London & New York: Verso, 2003, p.xvii; G.M.Goshgarian, "The Very Essence of the Object, the Soul of Marxism and Other Singular Things: Spinoza in Althusser 1959–67", in *Encountering Althusser: Politics and Materialism in Contemporary Radical Thought*, Katja Diefenbach, Sara R. Farris, Gal Kirn, Peter D. Thomas, ed., London & New York: Bloomsbury, 2013, p.107.

于阿尔都塞对毛泽东思想的解读纵贯了他三十多年的思考和写作（请参考第一章内容），也不是说，恰好因为阿尔都塞在被巴利巴尔认为是"结构的阿尔都塞"的代表的《关于唯物辩证法（论起源的不平衡）》一文和"形势的阿尔都塞"的代表的《矛盾与多元决定（研究笔记）》一文中都引用过毛泽东辩证法（以上章节已展开详细论证），更为根本的原因是：由于"结构的阿尔都塞"和"形势的阿尔都塞"并不是二元对立的，二者有相当程度的内在关联性和相互转化性，故而毛泽东思想才能与两者同时相关。

目前学界越来越多的研究反对将阿尔都塞的理论写作看作断裂的、不连续的，更倾向于将阿尔都塞的偶然相遇的唯物主义转向追溯至他在1960年代早期的写作之中，以凸显不同时期阿尔都塞写作的连贯性，由此也产生了对"结构的阿尔都塞"及其频繁使用的"结构"、"结构因果律"等概念新的阐发。G.M. 戈什格瑞恩（G.M.Goshgarian）指出，阿尔都塞在1966—1972年阐发的所谓相遇的理论其实是在《矛盾与多元决定（研究笔记）》之中首次提出来的；偶然的唯物主义的最重要的那些谱系正始于阿尔都塞1960年代中期的那些写作。[1]还有研究者也指出，阿尔都塞身后出版的关于偶然(the aleatory)概念的写作之中所讨论的偶然和必然性问题，在1969年《矛盾与多元决定（研究笔记）》英译本的附录之中已经涉及。[2]这就意味着，尽管就目前已经发现的材料来看，阿尔都塞第一次命名一种"相遇的理论"是在1966年夏天[3]，但实际上阿尔都塞偶然相遇的唯物主义的真正的理论起点应

---

[1] G.M.Goshgarian, "Translator's Introduction", in Louis Althusser, *Philosophy of the Encounter: Later Writings*, *1978–87*, G.M.Goshgarian tr., François Matheron and Oliver Corpet ed., London & New York: Verso, p. xxxv; p. xxxix.

[2] Mikko Lahtinen, *Politics and Philosophy: Niccolò Machiavelli and Louis Althusser's Aleatory Materialism*, Gareth Griffiths and Kristina Köhli tr., London & Boston: Brill, 2009, pp.62–63.

[3] G.M.Goshgarian, "Introduction", in Louis Althusser, *The Humanist Controversy and Other Writings* (*1966–1967*), Francois Matheron ed., G.M.Goshgarian tr., London & New York: Verso, 2003, p.xvii; G.M.Goshgarian, "The Very Essence of the Object, the Soul of Marxism and Other Singular Things: Spinoza in Althusser 1959–67", in *Encountering Althusser: Politics and Materialism in Contemporary Radical Thought*, Katja Diefenbach, Sara R. Farris, Gal Kirn, Peter D. Thomas, ed., London & New York: Bloomsbury, 2013, p.107. 除了1966年夏天笔记这个最确凿的证据之外，戈什格瑞恩还通过阿尔都塞的信件推断他实际上在1963年甚至可能在1959年就已经构思着相遇的理论 (G.M.Goshgarian, "The Very Essence of the Object,

该被追溯到《矛盾与多元决定（研究笔记）》。此外，除了《矛盾与多元决定（研究笔记）》和"过度决定"或"多元决定"概念与偶然相遇的唯物主义存在着明显而直接的联系之外，还有研究者指出，阿尔都塞的"结构因果律"概念也不应仅被看作斯宾诺莎式的形而上学的必然论或者是某种结构主义的决定论，阿尔都塞通过这个概念第一次尝试发展出一种能够将偶然（contingency）作为一种结构的维度而纳入其中的逻辑，并试图提出一种非辩证的关于结构变化的理论。[①] 这就是说，即使在通常被认为最具有"结构的阿尔都塞"特色的"结构因果律"概念之中，实际上也暗含着偶然以及偶然带来的结构的变化。

既然阿尔都塞的偶然相遇的唯物主义的起点被追溯到 1966 年夏天，甚至更进一步被追溯到 1960 年代初期开始陆续发表的《保卫马克思》的若干篇什及《读〈资本论〉》之中的"过度决定"、"结构因果律"等概念之中，这就意味着必须要重新认识阿尔都塞的"结构"或者说"结构的阿尔都塞"。"结构的阿尔都塞"和"形势的阿尔都塞"并不是二元对立的，前文已经引述过巴利巴尔关于阿尔都塞的"结构"和"形势"的重要论断，巴利巴尔一贯主张阿尔都塞的"结构"与"形势"是一组"互惠关系"的术语[②]，在巴利巴尔看来，"结构"与"形势"绝非二元对立关系，二者之间具有强烈的互为转化性和联动性（请参见第二章第一节）。结构是由形势所构成的结构，而形势是由结构所造就的形势。正因为二者具有强烈的互为转化性和联动性，这就意味着具体形势的变化将直接导致结构的变化，反之亦然。那种认为"过度决定"概念与"结构"相冲突的观点——如认为过度决定论让位给了具有某种本质主义的、自我维持的总体，而

---

the Soul of Marxism and Other Singular Things: Spinoza in Althusser 1959–67", in *Encountering Althusser: Politics and Materialism in Contemporary Radical Thought*, Katja Diefenbach, Sara R. Farris, Gal Kirn, Peter D. Thomas, ed., London & New York: Bloomsbury, 2013, p.95）。

① Stefano Pippa, "The Necessity of Contingency: Rereading Althsuser on Structual Causality", in *Radical Philosophy*, 199（Sept/Oct 2016）, pp.15–24.

② Étienne Balibar, "Structural Causality, Overdetermination, and Antagonism", *Postmodern Materialism and the Future of Marxist Theory: Essays in the Althusserian Tradition*, Antonio Callari, David F.Ruccio ed., Wesleyan University, 1996, p.115.

结构的"永恒性（eternity）"也阻止了过度决定论所开启的马克思主义的对任何复杂历史过程的变化的分析①，正是没有看到"形势"的变化一开始就被纳入了阿尔都塞的"结构"之中，故而这个"结构"就绝不是具有"永恒性"的所谓"本质主义的、自我维持的总体"。这正是为什么巴利巴尔强调"结构"概念服务于对社会再生产的说明："与其他结构主义者不同，他（指阿尔都塞，笔者注）试图定义的结构不是（像数学、语言学甚至人类学中那样）以识别形式的不变式为基础，而是以多重社会关系的'被过度决定'结合（其具体形象在每种历史形势中都会有所改变）为基础。他希望这样能够让结构的概念不但服务于对社会再生产现象的分析，而且还首先服务于对革命阶段现象的分析（在他看来，当代社会主义革命就是革命的典范）。"② 雅克·比岱也明确地指出，"关于结构的再生产理论，必然是关于结构改变的理论：其目的是揭露不变的条件——最终终结那种不变性的变化也在这种不变的条件中产生。"③ 阿尔都塞的结构绝不是静止的、恒定的"不变式"，而是由形势所构成的、永远处于具体的形势之中的结构，也即以前文所论述的"转移"、"压缩"、"主导结构"、"过度决定"等作为机制而不断再生产自身也即改变自身，也由此解释社会总体的再生产和改变。此外，由于结构总是以随着"每种历史形势"而改变的"过度决定"为基础的，这也就意味着，阿尔都塞的"结构"是具有"独一性（singularity）"的实体。有研究者指出，阿尔都塞的结构是对这种可能性的命名，即将矛盾着的各个要素思考为斯宾诺莎意义上的个体（an individual）或是列宁意义上的当前时机（actual moment）式的特殊的汇合（conjunction）。……正是这些具有独一性的实有（singular entities），甚至它们所构成的更大的实有，使得阿尔都塞称之为'既与的复杂的有结

---

① Gregor McLennan, Victor Molina, Roy Peters, "Althusser's Theory of Ideology", in *On Ideology*（*Volume III*），Centre for Contemporary Cultural Studies Classic Texts, London & New York: Routledge, 2007, p.81.

② ［法］艾蒂安·巴利巴尔：《中文版阿尔都塞著作集序》，［法］路易·阿尔都塞：《论再生产》，吴子枫译，西北大学出版社 2019 年版，第 9 页。

③ ［法］雅克·比岱：《法文版导言：请你重读阿尔都塞》，［法］路易·阿尔都塞：《论再生产》，吴子枫译，西北大学出版社 2019 年版，第 23—24 页。

构的整体'区别于一个总体（a totality）。① 这就是说，"独一性"将阿尔都塞的"结构"与黑格尔式的总体区别开来，"独一性"也就意味着，"结构"的变化不可能是线性的、目的论的，不可能存在一以贯之的目的，因为各个"结构"都是矛盾要素的特殊的"汇合"。只有理解了阿尔都塞的"结构"的上述特性，才能理解为什么直到他那些真正的偶然相遇的唯物主义的写作之中，"结构"这个范畴仍然没有彻底消失。阿尔都塞在《马克思与相遇的唯物主义》中仍强调相遇发生之后，结构将具有"优先性"："……进而，相遇一旦被引发（这里没有从前），就有了结构相对于其元素的优先性；……结构先于它的元素，并为了再生产结构而再生产了这些元素。"②根据 G.M. 戈什格瑞恩（G.M.Goshgarian）的理解，在相遇之后的结构之于各元素的优先性意味着反对一切目的论的马克思主义及其各种替身，例如，封建社会中的资产阶级的存在应该全然就是封建的，换言之，封建社会中的资产阶级的存在不是孕育在晚期封建社会的子宫中的资产阶级社会的胚胎，因为资产阶级此时是从属于封建阶级专制所构成的那个结构的一个从属性（subordinate）元素。③ 换言之，封建社会的"结构"与资产阶级社会的"结构"之间并不是连续的、线性的演进，因此需要构思更为精密的理论来对社会形态转变的复杂态势作出说明。尽管不能将此处的"结构"与《保卫马克思》《读〈资本论〉》中的"结构"混为一谈——后者对复杂结构的"既与性"及复杂结构的"统一性"的强调显然更为明确，但是具有连贯性的是，阿尔都塞无论在哪个阶段使用"结构"概念，都带有鲜明的反目的论指向，始终试图为复杂的政治形势与政治结构寻求更为严谨的理论说明。

---

① Warren Montag, *Althusser and His Contemporaries: Philosophy's Perpetual War*, Durham & London: Duke University Press, 2013, pp.95–96.

② [法] 路易·阿尔都塞：《马克思与相遇的唯物主义》，陈越、赵文译，《国外理论动态》2009 年第 10 期，第 69、73 页。

③ G.M.Goshgarian, "Translator's Introduction", in Louis Althusser, *Philosophy of the Encounter: Later Writings, 1978–87*, G.M.Goshgarian tr., François Matheron and Oliver Corpet ed., London & New York: Verso, p. xxxv.

三、"毛泽东主义"、主导矛盾的转换、"形势的阿尔都塞"

阿尔都塞在《哲学与马克思主义》访谈中，指出马克思、恩格斯从未提出过一种在"不可预见的、独特的、偶然的历史事件（the unforeseen, unique, aleatory historical event）"的意义上的历史理论以及政治实践的理论，他认为列宁、葛兰西和毛泽东"只是部分地（only partially）思考过"这种理论，而唯一提出这种理论的是马基雅维利。① 阿尔都塞为什么提及毛泽东"部分地思考过"这种关于偶然的历史事件和政治实践的理论也即偶然相遇的唯物主义？事实上，此处并不是随意的、口号式的提及，以下将要讨论的是，毛泽东确乎"部分"地与阿尔都塞关于形势、事件、偶然的思考产生了交集。这当然并不是说，要试图证明毛泽东思想是阿尔都塞的偶然相遇的唯

---

① Louis Althusser, *Philosophy of the Encounter: Later Writings, 1978–87*, Oliver Corpet and Francois Matheron ed., G.M.Goshgarian tr., London: Verso, 2006, p.266. 本书在以上章节的讨论中已经涉及将阿尔都塞对毛泽东的阅读并置于他对斯宾诺莎、列宁、葛兰西、弗洛伊德、拉康的阅读。马基雅维利从 1950 年代末期开始对阿尔都塞产生了潜在的然而是至关重要的深刻影响，目前学界对此已有普遍共识。这也就意味着，将阿尔都塞对毛泽东的阅读联系于阿尔都塞对马基雅维利的阅读是必要的，除了如上文所述阿尔都塞直接将毛泽东与马基雅维利并提，更重要的依据是阿尔都塞的这些阅读行为的共时性和交叉性。从总体的时间跨度而言，阿尔都塞对毛泽东文本的阅读至少始于 1953 年并至少持续到了 1985 年前后。阿尔都塞的学生伊曼努尔·特里（Emmanuel Terray）考证了阿尔都塞在 1959 年到 1978 年的出版物中对马基雅维利所作的援引，并且在阿尔都塞的未刊遗稿中考察了马基雅维利对阿尔都塞思考的持续影响（Gregory Elliott, "Introduction: In the Mirror of Machiavelli", Louis Althusser, *Machiavelli and Us*, ed., Francois Matheron, tr., Gregory Elliott, London & New York: Verso, 1999, pp.xi–xii.）；阿尔都塞在巴黎高师多次开设过关于马基雅维利的课程（如 1962 年，1971—1972 年）[参见 [法] 路易·阿尔都塞：《政治与历史：从马基雅维利到马克思（1955—1972 年高等师范学校讲义）》，吴子枫译，西北大学出版社 2018 年版；Vittorio Morfino, "History as 'Permanent Revocation of the Accomplished Fact': Machiavelli in the Last Althusser", *Encountering Althusser: Politics and Materialism in Contemporary Radical Thought*, Katja Diefenbach, Sara R. Farris, Gal Kirn and Peter D. Thomas ed., London & New York: Bloomsbury Academic, 2013, p.61]。这并不是说要试图在阿尔都塞的"毛泽东主义"和阿尔都塞的"马基雅维利主义"之间建立某种因果联系，而是意味着考虑到马基雅维利对阿尔都塞的形势的理论、偶然相遇的唯物主义转向等方面的重大影响，在讨论上述问题时，应将马基雅维利的影响作为阿尔都塞阅读和阐发毛泽东思想的一个重要的共时性因素。将阿尔都塞思想中的毛泽东因素与马基雅维利因素加以并置讨论，受到了吴子枫老师的启发，谨致谢忱。

物主义的最主要来源，而是说，在伊壁鸠鲁、斯宾诺莎、马基雅维利等公认的主要来源之外，不应忽视阿尔都塞偶然相遇的唯物主义转向之中的与毛泽东相关的这样一条隐在的线索。如上文所述，有研究者将阿尔都塞偶然相遇的唯物主义的源头追溯至他的《矛盾与多元决定（研究笔记）》一文之中，此外，还有研究者认为，如果仔细审视的话，结构因果律和过度决定都应被理解为一种关于不可预见的事件（event）的理论；过度决定概念其实已经标识出一个非常近似于事件的场所（the site of an event）的地点，在那里历史把握住了一个既定的结构，或者说一个结构的困境被历史化了。① 可以说，在"过度决定"概念中已经开启了一种非决定论的、"近似于"阿尔都塞后来以马基雅维利为名提出的关于"不可预见的、独特的、偶然的历史事件"理论。而如前面章节所论证的，毛泽东辩证法对该论文以及特别是其中的"过度决定"（或多元决定）具有直接的影响，那么既然如此，通过"过度决定"概念，毛泽东辩证法似乎就可以自然地关联到偶然相遇的唯物主义。但是需要追问的是，有没有更为精确的线索？也就是说，需要阐明阿尔都塞在转向偶然相遇的唯物主义的过程之中对毛泽东思想作出了哪些阐发，而这种阐发和解读又如何从他的 1960 年代写作一直延伸到他的 1980 年代的写作之中。

在阿尔都塞转向偶然相遇的唯物主义的复杂过程和诸多理论来源之中，还存在这样一条线索：毛泽东辩证法思想以"形势"概念为中介，通过阿尔都塞对毛泽东主次矛盾说的接受和阐发，以及通过阿尔都塞经由毛泽东主次矛盾说转化而来的"主导"也即主导矛盾/主导要素概念，延伸到了阿尔都塞的偶然相遇的唯物主义之中（也即《矛盾论》主次矛盾说⸺"主导"的转换⸺形势⸺偶然相遇的唯物主义，或毛泽东⸺"形势的阿尔都塞"⸺偶然相遇的唯物主义），此外，与主次矛盾说相关的毛泽东对矛盾特殊性、具体情况具体分析的强调，也密切地关系着阿尔都塞的"形势"概念，并也由此汇流于偶然相遇的唯物主义。

"形势（conjoncture / conjuncture）"概念在上述线索之中，起到了重要

---

① Bruno Bosteels, *Badiou and Politics*, Durham & London: Duke University Press, 2011, p.60, p.164.

的中介和过渡作用。实际上，"形势"概念本身正是贯穿着阿尔都塞各个时期写作的一个核心概念。有研究者认为，"形势"的确是联系着阿尔都塞不同时期写作的最中心的概念之一，它在阿尔都塞 1960 年代的写作之中特别是《保卫马克思》之中就占据着重要的理论位置，而在阿尔都塞在《读〈资本论〉》之中重建马克思主义历史理论的尝试之中，形势概念也起到了主要作用。① 阿尔都塞"过度决定"概念首先依赖于列宁关于"形势"的阐述。例如，列宁关于"形势"的分析被阿尔都塞视为"'矛盾与过度决定'的经典范例"。② 阿尔都塞在《来日方长》里也明确指出，"在结构主义世界里，到处有人指责我为既定秩序中结构的静止不变，为革命实践的不可能性辩护，然而我早就以列宁为依据，提出并发展一种关于形势的理论了。"③ 所谓早就以列宁为依据提出"关于形势的理论"，从阿尔都塞的写作脉络来说，正是他在 1960 年代提出的与列宁关于俄国革命的论述密切相关的"过度决定"论。"形势"概念不仅是阿尔都塞 1960 年代的写作之中的一个核心概念，而且也是他的偶然相遇的唯物主义的核心概念之一。在阿尔都塞阐释偶然相遇的唯物主义的重要文本《马基雅维利与我们》之中，阿尔都塞正是将马基雅维利看作"第一个形势的理论家"。④ 在《来日方长》中，阿尔都塞盛赞马基雅维利"……彻底地考虑到任何形势所具有的偶然的真实性，……"⑤ 也正是在这个意义上，巴利巴尔认为，"说实话，关于偶然唯物主义的那些主题在阿尔都塞思想中算不上是全新的，它们只是以一种新的哲学'代码'重新表述了那些从一开始就存在的立场，并使之变得更激进了（尤其是由于阿

---

① Mikko Lahtien, "Althusser, Amachiavelli and Us: Between Philosophy and Politics", in *Encountering Althusser: Politics and Materialism in Contemporary Radical Thought*, Katja Diefenbach, Sara R. Farris, Gal Kirn, Peter D. Thomas ed., London & New York: Bloomsbury, 2013, pp.121–122.

② 陈越：《编译后记：阿尔都塞与我们》中有关论述，载陈越编：《哲学与政治：阿尔都塞读本》，吉林人民出版社 2003 年版，第 548—549 页。

③ ［法］路易·阿尔都塞：《来日方长：阿尔都塞自传》，蔡鸿滨、陈越译，上海人民出版社 2013 年版，第 197—198 页。

④ Louis Althusser, *Machiavelli and Us*, Ed., Francois Matheron, tr., Gregory Elliott, London & New York: Verso, p.18.

⑤ ［法］路易·阿尔都塞：《来日方长：阿尔都塞自传》，蔡鸿滨、陈越译，上海人民出版社 2013 年版，第 253 页。

尔都塞强调，在对历史进行概念化的过程中，"形势"具有优先性）……"①可以看到，偶然相遇的唯物主义正是"形势的阿尔都塞"在逻辑上的自然延伸，甚至可以说，将"形势"概念中本来就内在着的对偶然、独一性、例外、事件的强调加以"激进化"和重新编码之后，就是偶然相遇的唯物主义。

那么，毛泽东思想究竟是如何与"形势"这个贯穿阿尔都塞各个时期写作的概念联系起来的呢？有哪些证据可以表明，在阿尔都塞看来毛泽东部分地思考了"不可预见的、独特的、偶然的历史事件"意义上的历史理论和政治实践理论呢？这首先体现在《保卫马克思》关于中国革命的独特性和偶然性。阿尔都塞指出，毛泽东和马克思、恩格斯、列宁、斯大林一样，都强调"一切决定于条件"，而"一切决定于条件"正说明中国 1949 年革命如同 1917 年俄国革命、1958 年古巴革命一样，是"……只能在此时（1917 年、1949 年、1958 年）此地（俄国、中国、古巴），而不能在彼时彼地爆发和胜利，……"② 值得注意的是，阿尔都塞将毛泽东领导的中国 1949 年革命与列宁领导的俄国 1917 年革命并提，都作为在"条件"决定下的革命只能在"此时此地"发生的力证，这就是说，阿尔都塞对俄国 1917 年革命的论述，可以运用于他对于 1949 年中国革命的理解之中。那么阿尔都塞对俄国 1917 年革命的本质特征是怎样理解的？阿尔都塞这样表述俄国革命的形势或特殊形势："……这一'特殊形势（«situation exceptionnelle»; 'exceptional situation'）'究竟特殊在什么地方？既然特殊都不说明规律，那么这一特殊是否无形中本身就是规律（la règle; the rule）？归根到底，我们难道不是始终处于特殊（l'exception; exceptional situations）之中吗？"③

---

① [法] 艾蒂安·巴利巴尔：《中文版阿尔都塞著作集序》，[法] 路易·阿尔都塞：《论再生产》，吴子枫译，西北大学出版社 2019 年版，第 14 页。

② [法] 路易·阿尔都塞：《保卫马克思》，顾良译，商务印书馆 2010 年版，第 202 页。

③ Louis Althusser, *Pour Marx*, Paris: La Découverte, 2005, p.103; Louis Althusser, *For Marx*, Ben Brewster tr., London & New York: Verso, 2005, p.104; [法] 路易·阿尔都塞：《保卫马克思》，顾良译，商务印书馆 2010 年版，第 93 页。值得注意的是，陈越老师指出，在顾良先生版的《保卫马克思》中将 situation 等译为"形势"，如此处将 situation exceptionnelle 译为特殊形势（参见陈越：《编译后记：阿尔都塞与我们》中有关论述，载陈越编：《哲学与政治：阿尔都塞读本》，吉林人民出版社 2003 年版，第 548—549 页）。此处的特殊形势之中的形势（situation），与本节重点讨论的"形势（conjoncture/conjuncture）"并不是一回事。

有研究者将阿尔都塞的上述论述总结为，在阿尔都塞看来，俄国革命不仅不是某一个普遍规律或律法的特殊表现，而且甚至都不应被理解为该规律或律法的一个例外或特殊情况（an exception）。① 这是因为，阿尔都塞在上述表述之中，以俄国 1917 年革命为例，强调唯一的、普遍的规律就是"我们始终处于特殊之中"。这就是说，在阿尔都塞看来，革命用只能在"条件"之中、在"特殊形势"之中、在某时某地作为"偶然"才能发生，就本质而言，每一个革命或事件都是特殊的、独一的案例，例外、特殊、偶然、独一本身就是历史规律，毛泽东领导的中国革命、列宁领导的俄国革命正是力证。在《保卫马克思》关于特殊、例外即普遍规律的观点，到了阿尔都塞关于马基雅维利的阐述之中，进一步演变为：不再有外在于或者超越于形势(outside or beyond the conjuncture）的结构主义的历史。② 可以看到，阿尔都塞在《保卫马克思》之后的思想演变伴随着对"形势"及其独一性、偶然性、例外性的强化，最终走向了凸显"形势"优先性的偶然相遇的唯物主义。

阿尔都塞在《保卫马克思》有一处关于毛泽东论矛盾特殊性的引用值得关注。阿尔都塞引用了毛泽东的"普遍性存在于特殊性之中"的原理，"毛泽东通过以下的普遍形式思考了矛盾的这条原则：矛盾始终是特殊的（spécifique; specific），特殊性（spécificité; specificity）普遍地属于矛盾的本质性。……即回到具有科学特殊性的普遍性地位（la condition d'une universalité spécifiée scientifiquement; the condition of a scientifcally specified universality）上来。"③ 从中可清晰看到阿尔都塞阐释毛泽东的"普遍性存在于特殊性之中"的特定路径：与阿尔都塞将中国革命理解为"特殊形势"、偶然、例外一样，

① Warren Montag, "Althusser's Nominalism: Structure and Singularity (1962–6)", *Rethinking Marxism*, Vol.10, No.3, 1998, p.68.

② Warren Montag, "Conjuncture, Conflict, War: Machiavelli between Althusser and Foucault (1975–6)", *Encountering Althusser: Politics and Materialism in Contemporary Radical Thought*, Katja Diefenbach, Sara R. Farris, Gal Kirn, Peter D. Thomas, ed., London & New York: Bloomsbury, 2013, p.129.

③ Louis Althusser, *Pour Marx*, Paris: La Découverte, 2005, p.186; Louis Althusser, *For Marx*, Ben Brewster tr., London & New York: Verso, 2005, p.183; [法] 路易·阿尔都塞：《保卫马克思》，顾良译，商务印书馆 2010 年版，第 176 页。

他在毛泽东辩证法中也着重读出了一种特殊性优先的辩证法精神，并将其进一步阐释为：特殊性是矛盾的普遍本质。相对于经典马克思主义和俄苏马克思主义的辩证法思想，毛泽东的辩证法的确特别突出了矛盾和事物的"特殊性"或者说毛泽东强调了矛盾的特殊性的"优先性（primacy）"①。矛盾的特殊性在中国革命和毛泽东辩证法思想的生成之中被凸显为一个具有根本重要性的哲学范畴。这从《矛盾论》相关部分的篇幅就可见出端倪：《矛盾论》中第三部分《矛盾的特殊性》7400 余字，而第二部分《矛盾的普遍性》只有 2300 余字，篇幅不到第三部分的一半。在《矛盾论》的《矛盾的特殊性》部分，毛泽东淋漓尽致地从各种物质运动形式的特殊性、人类认识运动的特殊——一般的辩证过程、不同质的矛盾需用不同质的方法解决、事物发展过程中不同阶段的矛盾的特殊性、一个大的事物各个方面的特殊性等多个角度论述了何为矛盾的"特殊性"。② 可以说，《矛盾论》中矛盾的普遍性的特质就是矛盾的特殊性。G.M. 戈什格瑞恩将此处毛泽东辩证法中的矛盾的特殊性（spécificité）与深刻影响了阿尔都塞的斯宾诺莎主义中的独一性（the singularity）联系了起来。G.M. 戈什格瑞恩认为，阿尔都塞对强调独一性（the singularity）的马克思主义的捍卫受到了斯宾诺莎主义的影响，而阿尔都塞正是通过马基雅维利、马克思、毛泽东去阅读斯宾诺莎③；毛泽东的"普遍性存在于特殊性之中"以及"具有科学特殊性的普遍性"在阿尔都塞的理论视域中应被理解为一个作为他的"相遇的理论"的"前提"的斯宾诺莎主义的基本命题，阿尔都塞在不同时期的写作之中对这个斯宾诺莎命题进行了不同的表述：在《政治与历史》中，他把这个斯宾诺莎命题归于孟德斯鸠，在《读〈资本论〉》中，他把这个命题归于马克思和列宁，在《关于唯物主义（论起源的不平衡)》之中，他引用了毛泽东的"普

---

① Liu Kang, "The Problematic of Mao and Althusser: Alternative Modernity and Cultural Revolution". *Rethinking Marxism*, 1995, Vol.3, p.4, p.10.

② 参见毛泽东：《矛盾论》，载《毛泽东选集》（第一卷），人民出版社 1991 年版，第 308—320 页。

③ G.M.Goshgarian, "Introduction", in Louis Althusser, *The Humanist Controversy and Other Writings* (1966–1967), Francois Matheron ed., G.M.Goshgarian tr., London & New York: Verso, 2003, p.xvii.

遍性存在于特殊性之中"。① 可以看到，阿尔都塞通过毛泽东去阅读斯宾诺莎，或者说，毛泽东关于矛盾特殊性的强调，在阿尔都塞看来暗合了作为偶然相遇的唯物主义的前提的斯宾诺莎主义的"独一性"，这正是阿尔都塞说毛泽东"部分地思考"了偶然相遇的唯物主义的原因之一。然而还不止如此。什么是矛盾的特殊性？什么决定了一个特定形势的独一性？在相当程度上可以说，正是各个历史时期的主导或主要矛盾的转移和差异，造成了某一具体时期矛盾的特殊性及形势的独一性。

如果说毛泽东的矛盾特殊性论述有力地支撑了阿尔都塞关于特殊即规律、关于独一性的论证，那么毛泽东的主次矛盾说则为阿尔都塞提供了关于"形势的变化"及其机制的关键说明。阿尔都塞在 1967 年发表的《马克思主义的历史任务》中写道，"从严格意义上说，我们没有一种在经济归根到底起决定作用的范围内，关于不同的层次之间的主导的转移（the displacement of dominance among the various levels）的理论。我们没有一种可以说明形势的各种变化（variations of the conjuncture）的理论，尽管各共产主义政党在日常政治实践中都在仔细考虑这些形势的变化，列宁的写作（此处只引用列宁）持续地指出了正是主导的转移定义了形势（defines the conjuncture）"，在这句话的句末，阿尔都塞通过一个注释继续写道，"关于形势的理论，关于不同层次之间的主导的转移的理论，等等，直接与辩证法的理论相关。我们所拥有的最引人注目的公式（the most remarkable formulation）可以在毛泽东的《矛盾论》中找到。"② 此处所谓"主导的转移"的"主导"是指什么？更重要的是，阿尔都塞在上述论述中所说的"关于形势的理论，关于不同层次之间的主导的转移的理论"可以在毛泽东《矛盾论》中找到"最引人注目的公式"，又是指什么？此处的"主导"，显然不是指"主导结构"，而是指主导矛盾、主导要素。在第三章第二节之中，已经详细讨论了主导结构及其固定性、不变

---

① G.M.Goshgarian, "The Very Essence of the Object, the Soul of Marxism and Other Singular Things: Spinoza in Althusser 1959–67", in *Encountering Althusser: Politics and Materialism in Contemporary Radical Thought*, Katja Diefenbach, Sara R. Farris, Gal Kirn, Peter D. Thomas ed., London & New York: Bloomsbury, 2013, p.102.

② Louis Althusser, *The Humanist Controversy and Other Writings*（*1966–1967*）, Francois Matheron ed., G.M.Goshgarian tr., London & New York: Verso, 2003, p.198.

性，主导矛盾、主导要素的可变性，以及主导矛盾概念及其所规定的主导矛盾的转换如何直接来源于《矛盾论》中的主要矛盾概念以及主次矛盾转换的机制。主导结构是不可能发生"转移"的，如阿尔都塞所指出的，"根据实践经验证明，主导结构虽然是固定的（reste constant / remains constant），但结构中各矛盾的地位（l'emploi des roles / the disposition of the roles）却在变化……"① 可变的、非固定的、可转移的正是主导矛盾或主导要素。"主导要素（the dominant element）却并不总是固定的，它随着各种矛盾的过度决定及其不平衡发展而变化。"② 主导要素可以随着过度决定和矛盾不平衡的发展而变化和转移，故此，此处"主导的转移"中的"主导"正是主导要素或主导矛盾。在阿尔都塞的上述论证中，最为值得注意的是阿尔都塞揭示了"形势"与"主导"之间的直接联系："……正是主导的转移定义了形势"。这就是说，正是主导的转移——如在某个形势之中意识形态矛盾代替了其他矛盾成为了新的主导矛盾——"定义"了某个形势的特殊性、独一性。在注释中的"关于形势的理论，关于不同层次之间的主导的转移的理论"这两个句子的并列出现，实际上也说明了"关于形势的理论"就等于"关于不同层次之间的主导的转移的理论"。来源于《矛盾论》主要矛盾概念的主导矛盾或"主导"，就这样直接地与"形势"概念联系了起来，这正是毛泽东辩证法介入"形势的阿尔都塞"或阿尔都塞关于"形势"的思考的有力例证。所谓"形势的理论"或"主导的转移的理论"可以在毛泽东《矛盾论》中找到"最引人注目的公式"，也正是指《矛盾论》中主次矛盾、矛盾的主次方面的转换的机制或"公式"正对应于"主导的转移"，由此也正对应于"形势的理论"。

正因为"主导"或主导矛盾的转移直接"定义"着"形势"，因此要分析任何一个特定的"形势"，就必须要对这个形势之中的主导或主导矛盾加以辨别。这也就是说，一切政治行动的成功与否的赌注就在于是否识别并把握住了某个特定形势之中的主导或主导矛盾、主要矛盾。在《保卫马克

---

① Louis Althusser, *Pour Marx*, Paris: La Découverte, 2005, p.217, p.219; Louis Althusser, *For Marx*, Ben Brewster tr., London & New York: Verso, 2005, p.211, p.213; [法]路易·阿尔都塞：《保卫马克思》，顾良译，商务印书馆 2010 年版，第 206、209 页。

② Ben Brewster, "Glossary", in Louis Althusser, *For Marx*, Ben Brewster tr., London & New York: Verso, 2005, p.255.

思》中，阿尔都塞强调："为了进一步说明这一点，我们再一次用毛泽东的术语来解释。……如果说为了成为马克思主义者和能够开展政治活动……必须不惜一切代价区分主要矛盾和次要矛盾，区分矛盾的主要方面和次要方面……"① 从"不惜一切代价"这样激烈的表述可以看到，区分主次矛盾和矛盾的主次方面确实被阿尔都塞看作政治实践的头等大事。在上文引用过的1967 年发表的《马克思主义的历史任务》中，阿尔都塞指出共产主义政党"……在日常政治实践中都在仔细考虑这些形势的变化……"② 所谓共产主义政党考虑"形势的变化"，实际上也就是考虑主导、主导矛盾的变化，考虑如何区分主次矛盾及矛盾的主次方面。

阿尔都塞在发表于1972 年的《自我批评材料》中，把区分主次矛盾的重要性发展为区分"主要趋势"和"次要趋势"的重要性。"这也就是为什么为了讨论和评价一种哲学，从毛泽东关于矛盾的各种范畴开始才是正确的。……在每种哲学之中，在每种哲学立场中，你必须要考虑它的矛盾中的趋势（the tendency in its contradiction），以及在这个矛盾之中的矛盾的主要趋势（the principal tendency）以及次要趋势（the secondary tendency），在每个趋势之中，要考虑主要的方面和次要的方面，等等。但是这不是一个无穷的、形式的、柏拉图式的划分（an infinite and formal Platonic division）。必须要懂得这个划分是如何被确定在一系列的交汇点（meeting-points）上的，在这些交汇点中，政治的—理论的形势规定了中心交汇点（the central meeting-point）[决定性环节（the decisive link）] 和各个次要的交汇点；或者，换个隐喻：主要的'前线（front）'和各种次要的'前线'，主要的攻击和防御点，各种次要的攻击和防御点。"③ 上述论述中的主要趋势／次要趋势、主要前线／次要前线或主要攻防点和次要攻防点显然都是——如阿尔都塞自己所承认的——来自毛泽东的哲学文本，这其实也就是说，来自《矛盾论》的主次矛盾说。那么，阿尔都塞说毛泽东式的划分主要趋势／次要趋势、主要前线／次要前线或主要攻防点和次要攻防点并不是柏拉图式的划分意味着什

---

① ［法］路易·阿尔都塞：《保卫马克思》，顾良译，商务印书馆2010 年版，第200、206 页。

② Louis Althusser, *The Humanist Controversy and Other Writings*（1966–1967）, Francois Matheron ed., G.M.Goshgarian tr., London & New York: Verso, 2003, p.198.

③ Louis Althusser, *Essays in Self-Criticism*, Grahame Lock tr., London: NLB, 1976, p.145.

么？借由苏格拉底的言说，柏拉图提出："相信我，斐德罗，我本人就是一名划分和综合的热爱者，因此我可以获得讲话和思想的力量。""……他的划分谈话的类型和灵魂的类型，以及灵魂受影响的各种方式，解释产生各种情况的原因，就每一种类型的灵魂适合哪一种谈话提出建议，说明要在一个灵魂中创造信念或在另一个灵魂中产生不信要用什么样的谈话，还得说明为什么。"① 柏拉图在《斐德罗篇》中提出的"综合"和"划分"（collection and division）的辩证法方法将人引向修辞艺术、知识和思想，其中的"划分"是形式逻辑的划分，如对灵魂中的各种类型的划分并相应作出解释。这种划分如阿尔都塞所说，是导向"无穷"的划分，如随着划分次数不断增多，更多的灵魂的类型将必然出现。阿尔都塞强调列宁、毛泽东的划分不同于柏拉图的划分，不是决定某个结果的划分，而是那种"各划分中的各个路线（lines）将开启道路（open up a path）"的划分。② 所谓各个路线，正是指在主次矛盾、主次趋势、主次前线的各个划分之中究竟选取哪个矛盾、哪个趋势、哪个前线作为主要的矛盾、趋势和前线。所谓开启道路，也就意味这种划分不是通往修辞或知识，而是通往现实的变革或革命，路线的选择或者说主次矛盾、主次趋势、主次前线的选择，直接关乎现实的变革或革命是否发生。更重要的是，毛泽东式的这种划分不是柏拉图式的"无穷"的划分，而是被确定和规定在一系列主要、次要"交汇点"上的划分。那么什么是"交汇点"？如上述引文所示，所谓"中心交汇点"就是"决定性环节（the decisive link）"，而这里的"决定性环节"无疑对应的正是阿尔都塞在《保卫马克思》中援引过的列宁意义上的"最薄弱环节"："所以，'最薄弱环节（maillon le plus faibl；weakest link）'的理论也就是'决定性环节（maillon decisive；decisive link）'的理论。"③ 这就是说，"中心交汇点"以及中心交汇点与各种

---

① ［古希腊］柏拉图：《柏拉图全集》（第二卷），王晓朝译，人民出版社 2003 年版，第 185、192 页。

② Louis Althusser, *Essays in Self-Criticism*, Grahame Lock tr., London: NLB, 1976, pp.145–146.

③ Louis Althusser, *Pour Marx*, Paris: La Découverte, 2005, p.182; Louis Althusser, *For Marx*, Ben Brewster tr., London & New York: Verso, 2005, p.180; ［法］路易·阿尔都塞：《保卫马克思》，顾良译，商务印书馆 2010 年版，第 172 页。

次要交汇点的区分，正表明阿尔都塞将列宁关于一战之中俄国成为帝国主义链条上最薄弱环节的著名论断，与毛泽东的主次矛盾说糅合了起来，将"划分"主次矛盾、考虑主次趋势／主次交汇点／主次前线／主次攻防点的目的直接明确为定位"决定性环节"。那么，"中心交汇点"或"决定性环节"又意味着什么？阿尔都塞在《保卫马克思》中已经说明，"决定性环节"正是由"主要矛盾"决定的，而正是"决定性环节"导致了"统一物的分解"："这一主要矛盾正像列宁说的那样，是我们在政治斗争中（或在理论实践中）为打碎整个链条所必需的仅仅抓住和加以利用的'决定性'环节，或用另一种形象的说法，这是我们为'引起统一物的分解'所必须攻下的战略要点。"① 也正是在"决定性环节"是"引起统一物的分解"的"战略要点"的意义上，才能说毛泽东—列宁式的对于主次矛盾、主次趋势／主次交汇点／主次前线／主次攻防点的"划分"不是柏拉图式的形式的、无穷的划分，因为毛泽东—列宁式的划分是为了找出作为"最薄弱环节"和"决定性环节"的"中心交汇点"，并在这个"中心交汇点"上以政治实践加以介入，从而引起现实的"统一物的分解"。无怪乎巴迪欧认为，"我认为阿尔都塞是在这样一个时刻，我应该补充一下，是在一个他相当困难地试图决定结构超溢自身的点在哪里（determine the point where the structure is in excess over itself）的时刻发现了毛泽东的矛盾理论，正是如此，他在列宁的最薄弱环节的理论中、在过度决定的问题中去寻求过这个点，最终，他在毛泽东的矛盾的主要方面的理论中去寻求这个点。所有这些就意味着在确定这个结构的点（pinning down the structural point）的同时也就确定了该结构崩溃（breakdown）的点。"② 这里所谓"结构超溢自身的点"，也正是阿尔都塞上述引文中的引起"统一物的分解"的"中心交汇点"。这就是说，以《矛盾论》主次矛盾说为原型的阿尔都塞的关于"主导"和"主导的转移"的理论在对"结构"及其阈值加以追踪和定位的同时，也同时追踪到了"结构"的"崩溃"。而之所以阿尔都塞最终在毛泽东的主次矛盾说之中找到了这个至关重要的结构超溢自身

---

① ［法］路易·阿尔都塞：《保卫马克思》，顾良译，商务印书馆 2010 年版，第 206—207 页。

② Badiou: Interview with Bosteels, "Can Change be Thought?", in Alain Badiou, *Philosophy and its Conditions*, Gabriel Riera ed., New York: State University of New York, 2005, p.244.

暨结构崩溃的点，以及之所以毛泽东对主次矛盾的"划分"根本性地不同于柏拉图的"划分"的本质原因，正是在于毛泽东对社会总体是以矛盾不平衡的普遍性、内在性的思路去把握的（在第二章矛盾不平衡部分已经详述），毛泽东的主次矛盾或矛盾主次方面的"划分"是在激烈的革命现实层面，以矛盾不平衡在复杂万端的革命局面去把握每一个具有独一性的"形势"从而作出的战略性的、革命性的"划分"、判断以及决断，而不是停留在形而上学层面的无穷尽的"划分"和延宕。

综上可说，阿尔都塞关于形势的"独一性"、关于"形势的各种变化"、关于"主导的转移"、关于主次趋势/主次交汇点/主次前线/主次攻防点的"划分"等与"形势"相关的考虑均与《矛盾论》有关联。由于"正是主导的转移定义了形势（defines the conjuncture）"，以及"主导的转移（displacement of dominance）"与"形势的各种变化（variations of the conjuncture）"①密切相关，又由于对主导、主导矛盾、主要矛盾的"划分"和"转移"直接关联着"统一物的分解"和结构的"崩溃"也即"形势"的变化，因此在复杂局势之中准确地、动态地"划分"和辨析"主导"、主导矛盾、主要矛盾成为政治实践和政治介入的重要前提。正是在这个意义上，阿尔都塞才强调"必须不惜一切代价区分主要矛盾和次要矛盾，区分矛盾的主要方面和次要方面……"。②关于"主导"的理论因此必然也就是关于在变动、例外、偶然的"形势"之中强调政治实践的理论，这与偶然相遇的唯物主义的理论旨归是完全一致的。确实如巴利巴尔所说，偶然唯物主义并非全新，而是阿尔都塞思想中一开始就存在的立场特别是关于"形势"的思想的激进化表述。③有研究者认为，葛兰西和阿尔都塞都在马基雅维利的论著中找到了一种非决定论的马克思主义的资源，强调政治实践在转变社会形态中的作用，马基雅维利认为政治实践应利用各种形势所造成的各种可能性，拒绝任何必然的或

---

① Louis Althusser, *The Humanist Controversy and Other Writings*（1966–1967）, Francois Matheron ed., G.M.Goshgarian tr., London & New York: Verso, 2003, p.198.

② ［法］路易·阿尔都塞：《保卫马克思》，顾良译，商务印书馆 2010 年版，第 200、206 页。

③ ［法］艾蒂安·巴利巴尔：《中文版阿尔都塞著作集序》，［法］路易·阿尔都塞：《论再生产》，吴子枫译，西北大学出版社 2019 年版，第 14 页。

线性的历史进程。① 实际上，阿尔都塞在《保卫马克思》时期已经在对毛泽东、列宁的解读之中寻求一种非决定论的、非线性的、开启革命新思路的历史理论，上述章节关于"过度决定"、"压缩"/"置换"等概念对黑格尔主义历史目的论的反拨及其与毛泽东辩证法的关联已经作出了充分说明。此外，上文讨论过的阿尔都塞在《保卫马克思》中通过俄国和中国革命强调特殊、偶然、独一即历史普遍规律，革命作为偶然、例外、特殊而发生，这些思想要素也无一不在以马基雅维利为重要理论来源的阿尔都塞的偶然相遇的唯物主义转向之中得到了回响和重新编码（巴利巴尔语）。而"主导"及其转换所带来的也正是强调特殊、偶然、独一的非决定论的、非线性的历史理论及相应的政治实践。有研究者指出，主导（dominance）的概念远非停留在对结构的静态理解的水平之上，而是已经推动着分析朝向这样一个方向进行，即对一个既定的形势加以具体研究。② 主导永远在转移过程中，新的主导永远在生成之中，而"正是主导的转移定义了形势"，故此对形势的分析永远不是一劳永逸的，永远只能"具体情况具体分析"。研究者认为，毛泽东主次矛盾说的为辩证法思想重新注入了"偶然性、变动性和翻转（contingency, variability, and inversion）"，这种关于各种矛盾及其各个方面的可变动的翻转性理论有助于"解码什么时候行动以及如何行动，因此正确地解读各个环境成为有意义的行动的先决条件。"③ 这就是说，尽管一旦确定和抓住了主导或主要矛盾，也就找到让"一切问题就迎刃而解了"④ 的方法，但是如何确定主导或主要矛盾，则是充满了"偶然性、变动性和翻转"。而政治实践和政治介入如何可能，正是贯穿阿尔都塞所有时期理论写作的最重要线索和最强烈的理论意图之一。可以说，毛泽东主次矛盾说之中本就蕴含的、始终强调在特殊和偶然的形势之中寻求实践和行动的可能性的倾向，与阿尔都塞

---

① Ross Speer, "The Machiavellian Marxism of Althsuser and Gramsci", in *Décalages*, Vol.2, Iss.1, Article 7, p.1.

② Bruno Bosteels, *Badiou and Politics*, Durham & London: Duke University Press, 2011, p.56.

③ Julian Bourg, "Principally Contradiction: The Flourishing of French Maoism", in *Mao's Little Red Book: A Global History*, Alexander C.Cook ed., New York: Cambridge University Press, 2014, p.234.

④ 毛泽东：《矛盾论》，《毛泽东选集》（第一卷），人民出版社 1991 年版，第 322 页。

的"形势"理论形成了强烈的共振。故此，阿尔都塞在 1972 年的《自我批评材料》的上述引文中对"主要趋势"和"次要趋势"① 划分的强调实际上还应和他 1978 年发表的《局限中的马克思》之中提及的"趋势的辩证法 (une dialectique de la tendance)"联系起来解读，他强调没有介入则趋势将永远不会自动实现。② 所谓趋势的实现实际上可以理解为主要趋势也即最能战略性地决定形势发生转变的那个趋势的实现。阿尔都塞在《局限中的马克思》之中重提毛泽东不是偶然的。阿尔都塞的"毛泽东主义"与他关于"形势"和偶然相遇的唯物主义的思考的"相遇"，实际上指向阿尔都塞对毛泽东所领导的中国共产党在偶然、特殊、独一的"形势"之中的政治介入的关注和赞同。阿尔都塞在与玛契奥琪（Maria Antonietta Macciocchi）的通信之中对中国共产党群众路线的肯定、对毛泽东在《关于正确处理人民内部矛盾的问题》之中将判断何为"人民"政治实践重要前提的肯定 ③，反复强调带有强烈毛泽东色彩的"群众路线"的重要性，以及阿尔都塞关于"群众意识形态革命"以及在一定形势之中"意识形态能成为决定一切的战略要点"的论断 ④，正说明了阿尔都塞肯定毛泽东所领导的中国共产党对特定形势之中的主要趋势 / 主要交汇点 / 主要前线 / 主要攻防点的把握和介入。德里克认为，毛泽东和阿尔都塞的区别在于毛泽东从更为偶然性（contingent）和历史性的角度去考虑各种形势，超过阿尔都塞所愿意考虑的程度。⑤ 德里克的这一论断对讨论《保卫马克思》和《读〈资本论〉》时期的阿尔都塞与毛泽东的比较应是可行的，但是如果将偶然相遇的唯物主义的阿尔都塞与毛泽东《矛盾论》

---

① Louis Althusser, *Essays in Self-Criticism*, Grahame Lock tr., London: NLB, 1976, p.145.

② Louis Althusser, *Ecrits philosophiques et politiques Tome 1*, Paris: Éditions Stock/IMEC, 1994, p.451.

③ Louis Althusser & Maria Antonietta Macciocchi, *Letters from inside the Italian Communist Party to Louis Althusser*, tr. Stephen M. Hellman, London: NLB, 1973, pp.4–5.

④ Anonyme (Atribué à Louis Althusser), "Sur la révolution culturelle", in *Décalages*, Vol.1, Issue 1, article 8, 2010, p.12; Anonymous (Attributed to Louis Althusser), "On the Cultural Revolution", Jason E. Smith tr., in *Décalages*, Vol.1, Issue 1, 2010, Article 9, pp.12–13. 该文翻译均来自吴子枫老师的最新译本，谨致谢忱。

⑤ Arif Dirlik, "Mao Zedong and 'Chinese Marxism'", in *Encyclopedia of Asian Philosophy*, ed. I. Mahalingam and B. Carr, London: Routledge, 1995, p.550.

加以比较，则上述论断没有看到阿尔都塞在后期越来越走向对偶然、独一、事件的强调。尽管如此，德里克正确地指出了毛泽东侧重从偶然性角度出发去思考具体情况、具体形势。故此可说，无怪乎毛泽东关于主次矛盾转换的理论中所本来就蕴含着的对偶然、特殊的强调，经由阿尔都塞转换为"主导"或主导矛盾的理论，就合乎逻辑地汇流于他的关于"形势"的偶然、特殊、独一的考虑，并最终汇流于他的偶然相遇的唯物主义。

第三节 "毛泽东主义"、阿尔都塞与西方当代激进思潮

本节将分析阿尔都塞的"毛泽东主义"、阿尔都塞辩证法与后马克思主义、后结构主义等西方当代激进理论的复杂交错关系，从而将"毛泽东主义"与阿尔都塞的对话关系置于更为宏观也更具当代性的框架中加以考察。一方面，阿尔都塞对"毛泽东主义"的接受与阿尔都塞本人所身处其中的批判形而上学传统、批判启蒙主义传统的西方当代理论的激进转向存在潜在联系。阿尔都塞通过阐发和转化毛泽东辩证法从而发展出"过度决定"论等一系列辩证法范畴，在反击"黑格尔主义"的同时，也在马克思主义传统之中开拓出非/反本质主义、非一元论/还原论、非决定论等理论路径，这些均可视为阿尔都塞借助毛泽东辩证法从马克思主义的角度对他所身处其中的思潮流变的呼应。另一方面，法国"毛泽东主义"与法国后结构主义、后现代主义等转向之间的潜在联系亟待厘清，而"毛泽东主义"通过参与阿尔都塞的理论建构进而与后结构主义等思潮发生关联，可视为"毛泽东主义"介入后结构主义和后现代主义等思潮的理论路径之一。

后结构主义、后现代主义等思潮之间存在着各种交叠，而已有研究注意到在这些思潮之中都存在着"毛泽东主义"的影响。例如，就后现代主义而言，在法国主张后现代主义的知识分子中，大多数都是毛泽东主义者或者非常同情 1968 年"五月风暴"中的抗争者。[1] 就后结构主义而言，有

① Willie Thompson, *Postmodernism and History*, Palgrave Macmillan, 2004, p.18.

研究认为，"毛泽东主义"在西方的一个理论成果之一就是后结构主义，或者至少可以说，"毛泽东主义"的反本质主义倾向对后结构主义来说是极为有用的方面；毛泽东的理论甚至在全盛时期的后结构主义之前就已经不经意（unwittingly）地抵达了被当代、现代或后现代的激进知识分子所共享的那个哲学位置。① 可以看到，经过西方理论的阐发和转化的"毛泽东主义"尤为强调其反本质主义等方面，已经"不经意地"与后结构主义、后现代主义发生了关联。

目前越来越多的研究也注意到了阿尔都塞理论的"当代性"。关于阿尔都塞与后现代主义的关系，有研究指出，阿尔都塞所发起的一系列研究主题随后就进入了后现代主义理论之中，例如，阿尔都塞对经验主义、人道主义、历史主义、目的论的和表现的总体的猛烈批判为后现代主义对这些问题的批判奠定了基础。② 阿尔都塞与后结构主义的关系也尤为突出。越来越多的研究主张将阿尔都塞纳入广义上的后结构主义之中。例如认为，基于阿尔都塞对马克思主义所作的非常不同的理解，应该将阿尔都塞看作在"后结构主义者"这个词尚未出现之前的"后结构主义者"（"post-structuralist" *avant le lettre*），也就是说，应该将阿尔都塞与德里达和德勒兹等后结构主义理论家并列看待。③ 的确，阿尔都塞不仅是德里达和德勒兹等在理论上的同时代人，而且阿尔都塞在法国之外的传播和接受也与后结构主义的标签密不可分。"阿尔都塞确实是一个后结构主义者……我们被告知，'阿尔都塞把至少三种思想引进到了英国，这些思想都是后结构主义的：将历史形态理解为去中心的、强调知识是从理论的实践而来以及将主体看作效果而不是原因'，……也就是说，阿尔都塞的作品'最好被看作向着后结构主义前进的结构主义'"。④ 实际上，所谓"结构主义"和"后结

---

① Daniel Vukovich, *China and Orientalism: Western Knowledge Production and the PRC*, London & New York: Routledge，2012，p.129.

② Stephen Crook, *Modernist Radicalism and Its Aftermath: Foundationalism and Anti-Foundationalism in Radical Social Theory*, London & New York，1991，p.136.

③ Jason Barker，"Missed Encounter: Althusser-Mao-Spinoza", in *Angelaki*，2015，Vol.20，Iss.4，p.73.

④ Francis Mulhern，"Message in a Bottle: Althusser in Literary Studies", in *Althusser: A Critical Reader*，Gregory Elliott ed.，Oxford UK & Cambridge USA: Blackwell，1994，p.168.

构主义"是十分含混而且实际上颇有交叠的两个术语。巴利巴尔指出，"我的假设是，事实上，并没有所谓的后结构主义，或者说，所谓的后结构主义总仍是结构主义，结构主义在其最强烈的意义上也已经就是后结构主义。我所说的'结构'，在结构主义的意义上，是指将构成性的主体倒转为被建构的主体性（a reversal of the constituting subject into constituted subjectivity）……而我所说的'后结构主义'就是超越了自身解释性建构的结构主义，就是根据其自身的不可再现性对限度加以重新铭刻的瞬间。"[1] 确实，在法国知识语境中，结构主义和后结构主义在反人本主义、强调主体的限度等方面是延续性的，甚至是一体的。实际上，法国理论中本来很少用"后结构主义"这个概念，无论是阿尔都塞还是其他思想家都没有使用过，这个概念其实是经过了美国学术界的建构而反过来重新回到法国知识界的一个概念，并且"结构主义"一词在法国理论中本来就具有批判意识形态、批判人道主义、批判主体性、批判中心、批判稳定的意义和批判形而上学等意思。[2] 因而，从这个意义上说，阿尔都塞从来就不需要被"建构"或者被"阐释"为后结构主义，而是他其实始终就在这个结构主义／后结构主义的传统之中。

"毛泽东主义"与阿尔都塞分别与后结构主义、后现代主义等发生关联，不应被视为一种偶然现象。相反，这恰恰为理解阿尔都塞之所以如此深入地接受、阐发和转化毛泽东的思想特别是毛泽东的辩证法思想的深层原因及必然性提供了一个阐释角度。也就是说，如果将阿尔都塞视为一个站在后结构主义等门槛上的过渡性人物的话，那么就可将阿尔都塞运用毛泽东辩证法对"黑格尔主义"及带有强烈"黑格尔主义"逻辑的机械唯物论、历史进化论、人道主义（或人本主义）等错误倾向的批判，视为阿尔都塞在马克思主义传统中清算西方形而上学和启蒙主义传统的努力。同时，"毛泽东主义"也正是通过阿尔都塞的阐发和接受及参与了阿尔都塞的"过度决定"论等一系列新范畴的发明，从而被纳入西方结构主义／后结构主义的理论脉络之中。具

---

[1] Étienne Balibar, "Structuralism: A Destitution of the Subject?", James Besaid tr., in *Differences: A Journal of Feminist Cultural Studies*, 2003, Vol.14, No.1, p.11.

[2] Camille Robcis, "'China in Our Heads': Althusser, Maoism and Structuralism", *Social Text*, Vol.30, No.1, 2012, p.67, note 10.

体说来，可从以下几个方面理解上述关联。

阿尔都塞借助对毛泽东辩证法中对矛盾的"差异"和"不平衡"的阐释彻底清算了黑格尔主义的一元论和还原论，这就在马克思主义传统内开启了非/反本质主义的理论路径、与当代西方激进理论发生了关联。杰姆逊指出，阿尔都塞对"表现因果律（expressive causality）"的批判已经超越了它的最直接的目标即所谓的黑格尔主义的唯心主义，该批判从对特定历史时期的理论家（如对戈德曼）的批判直达当代结构的或者后结构的对占主导地位的认识型或符号系统的模式化的努力。[1] 而阿尔都塞将毛泽东的辩证法解读为是对"带有单一一极的绝对（An absolute with a single pole），一个单一的核心（a single kernel）"的批判，因为"它（即这个单一一极的绝对或单一的核心）是一切错误的根源。"[2] 故而，阿尔都塞通过对毛泽东辩证法的解读，特别是通过阐发毛泽东辩证法思想中的矛盾的"差异"和"不平衡"，就为他清算黑格尔主义的"原初的一"或者"单一一极的绝对"、"一个单一的核心"以及建构其非本质主义的马克思主义的"去中心的总体"提供了理论的支撑。对（哲学上的）"一"的质疑和取消也正是后结构主义、后现代主义等思潮捣烂西方形而上学传统的关键策略。故此可说，阿尔都塞借助毛泽东辩证法对黑格尔主义的批判已经溢出黑格尔主义本身而抵达了当代激进理论的疆界。更具体地说，由于阿尔都塞通过借助毛泽东辩证法清算了黑格尔主义及其一元论和还原论，也就同时批判了包括人道主义、历史主义、经济主义、经验主义等一系列带有黑格尔主义色彩的马克思主义错误倾向，而这些所谓马克思主义错误倾向实质上又不仅仅是偏离了阿尔都塞所捍卫的马克思主义传统，而且它们本身也多多少少地与某种本质主义的西方形而上学传统——（在阿尔都塞看来也就是）与黑格尔主义传统——牵扯不清，故而，阿尔都塞通过对它们的批判也就"自动地"与当代激进理论的理论立场不谋而合。尽管阿尔都塞仍是在马克思主义传统之中而不是在马克思主义传统之外去批判"原初

---

[1] Fredric Jameson, *The Political Unconscious: Narrative as a Socially Symbolic Act*, London & New York: Routledge, 2002, p.11, 17.

[2] Camille Robcis, "'China in Our Heads': Althusser, Maoism and Structuralism", *Social Text*, Vol.30, No.1, 2012, p.60.

的一"并坚持经济"归根到底"起决定作用，因而与解构主义、后结构主义的理论旨趣仍有相当差异，但是阿尔都塞借助对毛泽东辩证法的阐释对黑格尔主义的简单本原进行了彻底清算，也就与西方当代非/反本质主义的理论转向实现了共振。

与"毛泽东主义"关系密切的阿尔都塞的"过度决定"概念中的非/反本质主义倾向在西方当代理论中影响深远，无怪乎斯图尔特·霍尔指出，"在《矛盾与过度决定》之后，马克思主义的关于社会形态和决定论的争论就彻底不同了，这篇论文自身构成了'巨大的理论革命（an immense theoretical revolution）'"。① 德勒兹在《差异与重复》中讨论黑格尔时就援引了阿尔都塞的《保卫马克思》中的片段，德勒兹指出，黑格尔是"同一性的反对差异"的思想家，而他认为阿尔都塞就是要谴责黑格尔哲学中的"同一性"所具有的无所不能的特征，而其"同一性"的形式就是"其内在本原的简单性（the simplicity of its internal principle）"，也即围绕一个单一的中心（a single centre）的黑格尔式的循环，而为了反对黑格尔，阿尔都塞提出了过度决定这个概念，德勒兹特别援引了阿尔都塞的以下这段文字，即"也就是说，在各有关领域活动的'不同矛盾'……虽然'汇合'成为一个真实的统一体，但并不作为一个简单矛盾的内在统一体而'消失'"，但是，让德勒兹感到不满的是，"对阿尔都塞来说，矛盾是过度决定的而且是差异性的（differential），但这些差异的总体（totality）仍然正当地围绕在一个主要矛盾周围。"② 由此可见，尽管德勒兹不能同意阿尔都塞对仍围绕"一个主要矛盾"的总体的设定，但是在将黑格尔主义视为"同一"的哲学、在反对"一个中心"的简单本原方面以及特别是在坚持（矛盾的）"差异"方面，德勒兹与阿尔都塞是颇有共通之处的。不能忽略的是阿尔都塞对矛盾的"差异"的阐发与《矛盾论》密切相关。实际上，由于阿尔都塞的"过度决定"论从马克思主义的基础中触发了各种反本质主义理论的发展，因而就富有成效地与各种后结构主义、后现代主义等当代思潮形成了互动，

① Stuart Hall, "Signification, Representation, Ideology: Althusser and the Post-Structuralist Debates", in *Critical Studies in Mass Communication*, Vol.2, No.2, 1985, p.97.

② Gilles Deleuze, *Difference and Repetition*, Paul Patton tr., London & New York: Continuum, 2004, pp.86–87, note 15.

而这些当代思潮又进一步激发了反基础主义（antifoundationalism）的文学批评研究和某些女性主义研究。① 可以看到，与阿尔都塞的"毛泽东主义"紧密相关的"过度决定"在西方当代激进思潮与文学批评研究中的"涟漪效应"还在不断持续。

---

① Stephen A.Resnick and Richard D.Wolff, *New Departures in Marxian Theory*, Routledge, 2006, pp.79–80.

第四章 "毛泽东主义"与阿尔都塞的
意识形态理论（一）

1968 年巴黎"五月风暴"事件深刻地形塑了当代西方批评理论的思想版图，同时也深刻地改变了阿尔都塞的思想进程。据巴利巴尔回忆，阿尔都塞因治疗抑郁症而错过了参与发生在 1968 年 5—6 月间的那些"事件"，阿尔都塞事后将"五月风暴"定性为"青年学生群众的意识形态造反"，并且"在估测了法国和国外的社会形势及政治氛围的重要变化之后"，在和朋友、学生的激烈讨论之中"尝试着阐明那些'事件'的意义"，阿尔都塞提出"重新研究关于'基础和上层建筑'之间关系的马克思主义理论问题"，巴利巴尔还认为，实际上"从他早期引起轰动的文章（即《保卫马克思》，据原文注释）开始，阿尔都塞就重视尽一切力量或甚至锻造一种关于意识形态的'马克思主义'理论，以改造或重建历史唯物主义。这种重视当然给他一种感觉，让他能够解释当代政治现象的新颖性。"①巴利巴尔的上述论断提供了以下几个重要线索：其一，阿尔都塞恰恰是主张从意识形态特别是"意识形态造反"的角度而不是其他角度去理解"五月风暴"的，无怪乎阿尔都塞在1970 年发表的著名的《意识形态和意识形态国家机器(研究笔记)》正是对"五月风暴"及其效应的理论回应，其二，阿尔都塞自《保卫马克思》时期就开始尝试重建马克思主义的意识形态理论，其三，阿尔都塞对马克思主义意识形态理论的重建伴随着他对马克思主义历史唯物主义的"改造或重建"。同

---

① ［法］艾蒂安·巴利巴尔：《法文版序：阿尔都塞和"意识形态国家机器"》，［法］路易·阿尔都塞：《论再生产》，吴了枫译，西北大学出版社 2019 年版，第 5—7 页。

时,"五月风暴"还给阿尔都塞带来了"创伤性的后果",阿尔都塞"对自己的哲学进行了根本的改写",并且"进入了一个自我批评期",他"通过放弃结构主义和'认识论断裂',他力图为哲学,并由此为历史理论,赋予一种直接得多的政治性"。① 并非巧合的是,1968 年巴黎"五月风暴"事件之后,阿尔都塞进入"最强烈的毛泽东主义阶段"②,可以说,"毛泽东主义"正是阿尔都塞为历史理论赋予"直接得多的政治性"的直接理论来源之一。所谓"最强烈的毛泽东主义阶段"的重要表征之一就是:阿尔都塞对"毛泽东主义"的同情与拥护最清晰地体现于他在 1966 年底匿名发表的强调意识形态领域内阶级斗争问题的《论文化革命》一文③,而该文与阿尔都塞在 1970 年发表的著名的《意识形态和意识形态国家机器(研究笔记)》以及从属其中的《论再生产》理论工程在若干重要方面存在着联系,但实际上毛泽东思想与阿尔都塞意识形态理论的关联还远不止于此。以下章节力图回答:自《保卫马克思》以来,毛泽东思想及中国革命在阿尔都塞对意识形态理论及历史唯物主义的建构及重建过程中与哪些重要环节发生了关联?以下章节将对阿尔都塞关于生产关系、上层建筑到意识形态的逐个环节论说之中的"毛泽东主义"加以细致分析,目的是还原阿尔都塞意识形态理论和历史唯物主义思想之中的一条不容忽略也不应被忽略的"毛泽东主义"线索。

第一节 "头脑中的中国"、"毛泽东主义"与阿尔都塞 重建历史唯物主义

如果说,从 1950 年代初期直到《保卫马克思》/《读〈资本论〉》出版时期,阿尔都塞主要侧重阐发和转化毛泽东的辩证法思想,那么在后《保卫马

---

① [法]艾蒂安·巴利巴尔:《中文版阿尔都塞著作集序》,[法]路易·阿尔都塞:《论再生产》,吴子枫译,西北大学出版社 2019 年版,第 9 页。

② Alex Callinicos, *The Resources of Critique*, Cambridge & Malden: Polity Press, 2006, p.92.

③ Margaret A. Majumdar, *Althusser and the End of Leninism*, Cambridge & Malden: Plato Press, 1995, p.18.

克思》/《读〈资本论〉》时期，特别是由于阿尔都塞受到中国"文化大革命"①
以及 1968 年巴黎"五月风暴"的各种影响②，毛泽东关于上层建筑、生产关
系、意识形态、作为历史"当事人（agent）"③ 的群众 / 人民等问题的论述以
及那个阿尔都塞"头脑中的中国"④，引起阿尔都塞的重点关注。阿尔都塞在
《保卫马克思》/《读〈资本论〉》之后的"自我批评时期"以及力图为"历史
理论""赋予一种直接得多的政治性"⑤ 的激烈动向，应与他的"毛泽东主义"
之间有着直接的关联。"毛泽东主义"与阿尔都塞重建历史唯物主义的努力
及其意识形态理论之间的深刻关联是客观存在的事实。一方面，阿尔都塞重
建辩证唯物主义的意图之中本就包含着他对于重建历史唯物主义、提出一种
新的历史理论的努力，以上章节对毛泽东思想如何参与阿尔都塞辩证唯物主

---

① 根据 1981 年 6 月 27 日中国共产党第十一届中央委员会第六次全体会议一致通过的《关
于建国以来党的若干历史问题的决议》，"文化大革命"为"领导者（毛泽东）错误发动、
被反动集团（林彪集团和江青集团）利用，给党、国家和各族人民带来严重灾难的内乱"，
这已成为基本共识。故此，阿尔都塞对"文化大革命"的认识应视为他出于自身理论建
构的需要、在他对遥远中国的想象的基础上而产生的误读。关于"文化大革命"本身的
研究不是本论著的研究任务，故不赘述。

② 阿尔都塞在"五月风暴"期间及之后的很长时期因其结构主义和理论主义倾向受到了青
年学生的抨击。"毛泽东主义"团体"无产阶级左翼"（la Gauche prolétarienne）攻击阿尔
都塞："阿尔都塞没用！"、"阿尔都塞不是人民！"、"阿尔都塞已经睡着了，但是人民运动
好得很！"，在"五月风暴"之后，反阿尔都塞的各种文本也开始激增（François Dosse，
History of Structuralism: The Sing Sets，*1967–Present Volume 2*，Deborah Glassman tr.，Min-
neapolis & London: University of Minnesota Press，1997，pp.121–122）。

③ 陈越老师在《编译后记：阿尔都塞与我们》中指出，"当事人（agent）的概念出自马
克思《资本论》，阿尔都塞经常用它来代替'主体这个含糊的说法'"，参见陈越编：
《哲学与政治：阿尔都塞读本》，吉林人民出版社 2003 年版，第 550 页。例如，阿尔
都塞在《马基雅维利和我们》中指出，"应当把主体这个含糊的说法放在一边，用
当事人（agent）的说法来代替它才好。"，见陈越编：《哲学与政治：阿尔都塞读本》，
吉林人民出版社 2003 年版，第 98 页。本书在相关表述之中都遵从以上的"当事人"
译法。

④ "我们头脑中的中国（China in our heads）"是法国"毛泽东主义"团体"无产阶级左翼"
的座右铭。参见 Camille Robcis，"'China in Our Heads'：Althusser, Maoism and Structural-
ism"，*Social Text*，Vol.30，No.1，2012，p.52。这里用这个短语来形容阿尔都塞对中国和毛
泽东的想象性理解。

⑤ ［法］艾蒂安·巴利巴尔：《中文版阿尔都塞著作集序》，［法］路易·阿尔都塞：《论再生
产》，吴子枫译，西北大学出版社 2019 年版，第 9 页。

义的建构已经作出了详细说明；另一方面，阿尔都塞关于"锻造一种关于意识形态的'马克思主义理论'，以改造或重建历史唯物主义"①的考虑，也与毛泽东思想存在着直接关联，这正是本章及以下章节讨论的重点。尽管对于阿尔都塞的"毛泽东主义"与他锻造意识形态理论以及重建历史唯物主义之间的关系的评价褒贬不一，例如格雷戈里·艾略特对毛泽东思想对阿尔都塞的影响主要持负面意见，他认为阿尔都塞对中国的亲近"损坏了阿尔都塞在1965年之后最重要的对于历史唯物主义的贡献——在《意识形态和意识形态国家机器》（1970）之中的雄心勃勃的意识形态理论"②，而国外很多其他学者并不同意艾略特的论断，例如有研究者认为 G.M.Goshgarian 提供了关于阿尔都塞从1966年夏天到1968年间思想转变的详细的描述，除了证明阿尔都塞与法国共产党关于人道主义的论战的政治经验根本性地改变了他关于哲学与政治及意识形态关系的看法，还将毛泽东思想的影响、列宁主义的影响与阿尔都塞的上述思想转变联系起来考虑，这就补充了格雷戈里·艾略特的观点③，但是毛泽东思想在阿尔都塞的意识形态理论及历史唯物主义思想之中所留下的深刻印痕确实是无法回避的。以下章节正是要力图揭示，阿尔都塞"头脑中的中国"与他的"毛泽东主义"究竟是通过哪些具体而微的理论路径汇流于他的意识形态理论及历史唯物主义思想的。

阿尔都塞之所以认为有必要"锻造一种关于意识形态的'马克思主义'理论"以及有必要"改造或重建历史唯物主义"，正是为了"解释当代政治现象的新颖性"④。包括"五月风暴"以及（阿尔都塞所理解的）"文化大革命"在内的极具"新颖性"的政治现象，对包括人道主义、经济主义等形形色色的马克思主义倾向，甚至是对经典马克思主义的意识形态论说和历史唯物主义的一些基本范畴、基本命题及其界限和有效性提出了强烈的诘问，阿尔都

---

① ［法］艾蒂安·巴利巴尔：《法文版序：阿尔都塞和"意识形态国家机器"》，［法］路易·阿尔都塞：《论再生产》，吴子枫译，西北大学出版社2019年版，第5—7页。

② Gregory Elliott, *Althusser: The Detour of Theory*, London & Boston: Brill, 2006, p.303.

③ Williams S. Lewis, *Louis Althusser and the Tradition of French Marxism*, Maryland: Lexington Books, 2005, p.209.

④ ［法］艾蒂安·巴利巴尔：《法文版序：阿尔都塞和"意识形态国家机器"》，［法］路易·阿尔都塞：《论再生产》，吴子枫译，西北大学出版社2019年版，第5—7页。

塞在后《保卫马克思》/《读〈资本论〉》时期着力将那些已经萌发于《保卫马克思》/《读〈资本论〉》理论写作之中的意识形态理论和历史唯物主义构想加以进一步强化，其集中体现之一正是《论再生产》（*Sur la reproduction*）一书①。那么，阿尔都塞究竟是以什么思路对意识形态理论和历史唯物主义作出了重新阐释？这直接关系到"毛泽东主义"介入其中的特定路径。

根据恩格斯对"历史唯物主义"一词给出的经典定义，马克思主义的历史唯物主义是指以下这种观点，即"一切重要历史事件的终极原因和伟大动力是社会的经济发展，是生产方式和交换方式的改变，是由此产生的社会之划分为不同的阶级，是这些阶级彼此之间的斗争。"②根据恩格斯的看法，马克思主义的历史唯物主义观的根本立足点就在于强调经济发展和阶级斗争是推动历史前进的"终极原因和伟大动力"。阿尔都塞所谓的重建历史唯物主义并不是要颠覆这个根本立足点。如以上章节所述，阿尔都塞是在反经验主义、反人道主义、反历史主义、反经济主义③的理论斗争之中提出自身对马克思主义的特定理解的，他所极度不满的是以斯大林主义和法国共产党路线为代表的"人道主义（humanism）"、"经济主义（economism）"和"（历史）进化论（evolutionism）"等倾向的马克思主义对历史唯物主义的简化和歪曲，故此有必要超越"人道主义"、"经济主义"和"历史阶段论"或"进化论"的重重遮蔽去重振历史唯物主义的理论有效性。"人道主义(humanism)"、"经

---

① 1968 年到 1970 年之间，阿尔都塞写作了一系列关于再生产和意识形态理论的文章，这批文章除了《意识形态和意识形态国家机器（研究笔记）》作为当时阿尔都塞写作的、后来被命名为《论再生产》理论工程的"摘要的'拼合物'"在 1970 年《思想》期刊上发表之外（参见 [法] 艾蒂安·巴利巴尔：《法文版序：阿尔都塞和"意识形态国家机器"》，[法] 路易·阿尔都塞：《论再生产》，吴子枫译，西北大学出版社 2019 年版，第 9 页），其他所有文章迟至 1995 年才结集为《论再生产》一书在法国出版。

③ [德] 马克思、恩格斯：《马克思恩格斯文集（第 3 卷）》，中共中央马克思恩格斯列宁斯大林著作编译局编译，人民出版社 2009 年版，第 509 页。

④ Gregory Elliott, *Althusser: The Detour of Theory*, London & Boston: Brill, 2006, p.38, 369. 李其庆老师在 2001 年首版的《读〈资本论〉》中译本译序中，将阿尔都塞对马克思主义的理解归纳为反经验主义、反还原主义、反历史主义、反人道主义 [参见 [法] 路易·阿尔都塞、艾蒂安·巴里巴尔：《读〈资本论〉》（第二版），李其庆、冯文光译，中央编译出版社 2017 年第 2 版，第 11—15 页]，Elloit 对阿尔都塞的上述总结与李其庆老师的总结具有一致性。

济主义（economism）"和"（历史）进化论（evolutionism）"等倾向的马克思主义的哲学根源正是前章节所述的阿尔都塞极力抨击的"黑格尔主义"及其一元论、还原论和目的论倾向。杰姆逊指出，斯大林主义正是犯了"黑格尔主义"的"表现因果律（expressive causality）"的错误，其中一个结果就是极度强调生产力的优先性，而其他一切社会生活的层面都仅仅是生产力的表现，在这种逻辑下，生产力的进步将必然带来整个上层建筑的转变，因此文化层面的革命就不必要了，发明新的劳动形式也不必要了。① 换言之，斯大林式的"经济主义"难以回答这样一些问题：生产力的进步是否必然会带来上层建筑的转变？在经济变革之外，文化层面的变革是否必要？"经济主义"的解释模式绝无可能解释诸如"五月风暴"这样的"青年学生群众的意识形态造反"② 的极具"新颖性"的政治现象。"经济主义"马克思主义将"经济"推举为类似于"黑格尔主义"中的"简单本原"的至高地位，而其他一切社会领域特别是文化领域都匍匐在经济或生产力之下，被动、无差异、无独立性，仅仅作为经济或生产力这个唯一本质和唯一本原的"表现"，相应地，历史的发展就成为僵化的"历史阶段"论，在经济或生产力这个唯一本原的推动下，社会形态将从资本主义到社会主义到共产主义逐阶段自动演进。"人道主义"与"经济主义"名虽不同，逻辑则完全相同，只不过是以"人"替换了"经济"作为历史发展唯一的"简单本原"。那么，用"人道主义"能解释"五月风暴"这样极具"新颖性"的政治现象吗？阿尔都塞以激进的反人道主义的主体性批判，坚决否认从人道主义阐释文化层面或意识形态层面的革命这个理论路径。阿尔都塞的 1970 年论文《意识形态和意识形态国家机器（研究笔记）》之中关于主体被唤问（interpeller）③ 的理论分析，有力地驳斥了"人道主义"的主体性迷思。阿尔都塞始终坚持历史无主体说："因此历史没有一个主体（a Subject），在哲学术语的意义上说，历史只有一

① Fredric Jameson, *The Political Unconscious: Narrative as a Socially Symbolic Act*, London & New York: Routledge, 1983, pp.22–23.

② ［法］艾蒂安·巴利巴尔：《法文版序：阿尔都塞和"意识形态国家机器"》，［法］路易·阿尔都塞：《论再生产》，吴子枫译，西北大学出版社 2019 年版，第 5—7 页。

③ 对阿尔都塞术语 interpeller, interpellation 的翻译从吴子枫老师的译法（参见《译名对照表》，［法］路易·阿尔都塞：《论再生产》，吴子枫译，西北大学出版社 2019 年版，第 511 页）。

个动力（a motor）：那就是阶级斗争"。① 可以说，阿尔都塞是在反经济主义、反历史进化论、反人道主义的基础之上重建历史唯物主义，阿尔都塞的意识形态理论正是在此基础上力图对历史唯物主义理论加以重振。颇有意味的是，阿尔都塞对"头脑中的中国"及"毛泽东主义"的解读也纠缠于他的反经济主义、反历史进化论、反人道主义的理论建构，后文将有详细阐述。

阿尔都塞所重建的历史唯物主义的根本意图，与他重建辩证唯物主义（以及后来走向偶然相遇的唯物主义）的根本意图是完全一致的，即都是试图为现实的政治运动与变革寻求理论可能性，其历史唯物主义重建更关乎为"历史理论，赋予一种直接得多的政治性"。②《论再生产》的出版展示了仅仅作为《论再生产》整个写作工程的"摘要的'拼合物'"③ 而匆忙发表的《意识形态和意识形态国家机器》所未能完全展示的阿尔都塞意识形态理论的革命的、斗争性的维度。《意识形态和意识形态国家机器》发表后既造成巨大影响又产生了深刻的误读。斯特尔特·霍尔（Stuart Hall）在1985年曾撰文指出阿尔都塞的《意识形态和意识形态国家机器（研究笔记）》的悲剧性的两极分裂。霍尔指出，该文的两个部分即关于意识形态和生产关系再生产的第一部分和关于主体的建构以及意识形态如何在想象界唤问主体的第二部分得到的关注是不平衡的，其后无以计数的成熟的理论研究只是针对第二部分或第二个问题，而针对第一部分的研究则几乎没有，霍尔将这两部分比喻为两极（pole）也即第一部分关于再生产的问题是马克思主义的、男性的一极，而第二部分关于主体性的问题是精神分析的、女性的一极，而从这篇文章发表之后，这水火不相容的两者（the twain）再也没有相遇过，而这两极的分歧在意识形态问题域方面带来了灾难性的后果，同时还带来了灾难性的政治后果。④ 霍尔所说的灾难性的后果之一，就是他所领导的伯明翰文化

---

① Louis Althusser, *Essays in Self-Criticism*, Grahame Lock tr., London: NLB, 1976, p.99.

② ［法］艾蒂安·巴利巴尔：《中文版阿尔都塞著作集序》，［法］路易·阿尔都塞：《论再生产》，吴子枫译，西北大学出版社2019年版，第9页。

③ ［法］艾蒂安·巴利巴尔：《法文版序：阿尔都塞和"意识形态国家机器"》，［法］路易·阿尔都塞：《论再生产》，吴子枫译，西北大学出版社2019年版，第9页。

④ Stuart Hall, "Signification, Representation, Ideology: Althusser and the Post-Structuralist Debates", in *Critical Studies in Muss Communication*, Vol.2, No.2, 1985, pp.102–103.

研究学派抛弃了阿尔都塞意识形态理论而走向了"葛兰西转向（the Turn to Gramsci）"，这正是由于该文作为"摘要的'拼合物'"在两个部分之间的疏离关系，而该文对第二部分即精神分析的部分的关注又压倒性地超过了对第一部分关于再生产的关注。由此，在伯明翰学派看来，阿尔都塞将意识形态看作不可抵抗的（irresistable）（因此所有历史变革的可能性也无从解释），而葛兰西的领导权概念尽管也定义了一系列的限制和压力，但是更定义了一系列论争的机会。① 然而阿尔都塞的意识形态理论绝不是将意识形态描述为"不可抵抗"的，更绝非杜绝了"所有历史变革的可能性"，恰恰相反，《论再生产》正是以"再生产"贯穿全书，正是力图精确地呈现"所有历史变革的可能性"的各种理论路径以及特别是意识形态在其中所扮演的独特角色。《论再生产》充分表露了阿尔都塞意识形态理论的极强的干预现实的意图，正如雅克·比岱所明确指出的，《论再生产》其实是"一个战斗性的教学文本"、"充斥着 1968 年五月运动的气息"，阿尔都塞通过这个文本"间接地对他们（根据前文，是指那些投身工人运动阶级斗争中的'青年战士'，笔者注）说话"。②

巴利巴尔提供了解读《论再生产》的一条重要线索，他指出，写作《论再生产》的时期绝非"一段只有精神危机，只有流产的计划的完全消极时期"，因为正是在同一时期，"阿尔都塞还在从事另一项可以说是'私人的'计划"也即《马基雅维利和我们》。③ 这意味着，有必要将《马基雅维利和我们》关于"形势""虚空"的阐释作为把握《论再生产》极富政治干预性的理论意图的重要背景。有研究指出，如果说阿尔都塞的 1970 年论文《意识形态和意识形态国家机器（研究笔记）》是对"五月风暴"事件后兴起的极左唯意志论的反拨和纠正，那么阿尔都塞关于马基雅维利的论著则可以看作是对上述纠正的"纠正"，但却不是回到唯意志论，而是远离功能主义和失败

---

① Ian Baucom, "Cultural Studies", in *Modern British and Irish Criticism and Theory: A Critical Guide*, Julian Wolfreys ed., Edinburgh: Edinburgh University Press, 2006, p.131.

② [法]雅克·比岱：《法文版导言：请你重读阿尔都塞》，[法]路易·阿尔都塞：《论再生产》，吴子枫译，西北大学出版社 2019 年版，第 20—21 页。

③ [法] 艾蒂安·巴利巴尔：《法文版序：阿尔都塞和"意识形态国家机器"》，[法] 路易·阿尔都塞：《论再生产》，吴子枫译，西北大学出版社 2019 年版，第 9 页。

主义，朝向一种关于形势的理论。① 实际上，《意识形态和意识形态国家机器（研究笔记）》及其从属其中的《论再生产》写作计划也绝非在对极左唯意志论的反拨之中走向了"功能主义和失败主义"。正如《马基雅维利和我们》所阐释的偶然相遇的唯物主义一样，在阿尔都塞为"改造或重建历史唯物主义"②而建构的意识形态理论之中，同样也清晰地规划了政治干预及其可能性的多重理论通路，二者的理论旨趣是完全一致的。杰姆逊认为，阿尔都塞试图以"结构的各种形势和各种机构的机器（structural conjunctures and institutional apparatuses）"去重写"基础与上层建筑"的旧辩证法。③"各种机构的机器"（也即意识形态国家机器）与"结构的各种形势"共同服务于对"基础与上层建筑"关系的"重写"，这就意味着，在意识形态国家机器从属于其中的结构之中存在着受制于结构但又能改变结构的各种形势及其偶然性、独一性。在奈格里看来，阿尔都塞通过对马基雅维利的阐释而发明的偶然（Aléa）概念是对辩证法的超越，以偶然的、"掷筛子"式的决定论取代了辩证法的决定论，从而在"虚空"之中出现了对资本主义"主导意识形态（dominant ideology）"的解构式干预的无穷尽的各种可能。④ 在阿尔都塞偶然唯物主义之中正蕴含着寄望通过虚空之中的偶然的决定论对主导意识形态加以变革的理论意图。这也就是说，在某一偶然的、独一的形势之中，主导意识形态有可能发生转变。那么，社会总体构成的"结构"——更确切地说，是阿尔都塞毕生理论写作的根本目标也即彻底转变西方资本主义社会的"结构"，实现社会主义和共产主义革命的胜利——究竟如何能在偶然的、独一

---

① Warren Montag, "Conjuncture, Conflict, War: Machiavelli between Althusser and Foucault (1975–6)", *Encountering Althusser: Politics and Materialism in Contemporary Radical Thought*, Katja Diefenbach, Sara R. Farris, Gal Kirn, Peter D. Thomas, ed., London & New York: Bloomsbury, 2013, p.128.

② [法]艾蒂安·巴利巴尔：《法文版序：阿尔都塞和"意识形态国家机器"》，[法]路易·阿尔都塞：《论再生产》，吴子枫译，西北大学出版社2019年版，第5—7页。

③ Fredric Jameson, *Representing Capital: A Commentary on Volume One*, London & New York: Verso, 2011, p.129.

④ Antonio Negri, "Notes on the Evolution of the Thought of the Later Althusser", *Postmodern Materialism and the Future of Marxist Theory: Essays in the Althusserian Tradition*, Antonio Callari, David F. Ruccio ed., Wesleyan University, 1996, pp.65–66.

的形势之中得转变？在这个过程之中，意识形态又如何发生转变？意识形态及其转变又通过什么机制、发挥着何种作用？

阿尔都塞的"结构"（如前面章节所述，直到阿尔都塞中后期的所谓偶然相遇的唯物主义的写作之中，"结构"这个范畴仍没有彻底消失）的根本特点在于它是以描述和说明再生产为根本旨归的"结构"，而"结构"始终是由形势所构成的、永远处于具体的形势之中的结构。在重建历史唯物主义的过程之中，阿尔都塞除了如前面章节所述，调用、重建和发明了"转移"、"压缩"、"主导结构"、"过度决定"等辩证法概念来解释"结构"的再生产机制，更通过重建历史唯物主义的一系列基本范畴以及特别是意识形态理论，来描述"结构"再生产及变革的可能。巴利巴尔明确指出阿尔都塞的"结构"绝非一般结构主义意义上的"以识别形式的不变式为基础"，阿尔都塞的"结构"概念"不但服务于对社会再生产现象的分析，而且还首先服务于对革命阶段现象的分析（在他看来，当代社会主义革命就是革命的典范）。"① 巴利巴尔明确地将阿尔都塞的"结构"概念的理论意图确定为对社会再生产及变革的分析。雅克·比岱更是一针见血地指出，"关于结构的再生产理论，必然是关于结构改变的理论：其目的是揭露不变的条件——最终终结那种不变性的变化也在这种不变的条件中产生。阿尔都塞关于过程中的变化（比如向社会主义过渡过程中的变化）的思想，影响了他关于资本主义再生产条件的观念，也影响了关于结构的不变性的思想。说到底，它无非一种理论，只不过有两个入口：再生产和革命。"② 换言之，阿尔都塞既要解释"结构"的"再生产"也即揭示维持现存结构"不变"或存续的结构再生产的玄奥和机制所在，更要为"结构"的"革命"指明道路，也即经由对"结构"的"再生产"机制的精确描述，清晰地呈现对结构加以转变或革命的具体的理论通路何在。巴利巴尔将阿尔都塞力图对"结构"加以"革命"的意图进一步明确为对"结构"的"再生产"之中的"先天'脆弱'点"的辨别和指认。"阿尔都塞对'生产关

---

① ［法］艾蒂安·巴利巴尔：《中文版阿尔都塞著作集序》，［法］路易·阿尔都塞：《论再生产》，吴子枫译，西北大学出版社 2019 年版，第 9 页。

② ［法］雅克·比岱：《法文版导言：请你重读阿尔都塞》，［法］路易·阿尔都塞：《论再生产》，吴子枫译，西北大学出版社 2019 年版，第 23—24 页。

系的再生产'的发挥，建立在一种关于结构的概念基础上，对于这个概念，人们可以说他本质上是'功能主义的'，而他本人也被迫经常为此自我辩护。这里的关键毋宁在于，把正好在占统治地位的资本主义体系的先天'脆弱'点（也就是说，在某种意义上，正如阿尔都塞接下来所说的，它的偶然性的点）上与这个体系断裂的可能性甚至必然性写下来。对马克思主义文本的阅读启示我们，应该把这个点与一种广义的社会'再生产'的概念等同起来。……努力在战略上把那个结构对它自身的所有反对行动的要素集中在这一点上，使它们变成阶级斗争的优先对象和场所。"① 这就是说，在资本主义体系之中存在着这个体系内生的、先天的"脆弱点"也即"偶然性的点"——"脆弱点"即"偶然性的点"再次印证了上文讨论过的《论再生产》应与同一时期写作的《马基雅维利和我们》加以对读，"脆弱点"亦受制于偶然（Aléa）、受制于具体形势——该体系的断裂的"可能性甚至必然性"正与"脆弱点"直接相关，而在阿尔都塞看来，一旦定位了"脆弱点"则必须要将其"变成阶级斗争的优先对象和场所"，如此一来才能展开结构对其自身的"所有反动行动"。值得提及的是，阿尔都塞在《论再生产》中多次谈及意识形态国家机器相对镇压性国家机器的"脆弱性"② 以及意识形态或意识形态国家机器必然是阶级斗争的"场所和赌注"③，这就是说，意识形态或意识形态国家机器正可被看作与资本主义体系断裂的"可能性甚至必然性"直接相关的"脆弱点"或"偶然的点"。那么，意识形态究竟是如何嵌入这个体系之中、通过什么机制成为"脆弱点"或"偶然的点"的呢？

阿尔都塞试图为生产力/生产关系、经济基础/上层建筑等基本概念及其关系提供更为复杂、精微、丰富的动力学阐释，而这在很大程度上得益于阿尔都塞在经典马克思主义意识形态理论的基础之上强化了"法"、"国家"等环节，意识形态环节由此以更为复杂的方式嵌入其中。相比 1970 年

---

① ［法］艾蒂安·巴利巴尔：《法文版序：阿尔都塞和"意识形态国家机器"》，［法］路易·阿尔都塞：《论再生产》，吴子枫译，西北大学出版社 2019 年版，第 13 页。

② ［法］路易·阿尔都塞：《论再生产》，吴子枫译，西北大学出版社 2019 年版，第 303—304 页。

③ ［法］路易·阿尔都塞：《论再生产》，吴子枫译，西北大学出版社 2019 年版，第 416 页。

发表的《意识形态和意识形态国家机器（研究笔记）》，《论再生产》展示了"在阿尔都塞那里构成'不在场的环节'的东西：主要是对法的发挥和对革命的发挥，而处于它们之间的，是对'经典'马克思主义国家概念的'拓展'的提议。在第一项发挥中，……他（阿尔都塞）的结论是：法不足以保证占统治地位的社会关系的稳定或再生产，因此'在功能上'必然需要一种意识形态的作用力的补充。在第二项的发挥中，他（过分谨慎地）竭力说明，人们怎样才能既思考剥削条件的永世长存，又思考它出现中断的必然性……"① 这就是说，"法"为了保证"社会关系的稳定或再生产"必须仰赖意识形态的"作用力"，通过"法"这个环节，意识形态与"社会关系"也即作为下层建筑组成部分的生产关系直接发生了联系。此外，阿尔都塞意识形态理论的重要特征，是将意识形态思考为"国家"的意识形态，并由此探究资产阶级"国家"的存续及崩溃的机制，下文将展开相关论述。故此可以说，"法"和"国家"环节的强化是理解阿尔都塞重建意识形态理论和历史唯物主义的重要前提，通过强化"法"和"国家"的环节，下层建筑和上层建筑、生产力和生产关系、意识形态与"地形学"中的其他层级之前的关系彻底超越——对应的机械决定论模式，展示了一种生产力／生产关系、下层建筑／上层建筑，意识形态／国家／法等历史唯物主义基本范畴之间的一种互为交错、互为渗透的，绝非一一对应而是非线性联结、复杂联动的新的总体性关系。"……首先，'意识形态'不再是高于'国家'的另一'层'上层建筑，而是直接就存在于'国家'当中，即存在于'意识形态国家机器'当中；其次，构成'国家'的'镇压性国家机器'和'意识形态国家机器'，通过镇压和意识形态，保障着'法'的运行；最后，'法'保障着资本主义生产关系，从而保障着资本主义社会的生产（与再生产）。于是，原先在马克思的地形学中位于上层建筑中的两层，乃至上层建筑和下层建筑本身，就在阿尔都塞这里相互交织成了一个整体，一个'具体的整体'。这意味着，虽然下层建筑'归根到底'决定这上层建筑，但下层建筑本身的持续存在，要通过上层建筑（法、国家、意识形态）来保障。这

---

① ［法］艾蒂安·巴利巴尔：《法文版序：阿尔都塞和"意识形态国家机器"》，［法］路易·阿尔都塞：《论再生产》，吴子枫译，西北大学出版社2019年版，第10—11页。

已经远不是恩格斯所说的那种抽象的'反作用'了。"① 这样一个"相互交织"的"具体的整体"中复杂动力学关系有力地排斥了——对应的机械的经济决定论模式，相对经典马克思主义历史唯物主义而言作出了若干重要理论创新，如将"恩格斯所说的那种抽象的'反作用'"发展为上层建筑对下层建筑的"保证"说或"保障"说。

阿尔都塞重建历史唯物主义及其复杂动力机制的根本方法，正在于对意识形态及意识形态相关的一系列历史唯物主义基本范畴的改造，而他"头脑中的中国"和"毛泽东主义"正是介入了这个过程之中。阿尔都塞将马克思主义历史唯物主义面对具有"新颖性"的政治现象而发生的危机以及马克思主义历史唯物主义在"人道主义"、"经济主义"、"历史进化论"之中发生歪曲解读的根源直接追溯至历史唯物主义若干基本概念和命题本身的理论不足。雅克·比岱指出，阿尔都塞认为以下这些概念都具有"单纯'描述性的'特征"，具有"本质上'不稳定的'形式"：下层建筑/上层建筑的"地形学"、"生产力与生产关系的适应性"、"马克思的国家'理论'"、"法的'理论'"、"意识形态'理论'"，而"这部著作（指《论再生产》，笔者注）的一个核心论点是，不能满足于关于下层建筑和上层建筑的那种隐喻的论述方法，因为这个隐喻会使人误入歧途。之所以这么说，是因为这个隐喻暗示着经济基础决定其余的一切"。② 上述马克思"地形学"的概念及其关系之所以是"不稳定"的、"描述性"的，就在于这些概念及其关系非常容易被误解为机械的经济决定论。杰姆逊指出，阿尔都塞所批判的机械论的撞球模式（billiard ball）的因果律是伽利略—牛顿的世界观的表现，但在现代物理学的测不准原理或不确定性原则（indeterminacy principle）之下已经过时，杰姆逊还认为马克思主义传统中的下层建筑和上层建筑模式也是这种机械论的模式。③ 杰姆逊对下层建筑/上层建筑这对马

① 吴子枫：《译后记》，[法] 路易·阿尔都塞：《论再生产》，吴子枫译，西北大学出版社 2019 年版，第 541—542 页。

② [法] 雅克·比岱：《法文版导言：请你重读阿尔都塞》，[法] 路易·阿尔都塞：《论再生产》，吴子枫译，西北大学出版社 2019 年版，第 22 和 27 页。

③ Fredric Jameson, *The Political Unconscious: Narrative as a Socially Symbolic Act*, London & New York: Routledge, 2002, pp.9–10.

克思"地形学"范畴的忧心和阿尔都塞是完全一致的:尽管未必是马克思的本意,但是下层建筑/上层建筑确实容易被误解为某种线性的、一一对应的、机械论的"撞球式"因果律模式,无法回答现代物理学所揭橥的事物本来就具有的不确定性以及相应的历史的不确定性,无法对偶然、独一"形势"所造成"结构"的转变加以说明。正因为这组概念仍停留在"描述性"的层面而不是真正理论性的说明,"人道主义"、"经济主义"和"历史阶段论"或"进化论"等形形色色马克思主义倾向才得以以马克思主义为名而实则以还原论的、机械论的历史唯物主义替换了真正意义上的历史唯物主义。阿尔都塞正是要逐概念、逐环节地去阐明上述"不稳定"的、"描述性"的历史唯物主义基本概念和命题的真正的理论性,展示一种并不是"经济基础决定其余的一切"的、非机械论的历史唯物主义,从而精准地阐明了"结构"的"再生产和革命"的各种机制,以及精确地定位促成资本主义体系断裂的"先天的'脆弱点'"或"偶然的点"之所在。以下章节正是要逐概念、逐环节地详细阐述阿尔都塞的"头脑中的中国"及"毛泽东主义"是如何介入并汇流于阿尔都塞对一系列历史唯物主义基本范畴的再造和重写。

第二节 "毛泽东主义"与阿尔都塞论"生产关系优先性"

生产关系及生产关系再生产学说是阿尔都塞着手重建马克思主义历史唯物主义的关键环节,亦是阿尔都塞意识形态理论的重要旨归之一。在阿尔都塞看来,生产关系概念以及特别是生产力/生产关系的"适应性"仍是"描述性的"、"不稳定的"[1]。就生产关系这个范畴而言,阿尔都塞"论生产关系对生产力的优先性(Du primat des rapports de production sur les forces productives; On the Primacy of the Relations of Production over the

---

[1] [法]雅克·比岱:《法文版导言:请你重读阿尔都塞》,[法]路易·阿尔都塞:《论再生产》,吴子枫译,西北大学出版社 2019 年版,第 22、27 页。

Productive Forces)"命题 ① 的真正理论性的阐述，充实了这个概念以及生产力 / 生产关系的描述性及不稳定性，并由此重置了历史唯物主义动力学机制。与此同时，阿尔都塞还阐明了意识形态与生产关系及其再生产直接的强烈联系。意识形态在一定社会形态中的功能必须通过从生产关系再生产角度的透视才得以清晰呈现：正是通过生产关系及其再生产，意识形态包括文化、审美和文学意识形态，才能内在地关联于和作用于生产关系、生产力、生产方式乃至社会形态变革。本节将在阿尔都塞生产关系学说、历史唯物主义学说、意识形态学说之中审视并讨论"生产关系优先论"所包含的对中国和对毛泽东相关理论文本的想象、理解、阐发与转化。

阿尔都塞对生产关系及生产关系再生产的强烈关注与西方工人运动、社会主义运动的失败现实不无关联。佩里·安德森认为整个西方马克思主义是西方工人阶级斗争和社会主义运动不断失败的产物，阿尔都塞所面对的正是法国共产党领导下的工人阶级的麻木和无动于衷。② 基于在发达资本主义国家工人运动的失败处境，基于资本主义的发达生产力并未如马克思主义地形学所预言的以及特别未如经济主义倾向的马克思主义所期待的那样自动地带来与生产力"相适应"的生产关系的转变，阿尔都塞转而从生产关系之中去探求原因，将生产关系及其再生产而不再是生产力及其再生产作为他所处时代最紧迫的问题之一。阿尔都塞明确表示，马克思在《资本论》之中"曾详尽地探讨过生产力的再生产，所以在这个问题上，我的论述非常简要。相反，我对生产关系的再生产这个问题展开了详尽的探讨，因为对于这个问题，尽管马克思给我们留下过一些重要指示（indications/pointers），但它们都

---

① Louis Althusser, *Sur la reproduction,* Paris: Presses Universitaires de France,1995, p.243. Louis Althusser, *On the Reproduction of Capitalism: Ideology and Ideological State Apparatuses*, G.M.Goshgarian tr., London & New York:Verso, 2014,p.209. [法] 路易·阿尔都塞：《论再生产》，吴子枫译，西北大学出版社 2019 年版，第 395 页。

② Perry Anderson, *Considerations on Western Marxism*, London & New York: Verso，1979，pp 42–43.

不成系统"。① 这就是说，阿尔都塞认为马克思关于生产关系再生产的论述仍是非理论的。正是在这个意义上，阿尔都塞直接将生产关系对生产力的"优先性"推崇为"绝对根本性的（absolument fondamentale/absolutely fundamental）"、"社会主义运动和国际共产主义运动史中某一部分的关键所在，……"②。在新的历史形势之中发展马克思主义生产关系学说的这项紧迫的理论任务被阿尔都塞承担了起来。

阿尔都塞《论再生产》中所详细阐述的"生产关系优先性"是阿尔都塞对生产关系问题的长期关注以及他持续思考的一系列与生产关系相关的理论命题所必然演化出来的最强音。对生产关系（而非生产力）、对生产关系的再生产（而非生产力的再生产）的关注贯穿着阿尔都塞在 1960 年代的写作，在他的 70 年代至 80 年代的中后期写作之中亦有回响。在 1963 年发表的《关于唯物辩证法（论起源的不平衡）》中，阿尔都塞主张生产关系相对于生产力的独立性，强调生产关系不是生产力的纯粹现象而是生产力的存在条件。③ 在 1965 年发表的《读〈资本论〉》中，他强调"各种生产关系都有其自身的时间和历史"，他还认为生产关系（而非生产力）对历史具有根本性的推动作用，将生产关系视为"历史的真正的舞台导演"④。在写作于 1970 年代中期的《写给非哲学家的哲学入门》中，阿尔都塞仍主张着与他在写于 1968—1970 年间的《论再生产》中所详细阐述的"生产关系优先性"的非常类似的观点，重申马克思主义唯物主义哲学强调的是在生产关系支配下的

① Louis Althusser, *Sur la reproduction*, Paris: Presses Universitaires de France，1995，p.20；Louis Althusser, *On the Reproduction of Capitalism: Ideology and Ideological State Apparatuses*, G.M.Goshgarian tr., London & New York: Verso, 2014, p.1; [法] 路易·阿尔都塞：《告读者》，[法] 路易·阿尔都塞：《论再生产》，吴子枫译，西北大学出版社 2019 年版，第 46 页。

② Louis Althusser, *Sur la reproduction*, Paris: Presses Universitaires de France，1995，p.243；Louis Althusser, *On the Reproduction of Capitalism: Ideology and Ideological State Apparatuses*, G.M.Goshgarian tr., London & New York: Verso, 2014, p.208; [法] 路易·阿尔都塞：《论再生产》，吴子枫译，西北大学出版社 2019 年版，第 397 页。

③ Louis Althusser, *For Marx*, Ben Brewster tr., London & New York: Verso, 2005, p.205.

④ Louis Althusser, Étienne Balibar, *Reading Capital*, Ben Brewster tr., London: NLB, 1970, p.99, p.140.

生产关系和生产力的统一体。① 在他的 70 年代晚期到 80 年代中期的写作中特别是在《局限中的马克思》一文中，他仍强调，马克思赞成的是生产关系和生产力的统一体的观念，以及相对于生产力而言的生产关系的优先性。②从 1960 年代论著中强调生产关系的相对独立性，到 1970 年代至 1980 年代论著中强调是生产关系而不是生产力支配着生产关系和生产力所构成的统一体，在两个时期论点之间的关键性过渡环节，正是与中国、与毛泽东思想文本具有深刻关联的"生产关系优先论"。

在《论再生产》中，阿尔都塞在详细阐述生产关系在一定条件下的"决定性"③ 时立刻就引用毛泽东的论著为这个观点背书。阿尔都塞论述了马克思主义关于"生产方式"的"四个经典论点"，即"1. 任何具体的社会形态都产生于一种占统治地位的生产方式。……2. 是什么构成了生产方式呢？是马克思称之为生产力与生产关系的统一。……马克思谈到过生产力与生产关系之间的'相适合（correspondence/correspondence）'，但这个词仍然是描述性的。关于一定生产方式中生产力和生产关系的统一所具有的独特'性质'的理论，还有待建立"，在第 3 个论点中，阿尔都塞认为，生产力和生产关系构成的作为统一体的生产方式有一个"物质基础"也即生产力，但是他强调，"它们（即生产力，笔者注），只有在其生产关系内，并在这种关系的制约下，才能发挥功能（*dans* et *sous* leurs Rapports de Production/*in* and *under the aegis* of their relations of production）。" 由此阿尔都塞得出这样一个结论："这就意味着，在现有生产力的基础上并在它的限度内，是生产关系起决定作用（le rôle déterminant/the determinant role）。整部《资本论》，以及列宁和毛泽东的全部著作都在给这个从未被马克思主义者承认的论点作注解（commentée/commentary）"，最后，阿尔都塞在论点 4 中指出，不能将论点 3 与在由上层建筑和下层建筑所构成的更复杂的统一体之中"是经济的下层建筑'归根到底起决定作用'"的这

---

① Louis Althusser, *Philosophy for Non-Philosophers*, G.M.Goshgarian tr., London & New York: Bloomsbury Academic, 2017, pp.81–82, 132.

② Louis Althusser, *Philosophy of the Encounter: Late Writings*, *1978–1987*, Francois Matheron and Oliver Corpet ed., G.M.Goshgarian tr., London & New York: Verso, 2006, pp.8, 13.

③ 生产关系"决定"性与生产关系"优先"性应是同一观点的不同表述。

个经典论点混为一谈。① 阿尔都塞明确阐释了生产关系优先性的内涵即是在生产力的"基础"之上和"限度"之内的生产关系"起决定作用"，同时，生产关系优先性由于是在生产力的"基础"之上和"限度"之内才发挥作用，因此并不与经济、下层建筑的"归根到底起决定作用"相混淆、相冲突。另外，关于生产关系之于生产方式所起作用，阿尔都塞还指出，"只有当生产关系的再生产得到保障时，一种生产方式才能持续（subsiste/subsists）存在下去，而在生产条件的再生产中，生产关系的再生产又起到决定作用。"② 由此，阿尔都塞在遵循着马克思主义历史唯物主义最根本原则即经济基础"归根到底起决定作用"的基础上，在严格限定的条件——即"在现存的生产力的基础之上以及在现存的生产力所设置的限度"——之中，革命性提出了生产关系相对于生产力可以对生产方式起决定作用或优先作用这个命题。需要补充的是，阿尔都塞在这里还强调了构成下层建筑之中的生产方式是"生产力和生产关系的统一"，故此，生产关系优先性也就意味着，生产关系的再生产及变革将直接作用于生产力、生产方式——因为生产力和生产方式是作为联动的"统一"体而构成了生产方式。经由这个理论通路，以下章节所讨论的意识形态和上层建筑通过"保障"生产关系及其再生产，也就与下层建筑中的生产力、生产方式紧密地联系在一起。

那么，阿尔都塞在这里提及的生产关系决定论或优先论被所有毛泽东的论著所注解（commentée）是指什么？所谓"注解"，意味着阿尔都塞将毛

---

① Louis Althusser, *Sur la reproduction*, Paris: Presses Universitaires de France, 1995, pp.43–45; Louis Althusser, *On the Reproduction of Capitalism: Ideology and Ideological State Apparatuses*, G.M.Goshgarian tr., London & New York: Verso, 2014, pp.19–21; [法] 路易·阿尔都塞:《论再生产》，吴子枫译，西北大学出版社 2019 年版，第 79—82 页。关于阿尔都塞认为生产力和生产关系构成了作为统一体的生产方式，杰姆逊指出，"如果有人希望将阿尔都塞的马克思主义界定为一种结构主义，那么必须要明白这个限定条件，即阿尔都塞的结构主义是只有**一个**结构存在的结构主义，这个结构也就是生产方式自身。"（Fredric Jameson, *The Political Unconscious: Narrative as a Socially Symbolic Act*, London & New York: Routledge, 2002, p.21.）

② Louis Althusser, *Sur la reproduction*, Paris: Presses Universitaires de France, 1995, p.180; Louis Althusser, *On the Reproduction of Capitalism: Ideology and Ideological State Apparatuses*, G.M.Goshgarian tr., London & New York: Verso, 2014, p.149; [法]路易·阿尔都塞:《论再生产》，吴子枫译，西北大学出版社 2019 年版，第 298 页。

泽东的论著看作对这个命题的评论和说明，但是，显然不是毛泽东的"所有"论著都是关于这个命题的"注解"。根据阿尔都塞在《告读者》给出的一个微型"书目"，毛泽东的《实践论》《矛盾论》和《人的正确思想是从哪里来的？》被作为马克思列宁主义哲学的著名文本而列入其中。① 而在这三篇毛泽东论著中，《矛盾论》中关于生产力、生产关系的论述最符合阿尔都塞的"注解"说。《矛盾论》指出，"诚然，生产力、实践、经济基础，一般地表现为主要的决定的作用，谁不承认这一点，谁就不是唯物论者。然而，生产关系、理论、上层建筑这些方面，在一定条件下，又转过来表现其为主要的决定的作用，这也是必须承认的。当着不变更生产关系，生产力就不能发展的时候，生产关系的变更就起了主要的决定的作用。"② 将《矛盾论》的上述片段与阿尔都塞的上述论述加以比对，可以发现，与其说《矛盾论》是阿尔都塞所阐发的马克思主义的这个命题的"注解"，倒不如说阿尔都塞直接复述或转述了《矛盾论》的相关论述。这是因为，无论从对限定条件的强调——《矛盾论》中的"一定条件下"和阿尔都塞的"在现存的生产力的基础之上以及在现存的生产力所设置的限度之内"，还是从对该限定条件下生产关系的"决定"作用的强调——《矛盾论》中的"生产关系的变更就起了主要的决定的作用"和阿尔都塞的"生产关系起决定作用"，还是对唯物论的坚持——《矛

① Louis Althusser, *Sur la reproduction*, Paris: Presses Universitaires de France, 1995, p.22; Louis Althusser, *On the Reproduction of Capitalism: Ideology and Ideological State Apparatuses*, G.M.Goshgarian tr., London & New York: Verso, 2014, p.4; ［法］路易·阿尔都塞：《告读者》，［法］路易·阿尔都塞：《论再生产》，吴子枫译，西北大学出版社 2019 年版，第 50 页。《毛泽东的四篇哲学论文》法文版（内收《实践论》《矛盾论》《关于正确处理人民内部矛盾的问题》《人的正确思想是从哪里来的》等四篇论文）由外文出版社 1966 年出版（参见［法］艾蒂安·巴利巴尔：《中文版阿尔都塞著作集序》，［法］路易·阿尔都塞：《论再生产》，吴子枫译，西北大学出版社 2019 年版，第 17 页，译注 2）。Julian Bourg 的考证也证明，《关于正确处理人民内部矛盾的问题》在 1966 年随着北京外文局出版的法文《矛盾论》一起在法国再次出版。Julian Bourg, "Principally Contradiction: The Flourishing of French Maoism", in *Mao's Little Red Book: A Global History*, Alexander C.Cook ed., New York: Cambridge University Press, 2014, p.233. 故此可说，尽管阿尔都塞最初读到《关于正确处理人民内部矛盾的问题》的时间尚待进一步考证，但是他最晚在 1966 年就应读到这篇论文。

② 毛泽东：《矛盾论》，载《毛泽东选集》（第一卷），人民出版社 1991 年版，第 325—326 页。

盾论》强调"生产力、实践、经济基础，一般地表现为主要的决定的作用"和阿尔都塞强调"经济基础'归根到底起决定作用'"，二者在表述和逻辑等各方面的高度相似性和直接关联性是确凿明晰的。由此，《矛盾论》可以确定为阿尔都塞的生产关系"优先"论或"决定"论的最主要和最关键的理论来源。

除此之外，中国社会主义革命和建设的事实及其所实践的毛泽东的关于生产关系的思想，也被阿尔都塞视为生产关系"优先性"的有力例证。一方面，在阿尔都塞看来，中国的社会主义革命的成功证明了变革生产关系的极端重要性。阿尔都塞认为，在马克思主义的工人运动历史之中，对这样一个问题即"在生产力和生产关系的统一体中，究竟应该给哪个要素以理论上和政治上的优先性？"的回答有两种意见，第二国际的从伯恩斯坦到考茨基等各位领袖以及斯大林将优先性给予了生产力这个因素，而列宁和毛泽东则将优先性给予了生产关系这个因素，正因为如此，列宁和毛泽东能够领导他们的共产主义政党走向革命胜利。[1] 在阿尔都塞看来，列宁领导的 1917 年革命和毛泽东领导的 1949 年革命的特征就在于充分激活了从变革生产关系着手而取得革命胜利的这一可能性。阿尔都塞还区分了"宽泛意义"上的（au sens faible/ in the weak sense）革命和"严格意义"上的（au sens fort / in the strong sense）革命，宽泛意义上的革命"不影响生产关系，因而也就不触动国家政权和整个国家机器，而只是触动政治的意识形态国家机器"，而严格意义上的革命则要"夺走统治阶级手中的国家政权，即剥夺统治阶级对保障现有生产关系再生产的国家机器的处置权，以建立新的生产关系，并通过打碎旧的国家机器和建立新的国家机器（建立新机器既费时又费力）来保障新的生产关系的再生产"，而中国 1949 年革命正是被他作为严格意义上的革命的例证之一。[2] 另一方面，

---

[1] Louis Althusser, *Sur la reproduction*, Paris: Presses Universitaires de France, 1995, p.248; Louis Althusser, *On the Reproduction of Capitalism: Ideology and Ideological State Apparatuses*, G.M.Goshgarian tr., London & New York: Verso, 2014, p.214；[法] 路易·阿尔都塞：《论再生产》，吴子枫译，西北大学出版社 2019 年版，第 404—405 页。

[2] Louis Althusser, *Sur la reproduction*, Paris: Presses Universitaires de France, 1995, p.181; Louis Althusser, *On the Reproduction of Capitalism: Ideology and Ideological State Apparatuses*, G.M.Goshgarian tr., London & New York: Verso, 2014, p.150；[法]路易·阿尔都塞：《论再生产》，吴子枫译，西北大学出版社 2019 年版，第 300—301 页。

阿尔都塞认为中国社会主义建设证明了生产关系变革所能带来的惊人成效。在阿尔都塞看来，中国在革命成功之后为修建大坝实行的"大型合作"，"在不改变现有生产工具（手挎式小篮筐、锄头和铁锹）的情况下，达到了在原先家庭（个体农户）的合作形式或单独一个村子的合作形式下不可能也无法想象的结果"。① 阿尔都塞认为这正证明了相对于生产工具这类物质性生产条件，生产关系及其变革才是具有决定性的因素。阿尔都塞还指出，要从国际层面的生产力状态的角度考虑生产力所设置的限度问题。"现代生产力的最重要的部分，即处于最高发展水平的技术，今后将供所有国家使用，这些国家一旦革命胜利，就可以利用那些技术在从前不可想象的条件下缩小自己在生产力方面的差距。在 1917 年到 1941 年间，苏联已经对此作出了证明。中国也对此作出了证明，原子弹只是一个代表性的标志。"② 若将全球科技发展的最高水平而不是某个具体国家的水平作为生产力所设置限度的标准，这就意味着生产关系"优先性"为具体国家的生产关系变革预留了极大的空间。尽管阿尔都塞的上述生产关系"赞歌"主要是出于对中国的想象，但是通过以上分析至少可以得出以下结论：除了《矛盾论》从理论层面直接启发了阿尔都塞的"生产关系优先论"，中国社会主义革命和建设中对生产关系的变革的重视及其所取得的成就也极大地鼓舞了阿尔都塞对"生产关系优先论"的信心。

故此可说，"生产关系优先论"应主要被视为一个"毛泽东—阿尔都塞"命题。尽管阿尔都塞在引用毛泽东的同时也引用了马克思《资本论》及列宁的论著为"生产关系优先性"命题背书，并还就《资本论》与该命题的关系给予了说明（后文将进一步论述），也多次引用列宁领导的俄国十月革命作为生产关系优先性的例证，但从前文论述的毛泽东文本与阿尔都塞文本的高度相似性和关联性来看，从阿尔都塞对与他同时代的中国革命和中国社会主义建设进程的高度关注来看，该命题应主要被视为"毛泽东—阿尔都塞"命

---

① Louis Althusser, *Sur la reproduction*, Paris: Presses Universitaires de France，1995，pp.47–48; Louis Althusser, *On the Reproduction of Capitalism: Ideology and Ideological State Apparatuses*, G.M.Goshgarian tr.，London & New York: Verso，2014，p.24；[法] 路易·阿尔都塞：《论再生产》，吴子枫译，西北大学出版社 2019 年版，第 86—87 页。

② [法] 路易·阿尔都塞：《论再生产》，吴子枫译，西北大学出版社 2019 年版，第 408—409 页。

题。国外多位学者的研究已对此屡加论证。例如，指出阿尔都塞提出生产关系相对于生产力的优先性是受到了毛泽东的启发 ①；指出阿尔都塞和他的合作者（指《读〈资本论〉》的合作者巴利巴尔——笔者注）毫无疑问受到了"毛泽东主义"的影响，从而倾向于给予生产关系以因果优先性 ②；认为阿尔都塞采取毛泽东的生产关系优先论的观点是出于抵抗斯大林主义 ③；认为阿尔都塞的生产关系优先论在反经济主义（anti-economism）、反进化主义（anti-evolutionism）的名义下吸收了毛泽东的生产关系学说，从而抛弃了历史唯物主义的经典原则 ④；与阿尔都塞—毛泽东式的生产关系相对于生产力具有优先性的观点相反，佩里·安德森重申生产力相对于生产关系的优先性 ⑤。尽管上述各家观点对阿尔都塞的生产关系优先论中的"毛泽东主义"因素的理解不同且褒贬不一，甚至对该命题有不同程度的误读（如批判生产关系优先论抛弃了马克思主义历史唯物主义经典原则的这个观点就没有看到阿尔都塞对将生产关系的优先性限定在一定生产力条件下的反复强调），但是将生产关系优先论看作"毛泽东—阿尔都塞"共同建构的既区别于经典马克思主义也区别于俄苏马克思主义的一个命题，则无疑是共通的。

阿尔都塞的生产关系"优先"论直接指向马克思主义历史唯物主义的根本重建。生产关系"优先"论直接面对的是历史唯物主义的一个基本和核心问题也即生产力/生产关系"相适应"问题，阿尔都塞试图以此清算"经济主义"、"历史进化论"等倾向并建构其反进化论、反经济主义的历史唯物主义。在相当程度上，这正与毛泽东对机械唯物论和庸俗进化论的批判相关联

---

① Théodule Ribot, *Revue philosophique de la France et de l'étranger*, Paris: Presses universitaires de France, 1983, p.249.

② Alex Callinicos, "What is Living and What is Dead in the Philosophy of Althusser", *The Althusserian Legacy*, E.Ann Kaplan and Michael Sprinker ed., London & New York: Verso, 1993, p.45.

③ Isabelle Garo, "The Impossible Break: Ideology in Movement between Philosophy and Politics", *Encountering Althusser: Politics and Materialism in Contemporary Radical Thought*, Katja Diefenbach, Sara R. Farris, Gal Kirn and Peter D.Thomas ed., Bloomsbury, 2013, p.282.

④ Gregory Elliott, *Althusser: The Detour of Theory*, London & Boston: Brill, 2006, p.202.

⑤ Gregory Elliott, *Perry Anderson: The Merciless Laboratory of History*, Minneapolis: University of Minnesota Press, 1998, pp.125–126.

和相一致。阿尔都塞以生产关系"优先"论所直接批判的对象是马克思主义中的黑格尔主义残余及其在斯大林主义之中的进一步延伸。在阿尔都塞看来，马克思在《〈政治经济学批判〉序言》中的生产力和生产关系的"相适合"论断具有明显的黑格尔主义倾向。阿尔都塞认为，《〈政治经济学批判〉序言》中的"无论哪一个社会形态，在它所能容纳的全部生产力发挥出来以前，是决不会灭亡的；而新的更高的生产关系，在它的物质存在条件在旧社会的胎胞里成熟以前，是决不会出现的"① 这一论断的理论假设正是遵循着黑格尔的"异化"模式。阿尔都塞指出，"这个观念就是异化的观念，它通过形式（la Forme / Form）与内容（le Contenu / Content）之间相适合（correspondance / correspondence）和不相适合（non-correspondance / non-correspondence）（或'矛盾''对抗'）的辩证法表现出来。形式与内容之间的不矛盾（'相适合'）和矛盾（'不相适合'）的辩证法，以及生产力的发展阶段［在黑格尔那里，是理念（l'Idée / the Idea）的发展环节］的辩证法，不折不扣地是黑格尔式的。"② 在阿尔都塞看来，《〈政治经济学批判〉序言》关于不同阶段的生产力总有着与之"相适合"的生产关系的论断中所暗含的某种相对于生产关系而言的生产力的绝对决定论的倾向，正与黑格尔的"内容—形式"的辩证法中的某种相对于形式而言的内容决定论的倾向（"一定的内容就决定它的适合的形式"③）相暗合。故此，在阿尔都塞看来，《〈政治经济学批判〉序言》之中的"生产关系"和"生产力"之关系，正如"形式"和"内容"之关系或果壳—果仁之关系，"……新的内容（果仁）与旧的形式（果壳）发生了矛盾，于是就使果壳爆裂，从而为自己找到属于自己的发展形式（新的果壳）。……在这些形式的内部，一个新的果核、一个新的果仁（理念'发展'的新的'更高的阶段'）在重新形成，先是胚芽，然后越来越坚硬，接着它会与现存形式（果壳）发生矛盾，于是这个过程不断继续下去，直到历史终结，最后

---

① 中译文参考自《马克思恩格斯选集》（第 2 卷），人民出版社 2012 年版，第 3 页。

② Louis Althusser, *Sur la reproduction*, Paris: Presses Universitaires de France, 1995, pp.246–249; Louis Althusser, *On the Reproduction of Capitalism: Ideology and Ideological State Apparatuses*, G.M.Goshgarian tr., London & New York: Verso, 2014, pp.210–213; ［法］路易·阿尔都塞：《论再生产》，吴子枫译，西北大学出版社 2019 年版，第 401 页。

③ ［德］黑格尔：《美学》（第一卷），朱光潜译，商务印书馆 1979 年版，第 18 页。

的矛盾得以解决（l'ultime contradiction est résolue; the ultimate contradiction is resolved）"。① 尽管未必是马克思原意，但是在阿尔都塞看来，《〈政治经济学批判〉序言》暗示了一种生产关系相对于生产力的绝对消极性，以及由生产力及其发展对矛盾必然"得以解决"的绝对保证性。阿尔都塞进一步将斯大林主义以及当时的国际社会主义、共产主义运动中的"经济主义"、"历史进化论"或"历史终结说"等倾向视为《〈政治经济学批判〉序言》中的作为黑格尔残余的生产关系和生产力"相适合说"的重生。在阿尔都塞看来，《〈政治经济学批判〉序言》中的生产力决定论倾向必然会导致经济主义以及作为经济主义直接后果的历史进化论、终结论或和合目的论。"……他们（上文提及的不少马克思主义者和共产主义战士，笔者注）受到了资产阶级意识形态的影响，不停地向他们灌输（甚至强加）虚假的显而易见性，即一切归根到底取决于生产力，特别是取决于'科学和技术的迅猛发展'，取决于我们将要见证的'奇迹般的突变'（prodigieuse mutation/ prodigious mutation）[原文如此]"。② 全然而被动地指望生产力发展所必然的带来的"奇迹般的突变"，也就是合目的论、或终结论和进化论。阿尔都塞还认为，《〈政治经济学批判〉序言》中的"合目的性（finalité/ finality）"的论点，"它使社会形态中的每一个时刻都孕育着将取代过去的未来"，该论点使得第二国际和斯大林认为，"既然一切都似乎已经通过内容（生产力）与形式（生产关系）之间先'相适合'然后又相矛盾的游戏得到了解决，那么，全然不

① Louis Althusser, *Sur la reproduction*, Paris: Presses Universitaires de France, 1995, p.247; Louis Althusser, *On the Reproduction of Capitalism: Ideology and Ideological State Apparatuses*, G.M.Goshgarian tr., London & New York: Verso, 2014, pp.212–213; [法] 路易·阿尔都塞：《论再生产》，吴子枫译，西北大学出版社 2019 年版，第 402—403 页。

② Louis Althusser, *Sur la reproduction*, Paris: Presses Universitaires de France, 1995, p.243; Louis Althusser, *On the Reproduction of Capitalism: Ideology and Ideological State Apparatuses*, G.M.Goshgarian tr., London & New York: Verso, 2014, p.209; [法] 路易·阿尔都塞：《论再生产》，吴子枫译，西北大学出版社 2019 年版，第 397 页。吴子枫老师译本将 prodigieuse mutation 译为"奇迹般的突变"。阿尔都塞在"亚眠答辩"中曾将黑格尔主义马克思主义的辩证法形容为具有"基督教天意（Christian Providence）"倾向，直陈黑格尔主义的马克思主义具有某种内在的类宗教性（"News: Doctor Althusser etc.", *Radical Philosophy*, Issue 12, 1975, p.44）。此处"奇迹般的突变"所暗含的对生产力驱动下的历史自动进化的期盼，与"基督教天意"倾向具有相似性。

提阶级斗争又有什么可惊讶的呢？"① 这种过度迷信生产力带来的"奇迹般的突变"、"合目的性"、"进化论"的恶劣政治后果，正是阿尔都塞在"亚眠答辩"中所激烈痛陈的：黑格尔主义倾向的马克思主义者总是相信历史总有一个终点，事件的进程总是温柔地引导人们毫无危险也毫无意外地走向这个终点，他们还认为资本主义总能自动产生自己的掘墓人，相信新世界已经在旧世界的子宫中等待降生。② 而第二国际、斯大林主义及追随斯大林路线的法国共产党之所以陷入机械论的生产力迷思甚至生产力崇拜，其根源可能确如阿尔都塞所说，存在于《〈政治经济学批判〉序言》等马克思文本中的生产力／生产关系"相适合"说的"抽象性"、"不稳定性"及其所暗示的"经济基础决定其余的一切"。③ 然而，阿尔都塞就是要坚决反对生产关系是绝然被动地被生产力所推动的；就是要反对生产力的发展会自动产生出新的生产关系；就是要反对随着生产力—生产关系的相适应和相矛盾的交替，在历史的终点所有矛盾都必然会自动得到最终的解决；就是要反对只要全然依赖生产力—生产关系之间矛盾的自动展开，人类历史就可以毫无意外地从一个阶段演化到另一个阶段，因而只需等待和祈祷"奇迹般的突变"的到来，而无需额外的斗争。

阿尔都塞提出生产关系"优先性"正是试图调整生产力相对于生产关系的绝对决定论，试图清算"经济主义"、"历史进化论"或"终结论"，并力图重建一种非经济主义和非进化论的历史唯物主义。阿尔都塞之所以认为生产关系优先论被整部《资本论》以及所有列宁和毛泽东的论著所"注解"，从他对马克思理论的理解来说，他将生产关系优先论作为马克思与生产关系和生产力"相适应"说发生认识论断裂的重要标志。阿尔都塞认为到了《资本论》阶段，"1）马克思完全不再把生产力和生产关系的统一

① Louis Althusser, *Sur la reproduction*, Paris: Presses Universitaires de France，1995，pp.247–248; Louis Althusser, *On the Reproduction of Capitalism: Ideology and Ideological State Apparatuses*，G.M.Goshgarian tr.，London & New York: Verso，2014, p.213; [法] 路易·阿尔都塞：《论再生产》，吴子枫译，西北大学出版社 2019 年版，第 403—404 页。

② "News: Doctor Althusser etc."，*Radical Philosophy*，Issue 12，1975，p.44.

③ [法] 雅克·比岱：《法文版导言：请你重读阿尔都塞》，[法] 路易·阿尔都塞：《论再生产》，吴子枫译，西北大学出版社 2019 年版，第 22、27 页。

思考为内容与形式的关系；2）得到强调的是生产关系，其优先性得到了无可争辩的确认（affirmé sans contestation/unquestionably affirmed）。"① 在阿尔都塞看来，《资本论》扬弃了《〈政治经济学批判〉序言》中黑格尔主义式的内容—形式的辩证法图式以及生产力的绝对决定论，因而，斯大林主义的"经济主义"、"历史进化论"或历史"合目的性"说赖以存在的理论前提实际上已经被马克思本人摒弃。从阿尔都塞对毛泽东思想的理解来说，阿尔都塞所直接批判的对象是经济主义、终结论或合目的论以及进化论，这与《矛盾论》对"机械唯物论"和"庸俗进化论"的批判非常近似。《矛盾论》以生产力、生产关系的主次地位可以互相转化的"辩证唯物论"观点所反驳的，正是那种不认为在"生产力和生产关系的矛盾"之中二者地位可以"互相转化"，而是强调在一切条件下生产力都是"主要的"那种"机械唯物论"的观点②。尽管《矛盾论》所批判的"机械唯物论"和"庸俗进化论"与阿尔都塞所批判的经济主义、终结论或合目的论以及进化论并不能完全等同，但是"机械唯物论"和"庸俗进化论"的"用孤立的、静止的和片面的观点看世界"③与"经济主义"对于生产力、生产关系之间关系的机械性和单向性的理解、与"终结论"和"进化论"对于历史进程的自动化因而也是静态化的想象在理论特征上是相似的，都是偏狭地、教条化地理解生产力、生产关系以及事物之间的矛盾运动，并试图以此一劳永逸地想象和安顿历史进程。正是在这个意义上，阿尔都塞将毛泽东领导的中国革命看作对《〈政治经济学批判〉序言》中的生产力与生产关系的"相适合"说的直接反拨。阿尔都塞认为，如果列宁和毛泽东真的是从字面意义上（à la lettre/literally）去理解《〈政治经济学批判〉序言》的核心论点也即"'无论哪一个社会形态，在它所能容纳的全部生产力发挥出来以前，是决不会灭亡的;而新的更高的生产关系，在它的物质存在条件在旧社会的胎

---

① Louis Althusser, *Sur la reproduction*, Paris: Presses Universitaires de France，1995, p.248; Louis Althusser, *On the Reproduction of Capitalism: Ideology and Ideological State Apparatuses*, G.M.Goshgarian tr.，London & New York: Verso，2014, pp.213–214; ［法］路易·阿尔都塞：《论再生产》，吴子枫译，西北大学出版社 2019 年版，第 404 页。

② 毛泽东：《矛盾论》，载《毛泽东选集》（第一卷），人民出版社 1991 年版，第 325 页。

③ 毛泽东：《矛盾论》，载《毛泽东选集》（第一卷），人民出版社 1991 年版，第 300 页。

胞里成熟以前，是决不会出现的。'如果列宁和毛泽东真的接受了这个论点，他们怎么可能最后成为党和群众的领袖并领导社会主义革命获得胜利呢？"①在阿尔都塞看来，毛泽东没有机械地解读生产力、生产关系"相适应"关系，从而不是被动地等待和依赖生产力的发展，而是充分理解了在一定生产力条件下开展生产关系变革的必要性，转而开展着眼于"生产关系变革以及政治和上层建筑变革的群众的和底层的运动"②。这正折射了毛泽东和阿尔都塞在理论路径上的高度共振：面对着相似的理论困境（形形色色的马克思主义机械论和进化论）、相似的历史困境（在一定生产力的限制之下如何寻找革命出路），毛泽东与阿尔都塞不约而同地转而诉诸于生产关系的变革。

尽管生产关系优先论可被视为"毛泽东—阿尔都塞"命题，尽管毛泽东和阿尔都塞都在一定生产力的限度之下给予了生产关系以优先性，但是在人之于生产关系这个问题上二者却存在着本质性的差异，并由此展开不同的理论面向。阿尔都塞反对将生产关系仅仅等同于人与人之间的关系，倾向于将生产关系理解为某种非人的"结构"。阿尔都塞坚决拒斥将生产关系仅仅还原为人与人之间的关系，在《读〈资本论〉》中他就指出，对马克思来说社会生产关系不仅将人类带入了历史舞台，更是将生产过程的各种当事人（agents）、将生产过程的各种物质条件以特定的各种组合的形式带入了历史舞台③。在阿尔都塞看来，在构成生产关系的各种因素之中，尽管不能排除人的因素，但是权重更大的是生产过程的各种非人类的因素，主宰历史舞台的也正是这些因素。甚至可以说，生产关系就是"各种结构（structures）"。④

---

① Louis Althusser, *Sur la reproduction*, Paris: Presses Universitaires de France,1995, p.248; Louis Althusser, *On the Reproduction of Capitalism: Ideology and Ideological State Apparatuses*, G.M.Goshgarian tr., London & New York:Verso, 2014, p.214; [法] 路易·阿尔都塞：《论再生产》，吴子枫译，西北大学出版社 2019 年版，第 405 页。

② Liu Kang, "The Problematic of Mao and Althusser: Alternative Modernity and Cultural Revolution", *Rethinking Marxism*, Vol.8, Issue 3, 1995, p.8.

③ Louis Althusser, Étienne Balibar, *Reading Capital*, Ben Brewster tr., London: NLB, 1970, p.174.

④ Louis Althusser, Étienne Balibar, *Reading Capital*, Ben Brewster tr., London: NLB, 1970, p.181.

历史主体也绝不是人类主体，历史的"真正的'主体'"是生产关系①、是作为"结构"的生产关系。在《论再生产》中，他指出，"什么是生产关系？这是一种特别的关系，在无阶级的社会中，这种关系就是生产当事人之间的关系，因为这种社会形态中的所有成员都是生产当事人……"② 由于坚决反对将人作为历史的主体、生产关系的主体，阿尔都塞倾向于将参与生产关系的人以及人与人之间的关系加以抽象化为"当事人"的关系。因此，阿尔都塞越是强调生产关系的重要性和优先性，作为主体的人的因素在生产关系中就越发弱化。正是在这个意义上，朗西埃（Jacques Rancière）猛烈批判阿尔都塞及其学生尼科斯·普兰查斯（Nicos Poulantzas）拒绝将生产关系视为人与人的关系，认为如此一来，生产关系也就退回到由"结构"代表的彼岸世界中去了③。

与阿尔都塞相反，毛泽东则在生产关系中极为重视人以及人与人之间关系的具体展开，将人的因素看作生产关系之中的优先因素。在毛泽东看来，在生产关系所包括的"生产资料所有制、劳动生产中人与人的关系、分配制度"这三个方面之中，即便所有制性质相对稳定，劳动生产中人与人的关系却"不能不是不断变革的"，如国营企业中的工人群众、领导干部、技术人员三结合的推进，等等，因为"这种关系是改变还是不改变，对于推进还是阻碍生产力的发展，都有直接的影响。"④ 如果说苏联教科书对建立社会主义制度下的"同志式的互助合作的关系"只有一句"空洞的话"，毛泽东则认为劳动中人与人的关系"有很多文章可做"⑤，反复强调劳动中人与人关系应加以具体化展开。也就是说，与阿尔都塞的判断相反的是，新的生产关系仅靠所有制和分配制度这些非人因素的变革是不足以建立和维持的，所有制和分配制度等非人因素的变革并不会自动地带来劳动中人与人关系的变革，而

①　Louis Althusser, Étienne Balibar, *Reading Capital*, Ben Brewster tr., London: NLB, 1970, p.180.

②　[法] 路易·阿尔都塞：《论再生产》，吴子枫译，西北大学出版社 2019 年版，第 92 页。

③　Jacques Rancière, *Althusser's Lesson*, Emiliano Battista tr., London & New York: Continuum International Publishing Groups, 2011, p.189.

④　毛泽东：《毛泽东文集》（第 8 卷），人民出版社 1999 年版，第 135 页。

⑤　毛泽东：《毛泽东文集》（第 8 卷），人民出版社 1999 年版，第 135 页。

如果劳动中人与人关系不能实现变革，则会直接导致生产关系甚至生产力的再生产受到损害。

"毛泽东—阿尔都塞"问题域中的生产关系优先性命题使得"生产关系"被凸现为一个值得重新审视的、蕴含着中国马克思主义独特贡献和独特理论特质的关键概念。尽管毛泽东对"生产关系"的论述介入了阿尔都塞理论生成，并借由阿尔都塞进一步介入到了西方当代理论的生成之中，然而当代马克思主义中国形态对于"生产关系"问题的理论建构，却可能要采取一条非阿尔都塞主义的路径。马克思主义中国形态关注"千千万万真实的个人"以及"鲜活的个体"①、强调人是能够通过改变环境而实现自我改造进而创造历史的历史主体、强调实践（当然也包括劳动实践）应当导向"人的全面解放"②。在马克思主义中国形态之中，劳动实践中的人以及人与人的关系不应是生产关系中的次要的、抽象的甚至是力图被排除的因素，相反，劳动实践中的人以及人与人的关系应当是思考生产关系问题的开端、核心与旨归。

第三节　"毛泽东主义"与阿尔都塞上层建筑理论

作为"毛泽东—阿尔都塞"命题的生产关系优先论的意义在于：通过重视生产关系的变革，突破了经济主义、"合目的"论、进化论的桎梏，从而重置了历史唯物主义的动力机制，在生产关系的变革之中找到了撬动社会生产方式（也即由生产关系、生产力所构成的"统一体"）的变革的杠杆，而社会生产方式的变革又将最终作用于社会形态的转变。如果说生产关系优先论建立了从一定生产力条件下的生产关系存续或变革到生产方式存续或变革再到社会形态存续或变革的逻辑链条（生产关系存续或变革——生产方式存续或变革——社会形态存续或变革），那么必须要继续追问的问题就是：生

---

① 胡亚敏：《中国马克思主义文学批评的人民观》，《文学评论》2013年第5期，第8页。
② 胡亚敏：《马克思主义文学批评中国形态的实践观》，《华中学术》2018年第2期，第28、34页。

产关系的存续或变革路径又在哪里？生产关系优先论，实际上必然地、内在地关涉着阿尔都塞的上层建筑或意识形态理论。本节将要讨论，阿尔都塞强化和具体化了上层建筑和意识形态"反作用"说，提出了上层建筑之于生产关系的"保障"说，而上层建筑"保障"说再叠加生产关系优先性，则上层建筑和意识形态就具有了直接作用于下层建筑、生产关系变革、生产方式变革乃至社会形态变革的真正的及物性。如果说在阿尔都塞重建的历史唯物主义之中生产关系成为撬动生产方式和社会形态变革的杠杆，那么凭借生产关系优先论以及上层建筑"保障"说，则上层建筑和意识形态变革就在一定的形势之中，可以成为触动生产关系、生产方式、社会形态变革的"阿基米德支点"（上层建筑或意识形态存续或变革——生产关系存续或变革——生产方式存续或变革——社会形态存续或变革），而"毛泽东主义"又正是介入到了上层建筑和意识形态之于生产关系的关系这个关键环节之中。

《论再生产》一书的根本方法是以"再生产"统摄历史唯物主义的所有范畴和所有环节，以矫正马克思主义地形学或基础—上层建筑的"大厦"隐喻的"描述性"、"不稳定"性。"想要阐明大厦的空间隐喻指出了其存在，却又没有为其提供概念解答的许多问题，只要采取再生产的观点就够了。"[①]那么到底什么是再生产？阿尔都塞明确给出了以下"等式"：再生产 = 延续 = 存在，例如，在阐述生产关系与"国家"及国家机器的关系时，他指出，"……这种新的生产关系的建立，是在保障着新的生产关系（换句话说即新的生产方式）的再生产（= 延续 = 存在；= durée = existence; = duration = existence）的新国家和新国家机器的保护下完成的。"[②]再生产意味着"延续"和"存在"，也即意味着雅克·比岱所说的"结构"的"不变的条件"，而"结构"的"不变的条件"恰恰也正是"不变性的变化"从中产生的根由所在，正是在这个意义上，可以说"再生产和革命"其实是通往同一个理论的"两

---

① ［法］路易·阿尔都塞：《论再生产》，吴子枫译，西北大学出版社 2019 年版，第 136 页。

② Louis Althusser, *Sur la reproduction*, Paris: Presses Universitaires de France,1995, p.182; Louis Althusser, *On the Reproduction of Capitalism: Ideology and Ideological State Apparatuses*, G.M.Goshgarian tr., London & New York:Verso, 2014, p.151; ［法］路易·阿尔都塞：《论再生产》，吴子枫译，西北大学出版社 2019 年版，第 301—302 页。

个人口"。① 这就是说，一旦切实地从理论上阐明了"再生产"的机制，也就真正地从理论上阐明了对结构加以"革命"那个精确的路径何在。那么，这就是说，为了厘清生产关系"变革"的路径所在，必须要弄清楚生产关系的"再生产"的机制到底是什么？更进一步说，生产关系所从属的下层建筑的"再生产"的机制到底是什么？阿尔都塞认为，下层建筑和上层建筑不是简单的决定和被决定、作用与反作用的关系，在下层建筑和上层建筑的复杂地"相互交织"成为一个"具体的整体"② 的现实态势之中，阿尔都塞主张，生产关系及生产关系所从属的下层建筑或基础的"再生产"在很大程度上是由上层建筑和意识形态来"保障"的。

阿尔都塞当然并非反思基础／上层建筑地形学的第一人。据杰姆逊考证，（经济）基础／上层建筑的地形学的"公式"在马克思的著作中其实仅仅被使用过一次，而西方马克思主义基于反经济主义以及对文化的强调，普遍地否定这个公式③，阿尔都塞也从属于这个强调文化的西方马克思主义传统之中。就阿尔都塞个人的思想来源而言，列宁和葛兰西关于社会经济基础与文化上层建筑的相互互动的关系（mutually interactive relationship）对阿尔都塞有深刻影响。④ 列宁强调"文化的革命"必要性，也就是说，无产阶级专政的优先任务是发展社会主义的物质基础，然后必须搭配以文化的革命（cultural revolution）以适应经济发展的需要，同时也是经济发展的必要的补充⑤，这就与葛兰西将上层建筑作为"政治"问题的关注非常相似。佩里·安德森指出，葛兰西的整个工作可以说都是不间断地集中于上层建筑的研究，他的独特之处在于他将文化的上层建筑的独立性和效能（autonomy and efficacy）看做一个"政治"问题，强调文化的上层建筑与社会秩序的保

---

① ［法］雅克·比岱:《法文版导言:请你重读阿尔都塞》,［法］路易·阿尔都塞:《论再生产》,吴子枫译,西北大学出版社 2019 年版,第 23—24 页。

② 吴子枫:《译后记》,［法］路易·阿尔都塞:《论再生产》,吴子枫译,西北大学出版社 2019 年版,第 541—542 页。

③ Fredric Jameson, *Valence of the Dialectic*, London & New York: Verso, 2009, p.277.

④ Stuart Sim, "Althusser, Louis", *One Hundred Twentieth-Century Philosophers*, Stuart Brown, Diane Collinson, Robert Wilkinson ed., London & New York: Routledge, 2001, p.3.

⑤ Zenovia A. Sochor, *Revolution and Culture: The Bogdanov-Lenin Controversy*, Ithaca & London: Cornell University Press, 1988, p.207.

存或颠覆之间的关联①。列宁、葛兰西已经先于阿尔都塞阐明了上层建筑和下层建筑的"互动"关系、文化和意识形态层面革命的必要性、文化等上层建筑之于社会秩序的直接关联性等问题，这些当然都是阿尔都塞反思马克思主义地形学隐喻的直接理论来源。那么，阿尔都塞反思地形学隐喻的独特创见是什么？是否存在其他影响阿尔都塞反思地形学隐喻的理论来源？

相较于列宁、葛兰西等马克思主义者，阿尔都塞对于上层建筑与下层建筑的密切互动关系的理论阐发更为充分、详尽，对意识形态和上层建筑领域的革命的探究更加深刻，而其探究的若干重要方面与他的"毛泽东主义"以及他"头脑中的中国"有着深刻关联。需要补充的是，阿尔都塞在上层建筑、下层建筑之间建立起一种紧密互动的关系，首先在于他设置了"法"这个环节。"而阿尔都塞在讨论'国家'和'意识形态'之前，先讨论'法'，是为了预先通过'法'，把上层建筑与下层建筑结合到一起，或更确切地说，把'国家'和'意识形态'这两种上层建筑，结合进作为'生产力和生产关系统一体'的下层建筑中。"②除了"法"这环节之外，阿尔都塞还通过强化生产关系与意识形态及上层建筑的密切联系，进一步将上层建筑和下层建筑结合起来。

阿尔都塞首先强化了生产关系和生产关系的再生产与意识形态及上层建筑的互为条件的关系，具体而微地揭示了上层建筑、下层建筑的密切互动的机制。如前章所述，强调结构的各个要素的互为"条件"正是阿尔都塞的结构因果律与黑格尔主义的表现因果律的根本区别之一。因此，强调意识形态和上层建筑与生产关系互为存在条件就意味着二者的关系不是本质—现象的黑格尔主义式的展开，前者不是后者的表现、外化或现象，这就意味着不存在不涉及意识形态或上层建筑的生产关系，以及不存在不涉及生产关系的意识形态或上层建筑。从生产关系之于意识形态及上层建筑的角度，阿尔都塞首先指出，生产关系是意识形态和上层建筑的存在条件。《读〈资本论〉》指出，"社会的整个上层建筑因此以特定的方式内在于以及存在于生产关系之中，…

---

① Perry Anderson, *Considerations on Western Marxism*, London & New York: Verso, 1979, p.78.

② 吴子枫：《译后记》，[法] 路易·阿尔都塞：《论再生产》，吴子枫译，西北大学出版社2019年版，第540页。

……"①。这显然是对马克思主义历史唯物主义基本原则的坚持与重申。而阿尔都塞真正的理论创新，更体现在从意识形态之于生产关系的角度，阐明了意识形态和上层建筑必然是生产关系的"存在条件"。在《读〈资本论〉》中阿尔都塞已经强调上层建筑是生产关系的"存在条件"："……某些生产关系预先假定着一种法律—政治和意识形态**上层建筑**的作为上述生产关系特定存在的一个条件，……"②故此，不但生产关系是意识形态和上层建筑的存在条件，意识形态和上层建筑亦是生产关系的存在条件。在《保卫马克思》中，阿尔都塞通过"过度决定"论强调了上层建筑具有特殊效能及其相对独立性，"但马克思已经给我们提供了'链条的两端'：一方面，生产方式（经济基础）归根到底是决定性因素，另一方面，上层建筑及其特殊效能具有相对独立性"；还强调了在由革命促成的新社会中，新的上层建筑可"**促使旧因素保持下去或死而复生**"。③阿尔都塞除了重申马克思、列宁、葛兰西意义上的上层建筑的"相对独立性"之外，还强调新的上层建筑未必有利于新社会新因素的诞生，反而可能会帮助旧因素的保存——这里实际上是阿尔都塞以曲笔批判苏联斯大林主义之下的"新的"上层建筑却复活着"旧因素"，这与他后来关于意识形态层面革命必要性的论断有着直接关联。应将上述表述与毛泽东《矛盾论》中的相关表述联系起来考虑。"当着政治文化等上层建筑阻碍着经济基础的发展的时候，对于政治上和文化上的革新就成为主要的决定的东西了。"④《矛盾论》在这里指出，上层建筑（即便是新的上层建筑）也有可能阻碍经济发展，或者用阿尔都塞的话来说可能保存或复活"旧因素"，故此政治和文化等上层建筑的革新和革命就是必需和必然的，且《矛盾论》的论述逻辑还意味着，在一定形势之中的政治和文化等上层建筑的革新和革命可以相对于经济基础起"主要的"和"决定的"的作用。无怪乎有研究者根据《矛盾论》的上述表述指出，"毛泽东第一个给出了社会之中的关于上层建筑的

---

① Louis Althusser, Étienne Balibar, *Reading Capital*, Ben Brewster tr., London: NLB, 1970, p.178.

② Louis Althusser, Étienne Balibar, *Reading Capital*, Ben Brewster tr., London: NLB, 1970, p.177.

③ [法]路易·阿尔都塞：《保卫马克思》，顾良译，商务印书馆2010年版，第103、106页。

④ 毛泽东：《矛盾论》，载《毛泽东选集》（第一卷），人民出版社1991年版，第326页。

各要素的力量可以改变基础（change the base）这一激进的论点。"① 在上面章节中已经详细论述了《矛盾论》对阿尔都塞"过度决定"论的多方面的影响作用，《矛盾论》中的这段文字理应也进入了阿尔都塞对上层建筑的思考之中。后文还将对阿尔都塞的《论文化革命》一文中关于"群众意识形态革命"的论述与毛泽东思想的直接关联加以详述。另外，颇有意味的是，有研究者指出，"共产主义青年联盟（马列）（Union des jeunesses communistes marxistes-léninistes）"——一个由阿尔都塞的许多学生组成的、在 1960 年代晚期背离法国共产党正统的"毛泽东主义"学生团体——对中国的兴趣与阿尔都塞非常相似，受到"文化大革命"影响，该团体声称其所致力于领导的针对资产阶级意识形态的斗争要"依赖于毛泽东思想"，该团体认为"上层建筑可以极大地影响下层建筑，对于这个问题，毛泽东发展了马克思—列宁主义哲学。在毛泽东之前，马克思、恩格斯、列宁和斯大林已经说明了社会存在决定意识以及下层建筑决定上层建筑。毛泽东则天才地说明了上层建筑的反作用（reverse action）"。② 尽管"共产主义青年联盟（马列）"对阿尔都塞主义颇有批判，且恰恰是以"毛泽东主义"为名反叛法国共产党路线以及不肯脱离法国共产党的阿尔都塞，但在行动目标也即激发"针对资产阶级意识形态的意识形态的斗争"方面、在"依赖于毛泽东思想"以及特别是依赖于毛泽东关于"上层建筑的反作用"方面，"共产主义青年联盟（马列）"与阿尔都塞确实有很多的共通之处。阿尔都塞关于上层建筑以及特别是意识形态领域变革的必要性的判断与毛泽东思想文本有着强烈的关联性。在阿尔都塞看来，社会主义经济革命和政治革命并不能自动转变资产阶级意识形态上层建筑，资产阶级反动力量仍然存在因此必须被置换，这些并不是毛泽东的创新，因为意识形态上层建筑中的资产阶级反动力量被置换的必需性已经被马克思和列宁认识到了，毛泽东的创新就在于对这个马克思主义的"经典"的原则的"实际的运用（pratical implementation）"——而这个运用本身将会产生理论成果。③

---

① Robert J.C.Young, *Postcolonialism: An Historical Introduction*, Malden & Oxford: Blackwell Publishing, 2001, p.185.

② Camille Robcis, "'China in Our Heads': Althusser, Maoism and Structuralism", *Social Text*, Vol.30, No.1, 2012, p.51, 63.

③ Gregory Elliott, *Althusser: The Detour of Theory*, London & Boston: Brill, 2006, p.176.

阿尔都塞的《论文化革命》以及特别是其中关于意识形态在一定形势之中"可以成为决定一切的战略要点（le point stratégique; the strategic point）"①的论断，无疑就是直接受益于毛泽东对马克思关于上层建筑以及特别是意识形态领域的资产阶级因素必须加以置换的"实际的运用"的理论成果之一。故此可以说，在阿尔都塞所有关于上层建筑和意识形态之于经济基础、上层建筑和意识形态之于下层建筑的思考之中，上层建筑和意识形态在一定形势之中可以起到"主要的"和"决定的"作用，应被视为贯穿其所有不同论述的一条隐在的红线。"毛泽东主义"启发的意识形态和上层建筑在一定形势之中"可以成为决定一切的战略要点"只不过是这条红线的逻辑延展的必然结果。

在《论再生产》中，阿尔都塞以"保障（assurer; ensure）"说将上层建筑、下层建筑以更为复杂的方式彻底地联动了起来。"事实上，只考虑经济的下层建筑的机制（我们这里只探讨资本主义生产方式），虽然能说明生产力（包括劳动力）的条件的再生产，却完全无法说明生产关系的再生产"。②这就是说，对生产关系的再生产的机制，无法从下层建筑的机制之中得到解释，那么也就意味着，必须要从上层建筑之中去寻求生产关系再生产的玄奥。阿尔都塞明白无误地指出，正是上层建筑"保障"着生产关系的再生产，在资本主义社会中，就是资本主义的上层建筑"保障"着资本主义剥削性的生产关系的再生产："因此，一切都取决于生产关系即阶级剥削关系这个下层建筑。因此，基础，即阶级国家的下层建筑，正如列宁所说，完完全全就是剥削。而上层建筑的作用，则是既保障（assurer; ensure）这种剥削得以实行的条件（镇压性国家机器），又保障生产关系即剥削关系的再生产（诸意识形态国家机器）"；"上层建筑，从而一切国家机器的根本作用，就是保障（assurer; ensure）对无产者和其他雇佣工人的剥削永世长存，也就是说，保

---

① Anonyme (Atribué à Louis Althusser), "Sur la révolution culturelle", in *Décalages*, Vol.1, Issue 1, article 8, 2010, p.12; Anonymous (Attributed to Louis Althusser), "On the Cultural Revolution", Jason E. Smith tr., in *Décalages*, Vol.1, Issue 1, 2010, p.12. 对该文的翻译全部来自吴子枫老师的最新译文，谨致谢忱。

② ［法］路易·阿尔都塞:《论再生产》，吴子枫译，西北大学出版社2019年版，第298页。

障生产关系——同时也是剥削关系——的永世长存即再生产"。① 这就是说，离开了上层建筑的"保障"作用，生产关系的再生产将无法存续。由上层建筑与生产关系的互为条件说、上层建筑的相对独立性说，到上层建筑之于生产关系的"保障"说，通过阿尔都塞对上述诸环节的论证，上层建筑就绝不仅仅是被包括生产关系在内的下层建筑所决定的衍生性、次要性的、被动性的存在。上层建筑之于下层建筑的再生产特别是其中生产关系的再生产而言，是必要的、关乎生产关系延续或再生产的一个根本性的因素。在上层建筑"保障"说之中，仍然有明显的将上层建筑看作是在一定形势之中起到"主要的"和"决定的"作用的理论倾向。

此外，虽然看似阿尔都塞以上层建筑之于生产关系的"保障"说替代了上层建筑"反作用"，但是在实际上阿尔都塞是以更具理论性的阐述丰富了上层建筑"反作用"说。阿尔都塞对经典马克思主义意义上的"反作用"说显然是不满意的："……意识形态国家机器中的阶级斗争，关系到的只是上层建筑，但上层建筑是被决定的、第二位的，而不是归根到底起决定作用的。归根到底起决定作用的是下层建筑。因此，上层建筑中所发生的或可能发生的事情，归根到底取决于在下层建筑中、在生产力和生产关系之间发生的（或没发生的）事情：那里才是阶级斗争的植根所在。……有人说，上层建筑对下层建筑有'反作用'，这是事实。但这个事实说得太简单，我们尝试着对这个'反作用'作了一点点阐明。就本质而言，它根本不是反作用，因为上层建筑与下层建筑保持着一种特殊的关系：它再生产了下层建筑的运行条件。可能应该根据这个概念和阶级斗争的各种后果，来重新研究由'反作用'这个描述性的词语所指的各种情况。"② 阿尔都塞并不是不承认上层建筑"反作用"下层建筑这个事实，而是不满足于其仍停留于"简单"的描述性层面，认为其具体内涵没有得到阐明，而阿尔都塞试图对此进行阐明的思

① Louis Althusser, *Sur la reproduction*, Paris: Presses Universitaires de France,1995, p.124, 239; Louis Althusser, *On the Reproduction of Capitalism: Ideology and Ideological State Appara-tuses*, G.M.Goshgarian tr., London & New York:Verso, 2014, p.93, 203; [法] 路易·阿尔都塞：《论再生产》，吴子枫译，西北大学出版社 2019 年版，第 203、388 页。

② [法] 路易·阿尔都塞：《论再生产》，吴子枫译，西北大学出版社 2019 年版，第 203、319 页。

路则是，要从"这个概念和阶级斗争的各种后果"来重新研究"反作用"的具体所指，这实际上也就意味着，应将"反作用"的具体所指与"阶级斗争"加以联系，从"阶级斗争"及其后果的角度去理解"反作用"，因此，这实质上就是将"反作用"与"阶级斗争"加以了等同。而恰恰是在涉及自下层建筑（特别是生产关系）到上层建筑（特别是意识形态）的阶级斗争问题上，阿尔都塞的"毛泽东主义"与"头脑中的中国"对阿尔都塞的相关论述起到了重要作用，下文将有详细展开。

那么，需要进一步追问的是，在上层建筑的诸领域之中，究竟又是哪个领域对生产关系的再生产的起着最重要的作用呢？在阿尔都塞看来，这个因素正是意识形态以及特别是意识形态国家机器，但阿尔都塞又不是孤立地讨论意识形态之于生产关系的关系，而是在"法—国家—意识形态"①等上层建筑诸领域的复杂关系之中，去厘清为什么恰恰是意识形态在"保障"生产关系再生产过程中起到了最重要的作用。阿尔都塞认为一切上层建筑的中心只有一个，也即"国家"："……一切上层建筑作为阶级的上层建筑，都是中心化的，即以国家为中心。"②强调上层建筑以"国家"为中心，是阿尔都塞对马克思主义国家理论的重要发展。因此，法以及特别是意识形态等上层建筑领域都是围绕着"国家"、以"国家"为中心的，"意识形态国家机器"概念也由此而来，后文将展开详述。而在阿尔都塞看来，在"保障"生产关系再生产的诸领域之中，恰恰是意识形态国家机器起到了关键作用。"因此，是意识形态国家机器承担着生产关系（及其派生出来的其他关系，包括在它们自己的'人员'——内部派生出来的关系）再生产的主要功能。……此前我们发现，'法'是保证生产关系运行的首要的专门化意识形态国家机器，现在我们意识到，我们必须扩展这个命题，说：其他的意识形态国家机器，（作为它们自身干预作用的一部分）只有同时保障生产关系的运作本身，才能保障生产关系的再生产。"③"……'法'的本质功能更多地不是保障生产关系的再生产，而是调节和控制生产……"④"法不

---

① ［法］路易·阿尔都塞：《论再生产》，吴子枫译，西北大学出版社2019年版，第181页。
② ［法］路易·阿尔都塞：《论再生产》，吴子枫译，西北大学出版社2019年版，第277页。
③ ［法］路易·阿尔都塞：《论再生产》，吴子枫译，西北大学出版社2019年版，第385页。
④ ［法］路易·阿尔都塞：《论再生产》，吴子枫译，西北大学出版社2019年版，第389页。

足以保证占统治地位的社会关系的稳定或再生产，因此'在功能上'必然需要一种意识形态的作用力的补充。"① 这就是说，"法"自身是不足够完全保障生产关系再生产的，必须还要依赖意识形态国家机器保障生产关系再生产。

此外，尽管"……生产关系的再生产是通过镇压性国家机器和意识形态国家机器共同来保障的"②，然而，相较于镇压性国家机器，恰恰又是意识形态国家机器在日常生活中主要起着再生产生产关系的作用。阿尔都塞对这个论点在不同文本之中反复进行了论述：例如，强调意识形态和政治条件正是资本主义生产关系也即资本主义剥削关系再生产的条件。③ 从生产关系之于意识形态的角度，阿尔都塞强调意识形态所（歪曲）想象的核心对象不是别的，正是特定社会形态的生产关系（及其由其派生的其他关系）④。阿尔都塞以"意识形态国家机器"概念直接为意识形态关联于生产关系提供了物质载体，家庭、教会、文化（包括文学和审美）机构、媒体等意识形态国家机器就成为生产关系再生产的种种具象机制。"在极大程度上"，生产关系的再生产不是凭借其他领域而正是凭借意识形态、上层建筑领域来保证的。⑤ 为什么言其"在极大程度上"？这是因为，镇压性国家机器往往是在生产和生产关系的外部运行的，而只有意识形态国家机器是在生产和生产关系的内部运行的："……有些意识形态，比如宗教意识形态、道德意识形态、法律意识形态，甚至政治意识形态［甚至审美意识形态：这让人想到手艺人、艺术家，以及所有那些需要把自己视为'创造者（créateurs/creators）'而进行劳作的人］，恰恰是在生产关系——那些意识形

---

① ［法］艾蒂安·巴利巴尔：《法文版序：阿尔都塞和"意识形态国家机器"》，［法］路易·阿尔都塞：《论再生产》，吴子枫译，西北大学出版社2019年版，第10—11页。

② ［法］雅克·比岱：《法文版导言：请你重读阿尔都塞》，［法］路易·阿尔都塞：《论再生产》，吴子枫译，西北大学出版社2019年版，第22、27页。

③ Grahame Lock, "Introduction", Louis Althusser, *Essays in Self-Criticism*, Graham Lock tr., London: NLB, 1976, p.10.

④ ［法］路易·阿尔都塞：《意识形态和意识形态国家机器（研究笔记）》，孟登迎译，载陈越编：《哲学与政治：阿尔都塞读本》，吉林人民出版社2003年版，第340页。

⑤ ［法］路易·阿尔都塞：《意识形态和意识形态国家机器（研究笔记）》，孟登迎译，载陈越编：《哲学与政治：阿尔都塞读本》，吉林人民出版社2003年版，第340页。

态有助于使它'自动运转起来'——运行的内部，保障着（assurent/ensure）生产关系的再生产……"；相反，除非发生"交通总罢工"这样的非常规事件，镇压性国家机器如"军队"、"警察"等并不会"直接在生产关系运动的内部，对生产或意识形态国家机器进行干预"，故此可说，"在生产中，生产关系的运行是由镇压和意识形态联手保障的，其中意识形态占统治地位的作用（le rôle dominant/the dominant role）。"① 这就是说，在日常的社会常态下，保障、维护、支配和统领着生产关系及其再生产的主要就是意识形态(国家机器)，因为只有意识形态(国家机器)能够深入到作为"当事人"的人及人与人、人与社会的想象性关系之中，使得"当事人"按一定的生产关系行事，从而使得生产关系真正地"自动运转起来"。例如，尽管"创造者"是被资本主义意识形态唤问（interpelle/interpellates）出来的主体性幻觉，然而正是这种主体性幻觉确保着资本主义生产关系的延续。有研究者认为，阿尔都塞的《意识形态和意识形态国家机器》论文正是发展了毛泽东的对意识形态之于生产关系的再生产的关键作用的强调。② 考虑到阿尔都塞［甚至反对他的"共产主义青年联盟（马列）"］力图激发的意识形态的革命"依赖于毛泽东思想"③，可以说，阿尔都塞"头脑中的中国"与"毛泽东主义"鼓舞了他对意识形态问题之于生产关系再生产、之于下层建筑，甚至之于社会形态变革的"权重"的考虑，意识形态问题被不断赋权，乃至于成为关乎生产关系再生产的"占统治地位"的关键要素。

至此，通过生产关系优先论、上层建筑与生产关系的互为条件说、上层建筑的相对独立性说、上层建筑之于生产关系再生产的"保障"说以及上层建筑之中意识形态国家机器对生产关系再生产起着"占统治地位的作用"等诸环节的理论论证，意识形态（国家机器）之于生产关系再生产、之于下层

---

① Louis Althusser, *Sur la reproduction*, Paris: Presses Universitaires de France, 1995, pp.236–238; Louis Althusser, *On the Reproduction of Capitalism: Ideology and Ideological State Apparatuses*, G.M.Goshgarian tr., London & New York: Verso, 2014, pp.201–203; ［法］路易·阿尔都塞:《论再生产》，吴子枫译，西北大学出版社2019年版，第386—388页。

② John Ellis, "Ideology and Subjectivity", in *Culture Media*, *Language: Working Papers in Cultural Studies*, *1972–79*, Taylor & Francis, 2005, p.185.

③ Camille Robcis, "'China in Our Heads': Althusser, Maoism and Structuralism", *Social Text*, Vol.30, No.1, 2012, p.51, 63.

建筑的重要性和独特作用就被鲜明地凸显了出来。阿尔都塞还指出，"……由一定生产方式（在当前要考察的情况中是资本主义生产方式）统治着的某种社会形态的'延续（durée; duration）'的难题，就取决于保障这个再生产的条件和这个再生产本身的上层建筑的'延续'，也就是说，取决于作为镇压性国家机器和意识形态国家机器统一体的阶级国家的延续。"① 这就是说，一定社会形态的"延续"取决于上层建筑的"延续"以及作为镇压性国家机器和意识形态国家机器统一体的"国家"的延续，而又由于上层建筑之中意识形态国家机器对生产关系再生产起着"占统治地位的作用"，故此可以推演，意识形态国家机器的通过作用于一定社会形态之中的生产关系的再生产，从而对一定社会形态的延续能够起到相当大的作用。而"再生产和革命"又具有极强的关联性，因为关于"不变的条件"也即再生产的条件也同样正是"不变性的变化"的条件②，故此，"延续"或"再生产"的玄奥，也即是直接指出了"革命"的路径。故此可说，阿尔都塞通过上述复杂论证，揭示了上层建筑和意识形态的存续或变革就在一定的形势之中可以成为确保生产关系、生产方式、社会形态存续或变革的那个"阿基米德支点"（上层建筑或意识形态存续或变革——生产关系存续或变革——生产方式存续或变革——社会形态存续或变革）。阿尔都塞关于在一定形势之中"意识形态能成为决定一切的战略要点"的激进论断，实际上只不过是上述论证逻辑的自然延伸和别样表述。由以上章节讨论可以看到，在上述逻辑链条之中，阿尔都塞"头脑中的中国"和"毛泽东主义"关系着其中几乎每一个环节的论证。

就文学研究和美学研究而言，阿尔都塞关于意识形态"占统治地位"论、上层建筑"保障"说以及生产关系"优先"论的一系列论证，实际上就阐明了文学、审美、文化作为意识形态（国家机器）的"及物性"也即作用于特定社会的生产关系、生产方式甚至社会形态的具体路径。尽管阿尔都塞主要

---

① Louis Althusser, *Sur la reproduction*, Paris: Presses Universitaires de France,1995, p.181; Louis Althusser, *On the Reproduction of Capitalism: Ideology and Ideological State Apparatuses*, G.M.Goshgarian tr., London & New York:Verso, 2014, p.149. [法] 路易·阿尔都塞：《论再生产》，吴子枫译，西北大学出版社 2019 年版，第 299 页。

② [法] 雅克·比岱：《法文版导言：请你重读阿尔都塞》，[法] 路易·阿尔都塞：《论再生产》，吴子枫译，西北大学出版社 2019 年版，第 23—24 页。

是从负面的角度也即突出资本主义社会之中文化和审美意识形态（国家机器）如何帮助"保障"资本主义生产关系的再生产并对此作出激烈的批判，而尚未充分展开阐述意识形态变革所能引起的生产关系的变革，但是他实际上为一般意义上的、任何社会形态中的文化和审美意识形态作用于生产关系并进一步经由生产关系作用于社会生产方式给出了清晰的理论通路。文化、文学和审美等意识形态的变革作用于生产关系并进一步作用于生产方式、社会形态变革的理论可能性实际上已经潜伏在上述论证之中。故此可说，从此以后，文化、文学和审美意识形态与具体社会形态的存续与否这二者之间的关系不应再被看作遥远而无关的，而是它们之间经由生产关系、生产方式等若干环节切实地存在着复杂联动关系。既然文化、文学和审美意识形态的存续关涉于生产方式甚至社会形态的存续，那么基于同一个联动机制，文化、文学和审美意识形态的变革也理应关涉于生产关系、生产方式甚至社会形态的变革。故此，对当代文学研究和美学研究来说，有必要重新思考阿尔都塞的生产关系理论、上层建筑理论，因为阿尔都塞所打通的上述一系列理论通路，实际上已经为文学、文化、美学在社会结构之中的位置给予了具有重大意义的重新安顿——尽管他并未就此展开详尽阐述。

第五章 "毛泽东主义"与阿尔都塞的
意识形态理论（二）

佩里·安德森指出，文化问题和意识形态是西方马克思主义从始至终都共同关注的、占主导地位的（predominant）焦点。[①]尽管西方马克思主义的显著特征就是对文化和意识形态问题的普遍关注，但是阿尔都塞对将马克思主义意识形态学说发展为一门具有强烈独创性和体系性的独立理论起到了关键作用。正是在这个意义上，杰姆逊认为阿尔都塞在《意识形态与意识形态机器》里提出了称之为最具独创性的、最具启示性的关于意识形态各种过程的新的"模式（model）"，是对传统马克思主义的意识形态概念所作的最具影响力、最戏剧化的重新思考。[②]事实上，所谓"意识形态理论（ideology theory）"正是1970年代西方学术界新造出的、专门用来指称阿尔都塞对于马克思主义意识形态理论加以理论重建的一个概念，以此区别于将意识形态还原为经济的表现、将意识形态看作"错误的意识"以及韦伯（Max Weber）或卢曼（Niklas Luhmann）以"社会—技术"的方法从资产阶级意识形态自圆其说的角度来讨论意识形态的作用的"合法性理论"，而之所以需要阿尔都塞的"意识形态理论"正因为上述三类理论都无法解释资本主义社会及其国家的稳定性，更无法发展出促进社会主义转型、使工人阶级获得领导权（hegemony）的策略。[③]可以看到，相比

[①] Perry Anderson, *Considerations on Western Marxism*, London & New York: Verso, 1979, p.78.

[②] Fredric Jameson, *Valence of The Dialectic*, London & New York: Verso, 2009, p.336.

[③] Jan Rehmann, "Ideology Theory", Peter Thomas tr., *Historical Materialism*, Vol.15, 2007, p.211.

经典马克思主义特别是《德意志意识形态》之中主要在虚假意义的层面上使用"意识形态"一词①，以及相比形形色色的关于资产阶级意识形态合法性的学说，正是阿尔都塞的意识形态理论对西方资产阶级国家及生产关系的存续及其再生产的玄奥给予了真正的理论说明，并且他的意识形态理论还带有鲜明的批判锋芒和革命意图，力图为"社会主义转型"提供药方。正是在这个意义上，可以说20世纪的"意识形态理论"得以成为一门真正具有独立性、体系性的学说，与阿尔都塞的贡献不无关联。葛兰西、弗洛伊德/拉康、斯宾诺莎等理论家的思想已被公认为是阿尔都塞意识形态理论的主要来源。但是，已经有越来越多的研究者注意到——特别是随着阿尔都塞一度以匿名形式发表的《论文化革命》一文与阿尔都塞那篇著名的《意识形态和意识形态国家机器（研究笔记）》的相似性和共通性引起了学术界越来越多的关注之后——阿尔都塞的意识形态理论实际上还与"毛泽东主义"、与他"头脑中的中国"存在着深刻的、关键性的联系。以下章节正是力图回答："毛泽东主义"、与他"头脑中的中国"究竟是通过哪些路径、哪些环节介入到了阿尔都塞意识形态理论的哪些概念、哪些命题、哪些论证环节之中的，由此引发了西方当代理论生产的哪些嬗变。

第一节　"头脑中的中国"、"毛泽东主义"与阿尔都塞的意识形态理论

　　目前已公认，约在1966—1967年，阿尔都塞的思想发生了根本性的转折，阿尔都塞的学生马舍雷关于阿尔都塞1967年之后开始解构自身体系并发展其中的"各种内在矛盾"的判断②、巴利巴尔关于在1968年"五月风

①　胡亚敏:《关于文学及其意识形态性质的思考》，载《文艺意识形态学术论争集》（文艺意识形态学说学术研讨会会议论文集，2006年4月7日），吉林大学出版社2006年版，第91页。

②　James H. Kavanagh and Thomas E. Lewis, "Interview with Étienne Balibar and Pierre Machercy", *Diacritics*, Vol.12, No.1, 1982, p.46.

暴"之前阿尔都塞就进入自我批评时期并对自己的哲学进行"根本的改写"的判断①均是有力证言。值得注意的是，阿尔都塞的理论转折恰好与他对中国的高度关注相重叠。格雷戈里·艾略特在其《阿尔都塞：理论的迂回》（*Althusser: The Detour of Theory*）中已经阐明，在 1960 年代中期之后，阿尔都塞的政治工程在何种程度上是以在中国发生的各种事件为中心的②——尽管他是以一种对阿尔都塞的"毛泽东主义"几乎全盘否定的态度呈现出这个事实。那么，阿尔都塞在 1960 年代中期也即 1966—1967 年的理论转折（特别是他此后关于意识形态的大量写作）与"毛泽东主义"是否相关、在何种程度上相关？

戈什格瑞恩（G.M.Goshgarian）为理解阿尔都塞的 1966 年左右的理论转折提供了一个关键线索，他提出，是否中国通过"转变'意识形态的各种社会关系'（transforming 'ideological social relations'）"而开展的立足于左翼的斯大林主义批判的斗争鼓舞了以阿尔都塞式的马克思主义在 1966—1967 年的转折为开端的马克思主义哲学的转型？③ 戈什格瑞恩将中国和毛泽东思想视为阿尔都塞理论演进之中以及特别是他 1966—1967 年理论转折过程中的正面的、关键的因素，与格雷戈里·艾略特所认为的对"毛泽东主义"与对中国的亲近损坏了阿尔都塞的历史唯物主义和意识形态理论建构的观点④大相径庭。有研究者指出，戈什格瑞恩不仅是基于阿尔都塞的已出版和未出版的理论写作，而且还基于阿尔都塞的信件、笔记、报纸评论、法国共产党档案材料、访谈等文献，将阿尔都塞与法国共产党人道主义论战、"毛泽东主义"的影响、列宁主义的影响与阿尔都塞在 1966—1968 年的思想转变联系起来考虑，从而补充了格雷戈里·艾略特的观点。⑤ 尽管戈什格瑞

---

① [法] E. 巴利巴尔：《阿尔都塞与中国》，吴志峰译，《马克思主义与现实》2015 年第 4 期，第 99 页。

② Joseph McCarney, "For and Against Althusser", *New Left Review*, Vol.0, Iss.176, 1989, p.126.

③ G.M.Goshgarian, "Introduction", in Louis Althusser, *The Humanist Controversy and Other Writings* (*1966–1967*), Francois Matheron ed., G.M.Goshgarian tr., London & New York: Verso, 2003, p.xxxviii.

④ Gregory Elliott, *Althusser: The Detour of Theory*, London & Boston: Brill, 2006, p.303.

⑤ Williams S. Lewis, *Louis Althusser and the Tradition of French Marxism*, Maryland: Lexington Books, 2005, p.209.

恩主要强调的是中国以"转变'意识形态的各种社会关系'"作为苏联批判和斯大林批判的实践对阿尔都塞对于自身理论主义的自我批评以及对阿尔都塞反思哲学何为、理论的实践何为的影响，但是如将戈什格瑞恩的上述判断与巴利巴尔关于阿尔都塞在1968年五月之前就"进入了一个自我批评期"，"通过放弃结构主义和'认识论断裂'，他力图为哲学，并由此为历史理论，赋予一种直接得多的政治性"①联系起来考虑，则可以说，阿尔都塞反思意识形态与哲学的关系、反思理论主义和哲学何为的思路和方向，正是走向"一种直接得多的政治性"，而其中重要原因之一，正是源于阿尔都塞对中国的"转变'意识形态的各种社会关系'"的高度关注。这种"直接得多的政治性"有诸多表现，其中最重要的表现至少包括：其一，从1966年夏天起开始走向偶然相遇的唯物主义②，逐步置换和抛弃结构主义，其二，重新思考和定义什么是哲学，在1973年发表的《答约翰·刘易斯》中提出著名的"哲学归根到底是理论领域的阶级斗争"命题③，其三，自《保卫马克思》《读〈资本论〉》以来，以及特别是通过1968—1970年间的《论再生产》写作工程重建历史唯物主义及马克思主义意识形态理论，等等。并非巧合的是，上述三个方面均与阿尔都塞"头脑中的中国"与"毛泽东主义"存在着不同程度的关联。在第三章已经讨论过阿尔都塞偶然相遇的唯物主义转向之中的"毛泽东主义"因素，而实际上阿尔都塞对于哲学的重新定义，以及特别是他对历史唯物主义和意识形态理论的重建与"毛泽东主义"及他"头脑中的中国"存在着极深程度的交错和关联。

与阿尔都塞对中国的高度关注所直接呼应的是，阿尔都塞在1960年代中期的理论转折之后，越来越为意识形态赋权（empowerment），越来越加

---

① ［法］艾蒂安·巴利巴尔：《中文版阿尔都塞著作集序》，［法］路易·阿尔都塞：《论再生产》，吴子枫译，西北大学出版社2019年版，第9页。

② G.M.Goshgarian, "Introduction", in Louis Althusser, *The Humanist Controversy and Other Writings*（*1966–1967*）, Francois Matheron ed., G.M.Goshgarian tr., London & New York: Verso, 2003, p.xvii; G.M.Goshgarian, "The Very Essence of the Object, the Soul of Marxism and Other Singular Things: Spinoza in Althusser 1959–67", in *Encountering Althusser: Politics and Materialism in Contemporary Radical Thought*, Katja Diefenbach, Sara R. Farris, Gal Kirn, Peter D. Thomas, ed., London & New York: Bloomsbury, 2013, p.107.

③ Louis Althusser, *Essays in Self-Criticism*, Graham Lock tr., London: NLB, pp.114, 39.

强意识形态在社会总体结构的"再生产"(也即社会结构的延续)以及社会总体结构的"革命"(也即社会结构的转变)之中的权重,并寄望于以意识形态为突破口、通过意识形态在一定形势之中转变资本主义的社会结构。杰姆逊认为,阿尔都塞关注社会结构的断裂性、不连续性,而相比此前的过度决定论中的相关阐释,在阿尔都塞的意识形态理论之中更为强调意识形态具有相对独立的作用,杰姆逊将《意识形态和意识形态国家机器(研究笔记)》一文视作阿尔都塞自身理论的某种"断裂"(a break)或"移置"(a displacement)的标志,这是因为,如果说此前阿尔都塞虽然指出了社会结构作为"复杂的过度决定的有结构的总体"的不连续性(discontinuities),但是却又试图统一(unite)这个总体,但是在这篇论文中却对作为总体的结构所起的"归根结底的最终决定"作用(determination in the last instance)保持了更为疏远的距离,更为强调社会生活的不同层面的"相对独立性"(relative autonomy)。① 这就是说,在后《保卫马克思》《读〈资本论〉》时期,阿尔都塞彻底放弃了用此前章节讨论过的"主导结构"等范畴来"统一"整个复杂的有结构的总体(故此杰姆逊将《意识形态和意识形态国家机器(研究笔记)》一文视为阿尔都塞整体理论写作的"断裂"),而是更强调各层面以及特别是意识形态的"相对独立性",并且阿尔都塞对意识形态的"相对独立性"的强调是直接关联着他对社会结构的"不连续性"也即社会结构的变革的强调。还有研究者指出,由于《读〈资本论〉》发表之后的涟漪效应,阿尔都塞明显地转而将意识形态问题作为中心考虑,《意识形态和意识形态国家机器(研究笔记)》可被视为后《读〈资本论〉》时期阿尔都塞对自身的"理论主义(theoreticism)"的自我批评的反思成果,在这篇论文中,阿尔都塞将意识形态概念置于社会历史之中加以重新锻造,使其成为"一种批判性的和争论性的阐述的驱动力(the driving force for a critical and polemical elaboration)",意识形态这个概念不仅变得更加具有建设性和启发性,而且

---

① Fredric Jameson, *Valance of the Dialectic*, London & New York: Verso, 2009, p.336. 杰姆逊在此处还强调,对阿尔都塞来说,"归根到底起决定作用(determination in the last instance)"的不是经济水平本身(the economical level itself alone),而是作为总体的结构(the structure as a totality)。对此笔者持保留意见,因为阿尔都塞在《保卫马克思》《读〈资本论〉》,包括在《论再生产》之中都反复强调了经济归根到底起决定性作用。

更加具有政治上的锋利性。① 这就是说，在《意识形态和意识形态国家机器（研究笔记）》论文之中，意识形态不仅成为更具"相对独立性"的概念，而且更是成为一个具有积极的理论意义且在政治上具有强烈意图的概念。如将这个论点与前文提及的戈什格瑞恩、巴利巴尔的论断相联系，则可以说，阿尔都塞对自身理论主义、对哲学何为的反思的结果，以及阿尔都塞1960 年代中期理论转折的结果，正是伴随着他对中国的强烈关注，以及由此转而重点关注意识形态、促使意识形态"问题化"、促使意识形态问题中心化。

　　阿尔都塞意识形态与中国和毛泽东思想的关联，首先表现在阿尔都塞本人主动将自身的"过度决定"论等理论建构与中国联系了起来，这也正是中国与阿尔都塞的意识形态理论存在实质联系的力证之一。阿尔都塞认为中国实践着他四年之前就在《矛盾与多元决定》之中提出的论点，即共产主义的实现必须要针对国家机器展开持续的革命。② 阿尔都塞在中国看到自己对苏联斯大林主义和法国共产党的批判已经实现了，认为中国证明了社会的各种矛盾的过度决定的本质、批判进化论和经济主义马克思主义的必要性、反目的论（如共产主义的实现并不能通过生产力发展而得到保证）、意识形态的核心作用等。③ 阿尔都塞指出，当时中国正在开展的革命运动是在一个相对独立的但被苏联所忽视了的领域展开的，那就是"意识形态的上层建筑"领域，阿尔都塞迅速地得出结论，认为中国的群众正是实践着"他的马克思主义所提供的理论（his Marxism offered the theory）"的左翼的、反斯大林主义的运动，而他的马克思主义的理论，也就是他在《矛盾与过度决定（研究笔

① Isabelle Garo, "The Impossible Break: Ideology in Movement between Philosophy and Politics", in *Encountering Althusser: Politics and Materialism in Contemporary Radical Thought*, Katja Diefenbach, Sara R. Farris, Gal Kirn and Peter D. Thomas ed., Bloomsbury, 2013, p.281.

② Asad Haider and Salar Mohandesi, "Underground Currents: Louis Althusser's ' On Marxist Thought'", Sep 12, 2012, https://www.viewpointmag.com/2012/09/12/underground-currents-louis-althussers-on-marxist-thought/.

③ Doug Enaa Greene, "Reading Althusser through Mao", https://zh.scribd.com/document/269315655/Reading-Althusser-Through-Mao.

记)》中所提出的那些马克思主义命题。① 换句话说，阿尔都塞认为中国正在进行的革命代表了"马克思主义关于意识形态的本质的各种原则"的运用，他认为，中国的经验验证了（verified）他在 1965 年就提出的理论。② 尽管阿尔都塞在《矛盾与过度决定（研究笔记)》中对意识形态本身的阐发是相对有限的，但是该篇论文中通过重建马克思主义辩证唯物主义，通过"过度决定"、矛盾的"差异"和"不平衡"等范畴为意识形态具有相对独立性和能动作用提供了辩证唯物主义层面的理论前提或上位法依据，从而为阿尔都塞其后建构的意识形态理论奠定了基础，这正是阿尔都塞本人认为中国实践着他的理论的原因所在。应该说，阿尔都塞认为他的"过度决定"论为中国正在开展的革命运动提供了理论依据，这显然是他一厢情愿的看法，然而这同时也意味着，阿尔都塞主动地、明确地将中国与他从《矛盾与过度决定（研究笔记)》中就开始生发的对意识形态问题的思考关联了起来，认为中国实践着他早就提出的对意识形态和上层建筑领域展开持续革命、矛盾的过度决定、反经济主义以及反进化论和反目的论、意识形态的本质及其关键作用等论断。

更为重要的是，阿尔都塞在 1960 年代中期之后的围绕历史唯物主义、意识形态的理论写作与中国和毛泽东思想文本存在着强烈的"对话"关系。阿尔都塞在《矛盾与过度决定（研究笔记)》中指出，"关于上层建筑和其他'环境'的特殊效能的理论大部分有待我们去制订；……必须制订出关于上层建筑特殊因素的特有本制度的理论"，阿尔都塞认为，这项工作犹如描画未经重大探险的非洲地图一样，只看得到大致的轮廓，细节方面还十分模糊。③ 在阿尔都塞看来，中国的实践正为深入描摹这细节十分模糊的关于上层建筑和意识形态的"地图"提供了丰富的灵感和巨大的契机。这是因为，阿尔都塞认为中国关于下层建筑应有与之"相适合"的上层建筑这个马克思主义经典论点的实践才是"某种新鲜的（tout à fait nouveau;completely new）东西"，

---

① G.M.Goshgarian, "Introduction", in Louis Althusser, *The Humanist Controversy and Other Writings* (1966–1967), Francois Matheron ed., G.M.Goshgarian tr., London & New York: Verso, 2003, p.xxxv.

② Gregory Elliott, *Althusser: The Detour of Theory*, London & Boston: Brill, 2006, p.176.

③ [法] 路易·阿尔都塞:《保卫马克思》，顾良译，商务印书馆 2010 年版，第 103—104 页。

这一实践反过来又照亮了这个理论论点以及支撑它的那些原理，并且它还"迫使我们去关注由它的实践所生产出来的或必然会生产出来的一些新的理论知识"。① 这就是说，阿尔都塞认为中国的实践不仅实现了马克思主义关于意识形态的一些基本构想，还反过来丰富了甚至拓展了马克思主义的意识形态理论，其中的"全新的东西"亟待从理论上予以说明。正是在这个意义上，格雷戈里·艾略特指出，阿尔都塞的《意识形态和意识形态国家机器》在某种程度上可被认为是试图为中国文化革命所支撑的那些初生但未充分展开的（inchoate）原则提供严谨的理论化(rigorous theorisation）的尝试。② 换句话说，阿尔都塞关于意识形态问题的若干关键性文本——《论文化革命》《意识形态和意识形态国家机器》以及当然也包括同一时期写作的《论再生产》——在某种程度上均可看作是阿尔都塞对他所理解的中国在意识形态领域开展的革命运动的阐发、概括和理论化的结果。戈什格瑞恩更直接指出，阿尔都塞十分赞同中国和毛泽东对苏联斯大林主义的批判，实际上，阿尔都塞在未来工作中的很大一部分就是为"某些中国论点已经肯定了的（观点）(what certain Chinese thesis affirmed)"提供"理论的基础 (theoretical foundation)"。③ 这其中当然就包括上文提及的中国和毛泽东对斯大林主义忽视意识形态和上层领域的斗争的批判。有的研究者尽管不把中国与阿尔都塞的意识形态理论看作是上述这种强烈意义上的因果关系，但是也认为中国、"毛泽东主义"与阿尔都塞意识形态理论之间的交叉性和关联性是毋庸置疑的。例如，近年来有研究指出，"与其说将这两种话语——'中国'和结构主义马克思主义——放置于一种因果关系之中，我感兴趣的是它们如何在这个时期发生了交叉(intersected)，特别是在以下三个点上的交叉：对矛盾的强调，反人道主义，和意识形态问题"，而在意识形态问题方面，中国"为阿尔都塞提供了一个

---

① Anonyme (Atribué à Louis Althusser), "Sur la révolution culturelle", in *Décalages*, Vol.1, Issue 1, article 8, 2010, p.13.Anonymous (Attributed to Louis Althusser), "On the Cultural Revolution", Jason E. Smith tr., in *Décalages*, Vol.1, Issue 1, 2010,Article 9, p.14. 中译文来自吴子枫老师的最新译本。

② Gregory Elliott, *Althusser: The Detour of Theory*, London & Boston: Brill, 2006, p.212.

③ G.M.Goshgarian, "Introduction", in Louis Althusser, *The Humanist Controversy and Other Writings*（1966–1967）, Francois Matheron ed., G.M.Goshgarian tr., London & New York: Verso, 2003, p.xxxvii.

案例研究、一个实践的平台去完善（refine）意识形态理论，这个理论自《保卫马克思》开始他就已经在力图完善了"。① 所谓"交叉"关系，应该理解为一种动态性的"对话"关系，尽管这种"对话"在很大程度上是发生在阿尔都塞与他"头脑中的"中国之间——阿尔都塞仅仅是从他当时所能掌握的有限的资料如法译本毛泽东著作、来自中国的新闻报道等去想象着那个遥远的中国。以下将集中讨论并呈现阿尔都塞如何将他所理解和阐发的"毛泽东主义"转化到他的意识形态理论中去的，而转化的成果又表现为阿尔都塞理论中的哪些新的范畴、命题和理论。毕竟如格雷戈里·艾略特所指出的，阿尔都塞在1966年发表的《论文化革命》确认了这样一个事实，即与他在此前出版的《自我批判材料》一书中的"去政治化"的自我阐述恰好相反，阿尔都塞所最为严肃"示好"（most serious "flirtation"）的对象既不是结构主义，甚至也不是斯宾诺莎主义，而是"毛泽东主义"。②

第二节 "毛泽东主义"与阿尔都塞论意识形态国家机器

阿尔都塞的意识形态理论相对于经典马克思主义意识形态理论而言发生了重大推进，其表现之一就在于提出了意识形态国家机器（Appareils Idéologique d'Etat; Ideological State Apparatuses）等标志性的新概念和命题。在"抵达"意识形态国家机器概念之前，阿尔都塞实际上逐步铺垫并打通了意识形态与法、意识形态与国家、意识形态的非观念性、意识形态的物质性、风俗、仪式和行为与意识形态、意识形态实践等若干环节。那么，"毛泽东主义"是经过什么路径、进入到了阿尔都塞哪些标志性概念和命题之中？

阿尔都塞的意识形态国家机器概念及其相关的意识形态非观念性、物

---

① Camille Robcis, "'China in Our Heads': Althusser, Maoism and Structuralism," *Social Text*, Vol.30, No.1, 2012, pp.51, 62.

② Gregory Elliott, *Althusser: The Detour of Theory*, London & Boston: Brill, 2006, p.174.

质性的论述，承接和延续着阿尔都塞的生产关系优先论、上层建筑"保障"说对马克思主义下层建筑 / 上层建筑的地形学的批判与改造，而通过意识形态国家机器概念，马克思主义地形学的"抽象性"、"不稳定性"得到了矫正和充实，上层建筑、下层建筑"相互交织"成为一个"具体的整体"①。通过意识形态国家机器概念，意识形态不再只是下层建筑的衍生性的、被动的、消极的"副产品"，而成为积极的、建构性的、"能动性"的存在，它既关联着上层建筑之中的法和国家，又"保障"着下层建筑之中的生产关系的再生产，和"法"及其他环节一切，促使整个马克思主义地形学大厦的各部分和各环节联动起来、"运动"起来。阿尔都塞"……把马克思关于意识形态的消极理论，发展成了关于意识形态的积极理论，从而把在马克思那里几乎等同于'梦幻'的东西，变成了在历史上无所不在的现实，变成了构成社会的一个积极要素：在资本主义社会，就是保障'法'和'国家'运行的一个积极要素。"② 阿尔都塞通过揭示意识形态与法及国家的关系，使得意识形态成为一个保障特定社会形态之中的法与国家运行的"积极要素"。更进一步说，阿尔都塞通过肯定意识形态的积极作用（active role）来矫正经济主义的决定论，阿尔都塞引入意识形态国家机器概念正是为了加强对于上层建筑如何"反作用于"基础的分析，意识形态国家机器概念致力于将马克思主义地形学的结构动力化（dynamising）并思考它的各种转变（transformations）。③ 意识形态国家机器概念因而不仅关乎于上层建筑领域的法与国家，更关乎于整个马克思主义地形学（上层建筑加下层建筑）的"动力化"和"各种转变"。还有研究者认为，由于阿尔都塞给予了意识形态一种积极的（positive）而不仅仅是反映的或表现的（reflective or expressive）作用，意识形态自身就成为了生产方式的一个结

---

① 吴子枫：《译后记》，［法］路易·阿尔都塞：《论再生产》，吴子枫译，西北大学出版社2019年版，第541—542页。

② 吴子枫：《译后记》，［法］路易·阿尔都塞：《论再生产》，吴子枫译，西北大学出版社2019年版，第541页。

③ Isabelle Garo, "The Impossible Break: Ideology in Movement between Philosophy and Politics", in *Encountering Althusser: Politics and Materialism in Contemporary Radical Thought*, Katja Diefenbach, Sara R. Farris, Gal Kirn and Peter D.Thomas ed., Bloomsbury, 2013, p.281.

构性的决定因素（a structural determinant）。① 以上章节关于上层建筑"保障"生产关系再生产以及尤其是意识形态在"保障"生产关系再生产之中"意识形态占统治地位的作用(le rôle dominant/the dominant role)"②、意识形态国家机器在生产和生产关系的内部运行③ 的讨论，已经证实了意识形态之于生产关系——从而也就是之于生产关系和生产力的统一体的"生产方式"——的关键作用，意识形态因而绝非外在于下层建筑的一个孤立的因素，而是无时无刻参与、"保障"着下层建筑、生产关系、生产方式的"延续"和再生产。正是在这个意义上可以说，意识形态成为"生产方式的一个结构性的决定因素"。然而阿尔都塞没有满足于对上述环节的论证，他通过意识形态国家机器概念，为作为"生产方式的一个结构性的决定因素"的意识形态找到了具象化的物质载体，从而彻底挑战了上层建筑/下层建筑的那种"描述性"的地形学。

"国家"是意识形态国家机器概念之中的核心要素之一，也是阿尔都塞意识形态理论区别于经典马克思主义意识形态学说及其他西方马克思主义意识形态学说的重要特征之一。而颇有意味的是，阿尔都塞对国家及国家权力的思考，与他对毛泽东思想文本的理解发生了关联。阿尔都塞在1980年4月于意大利接受电视访谈，阿尔都塞谈道，"……但我强调的是'国家的……'，这是一个问题，因为每个人都习惯于使用'意识形态机器'这个词。我不知道葛兰西是否用过'霸权机器'这个术语，那说的是一回事，只是'国家'消失了。我非常谨慎地保留了'国家'，因为它最重要：这些意识形态

---

① Claire Colebrook, *New Literary Histories: New Historicism and Contemporary Criticism*, Manchester & New York: Manchester University Press, 1997, p.155.

② Louis Althusser, *Sur la reproduction*, Paris: Presses Universitaires de France, 1995, pp.236–238; Louis Althusser, *On the Reproduction of Capitalism: Ideology and Ideological State Apparatuses*, G.M.Goshgarian tr., London & New York: Verso, 2014, pp.201–203;［法］路易·阿尔都塞:《论再生产》，吴子枫译，西北大学出版社2019年版，第386—388页。

③ Louis Althusser, *Sur la reproduction*, Paris: Presses Universitaires de France, 1995, pp.236–238; Louis Althusser, *On the Reproduction of Capitalism: Ideology and Ideological State Apparatuses*, G.M.Goshgarian tr., London & New York: Verso, 2014, pp.201–203;［法］路易·阿尔都塞:《论再生产》，吴子枫译，西北大学出版社2019年版，第386—388页。

机器是国家的意识形态机器。"① 在这里，阿尔都塞明白无误地指出了自己与葛兰西及其他形形色色关于意识形态具有物质性的学说的区别，正在于他坚持将意识形态机器视为"国家的意识形态机器"，因为"国家"因素"最重要"。

阿尔都塞《论再生产》一书的"最大的贡献"，"就是通过对'法'和'意识形态'的深入研究，提出了一套'国家理论'，从而填补了马克思主义社会形态理论中的一个'空白'"。② 阿尔都塞认为，必须要给"部分地是描述性的"马克思主义国家理论"补充别的东西"，否认无法理解其国家理论所包含的各种要素的"作用和运行"："在这里，我们必须小心翼翼地踏进这个领域。事实上，在我们之前，马克思、列宁、斯大林和毛早就进入这个领域了，只是他们还没有用理论的形式，把他们的经验和做法中所隐含的决定性进行系统化。……由此我们要提出，马克思主义经典作家，在事实上，也就是说在他们的政治实践中，是把国家当作一个比'马克思主义国家理论'对国家的定义更为复杂的现实来对待的——即使这个定义已经像我们刚才那样作了补充。因此，他们在自己的实践中已经承认了这种复杂性，但他们还没有用相应的理论将它表达出来"，阿尔都塞直接提出，他要为马克思主义国家理论所补充的，正是必须要考虑"另一种现实"也即"意识形态国家机器"，"因此，理论干预的准确部位，在于意识形态国家机器与（镇压性国家机器意义上的）国家机器之间的差别。"③ 阿尔都塞在这里提及毛泽东，认为毛泽东和其他马克思主义经典作家一样，实际上已经在自己的政治实践之中把"国家"当作比马克思主义国家理论对国家的定义"更为复杂的现实"来加以思考。阿尔都塞直接将"意识形态国家机器"概念作为对马克思主义国家理论的重大补充，以此作为理解国家理论之中的各个要素的"作用和运行"的重要方式。那么，为什么阿尔都塞在这里提及毛泽东？阿尔都塞关于

---

① 《阿尔都塞访谈：马克思主义的危机》，王立秋译，首发于"土逗公社"，http://tootopia.me/article/6890。

② 吴子枫：《译后记》，[法] 路易·阿尔都塞：《论再生产》，吴子枫译，西北大学出版社2019年版，第538页。

③ [法] 路易·阿尔都塞：《论再生产》，吴子枫译，西北大学出版社2019年版，第172—173页。

国家、关于意识形态国家机器的思考与毛泽东思想有何关联？

　　研究者近年来在阿尔都塞关于毛泽东的研究笔记中发现了一些关键性的表述。在关于毛泽东思想的一张索引卡上，阿尔都塞写道："毛泽东将权力等同于意识形态（Mao identifies power and ideology）；更具体地说：系统 = 权力 = 意识形态（More specifically: system=power=ideology）"。① 阿尔都塞在这里的论述逻辑值得细读。他首先指出，"权力 = 意识形态"，然后接着加入"系统"，并指出三者的等价。阿尔都塞所谓的"权力"指什么？所谓的"系统"又是什么？雅克·比岱指出，"阿尔都塞反复地说，国家机器很难'被各阶级间的斗争所渗透'，它是彻头彻尾的统治机器。……诚然，被统治阶级的斗争会对社会产生影响，但只有统治阶级才行使'权力'。事实上，权力应被理解为是统治阶级相对于被统治阶级的力量的'剩余'，不久之后，阿尔都塞就是这么说的：'阶级统治被认可是在国家中并通过国家而实现的，因为只有统治阶级的力量才能进入那里并在那里得到承认，不仅如此，统治阶级的力量还是国家唯一的"发动机"，是在国家中唯一能被转化成权力、权利、法律和准则的能量'。"② 可以看到，"权力"在阿尔都塞的思考以及特别是他关于意识形态问题的思考之中，主要指的正是统治阶级的权力也即统治阶级的力量才能进入其中的"国家"权力，因为除了统治阶级之外的被统治阶级无法"渗透"和进入"国家"之中。故此可认为，对阿尔都塞的毛泽东研究笔记的等号公式中的"权力"的合理的解释，就是将其理解为统治阶级的权力，以及只有统治阶级的力量才能进入其中的"国家"的权力。那么什么是"系统"？阿尔都塞明确指出，要区分意识形态的各个机构和作为"系统"的意识形态国家机器："构成每一种 AIE 的不同机构和组织都形成一个系统。……例如：不把作为政治的 AIE 组成部分的政党与这个 AIE 的复杂系统联系起来，就无法探讨政党。……一种意识形态国家机器就是一个由各种确定的机构、组织和相应的实践所组成的系统。……机构并不是意识形态国家机器。构成一种意识形态国家机器的，是一个包含并结合了好些机构、

---

① Camille Robcis, "'China in Our Heads': Althusser, Maoism and Structuralism," *Social Text*, Vol.30, No.1, 2012, pp.51, 60.
② ［法］雅克·比岱：《法文版导言：请你重读阿尔都塞》，［法］路易·阿尔都塞：《论再生产》，吴子枫译，西北大学出版社 2019 年版，第 24—25 页。

组织机器实践的复杂系统。……注意：教会、学校、政党，并不是每一种机构都构成一种意识形态国家机器，它们只是不同系统（我们用诸意识形态国家机器来称呼它们）的一个部件，那些系统即宗教系统、教育系统、政治系统等。"① 由上可知，所谓"系统"正是意识形态国家机器的同义词。阿尔都塞不是对各意识形态机构作"柏拉图式的无穷的、形式的划分"②，而是根据各意识形态机构在服务于生产关系的再生产方面的共同性，从若干机构和实践构成的更为宏大的"系统"角度，在形形色色的意识形态机构之中去把握和提炼出若干种意识形态国家机器，从而形成更有效、更有针对性的意识形态国家机器批判。故此可说，对阿尔都塞的毛泽东研究笔记的等号公式中的"系统"的合理解释，就是将其理解为意识形态国家机器。

那么，"系统＝权力＝意识形态"这三者的等价意味着什么？从阿尔都塞这段毛泽东研究笔记之中，能为加深理解阿尔都塞的意识形态国家机器概念提供哪些线索？在上述公式中，权力——也即"国家"权力——是居于系统与意识形态两端之间的一个中间项，正是这个中间项贯穿了两端，既贯穿在意识形态之中也贯穿在系统（意识形态国家机器）之中，因而"国家"权力就成为了理解这个等式的关键。

那么，阿尔都塞关于"国家"及其权力的思考的根本特点是什么？背后隐藏着他何种写作和斗争策略？有研究者根据阿尔都塞在《意识形态和意识形态国家机器（研究笔记）》中的论述脉络，认为阿尔都塞关于将个人"唤问"为主体的"国家"比作宗教意识形态之中将个人"唤问"为主体的"一个独一的、绝对的、大他者主体即上帝"。③ 阿尔都塞确实倾向于将"国家"及"国家"权力描述和思考为上帝般的大他者。艾蒂安·巴利巴尔和雅克·比岱均

① ［法］路易·阿尔都塞：《论再生产》，吴子枫译，西北大学出版社2019年版，第175、177、183、190页。

② Louis Althusser, *Essays in Self-Criticism*, Grahame Lock tr., London: NLB, 1976, p.145. 在之前的章节之中，笔者曾探讨过阿尔都塞如何将柏拉图式的区分与列宁和毛泽东的区分加以区别，此处借用阿尔都塞对柏拉图式区分的批判，来说明阿尔都塞之所以从"系统"的角度去理解意识形态国家机器的原因。

③ Jason Barker, "Missed Encounter: Althusser-Mao-Spinoza", in *Angelaki*, 2015, Vol.20, Iss.4, p.81. "一个独一的、绝对的、大他者主体即上帝"参考自［法］路易·阿尔都塞：《论再生产》，吴子枫译，西北大学出版社2019年版，第376页。

认为阿尔都塞与葛兰西的意识形态理论在"国家"问题的理解方面存在分歧。巴利巴尔认为，"因此，一切都好像是阿尔都塞在强化并强调资产阶级统治和国家隐秘力量的'极权'形象，为的是最终（以矛盾修饰的方式）达到颠覆它的可能性"，巴利巴尔认为，这正是阿尔都塞与葛兰西的区别，阿尔都塞拒绝葛兰西的"领导权"概念，坚持革命政党和革命运动对资产阶级上层建筑系统的"外在性"。① 雅克·比岱则作出了类似的论断，他认为，阿尔都塞在 1970 年《意识形态和意识形态国家机器》论文中关于"重大社会机构只是阶级统治关系的接受方"的部分灵感来自葛兰西，"……但是葛兰西给意识形态这个概念赋予了世界观、知识、文化和伦理上的宽泛意义，他认为市民社会也是正在上升的阶级即无产阶级展开进步斗争的领地，因此革命过程本身就类似于对领导权的夺取。由此看来，阿尔都塞倒转了上述理解，他把所有的机构阐释为国家机器的组成部分，而资产阶级正是通过国家机器来保障自己的统治的。他显然并没有忽视伴随着资产阶级法权和资产阶级民主而来的解放的可能性，……他也没有忽视社会主义运动对整个社会的民主政治的作用……但是，他以某种方式悬置了这一思考。……而对阿尔都塞来说，国家恰恰保障着社会暴力的行使，从而保障着一个阶级对另一个阶级的战争。"② 尽管葛兰西和阿尔都塞都将市民社会的组织、机构看作是"阶级统治关系"的一部分，但是葛兰西侧重强调无产阶级对市民社会的各个机构的主动占有、夺取、征服，而阿尔都塞则恰恰认为这些机构全部都是"国家机器的组成部分"，资产阶级"国家"被阿尔都塞有意塑造为"'极权'形象"——或者说类似于"一个独一的、绝对的、大他者主体即上帝"，阿尔都塞认为所有上述机构都服务于资产阶级"国家"实现对被统治阶级的暴力倾轧，故此无产阶级针对上述机构的斗争必然是具有"外在性"而不是内在性的——正如不可能在上帝的逻辑之中去挣脱主体的被唤问的命运，不可能在国家本身的逻辑之中和国家机器的内部实现对国家和国家机器的有效批判，必须要从外部对资产阶级国家和国家机器进行毫

---

① ［法］艾蒂安·巴利巴尔：《法文版序：阿尔都塞和"意识形态国家机器"》，［法］路易·阿尔都塞：《论再生产》，吴子枫译，西北大学出版社 2019 年版，第 14 页。

② ［法］雅克·比岱：《法文版导言：请你重读阿尔都塞》，［法］路易·阿尔都塞：《论再生产》，吴子枫译，西北大学出版社 2019 年版，第 28—29 页。

不妥协的猛攻。

如此，再来考察阿尔都塞在毛泽东研究笔记中提及的"系统＝权力＝意识形态"，则会发现该公式实际上对阿尔都塞在公开出版物之中加以复杂阐述的关于国家、国家权力、意识形态、意识形态国家机器的互为联系，甚至互为等同的关系给出了一个至为简洁有力的总括。该等式以"权力"也即国家权力为核心，一方面指出"系统＝权力"也即意味着"意识形态国家机器＝国家"，这就意味着形形色色的系统也即宗教的、教育的、家庭的、政治的、新闻的、文化的等意识形态国家机器无一例外、全部都是国家及其权力的化身，因此必须要通过意识形态国家机器在社会现实之中的广泛存在去深刻地体认资产阶级国家及其权力的无所不在；另一方面，"系统＝意识形态"及"系统＝权力＝意识形态"也即意味着"意识形态国家机器＝国家＝意识形态"，资产阶级国家权力主要是通过意识形态以及特别是通过意识形态的物质化形式即意识形态国家机器而传递至社会的方方面面及各个个人的——言其"主要"，是因为阿尔都塞没有在等式之中加上镇压性国家机器，而只是加上了"意识形态"和作为"系统"的意识形态国家机器，也就意味着，意识形态和意识形态国家机器对国家权力的实现具有某种独特的、关键的作用。在"法—国家—意识形态"等诸上层建筑领域之中，阿尔都塞始终强调"国家"是一切上层建筑的中心，"……一切上层建筑作为阶级的上层建筑，都是中心化的，即以国家为中心。……只有在一个绝对起决定作用的统一体（unité）的统治之下，即在国家的统治之下，在国家政权及其镇压性机器和意识形态机器的统治之下才存在。"① 是"国家"而这个唯一的"中心"主导、统治、统一着"法"、"意识形态"等上层建筑的所有领域。那么，上层建筑之中究竟每个领域各自是如何围绕"国家"展开的？相比之下意识形态起着何种特殊作用？雅克·比岱指出，"……法权远没有给统治带来矛盾，因此它本身只不过是统治的一个阶段。这就是那极端的论点：暴力通过国家这架机器转变成权力，于是产生了法权。这个论点支配着意

---

① ［法］路易·阿尔都塞：《论再生产》，吴子枫译，西北大学出版社 2019 年版，第 277 页。

识形态机器的难题性。"①"法"或法权直接是与国家和国家权力也即统治阶级权力是同一的，这个论点"支配着意识形态机器的难题性"也即意味着，"构成'国家'的'镇压性国家机器'和'意识形态国家机器'，通过镇压和意识形态，保障着'法'的运行"。② 此外，相比镇压性国家机器，阿尔都塞则提出："由此，在我们看来，整个上层建筑都被集合、集中到国家周围，而国家在这里以两种面目出现：作为阶级镇压的力量和作为阶级意识形态化的力量。由此，在我们看来，要把意识形态（我们此前层倾向于把它当作一个与法律—政治的'层级'截然不同的'层级'）本身和国家联系起来，并要在那个涵盖了其复杂多样性的统一中，把它思考为国家的意识形态国家机器。"③ 关于国家机器或镇压性国家机器，自马克思以降的马克思主义传统已经作出了充分阐明。杰姆逊指出，阿尔都塞认为正是那些看似远离国家和国家权力的生产意识形态的各种具体机构使得意识形态具备物质性基础，因此意识形态国家机器区别于军队、警察、司法机构等传统意义上的各种国家机器。④ 不仅是传统意义上的军队、警察等（镇压性）国家机器，而且连"看似远离国家和国家权力"的意识形态的各个机构也被纳入"国家"的"绝对起决定作用的"统治之下⑤。故此，意识形态在马克思主义地形学之中的位置就不应再是与法律—政治"截然不同的'层级'"，而直接就是与"国家"具有关联性甚至同一性的层级，这正是"系统＝权力＝意识形态"或"意识形态国家机器＝国家＝意识形态"的深刻意指所在。此外，"意识形态"与"国家"的同一性还体现在对生产关系再生产的"保障"方面。阿尔都塞认为，在上层建筑的法—国家—意识形态的诸领域之中，"……'法'的本质功能更多地不是保障生产关系的再生产，而是调节和控制生产……"⑥"法不足以保证占统治地位的社会关系的稳定或再生产，因此'在功能上'必然

① [法]雅克·比岱：《法文版导言：请你重读阿尔都塞》，[法]路易·阿尔都塞：《论再生产》，吴子枫译，西北大学出版社 2019 年版，第 24—25 页。

② 吴子枫：《译后记》，[法]路易·阿尔都塞：《论再生产》，吴子枫译，西北大学出版社 2019 年版，第 54 页。

③ [法]路易·阿尔都塞：《论再生产》，吴子枫译，西北大学出版社 2019 年版，第 299 页。

④ Fredric Jameson, *Valence of The Dialectic*, London & New York: Verso, 2009, p.337.

⑤ [法]路易·阿尔都塞：《论再生产》，吴子枫译，西北大学出版社 2019 年版，第 277 页。

⑥ [法]路易·阿尔都塞：《论再生产》，吴子枫译，西北大学出版社 2019 年版，第 389 页。

需要一种意识形态的作用力的补充。"① 因此，"法"必须要依靠意识形态国家机器保障生产关系的再生产。而在阿尔都塞看来，无论是马克思还是列宁都"没有谈到国家在再生产当中的功能"，马克思"没有从社会的（甚至是物质的）各种生产条件的再生产的角度去设想国家，因此没有在国家与延续性或永存性的关系之中，也即国家与生产关系的'永恒本质'或'再生产'的关系之中去设想国家"，阿尔都塞认为国家恰恰是直接从生产关系之中产生的、是生产关系的直接显示（manifestation）。② 在阿尔都塞看来，作为上层建筑的"国家"与作为下层建筑的生产关系是紧密地联系在一起的。"国家"直接"显示"着特定社会形态之中的生产关系，如资产阶级"国家"显示的就是资产主义剥削性的生产关系。同时，与以往的马克思主义国家理论主要强调国家和国家机器的镇压作用不同的是，阿尔都塞还特别强调必须要在生产关系的再生产之中去思考"国家"，也即强调"国家"（对生产关系的）再生产的作用，而"国家"之所以能够对生产关系的再生产产生作用，正在于通过意识形态（国家机器）这一机制。阿尔都塞反复指出，正是意识形态主要地保障着生产关系的再生产："在生产中，生产关系的运行是由镇压和意识形态联手保障的，其中意识形态占统治地位的作用（le rôle dominant / the dominant role）。"③ 故此可说，阿尔都塞在他的毛泽东研究笔记之中提出"系统＝权力＝意识形态"（也即"意识形态国家机器＝国家＝意识形态"）的等价和同一，包蕴着他对于国家及其权力、意识形态、意识形态国家机器、生产关系再生产等问题的深刻思考和高度概括，也证明着他的国家理论、意识形态（国家机器）理论确与他的"毛泽东主义"及"头脑中的中国"具有紧密的关联。该等式的提出也正是对阿尔都塞在《论再生产》之中将毛泽东和其他马克思主义经典作家在政治实践当中

---

① ［法］艾蒂安·巴利巴尔：《法文版序：阿尔都塞和"意识形态国家机器"》，［法］路易·阿尔都塞：《论再生产》，吴子枫译，西北大学出版社 2019 年版，第 10—11 页。

② Louis Althusser, *Philosophy of the Encounter: Later Writings*, *1978–87*, Oliver Corpet and Francois Matheron ed., G.M.Goshgarian tr., London: Verso, 2006, pp.97–99.

③ Louis Althusser, *Sur la reproduction*, Paris: Presses Universitaires de France, 1995, pp.236–238; Louis Althusser, *On the Reproduction of Capitalism: Ideology and Ideological State Apparatuses*, G.M.Goshgarian tr., London & New York: Verso, 2014, pp.201–203; ［法］路易·阿尔都塞：《论再生产》，吴子枫译，西北大学出版社 2019 年版，第 386—388 页。

"把国家当作一个比'马克思主义国家理论'对国家的定义更为复杂的现实来对待的"① 的有力呼应。

阿尔都塞关于毛泽东思想的这段笔记非常有助于重新审视以及如实地还原阿尔都塞意识形态理论中本就内含着的斗争维度和革命维度。在阿尔都塞的思想和政治语境之中，吁请无产阶级政党及大众认识到资产阶级国家权力及意识形态国家机器的存在及无所不在，正是针对资产阶级国家权力和针对意识形态采取行动的理论前提。阿尔都塞的国家理论除了是对经典马克思主义国家理论的重要发展，还直接针对着斯大林主义的国家理论。杰姆逊指出，斯大林主义犯了"黑格尔主义"的"表现因果律（expressive causality）"的错误，在斯大林主义的逻辑中，国家仅仅只是经济的附带现象（epiphenomenon），那么社会主义革命就不必对某些镇压性国家机器特别加以关注，因为按照斯大林主义的逻辑，当生产力达到某个合适的阶段的时候，这些国家机器会自然"消亡（wither）"。② 阿尔都塞则坚决反对国家等上层建筑是经济和生产力的"附带现象"，坚决反对它们必然会与经济和生产力"相适合"、必然会随着生产力的发展而自动消亡。斯大林主义的国家理论无法为阿尔都塞所在的资本主义国家之中的无产阶级斗争带来任何理论指导，只会导致无产阶级斗争的进一步消沉。巴利巴尔和雅克·比岱已经明确指出，阿尔都塞刻意突出"国家"特别是资产阶级"国家"的"极权形象"实际上是一种针对发达资本主义社会的特殊历史形势的、为激发无产阶级斗争的用心良苦的写作策略。阿尔都塞是刻意"悬置"了关于资产阶级法权和资产阶级民主的正面效应，可以强调国家"……保障着一个阶级对另一个阶级的战争"③；阿尔都塞强化资产阶级统治和资产阶级国家的"极权"形象，"为的是最终（以矛盾修饰的方式）达到颠覆它的可能性"。④ 相应地，阿尔

① ［法］路易·阿尔都塞：《论再生产》，吴子枫译，西北大学出版社 2019 年版，第 172—173 页。

② Fredric Jameson, *The Political Unconscious: Narrative as a Socially Symbolic Act*, London & New York: Routledge, 1983, pp.22—23.

③ ［法］雅克·比岱：《法文版导言：请你重读阿尔都塞》，［法］路易·阿尔都塞：《论再生产》，吴子枫译，西北大学出版社 2019 年版，第 28—29 页。

④ ［法］艾蒂安·巴利巴尔：《法文版序：阿尔都塞和"意识形态国家机器"》，［法］路易·阿尔都塞：《论再生产》，吴子枫译，西北大学出版社 2019 年版，第 14 页。

都塞认为"整个上层建筑都被集合、集中到国家周围"①，也正是试图将西方资本主义社会里的一切无产阶级在意识形态和上层建筑领域斗争的矛头，全部指向资产阶级"国家"："从无产阶级的阶级战争的观点来看，这个命题完全正确：必须在政治上对国家发起进攻，因为是国家保障着这个剥削体系再生产的条件，简言之，是国家使得资本主义体系屹立不倒，使它永远延续下去。"② 故此，既然资本主义"国家"——以"作为阶级镇压的力量和作为阶级意识形态化的力量"两种面目出现的"国家"③——保障着资产阶级剥削性的生产关系再生产，那么要中断和终止资本主义社会剥削体系的再生产，无产阶级及其政党就必须要着手于中断（两种面目的）资产阶级"国家"及其权力。而在资产阶级"国家"的两种面目之中，相较于镇压性国家机器，阿尔都塞又认为意识形态国家机器更具"脆弱性"（对此后文将展开论述），故此对资产阶级国家的"进攻"应首先集中于对诸意识形态国家机器的进攻——系统＝权力＝意识形态(也即"意识形态国家机器＝国家＝意识形态")的等式实际上也提示着，既然三者等价，则当然应从最具"脆弱性"的意识形态国家机器着手。早在1963年的《马克思主义和人道主义》中，阿尔都塞就指出，"因此，意识形态既不是胡言乱语，也不是历史的寄生赘瘤。它是社会的历史生活的一种基本结构（une structure essentielle à la vie historique des sociétés；a structure essential to the historical life of societies）。何况，只有承认意识形态的存在和必要性，才能去影响意识形态，并把它改造成用以审慎地影响历史发展的一个工具（transformer l'idéologie en instrument d'action réfléchi sur l'Histoire; transform ideology into an instrument of deliberate action on history）。"④ 而正是在后《保卫马克思》时期所发明的意识形态国家机器及相应的国家理论、历史唯物主义理论之中，阿尔都塞找到了将意识形态真正地"改造成为用以审慎地影响历史发展的一个工具"的真正理论路径（如

① ［法］路易·阿尔都塞:《论再生产》，吴子枫译，西北大学出版社2019年版，第299页。
② ［法］路易·阿尔都塞:《论再生产》，吴子枫译，西北大学出版社2019年版，第261页。
③ ［法］路易·阿尔都塞:《论再生产》，吴子枫译，西北大学出版社2019年版，第299页。
④ Louis Althusser, *Pour Marx*, Paris: La Découverte, 2005, p.239; Louis Althusser, *For Marx*, Ben Brewster tr., London & New York: Verso, 2005, p.232; ［法］路易·阿尔都塞:《保卫马克思》，顾良译，商务印书馆2010年版，第229页。

上文讨论过的生产关系优先说、上层建筑保障说等命题所建构的逻辑链条：上层建筑或意识形态存续或变革——生产关系存续或变革——生产方式存续或变革——社会形态存续或变革）。故此可说，阿尔都塞的国家理论之中本身就内在地包含着对意识形态国家机器之中的阶级斗争的"优先性"的强调。阿尔都塞在 1978 年发表的《局限中的马克思》一文中也指出，人们总是批评他的意识形态国家机器理论有"功能主义"倾向，但是他在 1970 年写的《关于意识形态国家机器的说明》已经强调了阶级斗争相对于意识形态国家机器的"优先性"，而读者们还是出于明显的政治理由在提及他的意识形态国家机器概念时忽略"国家"，只保留"意识形态机器"，但是他却毫不妥协，因为他就是要强调家庭、学校系统、医疗保健、建筑、宪法秩序、通讯社、出版、文化、各个教会、各个政党、各个工会中的国家的阶级价值。① 阿尔都塞十分忧心于读者将他的"意识形态国家机器"理论中的"国家"要素加以弱化甚至消除，这正是因为如果读者不从"国家"特别是资产阶级国家及其权力的角度去理解意识形态，则错失了阿尔都塞意识形态理论和意识形态国家机器概念最核心的意图，也即将从"系统＝权力＝意识形态"或"意识形态国家机器＝国家＝意识形态"的角度，将西方资本主义社会之中的各意识形态机构及诸意识形态国家机器本身理解为与资产阶级国家具有直接同一性的存在，这种同一性正是可以从意识形态（国家机器）着手去中断资产阶级国家的理论依据所在，是必须要在诸意识形态国家机器之中开展阶级斗争的理论依据所在，同时也是阿尔都塞意识形态理论的革命性和斗争性的维度所在。

阿尔都塞的"毛泽东主义"和"头脑中的中国"与他的意识形态理论的"对话"关系还不止上文所讨论的意识形态国家机器概念之中的"国家"或国家权力要素。目前已得到普遍认识的是，阿尔都塞发表于 1966 年的关于中国的《论文化革命》一文被认为在若干方面前瞻式地预先构思（preconceive）了他的 1970 年论文《意识形态和意识形态国家机器（研

① Louis Althusser, *Philosophy of the Encounter: Later Writings, 1978–87*, Oliver Corpet and Francois Matheron ed., G.M.Goshgarian tr., London: Verso, 2006, p.138.

究笔记)》①，或者至少可以说，后者应被看作是对前者的"理论化"②，此外，除了《矛盾论》之外，毛泽东的《关于正确处理人民内部矛盾的问题》作为后资本主义时期的社会主义意识形态工作的这一重要文本，与阿尔都塞的关于意识形态国家机器、意识形态实践、意识形态革命的相关论述之间，也发生了重要的交错③。与群众意识形态革命相关的讨论将放在后面的章节之中讨论，在这里要首先厘清的是，阿尔都塞的意识形态国家机器概念及与该概念相关的对意识形态作为非个人、非主观的"态度—行为"体系或习俗体系的强调、对意识形态实践问题的思考、对新旧意识形态国家机器的转化等环节的构思及其对马克思主义地形学的上层建筑、下层建筑关系的复杂化、动态化重建与"毛泽东主义"有哪些关联？

强调意识形态的非观念性、物质性是阿尔都塞意识形态理论的最重要特征之一。阿尔都塞认为"意识形态具有一种物质的存在"④，明确指出"消失的说法有：观念；保存的说法有：主体、意识、信仰、行为；新出现的说法有：实践、仪式、意识形态机器。"，其中，他特别强调的就是观念的消失或者说观念被纳入实践的行为，而实践的行为最终是由意识形态机器所规定

---

① Camille Robcis, "'China in Our Heads': Althusser, Maoism and Structuralism," *Social Text*, Vol.30, No.1, 2012, pp.51, 61–62; Julian Bourg, "Principally Contradiction: The Flourishing of French Maoism", in *Mao's Little Red Book: A Global History*, Alexander C.Cook ed., New York: Cambridge University Press, 2014, p.239.

② Gregory Elliott, *Althusser: The Detour of Theory*, London & Boston: Brill, 2006, p.212.

③ 《关于正确处理人民内部矛盾的问题》是与《实践论》《矛盾论》《人的正确思想是从哪里来的》一起作为 *Quatre essais philosophiques* 也即《毛泽东的四篇哲学论文》法文版由外文出版社在 1966 年出版的。（[法]艾蒂安·巴利巴尔：《中文版阿尔都塞著作集序》，[法]路易·阿尔都塞：《论再生产》，吴子枫译，西北大学出版社 2019 年版，第 17 页，注释 2）。阿尔都塞在与玛契奥琪（Maria Antonietta Macciocchi）的通信集 *Lettres de l'intérieur du Parti*（1969 年出版，1973 年英译本出版）之中，多次提及毛泽东的《关于正确处理人民内部矛盾的问题》（下文将展开讨论），此外，研究者在阿尔都塞关于毛泽东研究的笔记之中，也发现他提及《关于正确处理人民内部矛盾的问题》（参见 Camille Robcis, "'China in Our Heads': Althusser, Maoism and Structuralism," *Social Text*, Vol.30, No.1, 2012, p.59.）这正是阿尔都塞不仅读过而且深入吸收了《关于正确处理人民内部矛盾的问题》的切实证据。

④ [法]路易·阿尔都塞：《意识形态和意识形态国家机器（研究笔记）》，孟登迎译，载陈越编：《哲学与政治：阿尔都塞读本》，吉林人民出版社 2003 年版，第 356 页。

的。① 从"观念"的消失到意识形态国家机器概念，阿尔都塞采取了什么样的论证？与"毛泽东主义"又有哪些关联？

阿尔都塞的意识形态概念是对经典马克思主义之中的作为"观念"的意识形态概念的调整和发展。在经典马克思主义那里，意识形态主要被理解为"观念"、"意识"、"思想"及其系统，尽管它是符合统治阶级利益的"虚假"的、扭曲的观念、意识或思想。例如，马克思关于意识形态有如下著名论断："人们迄今总是为自己造出关于自己本身、关于自己是何物或应当成为何物的种种虚假观念"，也就是说"他们按照自己关于神，关于模范人等等观念来建立自己的关系。他们头脑的产物就统治他们。他们这些创造者就屈从于自己的创造物。"②"每一个企图取代旧统治阶级地位的新阶级，就是为了达到自己的目的而不得不把自己的利益说成是社会全体成员的共同利益，抽象地讲，就是赋予自己的思想以普遍性的形式，把它们描绘成唯一合理的、有普遍意义的思想。"③ 乍看起来，毛泽东思想体系中的"意识形态"概念与阿尔都塞关于"意识形态具有一种物质的存在"④ 的命题并无共通之处，反而与经典马克思主义之中的意识形态概念较为接近。但是，在形形色色的马克思主义理论中，阿尔都塞注意到以及特别重视毛泽东的意识形态学说又不是偶然的。这是因为阿尔都塞所接受的"毛泽东主义"不但包含毛泽东的理论文本，还包含他所理解和所想象的践行着毛泽东思想的中国革命与建设的现实。此外，阿尔都塞从 1950 年代开始就全面阅读《毛泽东选集》⑤，也即他不是拘泥于毛泽东的某单个篇什的具体字句，而是从毛泽东的辩证唯物主义、历史唯物主义等多个角度更为宏观综合地把握毛泽东的意识形态理论，另外，毛泽东意识形态理论相对经典马克思主义理论确实有创见和发展，在多个方面与阿尔都塞不谋而合（后文将展

---

① [法] 路易·阿尔都塞：《意识形态和意识形态国家机器（研究笔记）》，孟登迎译，载陈越编：《哲学与政治：阿尔都塞读本》，吉林人民出版社 2003 年版，第 359—360 页。

② [德] 马克思、恩格斯：《马克思恩格斯全集（第 3 卷）》，人民出版社 1960 年版，第 15 页。

③ [德] 马克思、恩格斯：《马克思恩格斯全集（第 2 卷）》，人民出版社 1957 年版，第 54 页。

④ [法] 路易·阿尔都塞：《意识形态和意识形态国家机器（研究笔记）》，孟登迎译，载陈越编：《哲学与政治：阿尔都塞读本》，吉林人民出版社 2003 年版，第 356 页。

⑤ Louis Althusser, *The Spectre of Hegel: Early Writings*, G.M. Goshgarian tr., Verso, 1997, p.247.

开论述），考虑到以上情况，无怪乎阿尔都塞所理解的"毛泽东主义"确实与他的意识形态非观念性／物质性的命题发生了若干重要的交叉。应该说，阿尔都塞并不是也从不自居为首提意识形态的非观念性、物质性的第一人，在将意识形态理解为一种非观念的、行为的、物质的存在这个命题上，阿尔都塞的理论来源至少包括斯宾诺莎、帕斯卡尔以及葛兰西等理论家，但是阿尔都塞的"毛泽东主义"对这个命题贡献了重要的、不容忽视的、有独特价值的理论资源。

阿尔都塞抵达意识形态机器或意识形态国家机器这样一个概念不是一蹴而就的，为清晰起见，可将阿尔都塞的论证分解为至少经过了两个步骤的跳跃或两个环节的展开，即从在马克思那里的主要作为"思想"和"观念"的意识形态──作为实践、行为的意识形态──作为物质存在的意识形态，其中，作为实践和行为的意识形态成为了关键性的中间衔接环节，而阿尔都塞的"毛泽东主义"和"头脑中的中国"关乎其中每一个环节的论证。

阿尔都塞认为在马克思那里主要作为"观念"的意识形态实际上必然体现为实践、行为、仪式的意识形态，而且必然是非个人的、非主观的实践、行为、仪式。在《意识形态和意识形态国家机器（研究笔记)》之中，阿尔都塞如此阐述道："人类主体的'观念'存在于他的行为中，或者说应该存在于他的行为中……这些实践被纳入到各种仪式当中并受到这些仪式的支配，例如一个小教堂里的小弥撒、一个体育俱乐部的小型比赛、一个上课日等等。""如果他信仰上帝，他就去教堂做弥撒、跪拜、祈祷、忏悔、行补赎（就这个说法的通常意义来讲，也曾经是物质性的)，当然还有匍匐悔过等等。如果他信仰职责，他就会采取相应的姿态，并'按照正确的原则'把这些姿态纳入仪式化的实践。如果他信仰正义，他就会无条件地服从法律的准则，甚至会在这些准则遭到亵渎时提出抗议、联名请愿和参加示威游行等等。"① 可以看到，在阿尔都塞看来，人的"行为"与人的"观念"是同一的，行为是观念的必然外化，各种"仪式"又支配着各种实践。故此可以说，阿

---

① ［法］路易·阿尔都塞：《意识形态和意识形态国家机器（研究笔记)》，孟登迎译，载陈越编：《哲学与政治·阿尔都塞读本》，吉林人民出版社 2003 年版，第 357 358 页。

尔都塞建立了这样一组关系："观念"="行为"="实践"←——"仪式"（或"习俗"、"习惯"等）。

斯宾诺莎的心身平行论以及法国哲学之中重视"风俗或习俗（mœurs）"的传统，在这个问题上对阿尔都塞思考有着直接影响。正是在斯宾诺莎关于思维和广延为同一个实体这一论断的精神之中，阿尔都塞在 1970 年论文中提出物质的存在和意识不过就是行为。① 此外，巴利巴尔指出，"阿尔都塞借助自己非常熟悉的 18 世纪哲学家孟德斯鸠和卢梭的支持，提出要在这种物质性或意识形态的'实践性'（形式化为'意识形态国家机器'）中看到经典'风俗'理论的等价物——与此相反的是把意识形态当作观念或意见王国的'唯心主义'理论。"② 此外，阿尔都塞还承认帕斯卡尔在这个问题上对他的巨大影响："……最吸引我的还是他（指帕斯卡尔）的身体机器（l'appareil du corps）理论：——'跪下并祈祷'——，我后来的意识形态物质性的'理论'……，以及我后来——或者说更深刻地——在马基雅维利那里重新发现的佯装（semblant）'理论'都受到了它的启发。"③ 阿尔都塞在《论再生产》中，认为帕斯卡尔的"跪下，开口祈祷，你就会信"能够"……使得我们能够把关于意识形态的这种意识形态概念图式的顺序颠倒过来。"④ 这就是说，人们头脑中的宗教意识形态观念与宗教仪式本身是完全同一的。帕斯卡尔对阿尔都塞启发甚深，因为各种仪式往往被视为嵌入了各种物质的、实践性的国家机器之中，然而意识形态并不是某种盘旋于各种仪式之上的存在，而是只可

---

① Warren Montag, *Althusser and His Contemporaries: Philosophy's Perpetual War*, Durham & London: Duke University Press, 2013, p.177.

② [法] 艾蒂安·巴利巴尔：《法文版序：阿尔都塞和"意识形态国家机器"》，[法] 路易·阿尔都塞：《论再生产》，吴子枫译，西北大学出版社 2019 年版，第 11 页，注释 1。如吴子枫老师指出的，阿尔都塞关于"风俗"的论述可以追溯至他早年在巴黎高师的哲学讲稿的《政治与历史：从马基雅维利到马克思》及他的第一本公开出版著作《孟德斯鸠：政治与历史》（[法] 路易·阿尔都塞：《论再生产》，吴子枫译，西北大学出版社 2019 年版，第 310 页，注释 1）。

③ [法] 路易·阿尔都塞：《论斯宾诺莎》，赵文译，见 https://mp.weixin.qq.com/s/x5x-ub27w2m1BCf4MtuYhbg。

④ [法] 路易·阿尔都塞：《论再生产》，吴子枫译，西北大学出版社 2019 年版，第 361 页。

能存在于这些仪式之中，故此意识形态也就具有了一种物质性的存在。① 故此阿尔都塞提出，"……意识形态通过意识形态机器和它们的实践，存在于这些个人（即前文提及的'社会—技术分工岗位的个人'，笔者注）的实践本身当中"②，这正是因为社会集体的风俗、习惯，也即"他们'有意识的'或'无意识的'现实行为"③，包括从属于社会风俗的行为和宗教行为，与人们头脑中的"观念"具有强烈的对应性，而且通过相应的"意识形态机器"直接支配着人们的"观念"。故此，对意识形态的理解就不应再停留在个人的"思想"和"观念"层面，而应该自然地延展到带有集体性的实践、行为和仪式层面。阿尔都塞认为马克思在使用卡巴尼斯（P.J.G.Cabanis）、德斯蒂·德·特拉西（Destutt de Tracy）等人发明的"观念学（idéologie）"这个说法的时候，已经强调它是"某个人或某个社会集团的心理中占统治地位的观念和表述体系"。④ 阿尔都塞在这里指出马克思将意识形态考虑为"社会集团"的心理，并将其看作是马克思意识形态学说对传统"观念学"的重要突破。在 1978 年发表的《局限中的马克思》中阿尔都塞再次进行了说明，他认为在马克思那里意识形态其实已经被思考为一种集体的、客观的现实，但是马克思最终未能提出意识形态具有物质性这个命题：阿尔都塞指出，马克思在《〈政治经济学批判〉序言》中提出的"……人们借以意识到这个冲突并力求把它克服的那些法律的、政治的、宗教的、艺术的或哲学的，简言之，意识形态的形式"这一公式之中，意识形态不再被认为是个人的观念，而是对各个个人施以影响的超个人的"心理"现实，马克思由此不再将意识形态思考为主体的扭曲的个体性再现，而是转而将意识形态思考为"客观的现实"，在其中人也即阶级中的个人"意识到这个冲突并力求把它克服"，阿尔都塞

---

① Gregor Moder, *Hegel and Spinoza: Substance and Negativity*, Evanston: Northwestern University Press, 2017, pp.105–106.

② ［法］路易·阿尔都塞：《论再生产》，吴子枫译，西北大学出版社 2019 年版，第 310 页。

③ ［法］路易·阿尔都塞：《论再生产》，吴子枫译，西北大学出版社 2019 年版，第 310 页。

④ ［法］路易·阿尔都塞：《意识形态和意识形态国家机器（研究笔记）》，孟登迎译，载陈越编：《哲学与政治：阿尔都塞读本》，吉林人民出版社 2003 年版，第 348 页。在该页注释之中，译者指出，此处的 idéologie 应译为"观念学"。

认为，尽管马克思相信意识形态与实践之间存在联系，但是马克思从未跨过"极限"也即未讨论过阶级斗争的物质性之中的各种意识形态的物质存在，而阿尔都塞认为自己正是突破了这个"极限"，提出了意识形态国家机器概念。①正是由于意识形态不是个人的心理现象，而是"超个人"的、集体性的心理现实，故而这个心理现实也就不是一般意义上的心理现实，而应被理解为一种"客观的现实"。换言之，阿尔都塞认为自己的"意识形态国家机器"概念是对马克思已经构思却未充分发展的意识形态作为"客观的现实"乃至"物质存在"的有力概括。上述论述还意味着，阿尔都塞强调意识形态具有实践性、客观存在性、物质性的最终旨归，正是为了强调阶级斗争的客观性、物质性，也即意识形态国家机器之中的阶级斗争，在后文的讨论之中还将回到这一点。

实际上在 1966 年《论文化革命》一文之中，阿尔都塞已经对意识形态的实践性、物质性命题甚至对其后提出的意识形态国家机器概念作出了一些富于价值的前瞻式的讨论，该论文对于理解阿尔都塞其后的意识形态理论写作具有重大的补充作用。这是因为，如果说阿尔都塞的 1970 年《意识形态和意识形态国家机器（研究笔记）》论文及《论再生产》写作工程的根本理论意图是通过强化西方资本主义国家的"极权形象"的写作策略，通过矛盾修饰法而达到推翻（资产阶级统治）的可能性②，其中对意识形态理论、历史唯物主义理论的重建和革新均服务于这个根本的写作意图，故而不断强化的是西方资本主义社会中的意识形态（国家机器）如何共谋于西方资本主义国家、西方资本主义剥削性生产关系的再生产，那么阿尔都塞的 1966 年论文则在另一重视角之中展开，也即通过对经过社会主义生产关系改造之后的以工人和农民为主体的人民作为统治阶级的社会主义国家中

---

① Louis Althusser, *Philosophy of the Encounter: Later Writings*, *1978–87*, Oliver Corpet and Francois Matheron ed., G.M.Goshgarian tr., London: Verso, 2006, pp.136–138. 马克思《〈政治经济学批判〉序言》的中译本参考自：[德] 马克思、恩格斯：《马克思恩格斯选集：第2卷》，人民出版社 1995 年版，第 33 页。

② [法] 艾蒂安·巴利巴尔：《法文版序：阿尔都塞和"意识形态国家机器"》，[法] 路易·阿尔都塞：《论再生产》，吴子枫译，西北大学出版社 2019 年版，第 14 页。

的意识形态问题的讨论，从而为"整个国际共产主义运动"① 提供理论参考，故而从更为积极和正面的角度展开了意识形态国家机器的别样维度。

阿尔都塞在 1966 年论文中突出强调了意识形态的非个人性、非主观性。"……意识形态是对整个社会的存在来说不可或缺的一种客观现实（une réalité objective indispensable à l'existence de toute société）。尽管意识形态调节着个人的'生活'与他们的生存条件、他们的实践、他们的对象、他们的阶级、他们的斗争、他们的历史和他们的世界等等之间的关系，但意识形态的性质并不是个人的（individuelle; individual）或主观（subjective; subjective）的。"② 这就是说，意识形态尽管是与各个个人的"生活"相关的，但是它绝不仅是一种个人的心理现象，而是一种"客观现实"——正是因其非个人所以才必然是"客观的"，且该"客观现实"是"不可或缺"的，因为是它"调节"着每一个人的生活与他们的"生存条件"、"实践"及至他们的"世界"之间的关系。这段描论述可以视为"预告"了《意识形态和意识形态国家机器（研究笔记）》之中关于意识形态作为"社会集团"的心理的说明，及《局限中的马克思》之中关于意识形态作为"超个人的'心理'现实"的论述。论证意识形态的非个人性和非主观性，是超越"人道主义"和唯心主义视角，从实践、行为和风俗等唯物主义角度去重新理解意识形态的关键前提。阿尔都塞恰恰是在关于中国的 1966 年论文之中重申了这一点，与他倾向于从反西方人道主义的角度解读中国的群众意识形态实践有直接联系，这一点下文还将涉及。

如果说在 1970 年《意识形态和意识形态国家机器（研究笔记）》之中，阿尔都塞强调的是西方资本主义国家之中"仪式"如宗教仪式和实践如教育

---

① Anonyme (Attribué à Louis Althusser), "Sur la révolution culturelle", in *Décalages*, 2010, Vol.1, Iss.1, p.18. Anonymous (Attributed to Louis Althusser), "On the Cultural Revolution", Jason E. Smith tr., in *Décalages*, Vol.1, Issue 1, 2010, Article 8, p.18. 中译文来自吴子枫老师的最新译本。

② Anonyme (Attribué à Louis Althusser), "Sur la révolution culturelle", in *Décalages*, 2010, Vol.1, Iss.1, p.14. Anonymous (Attributed to Louis Althusser), "On the Cultural Revolution", Jason E. Smith tr., in *Décalages*, Vol.1, Issue 1, 2010, Article 8, p.14. 中译文来自吴子枫老师的最新译本。此外，英译本译者漏译了这句"意识形态是对整个社会的存在来说不可或缺的一种客观现实"。

实践如何支配、形塑人们的"观念"并最终使得人们的"观念"与这些仪式和实践同一，那么，阿尔都塞的 1966 年论文通过中国转化作风、习俗的意识形态实践，展开了 1970 年论文的未及展开的一个维度，即着重讨论观念和行为可能存在"错位和矛盾"的问题，以及着重讨论改进习俗、风俗、行为从而转化意识形态的可能性和必要性。也即将在上文提及的"观念"="行为"="实践" ⟵ "仪式"、"习俗"、"习惯"这组关系拓展为"观念"="行为"="实践" ⟷ "仪式"、"习俗"、"习惯"，从而进一步突出了作为实践的意识形态与作为观念的意识形态的联动和转化关系。"观念和风俗(mœurs; customs）是辩证联系的。根据阶级处境，根据形势，根据它们所在的领域，观念与风俗之间可能具有总体的或部分的同一性，也可能有错位（décalage; discrepancy）或矛盾。在意识形态斗争中，辨认出部分体现了对方意识形态的那些观念和风俗是非常重要的，正如知道如何在不同的观念之间，或在各种观念和风俗之间做出必要的区分，也是非常重要的一样。"① 那么，所谓观念和习俗之间的"错位"或"矛盾"是指什么？阿尔都塞立刻给出了说明案例，他指出，"意识形态不仅包括观念体系（即严格意义上的诸意识形态），也包括'态度—行为'的实践体系（即各种风俗 mœurs；customs）。……意识形态的这种双重性质让我们懂得，一些意识形态倾向能够像被铭刻（inscrites; inscribed）在观念中一样，被铭刻在某些行为和某些实践的态度中。它让我们懂得，某些'习性'或'工作习惯'和'领导习惯'、某种领导'作风'，会具有意识形态的含义，并且可能会与革命的意识形态相背离，哪怕这种作风和习惯是发生在社会主义领导人身上。因此，资产阶级意识形态能够在某些实践中，即在社会主义领导人的某些政治的、技术主义的和官僚主义的等等风俗中，找到支持。"② 由于意识形态的相对独立性，

---

① Anonyme (Attribué à Louis Althusser), "Sur la révolution culturelle", in *Décalages*, 2010, Vol.1, Iss.1, p.15. Anonymous (Attributed to Louis Althusser), "On the Cultural Revolution", Jason E. Smith tr., in *Décalages*, Vol.1, Issue 1, 2010, Article 8, p.15. 中译文来自吴子枫老师的最新译本。

② Anonyme (Attribué à Louis Althusser), "Sur la révolution culturelle", in *Décalages*, 2010, Vol.1, Iss.1, pp.15-16. Anonymous(Attributed to Louis Althusser), "On the Cultural Revolution", Jason E. Smith tr., in *Décalages*, Vol.1, Issue 1, 2010, Article 8, pp.15–16. 中译文来自吴子枫老师的最新译本。

其"时间性（temporality）"往往与生产关系等下层建筑的时间性不一致（下文将展开论述），故此即使生产关系完成了改造，意识形态仍可能是滞后于先进的生产关系的，生产关系改造之前的、发端于上一个社会形态的意识形态，仍可能沉淀在人们头脑中的观念之中，以及沉淀在人们的态度—行为—风俗或习俗之中，这就导致新的生产关系所本应带来的新观念和旧习俗之间发生了"错位"或"矛盾"。故此，阿尔都塞认为由于意识形态兼具"双重性质"也即作为"观念的系统"的意识形态和作为"态度—行为"系统具有联动性，意识形态的"一些趋势"可以"被嵌入"到行为和实践之中，作为观念的意识形态及其先进性、落后性等"趋势"会在态度、行为、习俗之中表现出来。阿尔都塞的上述论述与《关于正确处理人民内部矛盾的问题》是高度一致的。"资产阶级意识形态的存在，国家机构中某些官僚主义作风的存在，国家制度中某些环节上缺陷的存在，又是和社会主义的经济基础相矛盾。我们今后必须按照具体的情况，继续解决上述的各种矛盾"。① 可以看到，毛泽东关于社会主义国家之中作为"资产阶级意识形态存在"的"官僚作风"仍然存在的深刻判断，对"作风"问题也即态度、行为、习惯、实践问题的高度重视，在上述阿尔都塞关于资产阶级的意识形态可以在社会主义的某些"习俗"之中"找到支持"是完全一致的。假如如 G.M. 戈什格瑞恩所说，对 1966 年到 1967 年的阿尔都塞来说，意识形态并不主要意味着话语（discourse），而是意味着非—话语的实践——也即行为和实践的态度——也就是"习俗（mœurs）"②，那么可以说，阿尔都塞在这一时期思考作为"习俗"的意识形态问题的最重要、最直接的参照，应是毛泽东的理论文本以及他所理解和想象的在中国开展的意识形态实践。正是因为观念和行为有可能存在"错位"和"矛盾"，故此"群众意识形态革命"（对此概念将在后文展开论述）就不但要涉及观念层面，还要涉及人的行为、习俗层面。

　　"事实上，问题不在于改造意识形态，或改进某些知识分子和领导干部

---

① 毛泽东：《关于正确处理人民内部矛盾的问题》（一九五七年二月二十七日），载毛泽东：《毛泽东文集》第七卷，人民出版社 1999 年版，第 215 页。

② G.M.Goshgarian, "Introduction", in Louis Althusser, *The Humanist Controversy and Other Writings*（*1966–1967*）, Francois Matheron ed., G.M.Goshgarian tr., London & New York: Verso, 2003, p xxxviii.

的知性，甚至不在于专门改造共产党的意识形态（就算这种改变确有必要）。问题在于改造全国群众(包括农民、工人、知识分子在内的数亿人）的观念、思维方式、行为方式和风俗（les idées, les façons de penser, les façons d'agir, les mœurs ; the ideas, the ways of thinking, the ways of acting, the customs）"①，因此所有群众都需要改变"观念、思维方式、行为方式和风俗"，也就是说，由于意识形态的"双重性质"，不仅要通过重建"观念、思维方式"来重建"行为方式和风俗"，还要通过重视"作风"问题、重视重建"行为方式和风俗"来重建"观念、思维方式"，故此"群众意识形态革命"是不仅在思想和观念层面而且是深入到实践、行为、态度层面的重建过程。如杰姆逊所指出的，列宁提出"文化的革命"的必要性时，其革命性地转变主体性的目的不是阶级斗争（因为已经完成），而是产生各种新的习惯（new habits）。②在马克思主义传统之中，至少自列宁开始，习惯、习俗问题就是一个与群众主体性的转变、建构和塑造直接关联的、极为关键的问题，而借助毛泽东思想文本以及"头脑中的中国"，阿尔都塞真正将实践、行为、习惯、习俗或风俗明确为意识形态革命的构成性部分，为意识形态斗争和意识形态革命进一步明确了目标。

那么，阿尔都塞又是如何从作为实践、行为的意识形态过渡并最终"抵达"作为物质存在的意识形态也即意识形态国家机器概念呢？在阿尔都塞的意识形态具有物质性这个命题上，一般认为斯宾诺莎、帕斯卡尔、葛兰西等理论家是主要理论来源。在其自传《来日方长》中，阿尔都塞承认斯宾诺莎关于"犹太民族的宗教意识形态和它在神殿、祭司、祭品、戒律、仪礼等中的物质存在之间的关系"令他非常赞赏，因此，"……正是效仿他，还有我非常钦佩的帕斯卡尔，我后来也极力强调意识形态的物质存在，不仅强调它存在的物质条件（这一点，我们早就在马克思那里、在他之前之后的许多作者那里见到过了），而且强调它的存在本身的物质

---

① Anonyme (Attribué à Louis Althusser), "Sur la révolution culturelle", in *Décalages*, 2010, Vol.1, Iss.1, p.7. Anonymous (Attributed to Louis Althusser), "On the Cultural Revolution", Jason E. Smith tr., in *Décalages*, Vol.1, Issue 1, 2010, Article 8, pp.7–8. 中译文来自吴子枫老师的最新译本。

② Fredric Jameson, *Valence of The Dialectic*, London & New York: Verso, 2009, pp.270–271.

性。"① 此外，葛兰西认为"市民社会"的各个"机构"也应被视为"国家"的组成部分，对阿尔都塞意识形态国家机器概念的形成影响甚深。阿尔都塞承认，"据我所知，我现在走的路以前只有葛兰西一个人一有所涉足。他有一个'引人注目的'观念，认为国家不能被归结为（镇压性）国家机器，按他的说法，还应包括若干由'市民社会'产生的机构，如教会、学校、工会等。"② 当然，阿尔都塞又与葛兰西存在深刻的分歧，上文已经展开详述，在此不赘述。

阿尔都塞通过意识形态实践与意识形态机器的共在性及意识形态国家机器对仪式、行为、习俗的"支配"关系达到最终完成对意识形态具有物质性及意识形态国家机器概念的证明。在"意识形态没有历史"这个命题（后文将展开论述）之中，阿尔都塞强调意识形态的"永恒"正意味着意识形态的"无处不在、无时不在"③，强调"……'永恒的'并不意味着对全部（暂存）历史的超越，而是意味着无处不在、因而在整个历史范围内具有永远不变的形势"④，而阿尔都塞所列举的意识形态国家机器的"清单"如宗教的 AIE（由不同教会构成的制度）、教育的 AIE（由不同公立和私立"学校"构成的制度）、家庭的 AIE、法律的 AIE、政治的 AIE（政治制度，包括不同党派）、工会的 AIE、传播的 AIE（出版、广播、电视等等）、文化的 AIE（文学、艺术、体育等等）⑤ 涵盖面之广，恰证明了意识形态的确是"无处不在、无时不在"、无孔不入地涉及社会生活的方方面面的，故此才有上述几乎涉及到社会生活各领域的诸意识形态国家机器。同时，"一种意识形态总是存在于某种机器当中，存在于这种机器的实践或各种实践当中。

---

① ［法］路易·阿尔都塞：《来日方长：阿尔都塞自传》，蔡鸿滨、陈越译，上海人民出版社 2013 年版，第 232 页。

② ［法］路易·阿尔都塞：《意识形态和意识形态国家机器（研究笔记）》，孟登迎译，载陈越编：《哲学与政治：阿尔都塞读本》，吉林人民出版社 2003 年版，第 334 页。

③ ［法］路易·阿尔都塞：《意识形态和意识形态国家机器（研究笔记）》，孟登迎译，载陈越编：《哲学与政治：阿尔都塞读本》，吉林人民出版社 2003 年版，第 352 页。

④ ［法］路易·阿尔都塞：《论再生产》，吴子枫译，西北大学出版社 2019 年版，第 344 页。

⑤ ［法］路易·阿尔都塞：《意识形态和意识形态国家机器（研究笔记）》，孟登迎译，载陈越编：《哲学与政治：阿尔都塞读本》，吉林人民出版社 2003 年版，第 335 页。

这种存在就是物质的存在。"① 从这个关键论述可以看到，意识形态总是存在于某种"机器"当中也就意味着总是存在于这种"机器"的"实践"当中。换句话说，意识形态存在于"机器"之中与意识形态存在于"实践"之中总是"一币两面"、永远共在的："实践"总要依托于某种"机器"（因为意识形态的无所不在性也即意味着意识形态"机器"的无所不在性），故此不存在不在"机器"之中的"实践"，也不存在没有"实践"而空自运转的"机器"。由于意识形态存在于某种"机器"中也就总意味着存在于这种"机器"的"实践"当中，故此作为实践、行为的意识形态就自然地导向了作为物质存在的意识形态，也即"（意识形态）实践"="（意识形态）机器"。此外，阿尔都塞还认为："因此我要说，仅就单个的主体（某个个人）而言，他所信仰的观念具有一种物质的存在，因为他的观念就是他的物质的行为，这些行为嵌入物质的实践，这些实践受到物质的仪式的支配，而这些仪式本身又是由物质的意识形态机器来规定的。"② 可以看到，阿尔都塞由此进一步搭建了如下逻辑链条："观念"="行为"="实践"◄──"仪式"◄──意识形态国家机器，论证了在西方资本主义国家之中，意识形态国家机器"再生产"主体性以及各主体的观念、行为和实践最终同一于意识形态国家机器的过程。对于意识形态国家机器对主体的实践和行为是否只有单方面的、绝对的规定和支配作用尚可争议，但是阿尔都塞至少通过这种方式在"行为"、"实践"与意识形态国家机器之间建立了一种"强联系"（"规定／被规定"），并由此真正打通了意识形态国家机器达及个人行为、观念的通路，论证了意识形态国家机器"再生产"主体性以及主体的观念、行为和实践如何同一于意识形态国家机器的过程。

---

① ［法］路易·阿尔都塞：《意识形态和意识形态国家机器（研究笔记）》，孟登迎译，载陈越编：《哲学与政治：阿尔都塞读本》，吉林人民出版社 2003 年版，第 356 页。

② 同上书，第 359 页。在《论再生产》的《论意识形态》一章之中，上面这段关键性的文字的表述有一些微小变化，但大体意指未变："那么，我们要说，仅就某个主体（某个个人）而言，他所信仰的那些观念的存在，是物质的，因为他的观念就是他的物质的行为，这些行为嵌入物质的实践中，这些实践受到物质的仪式的支配，而这些仪式本身又是由物质的意识形态机器所规定的——这个主体的各种观念（好像碰巧！）就是从这些机器里产生出来的。"（参见 ［法］路易·阿尔都塞：《论再生产》，吴子枫译，西北大学出版社 2019 年版，第 361—362 页）

阿尔都塞 1966 年《论文化革命》论文以其对意识形态"水泥"说、对意识形态实践、对意识形态国家机器作为斗争的"场所"及新的意识形态国家机器建构等问题的论说，不仅前瞻性地涉及了阿尔都塞在 1970 年《意识形态和意识形态国家机器（研究笔记）》及《论再生产》之中所提出的意识形态具有物质性及"意识形态国家机器"理论，更重要的是，阿尔都塞的 1966 年论文触及到了他的 1970 年论文尚未及触及新旧意识形态国家机器转换问题，尽管该问题在《论再生产》中有所展开，但 1966 年论文为这一问题提供了新的阐释维度。可以说，通过 1966 年论文及《论再生产》，这样一组逻辑关系"观念"="行为"="实践"←——"仪式"←——意识形态国家机器就进一步拓展为："观念"="行为"="实践"←——"仪式"←——意识形态国家机器，这就是说，如果说意识形态国家机器在 1970 年论文之中，是以对主体的再生产居于绝对支配性地位的、似乎无法挑战的西方资本主义国家之中的资产阶级意识形态国家机器的面目而出现的，那么在 1966 年论文中，通过实践反作用于意识形态国家机器并促使意识形态国家机器发生转变的路径被打通，意识形态国家机器成为了群众可以在其中开展斗争并使其转换的重要"场所"。

关于意识形态的物质性及实践性，在 1966 年《论文化革命》论文中阿尔都塞借用了葛兰西的意识形态"黏合剂"（或"水泥"）说并对其进行了拓展阐释。实际上，在马克思那里，意识形态就被理解具有某种黏合性，例如，马克思之所以认为农民不是一个阶级，就是因为农民缺乏共同的阶级意识[1]，故此需要用意识形态去黏合，但马克思并未明确提出具有黏合功能的意识形态的物质性。葛兰西则明确指出，意识形态的社会功能就在于"维持意识形态所致力于黏合和联合（cement and unify）的整个社会集团的意识形态统一体。"[2]相比葛兰西，阿尔都塞对意识形态具有物质性的强调程度要更为深切，阿尔都塞不仅是强调意识形态存在于习俗、习惯、实践乃至各种机构之中，而且认为作为非物质的、"观念"的意识形态彻底"消失"于实践、行为、意识形态机器之中："消失的说法有：观念；保存的说法有：主体、意

---

① [德]马克思、恩格斯：《马克思恩格斯选集》（第一卷），人民出版社 2012 年版，第 762 页。

② Antonio Gramsci, *Prison Notebooks*, London: Lawrence and Wishart, 1971, p.377.

识、信仰、行为；新出现的说法有：实践、仪式、意识形态机器。"① 这实际上仍与阿尔都塞的斯宾诺莎主义有关。研究者认为，尽管阿尔都塞避免使用斯宾诺莎式的语言，但是阿尔都塞的以下思想仍是斯宾诺莎式的，如他认为意识形态"内在于（immanent）"它自身的各种机器和各种实践之中，意识形态除了存在于其各种机器之中别无其他存在，意识形态与各种机器完全是共在的，因此意识形态消失于这些机器和实践的物质性表现之中，正如不在场的原因（absent causes）只存在于其各种效果（effects）之中。② 因此，由于阿尔都塞将意识形态视为斯宾诺莎式的"内在因（causa immanens）"，作为"不在场的原因"，因此意识形态必须要"消失"、必然只能存在于它的各种"效果"也即各种意识形态的实践和机器之中。在这个意义上讲，阿尔都塞理论体系之中的意识形态比葛兰西的更具"物质性"，故此，阿尔都塞的"水泥"说也就有别于葛兰西的意识形态"黏合"说，他对意识形态的"水泥"比喻做了更为充分的阐发。

阿尔都塞首先运用意识形态"水泥"比喻，对马克思主义传统地形学进行了反思。"如果用建筑学的比喻（即房子的比喻：下层建筑/上层建筑），我们可以说，意识形态代表了上层建筑的一个层面。用这个比喻，是为了既指出意识形态在社会结构中的位置(上层建筑而非下层建筑）和它对于政治、经济的相对独立性，同时又指出它对于政治和经济的依赖关系。相反，如果我们要给出意识形态的具体存在形式，更好的办法是把它比作"水泥(ciment；cement)"，而不是比作大楼的某一层。"③ 阿尔都塞认为恰与传统下层建筑/上层建筑地形学"相反"的是，不能满足于地形学两个层次的简单的二元划分，因为这种二元划分并不能呈现意识形态在现实中的真实存在，必须要

① ［法］路易·阿尔都塞：《意识形态和意识形态国家机器（研究笔记）》，孟登迎译，载陈越编：《哲学与政治：阿尔都塞读本》，吉林人民出版社 2003 年版，第 359—360 页。

② Warren Montag, "The Soul Is the Prison of the Body: Althusser and Foucalt, 1970–1975", *Yale French Studies*, *Depositions: Althusser*, *Balibar*, *Macherey*, *and the Labor of Reading*, No.88, 1995, p.53.

③ Anonyme (Attribué à Louis Althusser), "Sur la révolution culturelle", in *Décalages*, 2010, Vol.1, Iss.1,p.14. Anonymous (Attributed to Louis Althusser), "On the Cultural Revolution", Jason E. Smith tr., in *Décalages*, Vol.1, Issue 1, 2010, Article 8, p.14. 中译文来自吴子枫老师的最新译本。

"给出意识形态的具体存在形式"，而这种"具体存在形式"就是意识形态"水泥"说。意识形态"水泥"说以其一目了然的物质性和无所不在的"渗透"性，直观地颠覆了那种将意识形态仅仅视为"观念或意见"① 的唯心主义意识形态理论，也直观地挑战了上层建筑/下层建筑的地形学二元简单划分。

研究者普遍认为，阿尔都塞1966年论文中的"水泥"说是对1970年《意识形态和意识形态国家机器（研究笔记）》中的"意识形态国家机器"概念的"预示（prefigure）"②，或者说，阿尔都塞1970年论文将回到对1966年论文中的意识形态的"多价性（polyvalence）"的讨论。③ 那么，"水泥"究竟在哪些方面"预示"了意识形态国家机器概念？阿尔都塞是在《论文化革命》提及意识形态"水泥"说不是偶然的，它除了是对葛兰西意识形态"黏合"说的重申，更典型地表征着阿尔都塞对"头脑中的中国"的意识形态实践的想象和理论性概括，以及阿尔都塞对毛泽东思想文本（特别是《矛盾论》《关于正确处理人民内部矛盾的问题》）的吸收和转化。就阿尔都塞自身理论发展而言，意识形态"水泥"说上承阿尔都塞自《保卫马克思》《读〈资本论〉》以来的关于意识形态相对对立性、意识形态物质性、意识形态实践性、意识形态实践的思考，同时下接《论再生产》《意识形态和意识形态国家机器（研究笔记）》中提出的其意识形态理论最具标识性的意识形态国家机器概念。尽管"水泥"说最终在1970年的《意识形态和意识形态国家机器（研究笔记）》及《论再生产》未再多次出现（仅在《论再生产》出现过一次），但是它作为阿尔都塞构思意识形态国家机

① ［法］艾蒂安·巴利巴尔：《法文版序：阿尔都塞和"意识形态国家机器"》，［法］路易·阿尔都塞：《论再生产》，吴子枫译，西北大学出版社2019年版，第11页，注释1。如吴子枫老师指出的，阿尔都塞关于"风俗"的论述可以追溯至他早年在巴黎高师的哲学讲稿的《政治与历史：从马基雅维利到马克思》及他的第一本公开出版著作《孟德斯鸠：政治与历史》（［法］路易·阿尔都塞：《论再生产》，吴子枫译，西北大学出版社2019年版，第310页，注释1）。

② Camille Robcis, "'China in Our Heads': Althusser, Maoism and Structuralism," *Social Text*, Vol.30, No.1, 2012, pp.51, 62.

③ Julian Bourg, "Principally Contradiction: The Flourishing of French Maoism", in *Mao's Little Red Book: A Global History*, Alexander C.Cook ed., New York: Cambridge University Press, 2014, p.239.

器概念过程中的一个"草案"，对回溯和还原阿尔都塞的构思过程具有独特价值。

意识形态"水泥"说以一种具体的物质材料来概括意识形态，它鲜明地体现了阿尔都塞所理解的作为"客观现实"的意识形态所具有的物质属性、再生产主体性的属性而不仅仅是观念属性，也表明阿尔都塞在朝向"意识形态国家机器"概念的思考过程中取得的实质性进展。"事实上，意识形态渗透（glisse；seeps）到了大厦每一个房间的各个角落：渗透到了每个个人与他们的全部实践、与他们的所有对象的关系中，渗透到了他们与科学、技术和艺术的关系中，渗透到了他们与经济实践和政治实践的关系中，渗透到了各种'个人的'关系中，等等。意识形态就是那种在社会中起区分和黏合作用（distingue et cimente; distinguishes and cements）的东西，无论所涉及到的是技术区分还是阶级区分。意识形态是对整个社会的存在来说不可或缺的一种客观现实。"① 在这段阐述之中，阿尔都塞描述了意识形态在现实世界中的"具体存在形式"：意识形态绝不是固定地、消极地存在于上层建筑这一"大楼的某一层"之中，而是流动性地"渗透"到了"大厦每一个房间的各个角落"——包括科学的、技术的、艺术的、经济的、政治的各个角落，意识形态的"水泥"不仅参与了上层建筑的建构，也参与了下层建筑的建构，这也就直接动摇了传统地形学的下层建筑／上层建筑的简单二元划分。意识形态"水泥"说恰好正是以"水泥"在各个房间内"渗透"作比喻，最形象生动地，也最具说服力地说明上层建筑和基础之间究竟是如何联结的：意识形态并不是机械地联结上层建筑和下层建筑，而是以其"水泥"一般的四处"渗透"的物质存在性，直接模糊甚至松动了上层建筑和下层建筑之间的绝然的界限。杰姆逊指出，阿尔都塞的"意识形态国家机器"的概念给予了"各种上层建筑以一个基础"（an infrastructure of the superstructures），这个概念不仅有利于我们理解上层建

---

① Anonyme (Attribué à Louis Althusser), "Sur la révolution culturelle", in *Décalages*, 2010, Vol.1, Iss.1, p.14. Anonymous (Attributed to Louis Althusser), "On the Cultural Revolution", Jason E. Smith tr., in *Décalages*, Vol.1, Issue 1, 2010, Article 8, p.14. 中译文来自吴子枫老师的最新译本。

筑，也有利于理解基础。① 这就是说，一方面通过意识形态国家机器概念，原来那种"天真的唯物主义"将意识形态看作是"经济生产"的烟囱之上冒出来的烟雾（阿尔都塞甚至将此观点追溯至马克思本人的《德意志意识形态》)②的意识形态观受到严重冲击，意识形态绝不是无形的"烟雾"，而是具有物质实在性的各种意识形态机构以及由它们所构成的诸意识形态国家机器。另一方面，意识形态并不只作用于上层建筑——以上章节已讨论过在"法—国家—意识形态"等上层建筑之中意识形态与其他上层建筑各领域的复杂联结，而且还会作用于基础或下层建筑——以上章节已讨论过上层建筑如何"保障"着下层建筑之中的生产关系的再生产以及意识形态如何在"保障"生产关系的再生产过程中起主要作用，这也就意味着，必须对何为上层建筑、何为基础及其区别和界限加以重新认识。如果说，"这种理论通过意识形态国家机器的运作，通过意识形态国家机器保障生产关系的再生产在很大程度上是通过保障生产关系本身的运作来实现的这一事实，向我们揭示了上层建筑和下层建筑之间的错综复杂关系的精确复杂性"③，那么可以说，意识形态"水泥"说无疑是在阿尔都塞抵达意识形态国家机器概念之前的、在阿尔都塞头脑之中关于"上层建筑和下层建筑之间的错综复杂关系的精确复杂性"的最富于意味的意象之一。以上章节关于中国与毛泽东思想文本与阿尔都塞的上层建筑理论、生产关系再生产理论发生的各种"对话"关系，足可证明阿尔都塞恰恰是在《论文化革命》论文之中、在他对中国的想象式理解之中重申葛兰西的"水泥"说，是有其必然性和内在连贯性的。

此外，之所以选择"水泥"而不是其他物质材料作为意识形态本体的喻体也颇有深意。富于黏性的水泥在不同温度之中可呈现固体和液体两种形态，分别对应"区分"和"黏合"功能。故此只有水泥才能最好地描述"意识形态就是那种在社会中起区分和黏合作用的东西，无论所涉及到的是技

① Fredric Jameson, *Valence of The Dialectic*, London & New York: Verso, 2009, p.277.

② Gregor Moder, *Hegel and Spinoza: Substance and Negativity*, Evanston: Northwestern University Press, 2017, p.105.

③ [法] 路易·阿尔都塞:《论再生产》，吴子枫译，西北大学出版社 2019 年版，第 389—390 页。

术区分还是阶级区分。"① 值得注意的是，在葛兰西那里，"水泥"或"黏合剂"说主要强调的是意识形态的"黏合"作用，而阿尔都塞对意识形态"水泥"既"区分"又"黏合"的判断，则主要来自他对于毛泽东思想文本和中国的理解、吸收和转化。在《关于意识形态国家机器的说明》中，"水泥"比喻再次出现："也许有人会说，共产党自己也像一起党一样，以某种意识形态——而且它自己称之为无产阶级意识形态——为基础而构成。当然如此。在共产党那里，意识形态也起着把一个特定社会团体在思想和实践统一起来的'黏合剂'（葛兰西）的作用。在共产党那里，这种意识形态也'把个人唤问为主体'，更准确地说，是唤问为主体—战士……。"② 可以清晰地看到，阿尔都塞是葛兰西的意义上理解意识形态的"黏合"作用的，所谓"黏合"就是指意识形态（国家机器）对主体的再生产也即对主体性的"唤问"，且"黏合"主要指积极意义上的唤问，如共产党用无产阶级意识形态将群众唤问为无产阶级主体。那么，什么是"区分"？在阿尔都塞关于毛泽东《关于正确处理人民内部矛盾的问题》等理论文本的研究笔记中可以发现一些重要线索，"毛泽东思想教会我们'一分为二'"，根据马克思—列宁主义，没有绝对纯粹的事物，每件事都是可分（divisible）的，而"革命意义上的区分（division）是好事不是坏事。它有助于提高人的意识形态上的觉悟，它可以加强革命者的统一性，它有助于无产阶级革命事业的发展，它带来社会进步。"③ 因此，所谓意识形态的"区分"和"黏合"应被理解为强调从意识形态角度判断社会矛盾是否属于人民内部矛盾的区分，以及由这种区分带来的群众的"黏合"也即群众的"统一性"。这就是说，意识形

---

① Anonyme（Attribué à Louis Althusser），"Sur la révolution culturelle"，*Décalages*，2010，Vol.1，Iss.1，p.14. Anonymous（Attributed to Louis Althusser），"On the Cultural Revolution"，Jason E. Smith tr.，in *Décalages*，Vol.1，Issue 1，2010，Article 8，p.14. 中译文来自吴子枫老师的最新译本。

② [法] 路易·阿尔都塞:《论再生产》，吴子枫译，西北大学出版社 2019 年版，第 427—428 页。在该书第 427 页的注释 1 中，译者吴子枫老师指出《关于意识形态国家机器的说明》此处提及"黏合剂"（也译为水泥）与《论文化革命》中提及的"水泥"应加以并置阅读。

③ Camille Robcis，"'China in Our Heads'：Althusser, Maoism and Structuralism，"*Social Text*，Vol.30，No.1，2012，pp.51，59—60.

态不仅可以"黏合"，而且可以"区分"，并且只有通过"区分"达到真正的"黏合"，正如通过对敌我矛盾和人民内部矛盾的"区分"，群众才能真正地达到"统一性"。这还意味着，意识形态的"黏合"并不是一个一劳永逸的过程，而是永远要在新的"区分"之中去达到新的"黏合"。"区分"和"黏合"与《关于正确处理人民内部矛盾的问题》中的"团结—批评—团结"方法①，实际上也有很强的相似性。意识形态的"区分"和"黏合"由于关乎人民内部矛盾，因此也直接关乎于"人民"概念。而阿尔都塞的"人民"、"群众"概念与毛泽东思想文本恰存在着深刻关联（下文将展开论述）。阿尔都塞在 1968 年 3 月 11 日写给玛契奥琪（Maria Antonietta Macciocchi）的一封信中，引用了《关于正确处理人民内部矛盾的问题》，指出如何判断"人民"的组成是选举的关键："只要你不能回答这个问题，即现在、在一个特定的国家，什么组成了人民（强调现在，是因为人民的组成总是历史性地发生着变化，强调在一个特定的国家，是因为人民的组成总是随着地点转变而变化），你就根本不能在政治上有所作为。"② 这正是说，由于"人民"始终处于动态的生成之中，必须要从意识形态角度区分动态地判断何为"人民"、才能更好地"黏合"人民。故此，意识形态不仅渗透和联结着上层建筑、下层建筑，也起着"区分"和"黏合"群众，也即起着群众主体性再生产的重要作用。同时，意识形态"水泥"的"区分"和"黏合"也表明意识形态（国家机器）本身的动态性："由此可得出，上层建筑和下层建筑之间错综复杂的关系——不管是笼统的、含糊的，而是极其精确的错综复杂的关系——首先是通过各种意识形态国家机器表现出来的。只有当这些意识形态国家机器绝大部分'活动'表现在生产关系的运作本身当中以保障生产关系的再生产时，它们才列入上层建筑中。"③ 只有在生产关系的运作本身之中"活动"着的意识形态国家机器才是有效的上层建筑，而意识形态的"区分"和"黏合"正是意识形态在生产关系及其再生产之中"活动"着的重要标志。

---

① 毛泽东：《关于正确处理人民内部矛盾的问题》（一九五七年二月二十七日），载《毛泽东文集》第七卷，人民出版社 1999 年版，第 210—211 页。

② Louis Althusser & Maria Antonietta Macciocchi, *Letters from inside the Italian Communist Party to Louis Althusser*, tr. Stephen M. Hellman, London: NLB, 1973, pp.4–5.

③ [法] 路易·阿尔都塞：《论再生产》，吴子枫译，西北大学出版社 2019 年版，第 389 页。

和意识形态国家机器概念一样，意识形态"水泥"说既关乎意识形态的物质性，还同时关乎意识形态实践问题。意识形态如"水泥"一样"……渗透到了每个个人与他们的全部实践、与他们的所有对象的关系中，渗透到了他们与科学、技术和艺术的关系中，渗透到了他们与经济实践和政治实践的关系中，渗透到了各种'个人的'关系中……"①。那么，为什么说作为物质（"水泥"）的意识形态可以渗透到每个个人的"全部实践"之中？在 1970 年《意识形态和意识形态国家机器（研究笔记）》之中对这个问题的解答，正是上文谈及的意识形态实践与意识形态机器的共在性："一种意识形态总是存在于某种机器当中，存在于这种机器的实践或各种实践当中。这种存在就是物质的存在。"②上文还讨论了阿尔都塞将意识形态作为"内在因""消失"在其各种机器和实践的斯宾诺莎因素。而实际上阿尔都塞 1966 年论文中的意识形态"水泥"说的"渗透"机制，还为加深理解阿尔都塞的"意识形态实践"概念及其与意识形态国家机器概念之间的关系，提供了一些新的重要线索。

阿尔都塞的"意识形态实践"概念本身就是一个与毛泽东思想相关的概念。阿尔都塞在《读〈资本论〉》中指出，社会存在的所有层面都是有区别的实践的场所：经济实践，政治实践，意识形态实践，技术和科技实践或者理论的实践。③可以看到，在《读〈资本论〉》阶段，意识形态实践是"区别"于经济、政治、技术、理论实践的一种具有相对独立性的实践形态，这与阿尔都塞在《保卫马克思》之中反复阐述的意识形态和上层建筑的相对对立性是直接对应的。根据《读〈资本论〉》收录的本·布鲁斯特编写的《术语汇编》，"阿尔都塞吸收了由恩格斯所提出来的、并被毛泽东所详细阐发了的关于构成社会形态（social formation）的三种实践即经济的、政治的

① Anonyme（Attribué à Louis Althusser），"Sur la révolution culturelle"，*Décalages*，2010，Vol.1，Iss.1，p.14. Anonymous（Attributed to Louis Althusser），"On the Cultural Revolution"，Jason E. Smith tr.，in *Décalages*，Vol.1，Issue 1，2010，Article 8，p.14. 中译文来自吴子枫老师的最新译本。

② [法]路易·阿尔都塞：《意识形态和意识形态国家机器（研究笔记）》，孟登迎译，载陈越编：《哲学与政治：阿尔都塞读本》，吉林人民出版社 2003 年版，第 356 页。

③ Louis Althusser，Étienne Balibar，*Reading Capital*，Ben Brewster tr.，London：NLB，1970，p.58.

和意识形态的实践的理论。其中，经济的实践是通过人类劳动将自然转变为社会产品，政治的实践是指通过革命转变社会关系，而意识形态的实践（ideological practice）是指通过意识形态斗争（ideological struggle）将一种与生活世界的关系转变为新的关系的实践。① 可以看到，阿尔都塞的意识形态实践概念之所以与毛泽东思想相关，正是因为它与毛泽东思想文本（如《关于正确处理人民内部矛盾的问题》）之中对"意识形态斗争"的强调有关，例如"无产阶级要按照自己的世界观改造世界，资产阶级也要按照自己的世界观改造世界。在这一方面，社会主义和资本主义之间谁胜谁负的问题还没有真正解决。"② 值得注意的是，到了1966年论文之中，意识形态实践，成为一个涉及一切实践的概念："意识形态渗透（glisse；seeps）到了大厦每一个房间的各个角落：渗透到了每个个人与他们的全部实践、与他们的所有对象的关系中，渗透到了他们与科学、技术和艺术的关系中，渗透到了他们与经济实践和政治实践的关系中，渗透到了各种'个人的'关系中，等等。"③ 意识形态"渗透"到了"全部实践"之中，按上文提及的意识形态"内在因"说，也就意味着意识形态"消失"于"全部实践"之中，同时也表现在"所有实践"之中，这实际上就意味着在经济实践、政治实践等"所有实践"之中都存在着意识形态实践，或者说意识形态实践的极大的泛化。因此，1966年论文之中的意识形态实践概念，就不再是《读〈资本论〉》之中的与其他实践形态相平行的意识形态实践概念，而直接介入到所有实践之中，成为一种"渗透"一切、囊括一切的实践形态。正因为意识形态实践概念的泛化态势，无怪乎有研究者批评此概念"如此宽泛以至于消失于其他各种种类的实践之中（so wide as to collapse it into other kinds

---

① Louis Althusser, Étienne Balibar, *Reading Capital*, Ben Brewster tr., London: NLB, 1970, p.316.

② 毛泽东：《关于正确处理人民内部矛盾的问题》（一九五七年二月二十七日），载《毛泽东文集》第七卷，人民出版社1999年版，第344页。

③ Anonyme（Attribué à Louis Althusser），"Sur la révolution culturelle", *Décalages*, 2010, Vol.1, Iss.1, p.14. Anonymous（Attributed to Louis Althusser），"On the Cultural Revolution", Jason E. Smith tr., in *Décalages*, Vol.1, Issue 1, 2010, Article 8, p.14. 中译文来自吴子枫老师的最新译本。

of practice）"①，尽管阿尔都塞的意识形态实践其实并非真正"消失"，而是"渗透"或表现为一切其他种类的实践，或者说，使得所有实践（包括经济实践）都具有了某种意识形态实践的性质。阿尔都塞恰恰是在1966年论文之中提出这个具有泛化态势的意识形态实践概念并非偶然，正对应着他对"头脑中的中国"的涉及一切实践的意识形态实践的直接理论性总结。阿尔都塞指出，"由于意识形态存在于一定社会的全部实践中"，中国的群众意识形态革命就"同时涉及到了出现在经济实践、政治实践、科学和技术实践、审美实践、教育实践等等中的其他意识形态形式"。②在这段表述之中，阿尔都塞的意识形态实践概念的无所不包性呈现得更为明晰：意识形态实践及意识形态革命涉及传统地形学的从下层建筑到上层建筑的"一定社会的全部实践"，甚至在下层建筑的经济实践之中也存在着意识形态。这个"存在于一定社会的全部实践中"的无所不包的意识形态实践概念，由于（前文讨论过的）意识形态实践和意识形态机器的共在性，直接关系到阿尔都塞意识形态国家机器的无处不在、无所不包性。《意识形态和意识形态国家机器（研究笔记）》和《论再生产》中所列出的意识形态国家机器的清单已经涉及包括宗教的、教育的、家庭的、法律的、政治的、传播的、文化的等广泛存在的诸意识形态国家机器③，而在阿尔都塞的《写给非哲学家的哲学入门》一书中，他补充指出意识形态国家机器的"列表"显然并未完结，可以添加到这个列表之中的还有"医学的意识形态国家机器"、"建筑的意识形态国家机器"，他还特别指出也许甚至还有"经济的意识形态国家机器"，既然各个公司

---

① Nicholas Abercrombie, Stephen Hill and Bryan S.Turner, *The Dominant Ideology Thesis*. Routledge, 2015, p.171.

② Anonyme（Attribué à Louis Althusser），"Sur la révolution culturelle", in *Décalages*, 2010, Vol.1, Iss.1, p.7. Anonymous（Attributed to Louis Althusser），"On the Cultural Revolution", Jason E. Smith tr., in *Décalages*, Vol.1, Issue 1, 2010, Article 8, p.7. 中译文来自吴子枫老师的最新译本。需要注意的是，英译本在这里遗漏了"科学和技术实践"、"审美实践"两个关键表述。

③ [法] 路易·阿尔都塞：《意识形态和意识形态国家机器（研究笔记）》，孟登迎译，载陈越编：《哲学与政治：阿尔都塞读本》，吉林人民出版社2003年版，第335页。

都在"展现意识形态灌输"。① 可以说，此处阿尔都塞对经济的意识形态国家机器的判断，应与他的 1966 年论文之中提及的意识形态实践和意识形态革命涉及包括"经济实践"在内的一切社会实践的观点联系起来考虑，也就是说，意识形态概念扩展至下层建筑的实践之中，必然对应的是意识形态国家机器扩展至下层建筑之中（如经济的意识形态国家机器）。至此，阿尔都塞对传统上层建筑、下层建筑的二元体系的地形学的批判就达到了某种顶峰：下层建筑之中亦有意识形态（国家机器），意识形态（国家机器）亦具有某种下层建筑（如经济）的属性。

阿尔都塞在 1966 年《论文化革命》中还阐发了在 1970 年论文《意识形态和意识形态国家机器（研究笔记）》中未及展开，而在《论再生产》之中涉及了的新旧意识形态国家机器转换或建立新的意识形态国家机器的问题。阿尔都塞在 1966 年《论文化革命》中阐发了一种在 1970 年论文《意识形态和意识形态国家机器（研究笔记）》中着重强调的意识形态国家机器也即教育意识形态国家机器，但其阐发维度又有别于 1970 年论文，也即着重强调的是如何将其"革命化"、如何将其改造为新的无产阶级意识形态国家机器。按照阿尔都塞的判断，在西方资本主义国家，"教会在今天已被学校取代了它作为占统治地位的意识形态国家机器的作用"，学校以及学校—家庭的对子"构成了占统治地位的意识形态国家机器，这个机器在现有生产方式的生产关系再生产中扮演着决定性的角色"。② 所谓在"生产关系的再生产中扮演着决定性的角色"，也即教育意识形态国家机器在再生产资本主义剥削性生产关系之中起到了决定性的作用。正因为教育意识形态国家机器与资本主义生产关系形成了"同谋"，故而必须要在其中展开阶级斗争——"AIE（意识形态国家机器）中的阶级斗争的确是阶级斗争的一个方面，有时还是一个重要的、症状性的方面：例如十八世纪反对宗教的斗争，或者今天各资本主义国家出现

---

① Louis Althusser, *Philosophy for Non-philosophers*, G.M.Goshgarian, tr., & ed., London & New York: Bloomsbury, 2017, p.203.

② [法] 路易·阿尔都塞：《意识形态和意识形态国家机器（研究笔记）》，孟登迎译，载陈越编：《哲学与政治：阿尔都塞读本》，吉林人民出版社 2003 年版，第 347 页。

的教育 AIE 的'危机'。"① 那么，学校作为社会主义的意识形态国家机器所扮演的角色是什么呢？这正是阿尔都塞在 1966 年论文之中要回答的问题。阿尔都塞对教育意识形态国家机器极为看重，佩里·安德森认为，阿尔都塞对意识形态的主要的补充，是直接受到了 1960 年代中期发达资本主义世界之中的高等教育系统反叛浪潮的影响。② 这就是说，阿尔都塞的意识形态理论与他同时代的西方资本主义高等教育系统内的批判风潮直接相关。阿尔都塞和他身边的学生都对教育意识形态国家机器极为关注。巴利巴尔指出，研究学校问题的"学校团体"（成员包括阿尔都塞的学生巴利巴尔、马舍雷等人）力图将对教育机器的分析"和阿尔都塞提出的'意识形态国家机器'及其资本主义生产关系再生产功能的一般观念'缝合'起来"，尽管最终未能达成一致。③

阿尔都塞在 1966 年论文中指出，"一方面，正在培养中国青年的教育系统（不应忘记学校总会深刻地影响人，即使是在历史剧变时期也一样）实际上还是资产阶级和小资产阶级意识形态的堡垒。"④ 阿尔都塞在这里借中国当时对教育意识形态国家机器的改造提出一个至关重要的问题：经过社会主义改造之后的新的生产关系和下层建筑并不自动地、必然地带来上层建筑和诸意识形态国家机器发生变化，故此亟须将其改造、置换为新的意识形态国家机器。与之相对应的是，在《论意识形态和意识形态国家机器（研究笔记）》和《论再生产》中，阿尔都塞多次援引列宁对教育意识形态国家机器新旧转换的担忧："列宁忧心忡忡地惦念着教育（及其他）意识形态国家机器的革命化，只是为了让已经夺取国家政权的苏维埃无产阶级能够保证未来的无产

---

① [法] 路易·阿尔都塞：《意识形态和意识形态国家机器（研究笔记）》，孟登迎译，载陈越编：《哲学与政治：阿尔都塞读本》，吉林人民出版社 2003 年版，第 374 页。

② Perry Anderson, *Considerations on Western Marxism*, London & New York: Verso, 1979, p.88.

③ [法] 艾蒂安·巴利巴尔：《法文版序：阿尔都塞和"意识形态国家机器"》，[法] 路易·阿尔都塞：《论再生产》，吴子枫译，西北大学出版社 2019 年版，第 7—8 页。

④ Anonyme (Attribué à Louis Althusser), "Sur la révolution culturelle", in *Décalages*, 2010, Vol.1, Iss.1, p.9. Anonymous (Attributed to Louis Althusser), "On the Cultural Revolution", Jason E. Smith tr., in *Décalages*, Vol.1, Issue 1, 2010, Article 8, p.9. 中译文来自吴子枫老师的最新译本。

阶级专政和向社会主义过渡。"① 尽管十月革命取得了成功，尽管"封建的资本主义镇压性国家机器最主要的部分（军队、警察）已经被摧毁了，但行政部门却并非如此"②，同样地，诸意识形态国家机器包括教育意识形态国家机器也可能仍旧还是封建的资本主义的意识形态国家机器，诸意识形态国家机器滞后于生产关系等下层建筑的无产阶级改造。故此，"仅仅摧毁镇压性国家机器还不够，还必须摧毁并更换意识形态国家机器。必须刻不容缓地建立新的意识形态国家机器，要不然，危及的是革命自身的未来。"③

为什么说不建立新的意识形态国家机器将危及革命未来？这正是因为新的意识形态国家机器及意识形态的再生产直接关乎到主体的再生产。在1966 年论文中，阿尔都塞阐释道，"另一方面，在社会主义国家，未经革命斗争和战争洗礼的青年构成了一个非常敏感的问题，他们是未来生死攸关的一部分。……不管这一年龄的人多么有活力，如果由于政治上的不负责任，他们被遗弃在意识形态的混乱或'空白（vide; void）'中，那么，在实际上，他们就是被交给了各种'自发的'意识形态形式，而后者会不断地去填补这一'空白'。"④ 阿尔都塞认为，意识形态厌恶"真空（a vacuum）"，资本主义社会的意识形态是"满的"也即"充满着唯心主义的价值，资产阶级和小资产阶级的价值"。⑤ 认为主体是由意识形态唤问而生成的，故如没有新的意识形态（国家机器）来唤问，则主体——以易受影响的青年人主体尤为典型——等于还是被暴露在旧的意识形态（国家机器）的唤问之中。这正是阿尔都塞认为青年人主体有可能被遗弃在意识形态的"混乱或'空白'"之中的原因——所谓"空白"并不是真的空白，因为旧的意识形态（国家

---

① ［法］路易·阿尔都塞：《意识形态和意识形态国家机器（研究笔记）》，孟登迎译，载陈越编：《哲学与政治：阿尔都塞读本》，吉林人民出版社 2003 年版，第 338 页。

② ［法］路易·阿尔都塞：《论再生产》，吴子枫译，西北大学出版社 2019 年版，第 197 页。

③ ［法］路易·阿尔都塞：《论再生产》，吴子枫译，西北大学出版社 2019 年版，第 198 页。

④ Anonyme (Attribué à Louis Althusser), "Sur la révolution culturelle", in *Décalages*, 2010, Vol.1, Iss.1,p.9. Anonymous (Attributed to Louis Althusser), "On the Cultural Revolution", Jason E. Smith tr., in *Décalages*, Vol.1, Issue 1, 2010, Article 8, p.9. 中译文来自吴子枫老师的最新译本。

⑤ Louis Althusser, "Letter to the Central Committee of the PCF（18 March 1966）", Williams S. Lewis tr., in *Historical Materialism: Critical Research in Marxist Theory*, Vol.15, 2007, p.165.

机器）还在时时刻刻作用于主体。不仅教育形态国家机器如此，阿尔都塞在《论再生产》中阐述到，即使在十月革命之后，旧 AIE 还会"继续其先前的'工作'"，……旧 AIE 的一流部分实际上不是向群众反复灌输无产阶级意识形态，……而是继续向群众反复灌输资产阶级或小资产阶级的旧意识形态，……"①"……如果旧的意识形态没有被根除，那么，谁能向我们证明：甚至在社会主义（形式上的官方的社会主义）国家的官方机构表面下，不会是旧的意识形态得以维持原状、进行自我再生产、并导致那种极端危险的后果——旧的意识形态完全钻入社会主义国家生产关系或政治关系的种种缝隙中——呢？"② 即使十月革命之后生产关系等下层建筑完成了社会主义改造，但是旧的意识形态国家机器将会顽强地、隐秘地如旧的"水泥"一般继续四处"渗透"，不仅渗透至上层建筑如"政治关系"，甚至还会渗透到下层建筑如"生产关系"，从而直接危及新生的苏联社会主义国家的根基。

　　阿尔都塞在 1966 年论文中，还提出以下观点：如果社会主义国家让青年参与伟大的革命工作，"如果这一工作可以在实践中教育他们"，那么青年可以通过"与资产阶级意识形态进行斗争而自我成长"，从而"改变自己的意识形态"。③ 尽管未及展开，但是相对于 1970 年《意识形态和意识形态国家机器（研究笔记）》之中倾向描摹主体绝对地被意识形态唤问而生成而言，阿尔都塞在这里的确提供了一种更为积极的、补充性的关于主体与意识形态关系的视角，阐明了（青年人）主体在参与意识形态斗争之中、参与到新的意识形态国家机器的建构并在这个过程中更新自身主体性的可能性。一般认为，根据阿尔都塞的悲观主义看法，意识形态无可避免地使得我们成为我们自身的囚犯。④ 而阿尔都塞 1966 年论文恰好证明，在社会主

---

① [法] 路易·阿尔都塞：《论再生产》，吴子枫译，西北大学出版社 2019 年版，第 198—199 页。

② [法] 路易·阿尔都塞：《论再生产》，吴子枫译，西北大学出版社 2019 年版，第 199—200 页。

③ Anonyme (Attribué à Louis Althusser), "Sur la révolution culturelle", in *Décalages*, 2010, Vol.1, Iss.1,p.9. Anonymous (Attributed to Louis Althusser), "On the Cultural Revolution", Jason E. Smith tr., in *Décalages,* Vol.1, Issue 1, 2010,Article 8, p.9. 中译文来自吴子枫老师的最新译本。

④ David McLellan, *Ideology*, Open University Press，1995, p.29.

义意识形态国家机器之中，主体通过参与意识形态斗争，不仅可以从旧的意识形态（国家机器）的牢笼之中挣脱出来，而且甚至可以"改变现有的意识形态"也即变革现有的意识形态（国家机器）。正是在这个意义上，阿尔都塞1966年《论文化革命》可以看作是对1970年《意识形态和意识形态国家机器（研究笔记）》及其引起的关于阿尔都塞的意识形态理论等同于某种"悲观主义"看法的有力补充和反拨。实际上，《论文化革命》与《意识形态和意识形态国家机器（研究笔记）》可被看作是阿尔都塞意识形态的"两翼"：《意识形态和意识形态国家机器（研究笔记）》着重讨论的是西方资本主义国家之中的资本主义意识形态国家机器对主体的再生产，《论文化革命》着重讨论的是社会主义国家之中的社会主义意识形态国家机器对主体的再生产。阿尔都塞是在上述不同场景、不同形势之中对其意识形态理论做不同的阐发和检验，其用意都是出于阿尔都塞力图将意识形态"改造成用以审慎地影响历史发展的一个工具。"[1]。在《论再生产》中，阿尔都塞以"初级意识形态"和"次级意识形态"的区分说明了意识形态国家机器之中产生出革命"意识的觉醒"的理论可能。阿尔都塞强调，不能将初级和次级意识形态加以混淆："必须要把实现并存在于一定机器实践中的国家的意识形态的那些确定要素，与在这个机器内部由其实践'生产'出来的意识形态，区别开来。前者是初级意识形态，后者是次级的、从属的意识形态。"[2]这就是说，在意识形态国家机器的实践之中，必然会有衍生的、次一级的，但又不同于"初级"意识形态的意识形态被生产出来。正是初级意识形态这个概念，有力地证明了阿尔都塞的意识形态理论绝不是一种纯粹悲观主义的，甚至压抑革命的理论。"……我们已经说过，'初级的'意识形态以在其中实现自身的那些仪式的实践，会'生产'（即作为副产品而生产）出'次级的'意识形态。感谢上帝，如果不是这样，无论是造反、革命'意识的觉醒'，还是革命本身，都绝无可能。"[3]正是因为意识形态国

---

[1]　Louis Althusser, *Pour Marx*, Paris: La Découverte, 2005, p.239; Louis Althusser, *For Marx*, Ben Brewster tr., London & New York: Verso, 2005, p.232; [法] 路易·阿尔都塞：《保卫马克思》，顾良译，商务印书馆2010年版，第229页。

[2]　[法] 路易·阿尔都塞：《论再生产》，吴子枫译，西北大学出版社2019年版，第187页。

[3]　[法] 路易·阿尔都塞：《论再生产》，吴子枫译，西北大学出版社2019年版，第363页。

家机器之中的实践对该机器不断进行再生产，该机器就不可能永远停留在原本已经存在的"初级"意识形态的状态，总会有次级的意识形态在再生产的过程之中作为现有意识形态国家机器所未必欢迎、更未必能容纳的"副产品"产生出来，这些次级的意识形态"副产品"的积累，就成为在该机器之中进行实践的"当事人"产生"造反、革命'意识的觉醒'"以及新的意识形态国家机器逐步替代、置换旧的意识形态国家机器的重要原因。此外，阿尔都塞1966年论文还谈及"发明"全新的意识形态国家机器的可能性及必要性。阿尔都塞在其中强调了相对于经济层面的群众组织（工会）、政治层面的先锋队组织（即党）而言的第三种组织也即群众意识形态改造和斗争的组织，强调"只能由群众自己在群众组织中并通过这种组织来完成（agissant dans et par des organisations；acting in and through organizations）"。① 这无疑是对阿尔都塞1970年论文的重要补充，同时也呼应着《论再生产》之中的相关表述："要'发明'一些怎样的新系统，以及如何建立它们；……总之，通过每个苏维埃公民的实践和觉悟，过渡到新的国家的意识形态，即无产阶级意识形态。"② 故此，为了使得无产阶级意识形态成为主导意识形态，不仅要对现有的意识形态国家机器进行改造和置换，还可创造、发明服务于社会主义国家的、前所未有的新型意识形态国家机器。

关于新旧意识形态国家机器的转化、新的意识形态国家机器的建立，必然涉及到"群众"如何参与其中的问题，这就直接涉及到阿尔都塞对于"人民"、"群众"概念的理解，而这恰恰又是与他对毛泽东的"人民"、"群众"、"群众路线"等概念的理解直接相关的。在《论再生产》中，阿尔都塞非常赞同列宁的必须要将建立新的意识形态国家机器与群众紧密联系在一起的观点。列宁非常清楚"要建立新的 AIE，不存在先天的、事先完全准备好的计划和路线；……这是一场不容丝毫懈怠的漫长斗争，是一场不能只靠有限的行政手段，而是要靠深入细节的智慧，靠教育、说服和耐心的解释才能完成

---

① Anonyme (Attribué à Louis Althusser), "Sur la révolution culturelle", in *Décalages*, 2010, Vol.1, Iss.1, pp.6-8. Anonymous (Attributed to Louis Althusser), "On the Cultural Revolution", Jason E. Smith tr., in *Décalages*, Vol.1, Issue 1, 2010, Article 8, pp.6–8. 中译文来自吴子枫老师的最新译本。

② [法] 路易·阿尔都塞：《论再生产》，吴子枫译，西北大学出版社2019年版，第198页。

的斗争；这是一场不能靠少数战士——哪怕他们非常清醒非常勇敢，而是要通过求助于群众、求助于他们的判断力、他们的反应、他们的首创精神和他们的发明，才能完成的斗争。如果这场斗争不能获胜（它当然无法在几个月甚至几年的时间里就获胜），甚至如果不是在正确的群众政治的基础上真正严格地获胜，它就会严重地限制乃至危害'社会主义建设'的未来。"① 没有"正确的群众政治的基础"、没有"群众"的参与，建立新的意识形态国家机器就无从谈起，所以必须要"求助于"群众、必须要采用"教育、说服、耐心"的方法。建立新的意识形态国家机器要"求助于"群众，实际上正对应于阿尔都塞1960年《论文化革命》论文中的"群众意识形态革命"（下文将展开论述）必须在"群众"之中展开：任何意识形态（国家机器）的再生产与变革的"当事人"不可能"靠少数战士"、而必须只能是"群众"。

第三节 "毛泽东主义"与阿尔都塞论"人民"、"群众"

阿尔都塞的意识形态理论必然地关联于他的激进的反人道主义的主体性理论，这当然首先是由于阿尔都塞将拉康的精神分析理论转化为他的意识形态"唤问"主体理论。正是在这个意义上，伊格尔顿认为，尽管存在各种缺陷和局限性，阿尔都塞对意识形态的解释代表了现代马克思主义思想在主体问题上的重要突破之一。② 然而除此以外，阿尔都塞的意识形态理论——特别是他关于新旧意识形态国家机器的转化、他的"群众意识形态革命"概念等——还必然地关乎于他对于"群众"、"人民"等传统主体性理论范畴的论述，那么，"群众"概念在阿尔都塞理论体系之中得到了何种独特的阐释？为什么说阿尔都塞的"群众"概念与毛泽东思想有关？实际上，阿尔都塞是在其激进的反人道主义立场之中对毛泽东"人民"、"群众"、"群众路线"概念所

---

① ［法］路易·阿尔都塞：《论再生产》，吴子枫译，西北大学出版社 2019 年版，第 199 页。

② Terry Eagleton, *Ideology: An Introduction*, Verso, 1998, p.148.

作的悖论性转化，恰好可为阿尔都塞的意识形态理论、意识形态国家机器理论、群众意识形态革命理论的若干关键特性和局限性提供最佳注解。

如前所述，在《保卫马克思》和《读〈资本论〉》发表后不久，阿尔都塞的理论演进发生了重要转折，阿尔都塞试图发展自身体系之中的"内在矛盾"①，他进入到一个自我批评时期，抛弃了结构主义、"认识论断裂"等概念，力图为理论"赋予一种直接得多的政治性"。② 在上述大约发生于 1967 年的理论转折前后，阿尔都塞在发表于 1966 年的《论文化革命》（"Sur la révolution culturelle"）、玛契奥琪（Maria Antonietta Macciocchi）于 1969 年出版的与阿尔都塞通信的《党内通信集》（Lettres de l'intérieur du Parti）③、于 1968—1970 年间写作的《论再生产》（Sur la reproduction）、1973 年发表的《答约翰·刘易斯》（Réponse à John Lewis）、1975 年发表的《在哲学中成为马克思主义者是简单的吗?》（"Est-il simple d'être marxiste en philosophie"）等论著、论文或通信中对"人民群众（masses populaires）"、"群众（masses）"、"人民（peuples）"、"群众路线（ligne de masse）"④ 等范畴的频繁的突出的运用——尤以《答约翰·刘易斯》中详尽阐释的"群众创造历史"（Ce sont les masses font l'histoire）命题对"群众"的强调为典型——是颇为值得关注的一个现象。从直接的政治原因来说，阿尔都塞对"群众"等范畴的运用与他对苏联的斯大林主义路线以及在中苏分裂的历史形势之中持亲

---

① James H. Kavanagh and Thomas E. Lewis，"Interview with Étienne Balibar and Pierre Macherey"，*Diacritics*，Vol.12，No.1，1982，p.46.

② ［法］E. 巴利巴尔：《阿尔都塞与中国》，吴志峰译，《马克思主义与现实》2015 年第 4 期，第 99 页。

③ 本书中引用或转引的阿尔都塞与玛契奥琪的信件均来自此通信集，该通信集最初发表于 1969 年，故其收录的是阿尔都塞于 1969 年之前与玛契奥琪的通信情况。而本书主要涉及的阿尔都塞的重要文本包括写作于 1968—1970 年间的《论再生产》（英译本译为《论资本主义再生产》）、发表于 1973 年的《答约翰·刘易斯》，以及阿尔都塞在 1970 年将正在写作的《论再生产》中的一部分摘录出来题为《意识形态和意识形态国家机器》）等文本，上述文本均完成于上述通信集形成及发表之后。对上述时间线的梳理，是本书引用阿尔都塞与玛契奥琪的通信作为分析阿尔都塞重要思想（如《答约翰·刘易斯》中的"群众创造历史"命题、《论再生产》中的意识形态理论）生成的根据所在。

④ "Masses"有多种中译法，如大众、民众、群众等。考虑到阿尔都塞运用该范畴与他对"群众路线"的援引有紧密联系，此处译为"群众"。

苏反中立场的法国共产党的不满密切相关。在《答约翰·刘易斯》之中阿尔都塞对苏联的"一切依靠干部"强烈不满①，反复强调无产阶级政党采取"群众路线"的重要性。从阿尔都塞自身理论演化的角度来看，对"群众"等范畴的运用则又是阿尔都塞自身理论体系的"内在矛盾"的展开的表征：对"群众"范畴的频繁调用反映了阿尔都塞在"结构主义马克思主义"极盛期的代表作《保卫马克思》和《读〈资本论〉》之中对"结构（structure）"（强调马克思主义的总体是区别于黑格尔主义的过度决定的"去中心的结构"）②阐明备至之后，试图调整、回答和展开说明其"结构"视域中的人类动因（human agency）问题，如《保卫马克思》中就曾提及但未完全展开的与对"结构"的推崇之间存在着明显张力的群众"自发性"（spontaneity）③问题，并由此为其理论赋予"直接得多的政治性"。阿尔都塞对毛泽东的"人民"、"群众路线"的阅读和阐释正是在其对自身理论内部张力特别是"结构"与人类动因的张力的展开之中而展开的。

从理论来源来看，马克思、恩格斯、列宁关于"人民"、"群众"的论述理应在阿尔都塞的阅读视野之中。雅克·比岱指出，阿尔都塞在《论再生产》中使用的群众一词是布尔什维克革命和第三国际的用语，反映了阿尔都塞对列宁主义的援引。④此外，根据在阿尔都塞写作于1965年的《论〈社会契约论〉：错位种种》、根据阿尔都塞关于马基雅维利《君主论》以及葛兰西《现代君主论》的阅读、根据阿尔都塞1971年发表的《马基雅维利和我们》等可以判断，卢梭、马基雅维利、葛兰西以及特别是经由葛兰西阐释过了的马基雅维利主义——尤其是考虑到《论再生产》实际上与《马基雅维利和我们》写于同一时期⑤——对于阿尔都塞理解"人民"应有重要影响。在《马基雅维利和我们》之中，阿尔都塞提出，"马基雅维利

---

① Louis Althusser, *Essays in Self-Criticism*, Graham Lock tr., London: NLB, 1976, p.79.

② Louis Althusser, *For Marx*, Ben Brewster tr., London & New York: Verso, 2005, pp.254–255.

③ Louis Althusser, *For Marx*, Ben Brewster tr., London & New York: Verso, 2005, p.254.

④ [法]雅克·比岱：《法文版导言：请你重读阿尔都塞》，[法]路易·阿尔都塞：《论再生产》，吴子枫译，西北大学出版社2019年版，第21页。

⑤ [法]艾蒂安·巴利巴尔：《法文版序：阿尔都塞和"意识形态国家机器"》，[法]路易·阿尔都塞：《论再生产》，吴子枫译，西北大学出版社2019年版，第9页。

不是说必须属于人民才能认识君主本身的性质，而是说才能认识君主们的性质。这意味着不同的君主，因而需要从人民的观点出发在他们中间做出选择。……就像他那样谈论君主，你就要属于人民，与人民的阶级立场保持一致。这就是葛兰西说的：在他的宣言里，马基雅维利'自己成了人民'。"① 阿尔都塞延续了葛兰西的思路，主要是从葛兰西意义上的"现代君主"也即无产阶级政党与人民的角度阐释《君主论》，强调"对君主的政治实践来说，惟一应该关心的就是人民大众——il volgo[群氓]——的观点"也即作为现代君主的政党应高度重视甚至唯一应该关心的就是人民。② 阿尔都塞还直接将"人民"作为现代国家的"绝对条件"："通过法律的机制，君主的权力扎根于人民，这是国家持久和国家政权的绝对条件，也就是国家扩能力的绝对条件。"③ 值得注意的是，阿尔都塞在《马基雅维利和我们》中有这样一处表述："正因为如此，君主才必须是全新的，而且必须从一个全新的君主国着手完成他的历史人物。这就要求创造一个政治基础。尽管必须是全新的，必须彻底扫除旧的政治形式，但这个政治基础也不会在真空中创制出来（这个政治基础必须是人民的政治基础，它跟我们后来学会说的'群众基础'有着同样的意义）。"④ 这里的所谓与马基雅维利的"人民的政治基础"具有"同样的意义"的"后来学会说的'群众基础'"是什么？一个合理的推测是，这是指列宁意义上的无产阶级新生政权的群众基础："这个新政权所依靠的和力图依靠的强力，不是一小撮军人所掌握的刺刀的力量，不是'警察局'的力量，不是金钱的力量，不是以前任何建立起来的机构的力量。……这个力量依靠的是什么呢？依靠的是人民群众。"⑤ 如第一章所述，由于阿尔都塞对毛泽东的阅读贯穿了他 1950 年代到 1980

---

① ［法］路易·阿尔都塞：《马基雅维利和我们》，孟登迎译，载陈越编：《哲学与政治：阿尔都塞读本》，吉林人民出版社 2003 年版，第 404 页。

② ［法］路易·阿尔都塞：《马基雅维利和我们》，孟登迎译，载陈越编：《哲学与政治：阿尔都塞读本》，吉林人民出版社 2003 年版，第 486 页。

③ ［法］路易·阿尔都塞：《马基雅维利和我们》，孟登迎译，载陈越编：《哲学与政治：阿尔都塞读本》，吉林人民出版社 2003 年版，第 456 页。

④ ［法］路易·阿尔都塞：《马基雅维利和我们》，孟登迎译，载陈越编：《哲学与政治：阿尔都塞读本》，吉林人民出版社 2003 年版，第 502 页。

⑤ ［苏］列宁：《列宁全集》第 39 卷，人民出版社 2017 年版，第 420 页。

年代的理论写作，由于毛泽东作为阿尔都塞的"同时代人"以及中国现实的革命运动带来的鼓舞，另一个合理的推测应是，此处的群众基础与毛泽东的"群众"、"群众路线"等概念也密切相关。

除了马克思、列宁、卢梭、马基雅维利、葛兰西之外，毛泽东的"人民"理论的确与阿尔都塞发生了密切的对话，与此同时，阿尔都塞"毛泽东主义"又与他的反人道主义工程纠缠至深。在1968年3月11日写给玛契奥琪的信中，阿尔都塞引用《关于正确处理人民内部矛盾的问题》中对"人民"加以辨别和定义的方法作为对她观察并参与意大利政治选举的评价："选举可以成为理解在'人民（the people）'之中到底发生了什么的（有限的但是真实的）第一步。选举同样也提供了一个对这个尽管是初步的但是对每个政治事业来说绝对必要的问题加以回应的手段：'人民'在今天，在意大利意味着什么（*What does 'the People' mean, today, in Italy*）？换句话说，哪些阶级组成了'人民'（What classes make up 'the people'）？哪些除了无产阶级和贫苦农民以外的阶级被包含进来了？"他进一步论述道，"只要你不能回答这个问题，即今天、在一个特定的国家，什么组成了人民（强调今天，是因为人民的组成总是历史性地发生着变化；强调在一个特定的国家，是因为人民的组成总是随着地点转变而变化），你就根本不能在政治上有所作为。"[1] 从这些表述中可以清楚地看到，阿尔都塞对"人民"的内涵根据不同时间、不同地点、不同情况加以具体分析的方法，对"今天"、"现在"、"在一个特定的国家"中什么组成了人民这个问题的反复质询，将对在具体国家什么是"人民"的界定看作是政治实践的头等大事等方面，与毛泽东的《关于正确处理人民内部矛盾的问题》相关论述，如"人民这个概念在不同的国家和各个国家的不同的历史时期，有着不同的内容"[2] 等表述是完全一致的。此外，在上述信件中，阿尔都塞还将了解"人民"意味着什么与发展"群众路线"——这一典型的毛泽东思想的发明——直接联系起来，这就有力地佐证了毛泽东思想确实是他思考"人民"概念的理论

---

① Louis Althusser & Maria Antonietta Macciocchi, *Letters from inside the Italian Communist Party to Louis Althusser*, tr. Stephen M. Hellman, London: NLB, 1973, pp.4–5.

② 毛泽东：《关于正确处理人民内部矛盾的问题》（一九五七年二月二十七日），载《毛泽东文集》第七卷，人民出版社1999年版，第205页。

来源之一。

"人民"与"群众"这两个概念在阿尔都塞理论中具有同义性,阿尔都塞对二者时常加以混用。在阿尔都塞的笔记中,研究者发现了这样的表述,"《关于正确处理人民内部矛盾的问题》",阿尔都塞写道,强调了群众的团结(the unity of the masses),以及这个事实即我们"需要在人民内部(within a people)以非暴力的方式解决人民内部矛盾,因为它们是非对抗性的矛盾,即使它们看起来似乎是对抗性的,但这种对抗性只是暂时的——例如匈牙利事件。"[1] 可以看到,阿尔都塞强调对"人民"或"群众"的内部的、非对抗性的矛盾要采取非暴力的,也就是意识形态工作或者说思想工作的方法加以解决,正是与《关于正确处理人民内部矛盾的问题》中"凡属于思想性质的问题,凡属于人民内部的争论问题,只能用民主的方法去解决,只能用讨论的方法、批评的方法、说服教育的方法去解决,而不能用强制的、压服的方法去解决"[2] 的论述完全一致的。在这个意义上可以说,阿尔都塞关于新的意识形态国家机器需要"求助于群众"、需要采取"教育、说服和耐心的解释"的方式、必须要将斗争建立在"正确的群众政治的基础上"[3] 以及"群众意识形态革命"(下文将展开论述)中的"群众"概念,也顺承了《关于正确处理人民内部矛盾的问题》中对"人民"概念的思考以及其中对"人民"和非"人民"的区分思路,其中也应包含着阿尔都塞对毛泽东关于非对抗性人民内部矛盾相关论述的吸收和转化。

颇有意味的是,阿尔都塞又始终是在其激进的反人道主义立场之中吸收和转化毛泽东的人民理论和思考"头脑中的中国"的意识形态革命,主动将他的"毛泽东主义"和中国与他自身的反人道主义工程联系起来。如以上章节所述,"人道主义"在阿尔都塞的理解中主要指的是费尔巴哈和青年马克思著作(尤其以马克思《1844年经济学哲学手稿》为代表)中的将"人类本质"或者说人类的自我实现看作是全部历史过程和历史目的的"主体"的观点,

---

① Camille Robcis, "'China in Our Heads': Althusser, Maoism and Stru, cturalism," *Social Text*, Vol.30, No.1, 2012, pp.51, 59—60.

② 毛泽东:《关于正确处理人民内部矛盾的问题》(一九五七年二月二十七日),载《毛泽东文集》第七卷,人民出版社1999年版,第209页。

③ [法]路易·阿尔都塞:《论再生产》,吴子枫译,西北大学出版社2019年版,第199页。

而阿尔都塞认为，马克思成熟时期著作所展示的作为科学的历史唯物主义正是反人道主义的。① 具体来说，阿尔都塞所反对的"人道主义"主要包括苏联人道主义、法国存在主义/黑格尔主义的马克思主义人道主义、法国共产党提倡的人道主义。佩里·安德森指出，当法国共产党鼓吹人道主义的各种优点，以此将共产主义者、社会主义者、天主教徒等联合起来建立一种先进的民主制度，当苏联共产党将"一切都是为了人（Everything for Man）"作为群众口号时，阿尔都塞对中国的同情是"不加掩饰的（thinly veiled）"。② 阿尔都塞认为，苏联的人道主义为苏联新的政策——帝国主义与共产主义的和平共存二者之间不再需要对抗，以及可以向共产主义和平过渡因而不再需要阶级战争——提供了合理化依据；此外，他所反对的"人道主义"还指的是法国马克思主义的哲学和政治中的人道主义思潮，即二战后在法国占主导地位的以萨特和莫里斯·梅洛—庞蒂（Maurice Merleau-Ponty）为代表的存在主义/黑格尔主义的马克思主义；特别是法国共产党所推行的人道主义，如罗杰·加罗迪（Roger Garaudy）提出的马克思主义是"我们时代的人道主义"，又如瓦尔德克·罗歇（Waldeck Rochet）坚持认为法国共产党的最终目的是"实现人的幸福，也就是人的解放"，对此阿尔都塞针锋相对地指出，"根本不是，最终的目的是要引发能够造就社会主义生产方式的一场革命"。③ 在 1966 年致法国共产党中央委员会的信中，阿尔都塞对"理论中的人道主义"给出了一个界定，包括人类本质(the human essence)、异化、去异化、人类本质的丧失、人类本质的复归、完整的人 (the Whole Man)、人的一般本质 (the generic essesnce of man) 等，阿尔都塞指出，这些概念根本不属于马克思主义理论，不管是历史唯物主义还是辩证唯物主义，马克思主义是由一些完全不同的科学的范畴组成

---

① 此处对"人道主义"的定义参考了以下资料：Ben Brewster, "Glossary", in Louis Althusser, *For Marx*, Ben Brewster tr., London & New York: Verso, 2005, pp.251–252; Ted Benton, *The Rise and Fall of Structural Marxism: Althusser and His Influence*, New York: St. Martin's Press, 1984, p.60.

② Perry Anderson, *Considerations on Western Marxism*, London & New York: Verso, 1979, p.39.

③ Camille Robcis, "'China in Our Heads': Althusser, Maoism and Structuralism," *Social Text*, Vol.30, No.1, 2012, pp.56–57.

的,与人道主义的这些意识形态的范畴毫无关系。① 可以看到在反西方人道主义这个问题上,阿尔都塞同样也是将马克思主义(及其反人道主义)与黑格尔主义(及其人道主义)② 加以对立,并将"毛泽东主义"和中国再次置于这种马克思主义与黑格尔主义的对立之中,试图从"毛泽东主义"和中国寻求反人道主义的资源:在与追随苏联路线的法国共产党内部主要哲学家之间发生"人道主义论争"过程之中,阿尔都塞的反人道主义常被形容为"中国式的"或"毛泽东主义式的"③。杰姆逊也指出,阿尔都塞所抨击的人道主义基本包括资产阶级的个人主义(individualism)、人类学的关于人类本质的神话、拉康所批判的"中心化主体(centered subject)"等方面。④ 故此,阿尔都塞所批判的"人道主义(humanism)"具有庞杂的内涵,它大体上指涉了三个方面,即 1)资产阶级的人道主义/博爱论(humanitarianism)、2)资产阶级的个人主义或自我主义、3)人本主义/人类中心论、人性本质论等一系列政治/哲学范畴。除了对作为资产阶级意识形态的人道主义/博爱论的批判之外,阿尔都塞的反人道主义批判实际上还进一步深化到对自我主义和人类中心论、人性本质论的批判,深入到了对主体问题的根本性的反思,因而也就呼应于当时法国思想界的"人之死(man is dead)"或者"主体之死"的思潮。阿尔都塞的反人道主义实际上是从马克思主义的角度回应了当时法国结构主义的"人之死"的思潮,在他看来,既然意识形态无所不在,因此任何哲学上的"主体"都必须被拒斥。⑤ 那么,阿尔都塞这种反人道主义视域之中的意识形态

---

① Louis Althusser, "Letter to the Central Committee of the PCF (18 March 1966)", Williams S. Lewis tr., in *Historical Materialism: Critical Research in Marxist Theory*, Vol.15, 2007, p.159.

② 阿尔都塞将黑格尔主义作为一种人道主义,在一定程度上是对黑格尔的误读。齐泽克指出,阿尔都塞错在将黑格尔主义的主体—实体看作是一种目的论的、"有主体的过程(process-with-a-subject)",从而与唯物—辩证主义的"无主体的过程(process without a subject)"相对立,而黑格尔主义的辩证过程实际上才是最激进的"无主体的过程"(Slavoj Žižek, *Less Than Nothing: Hegel and the Shadow of Dialectical Materialism*, Verso, 2012, p.405.)。

③ William S.Lewis, "Editorial Introduction to Louis Althusser's 'Letter to the Central Committee of the PCF, 18 March, 1966'", *Historical Materialism*, Vol.15, Iss.2, p.139.

④ Fredric Jameson, *The Political Unconscious: Narrative as a Socially Symbolic Act*, London & New York: Routledge, 1983, p.139.

⑤ Steven B.Smith, *Reading Althusser: An Essay on Structural Marxism*, Ithaca: Cornell University Press, 1984, p.193.

理论如何与他对"头脑中的毛泽东"与中国相互作用？

研究者在阿尔都塞的档案中发现了被他详细地研读过的《新中国手册》(*Cahiers de la Chine Nouvelle*) 1967 年的某一期，该新闻中的以下句子被他着重标注了出来："《人民日报》驳斥了苏联修正主义的人道主义 (humanitarianism)。……对苏联修正主义者来说，共产主义不过是真实的人道主义的化身。……这是对共产主义意识形态体系的最恶劣的诋毁。修正主义先生们，你们应该说共产主义意识形态体系是最反对人道主义 (humanitarianism) 的，因为共产主义意识形态体系与地主阶级和资产阶级的人道主义是最不相容的。……正如毛主席教导我们的，只有具体的人性 (human nature) 没有抽象的人性。在阶级社会，唯一的人性只存在于阶级的基础之上。……共产主义意识形态的核心就是在这个'集体的概念 (collective concept)'，通过这个集体的概念，我们理解了无产阶级的利益、革命群众的利益和无产阶级革命的利益。……而人道主义的核心是自我主义 (egoism) ……"。① 这条中国新闻中对人道主义作为资产阶级意识形态的阶级性和虚伪性的批判、对"集体的概念"的强调以及对作为"集体的概念"的反面的自我主义的批判，的确与阿尔都塞对资产阶级的人道主义／博爱论、个人主义或自我主义批判是高度一致的，难怪他在这段文字中感到了强烈的共鸣故而标注了出来。但是在上述新闻片段中，研究者发现，尽管新闻原文中用的是"humanitarianism"，阿尔都塞在边缘处却写上了"humanism"，阿尔都塞在这里明显地将毛泽东及中国革命置于正在苏联和欧洲发生着的人道主义／反人道主义的论争之中而考虑，因此阿尔都塞对毛泽东的解读是将毛泽东当作一个在"结构主义者"一词尚未出现前的"结构主义者"(as a structualist *avant la lettre*)。② 尽管这条中国新闻报道原文中使用的是"humanitarianism"即人道主义或博爱论，尽管这条中国新闻报道显然针对的是苏联和西方以掩盖阶级存在为目的的资产阶级人道主义的各种表现，尽管在中国当时的社会／哲学语境中并不可能涉及类似西方结构主义或后结构主义"主体之死"的哲学层面，但是阿尔都塞却将

---

① Camille Robcis, "'China in Our Heads': Althusser, Maoism and Structuralism," *Social Text*, Vol.30, No.1, 2012, pp.60–61.

② Camille Robcis, "'China in Our Heads': Althusser, Maoism and Structuralism," *Social Text*, Vol.30, No.1, 2012, p.61.

新闻中关于群众（"集体的概念"）以及对博爱论（humanitarianism）的批判"拔高"或者说"误读"为对作为人性本质论或人本主义的"humanism"的批判，也就是说，阿尔都塞主动地、刻意地将"毛泽东主义"和实践着毛泽东思想的中国与他自身对整个西方主体哲学的根本批判捆绑在了一起。

阿尔都塞吸收和转化毛泽东"人民"、"群众"概念的最强音，同时又是其最富于"症候"意味的命题之一，就是与毛泽东"人民创造历史"相关的阿尔都塞在 1973 年的《答约翰·刘易斯》之中详细阐发的"群众创造历史"命题①。与阿尔都塞的"群众创造历史"命题稍有区别的是，毛泽东谈得更多的是"人民创造历史"即"人民，只有人民，才是创造世界历史的动力"②。但是考虑到"人民"与"群众"概念在阿尔都塞理论中具有同义性，特别是考虑到毛泽东"群众路线"对阿尔都塞的直接影响，可认为阿尔都塞的"群众创造历史"是对毛泽东的"人民创造历史"命题的转化。阿尔都塞的"群众创造历史"与他所理解的毛泽东的群众路线的确存在强烈联系。在 1968 年 11 月 30 号写给玛契奥琪的信中，阿尔都塞明确指出，葛兰西对马基雅维利的解读展示了马基雅维利已经预感到政党应该具有一种全新的、前所未有的与"群众"的关系，而俄国革命和中国革命使得对该关系的分析更为具体，阿尔都塞认为，一个群众革命路线必须对"群众"采取具体情况具体分析，因为归根结底，是群众创造历史。③ 这里所谓俄国革命和中国革命，正是指的以列宁的群众学说指导的俄国革命，以及以毛泽东的群众理论、群众路线理论所指导的中国革命。此处阿尔都塞提及"群众创造历史"命题，固然与列宁的群众学说有关，但由于列宁主要是强调"人民群众在任何时候都

---

① "是群众而不是'各个英雄'创造历史（it is the masses who make history, not 'heroes'）"命题并非《答约翰·刘易斯》一文首提，该命题阿尔都塞在《保卫马克思》中就曾提及（参见 Louis Althusser, *For Marx*, Ben Brewster tr., London & New York: Verso, 2005, p.146.）但是对该命题的详尽展开和阐述在《答约翰·刘易斯》中体现得最为充分。马克思的基本命题"阶级斗争是历史动力"在《保卫马克思》当中也已谈及（参见 Louis Althusser, *For Marx*, Ben Brewster tr., London & New York: Verso, 2005, p.215.）。

② 毛泽东：《论联合政府》，载《毛泽东选集》（第三卷），人民出版社 1991 年版，第 1031 页。

③ Louis Althusser & Maria Antonietta Macciocchi, *Letters from inside the Italian Communist Party to Louis Althusser*, tr. Stephen M. Hellman, London: NLB, 1973, p.300.

不能象在革命时期这样以新社会制度的积极创造者的身份出现"①，并未明确提出"人民创造历史"命题，而恰是毛泽东鲜明地提出"人民创造历史"命题。故此可说，此处的"群众创造历史"指的正是毛泽东意义上的"人民创造历史"。阿尔都塞在这里认为俄国革命和中国革命使得政党与"群众"的关系更为具体，正意味着列宁和毛泽东的群众理论具体化了在马基雅维利论君主—人民关系之中尚处于萌芽状态的群众理论。在《答约翰·刘易斯》中，与约翰·刘易斯从人道主义出发强调单个的人对历史的推动作用相反，阿尔都塞极力强调的是他的反人道主义的群众观：只有作为群体的群众才能创造历史。"与约翰·刘易斯的论点——是人创造历史（it is man who makes history）——相反，马克思—列宁主义认为：是群众创造历史（it is the masses which make history）"，"群众创造历史这个观点一是强调了围绕在具有团结能力的阶级周围的那些被剥削的阶级，二是强调了群众有力量推动历史转变。"② 在《答约翰·刘易斯》之中阿尔都塞还反复提及"群众路线"，他认为应建立执行"群众路线"的新型群众政党，而不是斯大林主义的"干部决定一切"的政党。③ 值得注意的是，最初向 New Left Books 提议的《答约翰·刘易斯》的原初标题曾是《毛说千万不要忘记阶级斗争！（Mao's Never Forget the Class Struggle!）》，但《新左派评论》拒绝了这个提议④，尽管最终未能以该标题出版，但这仍显示了该书本身正是阿尔都塞的最富于"毛泽东主义"色彩的理论文本之一。在 1973 年的一封信里阿尔都塞写道："一个共产主义政党必须要有一个'群众的'革命的政治路线……这个路线以最紧密的可能将'理论与实践'联合起来：换句话说，就是对具体情况进行具体分析（运用马克思主义科学的具体的政治调查的方法）以及'群众'，最终，只有群众能够创造历史"，格雷戈里·艾略特认为这封信对群众路线的强调正显示了阿尔都塞的"毛泽东主义"立场。⑤ 另外，阿尔都塞的学生朗西埃也指出

---

① 《列宁选集》第 1 卷，人民出版社 2012 年版，第 616 页。

② Louis Althusser, *Essays in Self-Criticism*, Graham Lock tr., London: NLB, pp.114, 47–49.

③ Louis Althusser, *Essays in Self-Criticism*, Graham Lock tr., London: NLB, 1976, pp.79, 214–215.

④ Gregory Elliott, *Althusser: The Detour of Theory*, London & Boston: Brill, 2006, p.229.

⑤ Gregory Elliott, *Althusser: The Detour of Theory*, London & Boston: Brill, 2006, p.216.

阿尔都塞的"群众创造历史"就其本质而言正是一个"毛泽东主义的政治命题"，朗西埃认为所谓"群众"在马克思的著作中是未经理论定义的概念，而尽管列宁曾在 1905 年和 1917 年赞颂群众的创造性，但孟什维克和卢森堡将群众与领袖对立起来，使其对群众这一概念产生质疑，因此阿尔都塞的"群众创造历史"命题只有在毛泽东的"人民，只有人民，才是创造世界历史的动力"命题中才获得了凭证（gained its credentials）。① 如将《答约翰·刘易斯》与阿尔都塞 1968 年 11 月 30 号的信及朗西埃的判断联系起来思考，以及特别是考虑到该文本极为突出的"毛泽东主义"特征，可以基本判定，《答约翰·刘易斯》中的"群众创造历史"的确是一个带有强烈"毛泽东主义"特征的命题。

　　尽管带有强烈的"毛泽东主义"特征，与毛泽东"人民创造历史"命题又具有本质性区别的是，在阿尔都塞看来，"群众创造历史"命题其实是一个次要性命题。阿尔都塞强调的是阶级斗争的"绝对的优先性（absolute primacy）"，强调命题 1（群众创造历史）必须从属于（subordinated to）命题 2（阶级斗争是历史动力）②。尽管阶级斗争是历史动力这个判断是经典马克思主义的一个基本命题，但是阿尔都塞则强调以阶级斗争是历史动力的这一历史动力说的绝对第一性、优先性，并以此力图替代、置换历史主体说。"因此历史没有一个哲学意义上的主体（Subject），只有一个动力：正是阶级斗争。"③ 推崇历史动力说而不是历史主体说，正源于阿尔都塞激烈的反人道主义立场，在他看来，追问谁是历史主体、人如何创造历史这些问题本身仍陷于唯心主义的、资产阶级的意识形态。相反，马克思主义不再是围绕着"人"这个唯心主义的范畴去提问、不再追问"谁"创造了历史，而以"阶级斗争是历史动力"的论断"置换了"对何为历史主体的追问④。阿尔都塞

① Jacque Ranciere, *Althusser's Lesson*. Tr. Emiliano Battista. London & New York: Continuum, 2011, pp.13–14.

② Louis Althusser, *Essays in Self-Criticism*, Grahame Lock tr., London: NLB, 1976, p.50.

③ Louis Althusser, *Essays in Self-Criticism*, Grahame Lock tr., London: NLB, 1976, p.99. 需要补充的是，已有研究指出，阿尔都塞的"阶级斗争历史动力"说实际上在相当程度上不仅是一个经典马克思主义命题、更是一个"毛泽东主义"命题，下文将对此展开讨论。

④ Louis Althusser, *Essays in Self-Criticism*, Grahame Lock tr., London: NLB, 1976, p.48.

由此将历史理解为只有动力而无主体的一个过程。因此，与其说阿尔都塞不承认群众或人民的主体性作用，不如说在他看来任何关于主体性的（当然也包括对"群众"的主体性）诘问都仍纠缠于前马克思主义的问题域，故此，阿尔都塞认为马克思的唯物史观发生了问题域意义上的彻底置换，从历史主体说转换为了历史动力说。反人道主义是贯穿阿尔都塞理论演进的最重要线索之一。格雷戈里·艾略特认为，就早期作品而言，阿尔都塞通过"结构因果律（structural causality）"来解释社会形态建构和结构自身，就后期作品而言，阿尔都塞认为历史的动力（motor）就是历史的创造者（maker）。① 尽管比起早期作品，阿尔都塞在后期作品中逐步抛弃了结构因果律，但是他始终认为历史的"必然性"来自某种超人类和超人类行动的动因。故此，尽管他的"群众创造历史"命题张扬了群众的作用，但他的根本意图是强调在群众之外有一个更为宏观且隐蔽的历史动力也即阶级斗争，是阶级斗争这个"不在场的原因（absent cause）"推动着群众去创造历史，反对将历史视为群众自身的意志和行动的结果。正是在上述意义上，阿尔都塞的"群众创造历史"尽管在形式上借用了毛泽东命题，却根本性地翻转了毛泽东命题中的逻辑关系。毛泽东"人民，只有人民，才是创造世界历史的动力"② 中"只有人民"的表述以及"只有……才"的句式，已经分明地限定了"人民"是历史的唯一动因和最高动力。在毛泽东的命题里，不存在超越于"人民"的其他动因或其他主体。

阿尔都塞还以中国为例，论述了为什么无从把握"群众"的主体性：在他看来，群众是一个复杂的、变动的概念，其概括的是巨量的人群，"例如在法国和英国有数千万人民，而在中国有数亿人民！"他据此认为"（面对如此庞大的数字）我们还能谈论一个'主体'（a 'subject'）、谈论根据'个性'的统一性而可以识别（identifiable by the unity of its 'personality'）的（一个主体——笔者注）吗？"他进一步阐释道，如果非要把"群众"理解为一个主体，那么就意味着识别其身份将是极其费劲的问题，他问道，"你无法将如此一个'主体'放在你的手中，因为你无法指出它来"，"主体是

---

① Gregory Elliott, *Althusser: The Detour of Theory*, London & Boston: Brill, 2006, p.200.

② 毛泽东:《论联合政府》，载《毛泽东选集》（第三卷），人民出版社 1991 年版，第 1031 页。

我们可以说'就是这样！'的一个存在"，而群众则因为我们无法说出"就是这样！"因而不能成为一个"主体"。① 颇有意味的是，上述表述看似强调了群众的千差万别和各具特性，但实际上又是以群众的千差万别和各具特性为理由（并援引了中国为例）削弱了群众作为主体的可能性。阿尔都塞并不否认群众之中的各个个体的差异，否则就不会认为"识别其身份将是极其费劲的问题"，他否定的是这些千差万别的群众无法具有"个性的统一性"，而在他看来"主体"恰恰只能是能够被识别出"就是这样"也即具有统一性的个性的存在。实际上上述论述存在着若干逻辑漏洞：为什么一定要规定如此数量庞大的"群众"仅仅成为"一个主体"或者说具有"个性的统一性"？既然群众是由无数个差异性的个体构成的，为什么他们不能各自是千千万万的主体？一定必须是成为"一个主体"或"个性的统一体"的群众才能"创造历史"而由千差万别的千千万万个主体构成的群众就不能"创造历史"吗？难道因为"费劲"就不去一一识别，并以此为由一劳永逸地取消群众的主体性吗？尤其颇有意味的是，阿尔都塞特意引用具有庞大人口的"群众"的中国为他背书，按照他的逻辑，英国和法国这样的数千万人口的欧洲国家尚且无法去一一识别群众的差异性的个性了，在中国这样的国家要一一识别群众内的千差万别更是不可行的。而中国马克思主义的"人民"观恰恰正视并珍视构成人民的千万个个体的真实的差异，"人民是一个历史的范畴，在特定的历史活动中，人民是由千千万万真实的个人组成的。……没有那些鲜活的个体，人民这个概念就无所依附。"② 将"人民"视作"千千万万真实的个人"的根本，就在于将"人民"看作是千千万万个真实的"主体"，不仅不因为"费劲"而不去一一识别这些主体，而且将历史看作是由着千千万万主体的"合力"所造就的。在此处，中国马克思主义的"人民"观与中国马克思主义的"差异"说内在地关联了起来。"坚持差异性研究并不一定要形成文化冲突和对抗，从生态的角度讲，异质并存才能使这个世界更加和谐。"③ 以上述"差异"论为指导，则中国

---

① Louis Althusser, *Essays in Self-Criticism*, Grahame Lock tr., London: NLB, 1976, p.48.

② 胡亚敏：《中国马克思主义文学批评的人民观》，载《文学评论》2013 年第 5 期，第 8 页。

③ 胡亚敏：《论差异性研究》，载《外国文学研究》2012 年第 4 期，第 44 页。

马克思主义的"人民"观并不如阿尔都塞一般将历史主体构想为具有"个性的统一性"的千万个主体或设想历史只有"一个主体",而是保持且尊重这千万个个体的"异质并存"并将历史看作是这些异质性主体的合力。中国马克思主义的"人民"观一方面将人民和群众作为一个整体看作是历史的"主体(Subject)",另一方面同时也珍视并尊重组成这个主体的无数个具体的、独特的主体(subjects),并认为是这千千万万的主体(subjects)创造着历史。

需要补充的是,阿尔都塞激进的反人道主义的根本目的绝不在于压抑变革,相反,正在于激发和促进变革。阿尔都塞之所以批判约翰·刘易斯"人(man)创造历史"的命题,就是因为它是服务于资产阶级的,其危害就在于给予了工人群众以幻觉,即认为他们自己是无所不能的(all-powerful),而事实上他们在现实中却作为工人被资产阶级所控制,因此,这个命题也就使工人忽略了这个事实,即他们有力量可以去抵抗来自资产阶级的控制。① 在阿尔都塞看来,充分体认到意识形态及意识形态国家机器造成了西方资本主义社会中的主体的分裂这个事实,以及与资产阶级人道主义和主体学说所勾勒的关于"人"、关于主体的统一性、中心性及其全能幻相发生"认识论断裂"是所有政治行动的基本前提。对阿尔都塞来说,马克思是一种激进的反人道主义理论,正是因为激进的反人道主义正是"科学理论的绝对条件",因此也是"政治上的真实转变的绝对条件"。② 如果不彻底打破资产阶级关于"人"的人道主义神话,那么一切科学理论、一切政治行动就无从谈起。在阿尔都塞看来,人道主义的根本问题就在于按照资产阶级、小资产阶级的意识形态去表述人的存在从而掩盖了现实社会之中的阶级矛盾和阶级斗争。研究者指出,不仅在西方如此,在苏联,人道主义也被用来掩盖内在于苏联社会主义之中的真正的历史的、经济的、政治的和意识形态的问题,斯大林主义希望这一切都藏于阴影中不见天日,而相对于苏联人道主义和法国共产党人道主义,中国的意识形态革命正是一场旨在反思苏联和西方人道主义或

---

① Luke Ferretter, *Louis Althusser*, London & New York: Routledge, 2006, p.71.

② Camille Robcis, "'China in Our Heads': Althusser, Maoism and Structuralism," *Social Text*, Vol.30, No.1, 2012, p.58.

人本主义意识形态的，真正的、结构主义的革命。①

阿尔都塞在其激进人道主义立场之中接受、转换而又改写了毛泽东的"群众"观或"人民"观，在肯定"群众"、"群众路线"重要性的同时，却始终拒斥将"群众"作为历史主体，其悖论性最终成为阿尔都塞关于意识形态国家机器论述的乃至他整个重建历史唯物主义工程的"阿喀琉斯之踵"。阿尔都塞的重建了的历史唯物主义调整了以往历史唯物主义的动力学，突出地给予意识形态（国家机器）反作用于甚至"保障"生产关系、生产方式和基础的巨大动能。故此，上层建筑和意识形态变革就在一定的形势之中，可以成为触动生产关系、生产方式、社会形态变革的"阿基米德支点"（上层建筑或意识形态存续或变革——生产关系存续或变革——生产方式存续或变革——社会形态存续或变革）。这实际上已经无可避免地理应为"群众"预留出一个必然的主体性空位：只有作为主体的群众，才能驱动阿尔都塞所论述的基础与上层建筑之间、生产力或生产方式与意识形态之间的新的动力系统。然而，阿尔都塞始终拒斥将群众甚或任何人或人类作为历史的主体，强调意识形态是"结构"："它（意识形态，笔者注）是社会的历史生活的一种基本结构（une structure essentielle à la vie historique des sociétés；a structure essential to the historical life of societies）。"② 人（当然也包括群众）只是结构的"支撑"（Träger）。③ 尽管阿尔都塞强调"群众创造历史"，但是确如格雷戈里·艾略特所说，同时却又"把群众的作用置于包裹他们的各种客观社会结构的优先性之下。"④ 如果说葛兰西是用各机器的效果或结果也即领导权（hegemony）来定义各机器，那么阿尔都塞则试图用诸意识形态国家机器的"动因（motor cause）"也即"意识形态"来定义

① Camille Robcis, "'China in Our Heads': Althusser, Maoism and Structuralism", *Social Text*, Vol.30, No.1, 2012, pp.58–59.

② Louis Althusser, *Pour Marx*, Paris: La Découverte, 2005, p.239; Louis Althusser, *For Marx*, Ben Brewster tr., London & New York: Verso, 2005, p.232; [法] 路易·阿尔都塞：《保卫马克思》，顾良译，商务印书馆 2010 年版，第 229 页。

③ Louis Althusser, *Essays in Self-Criticism*, Grahame Lock tr., London: NLB, 1976, pp.129–130.

④ Gregory Elliott, *Althusser: The Detour of Theory*, London & Boston: Brill, 2006, p.200.

诸意识形态国家机器。① 可以看到，阿尔都塞仍坚持意识形态国家机器无主体、意识形态国家机器只有"意识形态"这个非人或超人、当然也非群众和超群众的唯一"动因"。无怪乎阿尔都塞颇有保留性地强调意识形态斗争、新的意识形态国家机器的建立、新旧意识形态国家机器的转换需要"求助于群众"②，而尚未将群众作为上述斗争的真正主体。正是在这个意义上，斯图尔特·霍尔认为阿尔都塞的意识形态理论给予"系统（system）"或"结构（structure）"太多的重要性，拒绝了当事人（agency）以及任何政治干预的可能③，他所领导的"伯明翰学派"也由此放弃了阿尔都塞主义而走向了"葛兰西转向"。

第四节 "毛泽东主义"与阿尔都塞论"群众意识形态革命"

在阿尔都塞 1966 年《论文化革命》论文中提出一种作为"为之前的政治革命和经济革命补充"的"第三种革命：群众的意识形态革命"。④ 阿尔都塞意识形态理论中的"头脑中的中国"和"毛泽东主义"的最强音，正是"群众的意识形态革命"概念。以上章节关于《意识形态和意识形态国家机器（研究笔记）》与《论文化革命》论文、阿尔都塞"头脑中的中国"和他的"毛泽东主义"的讨论，已经勾勒出阿尔都塞意识形态理论中的若干重要概念、命题对毛泽东思想、对阿尔都塞所想象的中国的吸收和转化。作为阿尔都塞《论文化革命》中"群众意识形态革命"的最重要理论支撑的在一定形势之

---

① Louis Althusser, *Philosophy of the Encounter: Later Writings*, *1978–87*, Oliver Corpet and Francois Matheron ed., G.M.Goshgarian tr., London: Verso, 2006, p.139.

② [法] 路易·阿尔都塞:《论再生产》，吴子枫译，西北大学出版社 2019 年版，第 199 页。

③ James Procter, *Stuart Hall*, London & New York: Routledge, 2004, pp.45–46.

④ Anonyme (Attribué à Louis Althusser), "Sur la révolution culturelle", *in Décalages*, 2010, Vol.1, Iss.1, p.6. Anonymous (Attributed to Louis Althusser), "On the Cultural Revolution", Jason E. Smith tr., in *Décalages*, Vol.1, Issue 1, 2010, Article 8, p.6. 中译文来自吴子枫老师的最新译本。

中"意识形态能成为决定一切的战略要点"①的论断，实际上已经在以上章节的勾勒的阿尔都塞重构了的历史唯物主义动力学路径也即在上层建筑与下层建筑的复杂交错作用之中，在上层建筑和意识形态得以作用于生产关系、生产方式乃至社会形态的逻辑链条和理论路径之中得以证明（上层建筑或意识形态存续或变革——→生产关系存续或变革——→生产方式存续或变革——→社会形态存续或变革），实际上只不过是上述动力学路径的激进化的、战斗性的表述。或者反过来说，可以将中国、毛泽东思想及《论文化革命》看作是阿尔都塞在《意识形态和意识形态国家机器》及《论再生产》中的复杂理论建构的生发点。如格雷戈里·艾略特所言，阿尔都塞的《意识形态和意识形态国家机器（研究笔记）》是对阿尔都塞的"毛泽东主义"及他想象中的中国的"理论化"：艾略特指出，阿尔都塞1966年匿名发表的《论文化革命》将发生在中国的事件看作是马克思主义意识形态原则的运用，而他的《意识形态和意识形态国家机器》在某种程度上可被认为是试图为中国所支撑的那些初生但未充分展开的（inchoate）原则提供严谨的理论化的尝试，也就是说，这是一种按照"毛泽东主义"的关注和重点对历史唯物主义进行重建的尝试。②这就是说，在一定意义上，阿尔都塞关于意识形态的复杂的理论写作可以看做是对"头脑中的中国"的理论化阐释、是对"毛泽东主义"意识形态学说的理论化阐释。

实际上，在相当程度上可说，阿尔都塞1966年论文中"群众意识形态革命"概念应被看作他的意识形态理论中的若干主要概念、命题的源头以及归宿。一方面，生产关系优先论、上层建筑之于生产关系再生产之"保障"说或反作用说、意识形态之于生产关系再生产之"占统治地位"说、意识形态实践论、意识形态斗争（下文将展开论述）等阿尔都塞重建历史唯物主义过程之中所逐环节地重构的上述主要概念和命题，其最纯粹和最高表现正是"群众意识形态革命"。可以说，如果不将"群众意识形态革命"作为阿尔都

---

① Anonyme (Atribué à Louis Althusser), "Sur la révolution culturelle", in *Décalages*, Vol.1, Issue 1, article 8, 2010, p.12; Anonymous (Attributed to Louis Althusser), "On the Cultural Revolution", Jason E. Smith tr., in *Décalages*, Vol.1, Issue 1, 2010, Article 9, p.12. 中译文来自吴子枫老师的最新译本。

② Gregory Elliott, *Althusser: The Detour of Theory*, London & Boston: Brill, 2006, p.212.

塞构思上述概念和命题的总体"视野"和最终"归宿"，则对上述概念和命题的最核心意图的把握可能是不充分的；另一方面，上述概念和命题又应被视作是对"群众意识形态革命"的理论化展开，阿尔都塞通过生产关系优先论、上层建筑之于下层建筑的反作用说或"保障"说、意识形态国家机器之于生产关系再生产的"占统治作用"说等，打通了从基础到上层建筑但同时又是从上层建筑回到基础、从基础或生产力到生产关系到意识形态但同时又是从意识形态回到生产关系再回到生产力或基础的双向的、往返的通路，证明了意识形态在何种条件下可以成为"战略要点"、"群众意识形态革命"何以必然及何以可能。

在讨论"群众意识形态革命"之前，实际上还有几个阿尔都塞意识形态理论论证的核心环节需要厘清：意识形态的永恒性、意识形态具有相对独立性和滞后性、意识形态国家机器的相对脆弱性、在意识形态国家机器之内展开意识形态斗争的必要性，上述环节直接关系着群众意识形态革命，而且它们都与"毛泽东主义"和"头脑中的中国"发生着不同程度的关联。

意识形态永恒性或意识形态无历史说，是阿尔都塞对经典马克思主义意识形态学说的重大补充，该命题的主要理论来源包括斯宾诺莎和弗洛伊德等理论家，但同时，该命题与毛泽东的"非对抗性矛盾"也有一定关联。阿尔都塞明确指出自己的"意识形态无历史"、意识形态永恒性、意识形态一般等命题和概念是来自弗洛伊德。"如果'永恒的'并不意味着对全部（暂存的）历史的超越，而是意味着无处不在、无时不在、因而在整个历史范围内具有永远不变的形式，那么，我情愿一字不变地采用弗洛伊德的表达方式：意识形态是永恒的，恰好就像无意识一样。……在弗洛伊德提出了关于无意识一般的理论这个意义上，我可以提出关于意识形态一般的理论，这一点也能够被证明是合理的。"① 此外，还有研究者认为，斯宾诺莎《伦理学》之中关于激情和理智的冲突决定了人类一切行为的原则也与阿尔都塞的意识形态永恒性论述相关。② 阿尔都塞的意识形态无历史说、意识形态永恒说，实际上归

---

① 陈越编：《哲学与政治：阿尔都塞读本》，吉林人民出版社 2003 年版，第 352 页。

② Michale Sprinker, "The Legacies of Althusser", in *Yale French Studies*, No.88, *Depositions: Althusser, Ballbar, Macherey, and the Labor of Reading*, 1995, p.207.

根到底是与他对意识形态（阶级）斗争的强调直接关联的。"意识形态的特性在于，它被赋予了一种结构和一种发挥功能的方式，以至于变成了非历史的现实，即在历史上无所不在的现实，因为这种结构和发挥功能的方式以同样的、永远不变的形式出现在我们所谓的整个历史中——说整个历史，是因为《共产党宣言》把历史定义为阶级斗争的历史，即阶级社会的历史，如果真是这样，那么意识形态没有历史这个提法就具有了肯定的意义。"① 从上述论述中可以看到，阿尔都塞将意识形态没有历史与《共产党宣言》中将人类全部历史定义为"阶级斗争的历史"直接联系起来：正是因为人类全部历史都存在阶级斗争也即阶级斗争具有"非历史"性、阶级斗争"无历史"，这也就意味着，意识形态领域的阶级斗争存在于一切历史之中因而具有"非历史"性、"无历史"，从而也就意味着意识形态存在于一切历史之中因而具有"非历史"性、"无历史"。正是在这一点上，阿尔都塞的思考与毛泽东《关于正确处理人民内部矛盾的问题》联系了起来。研究者指出，在《关于正确处理人民内部矛盾的问题》中毛泽东区分了敌我之间的对抗性矛盾和人民内部的非对抗性矛盾，而非对抗性矛盾的存在正证明了苏联共产党和法国共产党的"和平转变"、"和平共存"的准则是错误的，非对抗性矛盾还意味着应通过非暴力的意识形态工作、意识形态斗争来解决。② 在社会主义社会之中，对抗性矛盾可能会逐步消失，但是非对抗性矛盾却是永存的，故此也就意味着，用来处理非对抗性矛盾的意识形态工作、意识形态斗争将永远是必要的。正是在这个意义上，研究者指出，阿尔都塞求助于毛泽东的非对抗性矛盾概念，运用这个概念不仅去表明矛盾的无所不在性和永恒性，而且还表明意识形态自身的无所不在性和永恒性、意识形态历史。③ 故此，意识形态的永恒性、意识形态无历史实际上就直接等同于意识形态实践、意识形态斗争的永恒性、无历史，这也正是"群众意识形态革命"的重要前提。

意识形态的相对独立性以及特别是意识形态在一定形势之中相对于基础的相对滞后性，是意识形态斗争、群众意识形态革命的另一个重要前提。阿

---

① ［法］路易·阿尔都塞：《论再生产》，吴子枫译，西北大学出版社 2019 年版，第 343 页。

② Camille Robcis, "'China in Our Heads': Althusser, Maoism and Structuralism," *Social Text*, Vol.30, No.1, 2012, p.59.

③ Paul Thomas, *Marxism and Scientific Socialism*, London & New York: Routledge, 2008, p.117.

尔都塞在《读〈资本论〉》中阐释了"意识形态时间（ideological time）"概念，旨在说明意识形态具有与其他社会领域特别是与经济领域并不完全一致的快慢与节奏等时间性：资本主义的经济生产的时间与意识形态时间的日常实践的显在性（obviousness）"绝对无关"，阿尔都塞还直接指出，政治的时间、理论的时间（哲学时间）、科学的时间、艺术的时间也如此，相应地，政治的上层建筑、哲学、审美生产、科学生产等都各自有其时间和历史。①尽管毛泽东并未直接提出这一概念，但实际上毛泽东关于意识形态的发展与变化并不必然地随着经济、生产力、生产关系的转化而转化的论述与阿尔都塞的论述有相当程度的一致性。例如，毛泽东在《新民主主义论》中论述了旧文化与新文化的对立以及新文化必须要在斗争中才能替代旧文化，"帝国主义文化和半封建文化是非常亲热的两兄弟，它们结成文化上的反动同盟，反对中国的新文化。……不把这种东西打倒，什么新文化都是建立不起来的。不破不立，不塞不流，不止不行，它们之间的斗争是生死斗争。"②不破除、堵塞、停止旧文化，则新文化就无法确立、流动、通行，这正是因为"旧文化"作为一种意识形态有其自身的"时间和历史"的流动，这种带有自身时间的黏着性的流动是不会自动破除，也不会随着帝国主义和封建主义的消失而消失的，故而只能以另一种意识形态的"时间和历史"及其流动去打断之、取代之。毛泽东在《关于正确处理人民内部矛盾的问题》中还指出，即使完成了社会主义、进入了社会主义形态，"我国社会主义和资本主义之间在意识形态方面的谁胜谁负的斗争，还需要一个相当长的时间才能解决。这是因为资产阶级和从旧社会来的知识分子的影响还要在我国长期存在，作为阶级的意识形态，还要在我国长期存在。"③"长期存在"中的"长期"也就意味着某种意识形态时间的长期的持续性，以及意识形态有其自身运转逻辑和时间、并不必然地跟随着经济基础的时间的转变而转变、并不必然与基础的时

① Louis Althusser, Étienne Balibar, *Reading Capital*, tr., Ben Brewster, London: NLB, 1970, pp.98–101.

② 毛泽东：《新民主主义论》，载《毛泽东选集》第二卷，人民出版社 1991 年版，第 695 页。

③ 毛泽东：《关于正确处理人民内部矛盾的问题》（一九五七年二月二十七日），载《毛泽东文集》第七卷，人民出版社 1999 年版，第 231 页。

间相一致。旧的意识形态在其自身时间上的"长期存在"正是毛泽东特别强调"思想教育"、"思想工作"、"政治工作"、"革命文化"、"文化战线"、"思想宣传"、"理论学习"等的理论根据所在。而阿尔都塞在《论再生产》之中赞同列宁的看法，认为十月革命之后，"旧的（资产阶级的）AIE 会整个地或部分地保持不变，或几乎不被动摇"，这就是说，旧 AIE 会"继续其先前的'工作'"，……旧 AIE 的一流部分实际上不是向群众反复灌输无产阶级意识形态，……而是继续向群众反复灌输资产阶级或小资产阶级的旧意识形态，……"① 可以看到，阿尔都塞对社会主义国家之中社会主义生产关系改造之后的意识形态（国家机器）的滞后性、意识形态（国家机器）与基础的不一致性的考虑是与毛泽东完全一致的。在阿尔都塞看来，尽管马克思、恩格斯、列宁早就提出了有必要建立与社会主义下层建筑相应的"社会主义的意识形态上层建筑"，但是只有中国将其付诸实践。②

在阿尔都塞看来，之所以要在意识形态（国家机器）之中开展意识形态斗争与意识形态革命，还有一个重要的原因，因为相对于镇压性国家机器来说，意识形态国家机器具有相对较为"脆弱"，故而应该成为斗争的重要"场所"。"国家的坚硬果核是它的镇压性机器。……这个果核的果核由实行镇压的准军事部队（警察、共和国保安部队等）和军队构成（包括帝国主义兄弟国家的军队，他们一旦听到求助的'呼喊'，很容易就会越过边境）。这是终极果核，'最后的堡垒'，因为对于统治阶级来说，这是它最后的论据，纯暴力的终极理由（ultima ratio）。……相反，意识形态国家机器要脆弱得多。……众所周知，'正常'时期，要在镇压性国家机器即警察、军队乃至行政部门中展开阶级斗争，即便不是几乎没有希望，至少也要受到极大的限制。相反，在诸意识形态国家机器中展开阶级斗争，既有可能，

① [法] 路易·阿尔都塞：《论再生产》，吴子枫译，西北大学出版社 2019 年版，第 198—199 页。

② Anonyme (Atribué à Louis Althusser),"Sur la révolution culturelle", in *Décalages*, Vol.1, Issue 1, article 8, 2010, p.2; Anonymous (Attributed to Louis Althusser), "On the Cultural Revolution", Jason E. Smith tr., in *Décalages*, Vol.1, Issue 1, 2010,Article 9, p.2. 中译文来自吴子枫老师的最新译本。

又很重要，而且能走得很远，因为战士和群众正是首先在意识形态国家机器中获得自己的政治经验，然后再把它'贯彻到底'的。"① 在阿尔都塞看来，意识形态国家机器中的斗争或阶级斗争之所以是至关重要的，是因为在西方资本主义国家的"正常"时期之中，相对于直接对抗西方国家的作为"坚硬果核"、"纯暴力的终极理由"的镇压性国家机器，它是唯一可能的和唯一可行的斗争方式。由于"（镇压性）国家机器只有一个，而意识形态国家机器却有很多"②，故此在诸意识形态国家机器之中展开阶级斗争"极有可能，又很重要，而且能走得很远"，阶级斗争可以在这无数个资本主义意识形态国家机器中持续、连绵地展开。意识形态国家机器的相对"脆弱"性，还正对应着前面章节讨论过的阿尔都塞力求把"正好在占统治地位的资本主义体系的先天'脆弱'点（也就是说，在某种意义上，正如阿尔都塞接下来所说的，它的偶然性的点）上与这个体系断裂的可能性甚至必然性写下来。……努力在战略上把那个结构对它自身的所有反对行动的要素集中在这一点上，使它们变成阶级斗争的优先对象和场所。"③ 意识形态国家机器，正是西方资本主义体系的"先天'脆弱点'"。考虑到《论再生产》和《马基雅维利和我们》是在同一时期写作的④，可以说，意识形态国家机器概念无疑是阿尔都塞意识形态理论和偶然相遇的唯物主义的一个重要交叉，它正是在一定形势之中需要以阶级斗争加以及时介入的那个"偶然性的点"，由此可以造成整个旧有结构的断裂。这也正是为什么阿尔都塞反复强调："意识形态国家机器也许不只是阶级斗争（往往是表现出激烈形式的阶级斗争）的赌注，还是阶级斗争的场所。"⑤ 所谓"赌注"，如果联系到阿尔都塞

---

① ［法］路易·阿尔都塞：《论再生产》，吴子枫译，西北大学出版社 2019 年版，第 303—305 页。

② ［法］路易·阿尔都塞：《意识形态和意识形态国家机器（研究笔记）》，孟登迎译，载陈越编：《哲学与政治：阿尔都塞读本》，吉林人民出版社 2003 年版，第 336 页。

③ ［法］艾蒂安·巴利巴尔：《法文版序：阿尔都塞和"意识形态国家机器"》，［法］路易·阿尔都塞：《论再生产》，吴子枫译，西北大学出版社 2019 年版，第 13 页。

④ ［法］艾蒂安·巴利巴尔：《法文版序：阿尔都塞和"意识形态国家机器"》，［法］路易·阿尔都塞：《论再生产》，吴子枫译，西北大学出版社 2019 年版，第 9 页。

⑤ ［法］路易·阿尔都塞：《意识形态和意识形态国家机器（研究笔记）》，孟登迎译，载陈越编：《哲学与政治：阿尔都塞读本》，吉林人民出版社 2003 年版，第 338 页。

《论文化革命》中关于群众意识形态革命的相关论述，那么可以说，这个"赌注"的表述与意识形态在一定形势之中可以成为决定一切的"战略要点"的表述的内在逻辑是一致的，意识形态国家机器因其同时是"脆弱点"和"偶然性的点"，故此在其中展开阶级斗争可以成为影响革命事业成败命运的关键所在。故此可说，意识形态国家机器相对"脆弱性"的论述也就必然地指向着意识形态斗争、群众意识形态革命。阿尔都塞以中国 1949 年革命为例，说明以在具有相对"脆弱"性的意识形态国家机器之中展开斗争作为国家"坚硬果核"的镇压性国家机器的重要前提以及为什么意识形态阶级斗争应"领先于"其他的阶级斗争："并非偶然的是，在所有那些我们足够深入细节地认识了的重大社会革命（1789 年的法国大革命、1917 年的俄国革命和 1949 年的中国革命）之前，都有漫长的阶级斗争不但围绕已有的意识形态国家机器，而且就在这些意识形态内部展开。"① 在他看来，1949 年中国革命的成功首先就在于对具有相对"脆弱"性的意识形态国家机器及其内部展开斗争。

至此可以说，意识形态的永恒性、意识形态具有相对独立性和滞后性、意识形态国家机器的相对脆弱性等命题，既都与阿尔都塞的"头脑中的中国"和"毛泽东主义"相关，而且通过阿尔都塞的阐释，实际上都指向了同一个方向，也即意识形态斗争和群众意识形态革命的必要性。群众意识形态革命是意识形态阶级斗争的高级形态，故此在阐述群众意识形态之前，还有必要先厘清阿尔都塞的意识形态阶级斗争概念及其与阿尔都塞的"头脑中的中国"和"毛泽东主义"的关联。阿尔都塞对意识形态阶级斗争的强调是他对超意识形态国家机器有限范围的、全领域的、作为"总体过程"也即并不局限于"这个或那个'领域'（经济的、政治的、意识形态的领域）"② 阶级斗争的强调的一个组成部分。

阶级斗争当然是经典马克思主义以降的马克思主义传统之中的基本命题之一，但是对阿尔都塞来说，他所强调的阶级斗争与作为他的同时代人的毛

① ［法］路易·阿尔都塞：《论再生产》，吴子枫译，西北大学出版社 2019 年版，第 313—314 页。

② ［法］路易·阿尔都塞：《论再生产》，吴子枫译，西北大学出版社 2019 年版，第 416—417 页。

泽东及他所理解的"毛泽东主义"关系至为紧密，目前这已成为研究者们的共识。例如，研究者认为 1968 年巴黎"五月风暴"事件之后，阿尔都塞进入到"最强烈的毛泽东主义阶段"，在这个阶段，他特别强调作为历史动力的阶级斗争优先性（primacy of the class struggle）并批判过度重视生产力发展对推动历史变革的解释性作用 ①；研究者还认为在《保卫马克思》之中被阿尔都塞描述为马克思主义基本命题的"阶级斗争是历史动力"，名义上虽然是马克思主义的，但实际上则是一个"毛泽东主义"的命题，而该命题在 1965 年之后成为一个基本的阿尔都塞命题。② 阿尔都塞的最富于"毛泽东主义"色彩的文本《答约翰·刘易斯》的原初标题曾是《毛说千万不要忘记阶级斗争！(Mao's Never Forget the Class Struggle!)》③，可见出该文本的"毛泽东主义"主要体现在对阶级斗争的强调。在《论再生产》中，阿尔都塞引用毛泽东表明阶级斗争的持久战性质，"用毛泽东的正确提法（这个提法非常有力地概括了马克思和列宁的一些论点）来说，这场斗争只能是一场阶级的持久战。"④ 不过，需要补充的是，由于如前文所述，阿尔都塞激进的反人道主义以及倾向于以历史动力说替代历史主体说，阿尔都塞的阶级斗争学说实际上与毛泽东的阶级斗争学说在本质上仍有差别。而阿尔都塞的 1970 年论文《意识形态和意识形态国家机器（研究笔记）》实际上是对"五月风暴"事件后兴起的极左唯意志论的反拨和纠正 ⑤，相应地，阿尔都塞将中国的意识形态革命看作是真正的、结构主义的革命。⑥ 这就意味着，阿尔都塞是在其历史无主体说的总体视域之中去讨论阶级斗争包括意识形态阶级斗争的，其阶级斗争包括意识形态阶级斗争不能兼容于任何唯意志论及任何主体哲学

① Alex Callinicos, *The Resources of Critique*, Cambridge & Malden: Polity Press, 2006, p.92.

② Gregory Elliott, *Althusser: The Detour of Theory*, London & Boston: Brill, 2006, p.150.

③ Gregory Elliott, *Althusser: The Detour of Theory*, London & Boston: Brill, 2006, p.229.

④ [法] 路易·阿尔都塞:《论再生产》，吴子枫译，西北大学出版社 2019 年版，第 302 页。

⑤ Warren Montag, "Conjuncture, Conflict, War: Machiavelli between Althusser and Foucault (1975–6)", in *Encountering Althusser: Politics and Materialism in Contemporary Radical Thought*, Katja Diefenbach, Sara R. Farris, Gal Kirn, Peter D. Thomas, ed., London & New York: Bloomsbury, 2013, p.128.

⑥ Camille Robcis, "'China in Our Heads': Althusser, Maoism and Structuralism," *Social Text*, Vol.30, No.1, 2012, p.59.

的倾向。阿尔都塞的阶级斗争学说因其对主体和主体性的绝对排斥故而就区别于毛泽东的阶级斗争学说。

阿尔都塞对阶级斗争的更深程度的推崇，与他在1966—1967年左右的理论转折不无关联。如前文所述，目前已公认在《保卫马克思》《读〈资本论〉》发表后不久，阿尔都塞发生了重要的理论转折，阿尔都塞开始对自己的哲学进行"根本的改写"，进入到一个自我批评时期，抛弃了结构主义、"认识论断裂"等概念，力图为理论"赋予一种直接得多的政治性"①，那么这个自我批评时期、寻求理论的"直接得多的政治性"的重要表现——除了以上章节已经讨论过的其他重要表现如重建历史唯物主义及马克思主义意识形态理论、走向偶然相遇的唯物主义、对"人民"/"群众"概念的频繁调用——还应包括阿尔都塞对阶级斗争的更深程度的推崇，其中当然包括对意识形态之中的阶级斗争的推崇。巴利巴尔指出，"由于法共官方发言人和他自己一些（成为在五月运动之后建立起来的'毛泽东主义'组织生力军的）青年学生同时指责他低估了阶级斗争以及哲学中的阶级立场的重要性，阿尔都塞开始重新估价这种重要性，虽然是根据他自己的方式。"②阿尔都塞的《关于意识形态国家机器的说明》正是以对"由阶级斗争对占统治地位的意识形态和意识形态国家机器的优先性"的论点去反驳人们对他的《意识形态和意识形态国家机器（研究笔记）》的"功能主义"倾向的批判。③

在《意识形态和意识形态国家机器（研究笔记）》中阿尔都塞就反复强调，阶级斗争是理解他的意识形态理论的重要角度甚至是唯一角度。"只有从阶级的观点，即阶级斗争的观点出发，才有可能理解特定社会形态中存在的意识形态"④。将意识形态理解为，甚至等同于意识形态阶级斗争，正是阿

---

① [法] E. 巴利巴尔：《阿尔都塞与中国》，吴志峰译，《马克思主义与现实》2015年第4期，第99页。

② [法] 艾蒂安·巴利巴尔：《中文版阿尔都塞著作集序》，[法] 路易·阿尔都塞：《论再生产》，吴子枫译，西北大学出版社2019年版，第9页。

③ [法] 路易·阿尔都塞：《论再生产》，吴子枫译，西北大学出版社2019年版，第413—414页。

④ [法] 路易·阿尔都塞：《意识形态和意识形态国家机器（研究笔记）》，孟登迎译，载陈越编：《哲学与政治：阿尔都塞读本》，吉林人民出版社2003年版，第375页。

尔都塞意识形态理论特征之一。阿尔都塞在《关于意识形态国家机器的说明》中强调马克思意识形态理论相较于其他所有意识形态理论的"特性"就在于强调阶级斗争之于意识形态国家机器的"优先性",而这实际上是阿尔都塞意识形态理论本身的"特性"所在:"实际上我们可以说,我们从马克思那里能够得出的意识形态特性,就在于确认阶级斗争对于国家机器和意识形态国家机器的功能与运行的优先性。这种优先性显然与任何功能主义是不相容的。"① 雅克·比岱对阿尔都塞的阶级斗争相对于意识形态的优先性这个观点的解释是,"因为那些机器只不过是阶级斗争的工具:因此,阶级斗争优先于占统治地位的意识形态,优先于那些机器。……阶级斗争无法被控制在再生产着统治的机器当中,因为它比那些机器更强大。"② 这正是阿尔都塞强调作为"总体过程"也即并不局限于"这个或那个'领域'(经济的、政治的、意识形态的领域)"③ 的阶级斗争的原因,阶级斗争本身就具有强烈的外溢效应、跨机器联动效应、"无法被控制"在某一种机器之中,这也正是阶级斗争可以动摇机器的原因。

无怪乎阿尔都塞的几乎每一个意识形态命题都指向他对意识形态领域中的阶级斗争的强调,如上所述,他的意识形态的永恒性、意识形态具有相对独立性和滞后性、意识形态国家机器的相对脆弱性等命题的最终实际上都是落脚于意识形态阶级斗争的必要性。正是在意识形态(国家机器)阶级斗争这个问题上,可以清晰地见到阿尔都塞与毛泽东思想的关联。阿尔都塞批判了以下观点:"人们可能认为,一旦社会主义国家消灭了旧的社会阶级的经济基础,它就消灭了阶级因而消灭了阶级斗争。可是当人们认为已经超越了阶级斗争时,阶级斗争却仍在政治领域,并且首先在意识形态领域继续上演。看不到阶级斗争尤其能在意识形态领域展开(dérouler par excellence dans le domaine idéologique ; unfold in its purest form in the ideological sphere),

---

① [法] 路易·阿尔都塞:《论再生产》,吴子枫译,西北大学出版社 2019 年版,第 413—414 页。

② [法]雅克·比岱:《法文版导言:请你重读阿尔都塞》,[法]路易·阿尔都塞:《论再生产》,吴子枫译,西北大学出版社 2019 年版,第 29 页。

③ [法]路易·阿尔都塞:《论再生产》,吴子枫译,西北大学出版社 2019 年版,第 416—417 页。

就是将意识形态领域拱手让给资产阶级意识形态，就是将阵地让给敌人。"①
上述论述与毛泽东的论述具有强烈的一致性。毛泽东认为，虽然社会主义改
造已经完成，但是"无产阶级和资产阶级之间的阶级斗争，各派政治力量之
间的阶级斗争，无产阶级和资产阶级之间在意识形态方面的阶级斗争，还是
长时期的，曲折的，有时甚至是很激烈的。无产阶级要按照自己的世界观改
造世界，资产阶级也要按照自己的世界观改造世界。在这一方面，社会主义
和资本主义之间谁胜谁负的问题还没有真正解决。"②在上面两段论述中，在
对阶级关系和阶级斗争的长期存在的强调、对阶级斗争在意识形态领域中展
开的强调，以及对意识形态领域内的阶级斗争对决定革命事业胜负的绝对重
要性的强调等方面是如出一辙的。考虑到阿尔都塞对全领域的阶级斗争的理
解和强调直接与毛泽东思想相关，考虑到阿尔都塞在其研究笔记、往来信件
和著述中多次援引过毛泽东《关于正确处理人民内部矛盾的问题》，足可推
论：在强调意识形态领域的阶级斗争这个问题上，"毛泽东主义"对阿尔都
塞有直接的影响。阿尔都塞还多次援引 1949 年中国革命作为意识形态国家
机器之中的阶级斗争之所以有必要先于经济斗争和政治斗争的原因："……
只要想想 18 世纪的法国、19 世纪的俄国，想想 1949 年革命之前半个世纪
的中国就够了。……意识形态的（上述意识形态的）斗争，即在传播和出版
机器中展开的阶级斗争（为自由思想、自由表达，以及自由出版和传播进步
的革命观念而进行的斗争），通常领先于政治斗争的公开形式，甚至是遥遥
领先于它们。"③需要补充的是，阿尔都塞对意识形态阶级斗争的强调，还直
接关系到文学、艺术、美学。阿尔都塞在《皮科罗剧团，贝尔多拉西和布莱
希特》之中指出，"换句话说，在戏剧世界或更广泛地在美学世界中，意识
形态本质上始终是个战场，它隐秘地或赤裸裸地反映着人类的政治斗争和社

---

① Anonyme (Atribué à Louis Althusser), "Sur la révolution culturelle", in *Décalages*, Vol.1, Is-
  sue 1, article 8, 2010, pp.12-13; Anonymous (Attributed to Louis Althusser), "On the Cultural
  Revolution", Jason E. Smith tr., in *Décalages*, Vol.1, Issue 1, 2010,Article 9, pp.12–13. 中译文
  来自吴子枫老师的最新译本。

② 毛泽东：《关于正确处理人民内部矛盾的问题》（一九五七年二月二十七日），载《毛泽东
  文集》第七卷，人民出版社 1999 年版，第 230 页。

③ [法] 路易·阿尔都塞：《论再生产》，吴子枫译，西北大学出版社 2019 年版，第 315 页。

会斗争。"①这就是说，各种文学文本经常作为激烈争议的战场，这与作者是否好辩论的意图无关，这是文学生产的一个不可避免的客观条件。②文学、艺术、美学意识形态斗争是由意识形态阶级斗争的客观存在性所决定的。故此可说，侧重从意识形态斗争来理解文学、艺术、美学生产，是阿尔都塞文艺思想和美学思想的重要特征之一。

阿尔都塞的意识形态阶级斗争与毛泽东思想的强烈关联，还体现在他对马克思主义"阶级"理论的重建及对"哲学"的重新定义之中。阿尔都塞在《论文化革命》中提出一种非经济决定论的"阶级"定义："事实上，一个社会阶级不仅仅由其成员在生产关系中的位置（position; positions）来界定，因而不完全由生产关系来界定，它同时还由其成员在政治关系和意识形态关系中的立场（position; position）来界定，而在生产关系的社会主义改造之后，政治关系和意识形态关系仍将长期是阶级关系。"③这就是说，"阶级"不应看作是被生产关系一劳永逸地决定的某种固化的存在，甚至不完全与生产关系相关，社会成员在生产关系之中的位置情况未必能完全对应于该成员的阶级属性，相反，"阶级"主要是由社会成员在"政治关系和意识形态关系中的立场来界定"的，这就使得对"阶级"的界定成为一种相对化的、不断生成和流动的过程。把政治和意识形态的维度引入对"阶级"的界定，也就意味着这是一种非还原论的（即不把阶级仅仅还原为经济的现象或表现）、更具动态性和当代性的阶级观。这也是一种更符合当代西方文化研究视域的阶级观，无怪乎斯图尔特·霍尔对此格外看重（后文将详细展开）。这种非经济主义、非还原主义的新的阶级观，也就必然指向了对意识形态领域斗争的强调：既然阶级不能只由生产关系之中的位置来判断，既然阶级属性存在于政治和意识形态维度，那么阶级的界定、变动、上升、下降当然就只能在

---

① ［法］路易·阿尔都塞：《保卫马克思》，顾良译，商务印书馆2010年版，第142页。

② James H. Kavanach, "Towards a Politics of Literary Theory（Book Review）", in *Diacritics*, Spring 1982, Vol.12, Iss.1, p.33.

③ Anonyme（Atribué à Louis Althusser）, "Sur la révolution culturelle", in *Décalages*, Vol.1, Issue 1, article 8, 2010, pp.11-12; Anonymous（Attributed to Louis Althusser）, "On the Cultural Revolution", Jason E. Smith tr., in *Décalages*, Vol.1, Issue 1, 2010, Article 9, pp.11-12. 中译文来自吴子枫老师的最新译本。

意识形态阶级斗争的过程之中生成。阿尔都塞是在《论文化革命》之中提出这种新阶级观不是偶然的。阿尔都塞着重从思想、从政治、从意识形态方面界定阶级，与毛泽东强调思想改造的重要性有相当程度的一致性。毛泽东在《关于正确处理人民内部矛盾的问题》中指出，"工人阶级要在阶级斗争中和向自然界的斗争中改造整个社会，同时也就改造自己。工人阶级必须在工作中不断学习，逐步克服自己的缺点，永远也不能停止。"① 如果按照还原论的、经济主义的阶级观，那么工人阶级可以一劳永逸地保持阶级身份。然而毛泽东强调的是即便是先进的工人阶级也要注重从思想和意识形态上不断改造自己，这就与阿尔都塞的非经济主义、非还原论的阶级观在某种程度上不谋而合。考虑到阿尔都塞是在《论文化革命》中、根据他"头脑中的中国"提出这个新的"阶级"观，考虑到阿尔都塞对《关于正确处理人民内部矛盾的问题》文本的熟悉程度（如上所述，该文在他的多篇论文、通信、研究笔记之中提及），可以说，阿尔都塞这个新的"阶级"观正是与"头脑中的中国"、与毛泽东思想有直接联系的。

　　而另一个值得提及的与毛泽东思想、与阿尔都塞对意识形态领域内的阶级斗争的强调所息息相关的，就是阿尔都塞重新用"理论领域的阶级斗争"来定义作为意识形态"子集（sub-set）"的哲学②。阿尔都塞指出，"这个观点不仅是恩格斯的而且当然也是列宁的，斯大林本人也持这个观点！而且，如我们所知，它同样也是葛兰西和毛的观点：工人阶级在阶级斗争中需要哲学。不仅需要马克思主义的历史的科学（历史唯物主义），还需要马克思主义的哲学（辩证唯物主义）。为什么？我将用一个公式进行回答。我将承担（个人）风险，来做这样的表述：这个理由就是**哲学，归根到底，是理论领域的阶级斗争**。"③ 格雷戈里·艾略特认为，阿尔都塞在《答约翰·刘易斯》中对于哲学重新下的这个定义正是起源于"毛泽东主义"，阿尔都塞由此放弃了理论的独立自足的观点，用"政治主义"取代了此前的"理论主义"，艾略特因而将这个时期的阿尔都塞命名为"马克思主义

---

① 毛泽东：《关于正确处理人民内部矛盾的问题》（一九五七年二月二十七日），载毛泽东：《毛泽东文集》第七卷，人民出版社 1999 年版，第 223 页。

② Gregory Elliott, *Althusser: The Detour of Theory*, London & Boston: Brill, 2006, p.189.

③ Louis Althusser, *Essays in Self-Criticism*, Graham Lock tr., London: NLB, p.37.

的'毛泽东化'（'Maoisation' of Marxism）"，尽管他认为阿尔都塞的这种转变在一定程度上削弱了他的理论原创性。① 然而，尽管阿尔都塞根据"毛泽东主义"、从阶级斗争的角度对哲学作了重新定义，但是在哲学与阶级斗争之间却并没有建立直接的、切实的联系。相反，毛泽东对意识形态斗争的强调最后却被用于阿尔都塞式的马克思主义知识分子的自证，按照阿尔都塞对哲学的定义，成为好的理论家就意味着当懒汉，或者说，哲学既然是所谓的"革命的武器"，则这些知识分子可以自我感觉良好，认为他们的书桌可以变成布莱希特说的防御工事，而研讨室就变成了阅兵场。② 故此，尽管阿尔都塞在"毛泽东主义"的启发之下将哲学重新定义为理论领域的阶级斗争，但是由于他将理论或者说哲学的效能与活动的界限仍然局限在理论或哲学之中，至多只能通过在政治上产生一些理论的效果而间接作用于阶级斗争，这就仍重蹈了他此前的"理论主义"的覆辙。在将哲学定义为理论中的阶级斗争这个节点上，阿尔都塞的学生巴迪欧开始疏离于他的老师，巴迪欧正是在这一点上认为要与阿尔都塞划清界限，目的是为了追求一种更为严格的"毛泽东主义"意义上的阶级斗争。③

"群众意识形态革命"既是相对于阿尔都塞上述意识形态理论若干范畴和命题而言的一个统摄性概念，同时它还是一个庞大的理论意象，阿尔都塞借助对他"头脑中的中国"的意识形态革命的理论概括，直接指向的是他对苏联斯大林主义的批判，他所面对的法国和西方资本主义国家之中共产主义运动、工人阶级政党的政治困境和理论困境，以及他所构想的国际共产主义运动的方向和愿景。故此，阿尔都塞论意识形态的永恒性、意识形态具有相对独立性和滞后性、意识形态国家机器的相对脆弱性等意识形态若干重要命题，实际上都关涉着"群众意识形态革命"；同时，如上所述，"群众意识形态革命"实际上还是阿尔都塞生产关系优先论、上层建筑之于生产关系再生

---

① Gregory Elliott, *Althusser: The Detour of Theory*, London & Boston: Brill, 2006, pp.179, 252.

② Gregory Elliott, *Althusser: The Detour of Theory*, London & Boston: Brill, 2006, pp.189–190.

③ Oliver Fltham, "Philosophy", in *Alain Badiou: Key Concepts*, A.J.Bartlett and Justin Clemens ed., Acumen, 2010, p.16.

产之"保障"说或反作用说、意识形态之于生产关系再生产之"占统治地位"说、意识形态实践论、意识形态阶级斗争等阿尔都塞重建历史唯物主义过程之中所重构的主要概念和命题的源头以及归宿。

那么，"群众意识形态革命"到底是什么？阿尔都塞非常明确地指出，这场革命的"最终目的是改变（transformer; transform）群众的意识形态"也即带来"一种新的群众的、无产阶级的和社会主义的意识形态"，从而"给社会主义的经济下层建筑和政治上层建筑，提供一种相应的意识形态上层建筑"。① 故此，"群众意识形态革命"至少可分解为两个方面：这是一场与群众相关的革命，且这是一场转变意识形态的革命。

"群众意识形态革命"意味着，意识形态革命唯一的目标和"当事人（agent）"就是"群众"。阿尔都塞的"群众"/"人民"概念与中国和毛泽东思想的关联在上一节已经进行了讨论。阿尔都塞的"群众意识形态革命"概念之中对"群众"的强调正是阿尔都塞的"群众"概念与中国、与毛泽东思想存在紧密联系的一个力证。阿尔都塞对"群众"的意识形态革命的强调，直接指向的是对脱离群众的斯大林主义和法国共产党的批判。阿尔都塞认为应建立执行"群众路线"的新型群众政党，而不是斯大林主义的"干部决定一切"的政党，他反复提及的正是具有强烈毛泽东色彩的"群众路线"。② G.M. 戈什格瑞恩指出，中国意识形态革命是在苏共所没有解放群众首创精神的领域也即在相对独立的意识形态上层建筑领域开展的，而阿尔都塞认为中国群众正在实践着他自身的过度决定论所提供理论的、持左翼立场的斯大林主义批判。③ 这就是说，苏共不仅没有执行群众路线，更未重视在意识形态领域执行群众路线和解放群众的首创精神。阿尔都塞认

---

① Anonyme (Atribué à Louis Althusser), "Sur la révolution culturelle", in *Décalages*, Vol.1, Issue 1, article 8, 2010, p.7; Anonymous (Attributed to Louis Althusser), "On the Cultural Revolution", Jason E. Smith tr., in *Décalages*, Vol.1, Issue 1, 2010, Article 9, p.7. 中译文来自吴子枫老师的最新译本。

② Louis Althusser, *Essays in Self-Criticism*, Graham Lock tr., London: NLB, 1976, pp.79, 214–215.

③ G.M.Goshgarian, "Introduction", in Louis Althusser, *The Humanist Controversy and Other Writings（1966–1967）*, Francois Matheron ed., G.M.Goshgarian tr., London & New York: Verso, 2003, p.xxxv.

为，尽管苏联社会的基础是社会主义生产模式，但是它的前—革命的意识形态国家机器的存续，"确保"了苏联工人阶级专政的消亡。① 在阿尔都塞看来，这正是苏共未重视意识形态领域的群众首创精神的后果。阿尔都塞在《论再生产》中借助对列宁观点的肯定而阐述道，"要建立新的 AIE，不存在先天的、事先完全准备好的计划和路线；……这是一场不容丝毫懈怠的漫长斗争……；这是一场不能靠少数战士——哪怕他们非常清醒非常勇敢，而是要通过求助于群众、求助于他们的判断力、他们的反应、他们的首创精神和他们的发明，才能完成的斗争。"② 执行斯大林主义路线的苏共未能真正重视列宁的关于"求助于"群众及其首创精神方能使得旧的意识形态国家机器消亡、新的意识形态国家机器建立的思想，致使其走向失败。相反，在阿尔都塞看来，中国共产党是真正执行着群众路线、重视群众首创精神的新型政党："这样一来，中国共产党的政策就在于最广泛地发动群众，最坚定地相信群众，并要求所有政治领导人毫不犹豫地大胆追随这条'群众路线'。必须让群众发出声音，必须相信群众的首创精神 (initiatives; initiatives)。"③

"群众意识形态革命"概念中的"群众"还意味着，阿尔都塞是根据毛泽东的人民内部矛盾学说、非对抗性矛盾学说，强调以非暴力的说服教育方式开展意识形态革命。阿尔都塞反复强调，对"人民"或"群众"的内部的、非对抗性的矛盾一定要采取非暴力的，也就是意识形态工作或者说思想工作的方法加以解决："必须有区别地对待这些阻力，辨明敌友，并在反对派中间区分出敌对的无可救药分子、墨守成规或不明就里的领导人、犹豫不决的人和胆小怯懦的人。无论如何，即使是在反对资产阶级敌对分子（受到法律制裁的罪犯）时，也应当一直坚持劝导 (raisonnement; reasoning) 和说服

① G.M.Goshgarian, "Translator's Introduction", in Louis Althusser, *Philosophy of the Encounter: Later Writings*, *1978–87*, G.M.Goshgarian tr., François Matheron and Oliver Corpet ed., London & New York: Verso, p. xliv.

② ［法］路易·阿尔都塞：《论再生产》，吴子枫译，西北大学出版社 2019 年版，第 199 页。

③ Anonyme (Atribué à Louis Althusser), "Sur la révolution culturelle", in *Décalages*, Vol.1, Issue 1, article 8, 2010, p.7; Anonymous (Attributed to Louis Althusser), "On the Cultural Revolution", Jason E. Smith tr., in *Décalages*, Vol.1, Issue 1, 2010, Article 9, p.8. 中译文来自吴子枫老师的最新译本。

(persuasion; persuasion)，而不应进行'打击'、诉诸暴力。"① 阿尔都塞认为，针对当时中国社会具体情况，在经历了社会主义生产关系改造之后的中国，工人阶级和民族资产阶级的矛盾等前对抗性矛盾也转化为非对抗性矛盾，因而应当用非暴力的、说理和说服也即意识形态工作的方式解决非对抗性矛盾。这正是与《关于正确处理人民内部矛盾的问题》关于不同性质的矛盾的判断、区分、处理方法等是完全一致的："凡属于思想性质的问题，凡属于人民内部的争论问题，只能用民主的方法去解决，只能用讨论的方法、批评的方法、说服教育的方法去解决，而不能用强制的、压服的方法去解决"②。换句话说，只有在"人民"或"群众"之中——不是敌我矛盾、对抗性矛盾中——才有开展非暴力、以说服教育为手段的意识形态革命的可能，这正是"群众意识形态革命"中的"群众"概念与《关于正确处理人民内部矛盾的问题》完全一致的深意所在。

那么，为什么要在"政治的革命和经济的革命"之外，作为第三种革命形态的"群众意识形态革命"是必要的和紧迫的？巴利巴尔认为，对阿尔都塞来说，群众意识形态革命"从长远来说，将成为其他两种革命本身的条件，因而这是阶级斗争的决定性环节，它恰好在意识形态中展开"。③ 这就是说，群众意识形态革命是为政治革命和经济革命做准备、是其前提条件，因而意识形态革命必须要先行。那么为什么说意识形态革命不但是先行环节，同时又是阶级斗争的"决定性环节"？阿尔都塞认为，群众意识形态革命的必要性和紧迫性来自所谓"两条道路(deux voies ; two roads)"的选择难题："因此，尽管社会主义国家在革命中取得了一些成就，但仍有两条道路摆在它们面前：——革命的道路（la voie révolutionnaire; the revolutionary road)，这条道路将带领人们超越已经获得的成就，走向社会主义的巩固和发展，并最终向

---

① Anonyme (Atribué à Louis Althusser), "Sur la révolution culturelle", in *Décalages*, Vol.1, Issue 1, article 8, 2010, pp. 7-8; Anonymous (Attributed to Louis Althusser), "On the Cultural Revolution", Jason E. Smith tr., in *Décalages*, Vol.1, Issue 1, 2010,Article 9, p.8. 中译文来自吴子枫老师的最新译本。

② 毛泽东：《关于正确处理人民内部矛盾的问题》（一九五七年二月二十七日），载《毛泽东文集》第七卷，人民出版社 1999 年版，第 209 页。

③ ［法］艾蒂安·巴利巴尔：《中文版阿尔都塞著作集序》，［法］路易·阿尔都塞：《论再生产》，吴子枫译，西北大学出版社 2019 年版，第 24 页。

共产主义过渡；——倒退的道路（la voie de la régression; the regressive road），这条道路带领人们从获得的成就上后退，使社会主义国家在政治上被帝国主义中立化并被其利用，进而在经济上被帝国主义统治和'消化'：这也就是'倒退回资本主义'的道路。"① 阿尔都塞还强调，群众意识形态革命的"最终目的"也即"改变群众的意识形态"和这个"十字路口的难题、两条道路的难题"是结合在一起的。② 也就是说，群众意识形态革命可以影响社会形态是朝向共产主义继续演进，还是"倒退"到资本主义。

"两条道路"和"十字路口"不仅是阿尔都塞对中国特定"形势"的理论概括，更是直接针对于苏联斯大林主义、法国及西方发达国家共产党党内路线尖锐批判的理论隐喻。阿尔都塞将"毛泽东主义"和中国革命看作是历史上唯一存在的采取左翼立场的对斯大林主义的批评，而来自中国的批评"可以帮助我们更清楚地看待自己的历史"。③ 这就是说，阿尔都塞对中国的关注特别是对中国的苏联斯大林主义批判的关注，能够帮助西方马克思主义者更清楚地审视追随斯大林主义的法共及其他西方共产党的党内路线。故此，"群众意识形态革命"不仅是阿尔都塞对中国意识形态革命的理论概括，更是对追随斯大林主义的法国共产党的旁敲侧击。G.M. 戈什格瑞恩通过梳理阿尔都塞的通信等文献材料对此提供了有力的证明：阿尔都塞关于中国的论文绝不只是暂时热情的产物，而是标志着他对于政治形势的评估的完成，在私人信件中，阿尔都塞认为情况和《北京信息》（Pékin Information）说的一样黑暗，"百分之九十九的苏联意识形态的经济基础"都"存在于苏维埃共和国之外"，在其中"资产阶级意识形态蔓延到了如此多的领域以至于无以计数"，甚至马克思主义理论和工人运动的联盟可

---

① Anonyme (Atribué à Louis Althusser), "Sur la révolution culturelle", in *Décalages*, Vol.1, Issue 1, article 8, 2010, p.5; Anonymous (Attributed to Louis Althusser), "On the Cultural Revolution", Jason E. Smith tr., in *Décalages*, Vol.1, Issue 1, 2010, Article 9, p.6. 中译文来自吴子枫老师的最新译本。

② Anonyme (Atribué à Louis Althusser), "Sur la révolution culturelle", in *Décalages*, Vol.1, Issue 1, article 8, 2010, p.6; Anonymous (Attributed to Louis Althusser), "On the Cultural Revolution", Jason E. Smith tr., in *Décalages*, Vol.1, Issue 1, 2010, Article 9, p.7. 中译文来自吴子枫老师的最新译本。

③ Louis Althusser, *Essays in Self-Criticism*, Graham Lock tr., London: NLB, p.114, pp.92–93.

能会解体，阿尔都塞还认为，"追随着苏联共产党，法国和意大利的各共产党在客观上正在追求改良主义的、修正主义的各种政策：它们正在变成各种社会民主政党，它们不再具有革命性了……"，阿尔都塞还强调来自中国的批判对这些西方共产党的批评基本上都是正确的，尽管这些批评常采取教条化的形式，戈什格瑞恩的结论是，阿尔都塞未来任务的相当大的部分就在于为"某些中国论点已经肯定了的（what certain Chinese thesis affirm[ed]）"提供"理论基础"。① 阿尔都塞之所以密切关注中国、密切关注来自中国的新闻信息以及阅读毛泽东思想文本，最终目的正是为西方共产党以及西方工人运动的政治困境和理论困境寻求药方。阿尔都塞在《论文化革命》中反复强调的"两条道路"论、"十字路口"论及对"倒退"可能性的警告，更应被视为阿尔都塞对苏联社会主义的意识形态倒退回资本主义意识形态，以及追随苏共的法国和意大利共产党失去革命性、蜕化为社会民主政党、倒退回资产阶级意识形态的紧迫现实形势的概括。正是在这个意义上，戈什格瑞恩认为在未来的很大一部分理论工作正是为当时中国正在发生的意识形态革命以及中国对苏联斯大林主义和西方共产党的路线批判提供"理论基础"。这部分理论工作，至少应包括《意识形态和意识形态国家机器（研究笔记）》和《论再生产》之中对马克思主义历史唯物主义和意识形态理论的重建、《答约翰·刘易斯》之中对群众路线及执行群众路线的新型政党的阐发，等等。

阿尔都塞对马克思主义的辩证唯物主义和历史唯物主义的重建绝非彼此孤立的两个工程，而是彼此之间紧密呼应、深度交错的同一个工程，共同服务于同一个终极追问也即西方马克思主义政治实践何以可能的问题。"群众意识形态革命"因而正是阿尔都塞重建了的辩证唯物主义和历史唯物主义发生重要交汇的一个关键概念。在"群众意识形态革命"概念之中蕴含着这样一个理论命题，即群众意识形态革命可以直接影响社会形态的转变，要么可以推进社会形态前进甚至跳跃式地发展为更高一级的形态，要

---

① G.M.Goshgarian, "Introduction", in Louis Althusser, *The Humanist Controversy and Other Writings*（*1966–1967*）, Francois Matheron ed., G.M.Goshgarian tr., London & New York: Verso, 2003, pp.xxxvi–xxxvii.

么可以阻止社会形态"倒退"到更低一级的形态。那么，为什么社会形态并不是必然地朝前演进而是存在着"倒退"的风险，而且存在着跨阶段发展的可能？更重要的是，为什么在意识形态领域的革命可以作用于社会形态的转变（前进、跨越或倒退）？阿尔都塞的这些论断与毛泽东思想又有什么关联？

阿尔都塞是在对马克思主义的历史主义、进化主义、经济主义的三种错误倾向的批判之中对社会形态的非线性发展的可能性加以肯定的。阿尔都塞认为，社会形态的"倒退"的可能性的论点与"对马克思主义的意识形态解释（宗教的、进化主义的、经济主义的解释）"是相抵触的，但是，马克思主义不是"具有宗教本质的历史哲学"，无法保证将社会主义作为"人类历史从一开始就向其迈进的目的地"；马克思主义也不是进化主义，也即假设"一种关于生产方式的必然的、得到保证的前后次序：例如，谁都不能'跳过'某种生产方式"，在这种进化主义之中，……人们保证了自己始终只会向前发展，从而在原则上排除了一切'倒退'的危险：只能从资本主义走向社会主义，从社会主义走向共产主义，而不会退回资本主义"，相反，"马克思主义并不是一种进化主义，它的历史辩证法观念承认滞后（décalages; lags）、曲折（distorsions; distortions）、非重复的倒退（régressions sans répétition; regressions without repetition）、跳越（sauts; leaps）等等"；马克思主义也不是一种经济主义，因为经济主义的马克思主义假定在社会阶级的经济基础废除之后，社会主义的胜利就能得到"最终保证（définitivement assurée; definitively assured）"。① 故此，在阿尔都塞看来，与历史主义的马克思主义相反的是，马克思主义实际上与任何目的论都是无关的，阿尔都塞反复强调，历史是"没有主体也没有目的的过程（process without a Subject or Goal (s)）"②；与进化主义的马克思主义相反的是，马克思主义反对将历史简化为生产方式和社会形态从低到高的单向线性演进，社会形态既可以向更高阶段

---

① Anonyme (Atribué à Louis Althusser), "Sur la révolution culturelle", in *Décalages*, Vol.1, Issue 1, article 8, 2010, pp.10-11; Anonymous (Attributed to Louis Althusser), "On the Cultural Revolution", Jason E. Smith tr., in *Décalages*, Vol.1, Issue 1, 2010, Article 9, pp.10–11. 中译文来自吴子枫老师的最新译本。

② Louis Althusser, *Essays in Self-Criticism*, Grahame Lock tr., London: NLB, 1976, pp.94,97.

发展，同时也有可能向更低阶段滑落，同时，不同于阶段论（stagist）的线性逻辑的是，社会形态可以发生跨阶段"跳越"或跨阶段"倒退"，甚至这种发展、跳跃和倒退也不是一蹴而就，而是充满了"滞后"、"曲折"以及"非重复"的漫长的拉锯和错位；与经济主义的马克思主义相反，马克思主义认为社会形态当然是与经济、生产力、基础直接相关的，但是经济、生产力、基础的变革并不必然能够带来社会形态变革成功的"最终保证"，这也正是阿尔都塞为什么要发展生产关系优先论、上层建筑之于生产关系再生产的"保障"说、意识形态之于生产关系再生产的"占统治地位作用"说的原因，因为生产关系、生产方式（生产关系和生产力的统一体）乃至社会形态的再生产和变革与法—国家—意识形态的"保障"作用是密不可分的。格雷戈里·艾略特将阿尔都塞在《论文化革命》中在"两条道路"的难题之中的"倒退"回资本主义的可能性的论述，追溯至他在《矛盾与多元决定（研究笔记）》文末提出的革命的转变问题和意识形态的持续性问题，艾略特认为，阿尔都塞的"倒退"说与他的非进化论和非经济主义的历史唯物主义是相一致的。[1] 在《矛盾与多元决定（研究笔记）》的文末，阿尔都塞指出，"由革命所产生的新社会，通过其新的上层建筑形式或特殊的环境（国内外环境），可促使旧因素保持下去或死而复生，这种死而复生在没有过度决定的辩证法中将完全是不可想象的"，阿尔都塞对此给出的例证是，尽管苏联诞生于社会主义革命，但是俄国人民和布尔什维克党却能忍受斯大林的大规模镇压等罪行。[2] 这就是说，阿尔都塞在《矛盾与多元决定（研究笔记）》文末谈及的上层建筑可促使"旧因素"也即旧的上层建筑或下层建筑的部分性质甚至旧有社会形态的部分性质得以"保持"甚至特别是得以"死而复生"，这是经济主义的马克思主义所无法构想的，因为根据"过度决定"论之中的矛盾差异性法则，以及阿尔都塞在《论再生产》中重构的历史唯物主义动力学，经济、生产力、基础就不再被考虑为社会形态得以保持的唯一因素，"毛泽东主义"与阿尔都塞上述理论环节的论证已由以上章节阐明。这也是历史主义和进化主义的马克思主义所无法构想的，因为根据"过度决定"论之中的

---

[1]　Gregory Elliott, *Althusser: The Detour of Theory*, London & Boston: Brill, 2006, p.175.

[2]　[法] 路易·阿尔都塞：《保卫马克思》，顾良译，商务印书馆 2010 年版，第 106 页。

主导结构说、主次矛盾轮换说及其对黑格尔主义"否定之否定"的历史目的论的颠覆，历史就不再能被构想为单向度进化的阶段论和目的论，"毛泽东主义"与阿尔都塞上述理论环节的论证也已由以上章节阐明。《论文化革命》不但是对《矛盾与多元决定（研究笔记）》的重返，而且相对于阿尔都塞此后的意识形态理论写作即《意识形态和意识形态国家机器（研究笔记）》《论再生产》，该文有诸多前瞻性的开启之功，故此可说，《论文化革命》这个文本本身其实就正是阿尔都塞的辩证唯物主义和历史唯物主义的一个重要交汇点，其中的最为核心的概念"群众意识形态革命"当然也是重要交汇点之一。与此同时，该文本同也是"毛泽东主义"同时关联着阿尔都塞的辩证唯物主义及历史唯物主义的力证之一。

那么，更重要的是，群众意识形态革命如何作用于社会形态的转变（前进、跨越或倒退）？阿尔都塞分别从正、反两个方面作出了阐述。从反方面，他指出，"在社会主义国家，'倒退'的过程会从意识形态方面开始；其影响正是通过意识形态传递，并逐步触及到政治领域和经济领域的"；从正方面，他指出，"通过在意识形态领域发动一场革命，通过在意识形态领域展开阶级斗争，我们可以阻止或扭转这个过程，并引领社会主义国家走上另一条道路：'革命的道路'"，阿尔都塞甚至指出，"'倒退'的论点假定，在社会主义国家的某种历史形势下，意识形态能成为决定一切的战略要点（l'idéologique puisse être le point stratégique, où tout se decide; the ideological can become the strategic point at which everything gets decided）。因而，岔路口就在意识形态领域。未来就取决于意识形态（C'est de l'idéologique que dépend l'avenir; The future depends on the ideological）。社会主义国家的命运（前进或者倒退）就在意识形态的阶级斗争中上演。"①阿尔都塞在这里提出了重要的意识形态"战略要点"说：在一定形势中，意识形态要么可以成为社会形态倒退的关键起点，要么可以力挽狂澜、阻止社会形态"倒退"、决定"未来"、决定"一切"，使得社会形态继续向更高形态发展。在这些论述中，无论是正向还是反向，

① Anonyme (Atribué à Louis Althusser), "Sur la révolution culturelle", in *Décalages*, Vol.1, Issue 1, article 8, 2010, pp.10-11; Anonymous (Attributed to Louis Althusser), "On the Cultural Revolution", Jason E. Smith tr., in *Décalages*, Vol.1, Issue 1, 2010, Article 9, pp.12-13. 中译文来自吴了枫老师的最新译本。

这样一个逻辑链条是非常清晰的，那就是"意识形态——政治领域——经济领域——社会形态"，也就是说，不管是负面还是正面作用，在一定形势中，意识形态可以作用于甚至"决定"经济、生产力、下层建筑甚至社会形态的前进或倒退。"群众意识形态革命"作为第三种革命的关键理论依据，正来自意识形态"战略要点"说。意识形态"战略要点"说恰恰是在《论文化革命》之中提出并不是偶然的。在毛泽东的诸多理论文本之中实际上已有非常近似的论断，如《矛盾论》中的上层建筑在一定条件下可以相对于生产力、经济基础"表现其为主要的决定的作用"[①]，《新民主主义》里强调"一定形态的政治和经济是首先决定那一定形态的文化的；然后，那一定形态的文化又才给予伟大影响和作用于一定形态的政治和经济。"[②] 作为意识形态的文化能够对政治和经济给予"伟大"的影响和作用，足见作为意识形态的文化在毛泽东看来具有"战略要点"重要价值。

意识形态"战略要点"说是阿尔都塞"过度决定"说和阿尔都塞吸收和转化《矛盾论》的必然结果。阿尔都塞提出意识形态"战略要点"说后，立刻用如下这段话加以论证，"这个关于在工人运动史的某种政治形势中意识形态可能起支配作用（un rôle *dominant*; a *dominant* role）的论点，只会触犯那些经济主义、进化主义和机械主义的'马克思主义者'，也就是说，只会触犯那些对马克思主义辩证法一无所知的人。只有那些混淆了主要矛盾和次要矛盾、矛盾的主要方面和次要方面，混淆了矛盾的主次和矛盾的主次方面的变化（changement de place; the reversal）的人，简而言之，只有那些混淆了经济因素归根到底的决定作用和在特定生产方式中或特定政治形势下某种特定因素（经济的、政治的或意识形态的因素）的支配作用的人，才会对这个论点感到惊讶。"[③] 上述表述直接援引了《矛盾论》的主次矛盾说和矛盾的主要方面和次要方面说，以及《矛盾论》之中主要矛盾或矛盾的主要方

---

① 《毛泽东选集》第一卷，人民出版社 1991 年版，第 325 页。

② 《毛泽东选集》第二卷，人民出版社 1991 年版，第 664 页。

③ Anonyme (Atribué à Louis Althusser), "Sur la révolution culturelle", in *Décalages*, Vol.1, Issue 1, article 8, 2010, p.13; Anonymous (Attributed to Louis Althusser), "On the Cultural Revolution", Jason E. Smith tr., in *Décalages*, Vol.1, Issue 1, 2010, pp.12–13. 中译文来自吴子枫老师的最新译本。

面在一定形势之中可以起支配作用的原理，来论证作为一定形势之中的主要矛盾或矛盾主要方面的意识形态可以成为"战略要点"、可以决定"未来"和决定"一切"。考虑到如前所述，阿尔都塞认为中国的意识形态革命所实践的正是"他所提供的马克思主义的理论"也即他在《矛盾与过度决定（研究笔记）》之中提出的过度决定论 ①，故此可说，意识形态"战略要点"论的理论支撑就在于"过度决定"论，即阿尔都塞对决定和主导的区分以及毛泽东的矛盾的概念 ②。阿尔都塞的意识形态"战略要点"不是阿尔都塞理论的"突变"，而恰恰是自《保卫马克思》以来的重建辩证唯物主义工程的内在有机部分以及自然的逻辑延伸。

意识形态"战略要点"说不仅是阿尔都塞对"头脑中的中国"的理论概括，实际上更是对西方工人运动、西方工人阶级政党的警示和劝诫。研究者指出，阿尔都塞的意识形态在一定形势之中可以成为战略要点的理论，是阿尔都塞在更早时期（也即《保卫马克思》时期）对于毛泽东关于矛盾、关于辩证法的看法的重现，阿尔都塞复制了毛泽东在 1930 年代对党内教条主义者的批判，只不过他的 1966 年《文化革命》的批判对象是深陷于经济主义和人道主义的法国共产党。③ 意识形态"战略要点"说正是对追随苏共、信奉经济主义和进化主义的法国共产党以及西方形形色色的经济主义、人道主义、历史主义、进化主义的马克思主义的激烈批判。

意识形态"战略要点"说还奠定了阿尔都塞此后对意识形态和历史唯物主义加以重建的重要基点和总体思路。如上述章节所述，阿尔都塞通过生产关系优先论、上层建筑之于生产关系再生产之"保障"说或反作用说、意识形态之于生产关系再生产之"占统治地位"说、意识形态实践论、意识形态的永恒性、意识形态具有相对独立性和滞后性、意识形态国家机器的相对脆

---

① G.M.Goshgarian, "Introduction", in Louis Althusser, *The Humanist Controversy and Other Writings* (*1966–1967*), Francois Matheron ed., G.M.Goshgarian tr., London & New York: Verso, 2003, p.xxxv.

② Gregory Elliott, *Althusser: The Detour of Theory*, London & Boston: Brill, 2006, p.176.

③ Julian Bourg, "Principally Contradiction: The Flourishing of French Maoism", in *Mao's Little Red Book: A Global History*, Alexander C.Cook ed., New York: Cambridge University Press, 2014, p.239.

弱性、意识形态阶级斗争等范畴和命题所重建的历史唯物主义动力学构建了
这样一个逻辑链条"上层建筑或意识形态存续或变革——生产关系存续或变
革——生产方式存续或变革——社会形态存续或变革"，实际上是对阿尔都
塞在《论文化革命》之中建构的上述逻辑链条"意识形态——政治领域——
经济领域——社会形态"的精致化、复杂化、理论化的复现和复述。故此可
说，意识形态"战略要点"说确乎是阿尔都塞整个历史唯物主义重建工程的
统摄、源头及归宿。

　　然而，在阿尔都塞"群众意识形态革命"概念之中，又如同他的意识
形态国家机器理论一样，同样因其激进的反人道主义而残留着某种"阿喀
琉斯之踵"。归根结底，阿尔都塞的反人道主义工程尽管试图将对毛泽东意
识形态理论的阐释纳入其中，然而在最根本的理论旨趣上而言，二者是难
以最终完全嫁接和融合的。研究者指出，阿尔都塞的反人道主义、历史无
主体说，与阿尔都塞在1968年之后的他最强烈的"毛泽东主义"阶段对阶
级斗争优先性、阶级斗争作为历史动力的强调，实际上是在两个相反的方
向上拉扯：前者强调将历史过程客观化，将历史描画为非个人的结构形式
的运动，而后者则将历史过程主体化，强调对立阶级意志的对抗是历史转
变的主要原因。① 其根源正在于阿尔都塞的意识形态阶级斗争理论、意识
形态革命学说无法完全规避和否定主体、主体性等主体哲学范畴。同样地，
正是由于阿尔都塞拒绝给予"群众"/"人民"以主体性位置，阿尔都塞的"群
众意识形态革命"之中也始终存在着某种未解决的张力。例如，研究者指
出，阿尔都塞一方面高呼"毛泽东主义"的口号："要相信群众"，另一方面，
他却又在《论文化革命》中强调，群众只能在群众组织中行动。② 这种未
解决的张力使得比阿尔都塞更加激进的很多青年学生最终以"毛泽东主义"
为名而远离甚至叛离了阿尔都塞：《意识形态和意识形态国家机器（研究笔
记）》这篇论文的发表就促使很多法国共产党内的年轻人离开阿尔都塞，转

---

① Alex Callinicos, *The Resources of Critique*, Cambridge & Malden: Polity Press, 2006, pp.91–92.

② Agon Hamza, *Althusser and Pasolini: Philosophy*, *Marxism*, *and Film*, Palgrave Macmillan, 2016, p.110.

向更为激进的方向也即转向了他们所理解的"毛泽东主义"。①

第五节 "毛泽东主义"、阿尔都塞意识形态理论与 西方"文化转向"

毛泽东思想与阿尔都塞意识形态理论的关系，并不止于阿尔都塞的意识形态理论本身。实际上，"毛泽东主义"经由阿尔都塞的意识形态理论的影响，进一步在西方当代理论，特别是所谓的"文化转向"、文化研究中产生了"涟漪效应"。在有些情况中，"毛泽东主义"与某些后阿尔都塞时期的西方理论直接发生了关联，而阿尔都塞也与这些理论直接发生了关联，在另一些情况中，"毛泽东主义"是通过阿尔都塞理论的"中介"间接地与某些后阿尔都塞时期的西方理论发生了联系。即便在后者中仍有非常具体且清晰的从"毛泽东主义"——→阿尔都塞意识形态理论中的某些命题——→西方当代理论中的某些命题的理论流变的脉络。因此，有必要对这些情况加以梳理，一方面，这将有助于将"毛泽东主义"与阿尔都塞的关系放置于更为宏大也更为纵深的西方理论坐标系考察，从而进一步厘清"毛泽东主义"与阿尔都塞在理论上的碰撞与交汇在当代西方理论中所引发的后续影响和效应，另一方面，这也将有助于重新审视当代西方理论中的某些命题的源头及其流变情况。

目前已有很多西方研究者注意到，毛泽东对文化、意识形态、上层建筑的强调，直接影响了西方当代的所谓"文化转向（cultural turn）"。例如，安德鲁·罗斯（Andrew Ross）指出，尽管毛泽东对斯大林模式的批判为他赢得了西方的倾慕者，但正是毛泽东转向对文化问题的重视，才使得他在海外燃起燎原之火。②Julian bourg 指出，法国理论界在 1960 年代和 1970 年代对"毛泽东主义"的接受在接下来的 40 年中对当代西方理论产生了决定性的作

---

① Ian Parker, *Psychoanalytic Culture: Psychoanalytic Discourse in Western Society*, Sage Publications, 1997, p.214.

② Andrew Ross, *Nice Work If You Can Get It: Life and Labor in Precarious Times*, New York & London: New York University Press, 2009, pp.66–67.

用，这其中就包括对文化转向的影响。① 但是，除了以上大体上的判断，"毛泽东主义"究竟是通过什么理论路径影响了西方当代文化转向仍是不甚清晰的。阿尔都塞对"毛泽东主义"的接受，或许正是"毛泽东主义"与西方文化转向发生联系的关键路径。有研究者已经指出，阿尔都塞的"毛泽东主义"式的对意识形态上层建筑的批判正是在 20 世纪影响了诸多学科的文化转向的动力之一。② 然而这个论断仍没有回答阿尔都塞的哪些"毛泽东主义"式的意识形态理论影响了当代西方文化转向。

实际上，若仔细梳理的话，就会发现"毛泽东主义"是通过阿尔都塞的意识形态理论与英国伯明翰学派（Birmingham School）的"文化研究"特别是与斯图尔特·霍尔的若干重要论点之间建立关系，从而与西方当代文化研究发生了关联——众所周知，英国伯明翰学派在推动该思潮的过程中起到了核心作用 ③。需要指出的是，从"毛泽东主义"到阿尔都塞到斯图尔特·霍尔的理论关联，可能是连霍尔本人都并未意识到的。这很大程度上是由于身处法国共产党内部的阿尔都塞本人对"毛泽东主义"倾向采取了相当隐蔽的姿态，且他的很多与"毛泽东主义"相关的著述并未在生前发表。直到近年随着阿尔都塞的著述逐步出版完善，才有机会认识到他与毛泽东思想之间的关系之深切。既然前面章节已经将"毛泽东主义"与阿尔都塞意识形态理论的具体关联作了详细阐述，那么在此基础上，进一步厘清从"毛泽东主义"到阿尔都塞到霍尔的理论上的后续效应就是题中应有之义了。经梳理，初步发现在以下四个方面或者四个论点上存在上述联系。

其一，阿尔都塞对意识形态的"相对独立性"的强调，也即阿尔都塞对于意识形态的非还原性的强调（即意识形态不能仅仅还原为经济基础的表现），是当代西方文化转向和文化研究之所以成立的重要理论前提之一。前

---

① Julian Bourg, "Principally Contradiction: The Flourishing of French Maoism", in *Mao's Little Red Book: A Global History*, Alexander C.Cook ed., New York: Cambridge University Press, 2014, p.242.

② Robert J.C.Young, *White Mythologies: Writing History and the West*（*Second Edition*）, London & New York: Routledge, 2004, p.21.

③ Frank Webster, "Sociology, Cultural Studies, and Disciplinary Boundaries", in *A Companion to Cultural Studies*, Toby Miller ed., Blackwell, 2001, p.90.

面章节辨析了阿尔都塞的"过度决定"论与意识形态具有"相对独立性"的直接关联、毛泽东辩证法与阿尔都塞的"过度决定"论的直接关联、毛泽东的上层建筑对经济基础具有反作用以及生产关系对生产力具有反作用的观点与阿尔都塞的生产关系"优先"论、上层建筑"保障"说与意识形态"占统治地位"说的直接关联，由此，"毛泽东主义"与当代西方文化转向及文化研究之间通过阿尔都塞联通起来的这条潜藏的脉络就逐步显露出来了。

"如果说'相对独立性'是阿尔都塞所给予激进的文学和文化研究的许可（license），那么'过度决定论'就是相应的义务或者挑战。"[1] 的确，尽管以今天的理论眼光看来，文学研究特别是文化研究的学科独立性和理论独立性已经毋庸置疑，但是在 20 世纪中叶，阿尔都塞的意识形态"相对独立性"论对突破"经济决定"论等庸俗马克思主义思潮的禁锢，充分释放文学研究和文化研究的自主性具有重要的历史意义。可以说，阿尔都塞的理论为思考在社会实践的一般理论中的文化事件和文学事件的相对独立性提供了新的路径。[2] 因而，正是借助于阿尔都塞对于意识形态"相对独立"性的论断，文学和文化研究获得了自足性和独立性。阿尔都塞的《意识形态及意识形态国家机器（研究笔记）》将意识形态视为具有积极的作用（而不仅仅是反映或者表现经济基础），也就是说意识形态对生产方式来说具有结构性的决定作用[3]。相较马克思而言，马克思是从社会结构的宏观角度借用和提出意识形态这个概念

---

[1] Francis Mulhern, "Message in a Bottle: Althusser in Literary Studies", in *Althusser: A Critical Reader*, Gregory Elliott ed., Oxford UK & Cambridge USA: Blackwell, 1994, p.172.

[2] James H.Kavanagh, "Marxism's Althusser: Toward a Politics of Literary Theory（Book Review）", in *Diacritics: A Review of Contemporary Criticism*, Vol.12, No.1, 1982, pp.32–33. 阿尔都塞强调文学或艺术不属于意识形态，文学或艺术只能"暗指（allude）"现实和意识形态（参见 Louis Althusser, "A Letter on Art in Reply to André Daspre, in Louis Althusser, *Lenin and Philosophy and Other Essays*, Ben Brewster tr., New York & London, Monthly Review Press, 1971, p.222）。尽管文学本身是否属于意识形态尚存争议，但当代很多学者倾向于将文学研究看作是意识形态国家机器的一部分。如 Luke Ferretter 就认为，大学中的文学研究学科、出版行业、各种文化产业都是意识形态国家机器，其功能是延续西方资本主义社会的统治意识形态，特别是延续关于主体的人道主义意识形态，参见 Luke Ferretter, *Louis Althusser*, London & New York: Routledge, 2006, p.94。

[3] Claire Colebrook, *New Literary Histories: New Historicism and Contemporary Criticism*, Manchester & New York: Manchester University Press, 1997, p.155.

的，社会结构包括经济基础和耸立其上的上层建筑，还有"更高地悬浮于空中的思想领域"即意识形态，而在《德意志意识形态》一书中，马克思是在虚假意义的层面上使用"意识形态"一词的。① 而阿尔都塞对意识形态的重新阐发也就意味着，意识形态不仅仅是"虚假意识"，即意识形态尽管是统治阶级的思想，却要"赋予自己的思想以普遍性的形式，把它们描绘成唯一合乎理性的、有普遍意义的思想。"② 也就是说，在马克思主义传统中，阿尔都塞展示与凸显了意识形态的正面的、积极的，甚至对生产方式和经济基础具有一定决定作用的特性。

因此，无怪乎与意识形态关系紧密的西方文学和文化研究自 20 世纪中叶以来越来越具有干预社会和干预现实的激进态势，其理论能量和理论上的合法性当然应包含来自阿尔都塞的影响，然而，如果不考虑"毛泽东主义"对阿尔都塞理论、对这股文学和文化研究的激进思潮的潜在推动作用，那么对自 20 世纪中叶以来上述西方人文学科研究的理论流变的理解就可能是不完整和不充分的。

其二，阿尔都塞的非经济主义的对"阶级"问题的重新理解，对伯明翰学派文化研究有重要影响。如前所述，阿尔都塞在《论文化革命》中将政治和意识形态的维度引入对"阶级"的界定，与他对"毛泽东主义"和中国革命的思考、理解和阐发有直接关系。"事实上，一个社会阶级不仅仅由其成员在生产关系中的位置（position; positions）来界定，因而不完全由生产关系来界定，它同时还由其成员在政治关系和意识形态关系中的立场（position; position）来界定，而在生产关系的社会主义改造之后，政治关系和意识形态关系仍将长期是阶级关系。"③ 也就是说，阿尔都塞在坚持经济对阶级关系

---

① 胡亚敏：《关于文学及其意识形态性质的思考》，载《文艺意识形态学术论争集》（文艺意识形态学说学术研讨会会议论文集，2006 年 4 月 7 日），吉林大学出版社 2006 年版，第 91 页。

② ［德］马克思、恩格斯：《马克思恩格斯选集》第 1 卷，中共中央马克思恩格斯列宁斯大林著作编译局编译，人民出版社 1995 年版，第 100 页。

③ Anonyme (Atribué à Louis Althusser), "Sur la révolution culturelle", in *Décalages*, Vol.1, Issue 1, article 8, 2010, pp.11–12; Anonymous (Attributed to Louis Althusser), "On the Cultural Revolution", Jason E. Smith tr., in *Décalages*, Vol.1, Issue 1, 2010, Article 9, pp.11–12. 中译文来自吴子枫老师的最新译本。

的决定作用的基础上，反对唯经济论或者说经济主义式的将经济看作是决定阶级的唯一要素的看法，而坚持非经济主义的、非还原论的阶级观，特别强调了思想立场、政治关系、意识形态对阶级形成产生的作用。霍尔指出，"阿尔都塞，以及受到阿尔都塞影响的人，重新形塑了意识形态 / 文化和阶级构成（class formation）的关系的这个中心议题。……第一，认为阶级不能等同于简单的'经济的'结构而是由所有这些差异性的实践——经济的、政治的和意识形态的——以及它们的效果构成的。……第二，认为阶级不是整全的（integral）形态，如普兰查斯指出的，阶级不是随身携带着的提前规定的和提前安排好的意识形态，就像在他们的背后背着号码牌一样。"① 由此可见，在强调将非经济的要素——特别是将政治和意识形态——加入到对"阶级"及其阶级构成的考量的这个观点上，霍尔的"阶级"观直接传承自阿尔都塞，这就突破了经济主义的"阶级"观，使得"阶级"这个概念包容了更宽泛意义上的文化、意识形态、政治等要素，从而使得该概念更加适应于西方后工业社会的阶级形态更为复杂化、更具动态性的事实。更重要的是，阿尔都塞的非经济主义的"阶级"观还被霍尔继续阐发为一种积极的、干预性的阶级的能动作用。霍尔指出，不存在阶级总会出现在指定政治位置上的"保证"，只有通过将能够表述各种差异的实践发展为一种集体的意志，各种社会力量才就不仅仅是"自在"的阶级（a class "in itself"），而是能够作为历史性力量产生干预作用，也即变成了"自为的"（"for itself"）阶级。② 如此一来，阿尔都塞的"阶级"概念在霍尔那里就进一步转变为更为政治化、更具干预性的一个理论概念。尽管这已经超出了阿尔都塞理论的原意，但是，正是阿尔都塞对"阶级"的重新界定松动了经济主义的、还原论的"阶级"观，而阿尔都塞对"毛泽东主义"的阐发与他的对经济主义和还原论的批判又密不可分。故此，若要彻底追溯霍尔的非经济主义、非还原论的"阶级"观，那么应当将"毛泽东主义"作为源头之一。

其三，阿尔都塞对意识形态具有非观念性、物质性的论断与伯明翰学

① Stuart Hall, "Cultural Studies", in *The New Social Theory Reader: Contemporary Debates*, Steven Seidman, Jeffrey C. Alexander, ed., London & New York: Routledge, 2001, p.95.

② Stuart Hall, "Signification, Representation, Ideology: Althusser and the Post-Structuralist Debates", in *Critical Studies in Mass Communication*, Vol.2, No.2, 1985, p.96.

派文化研究强调意识形态的非观念性和实践性有直接关联。上述章节已经厘清了阿尔都塞论意识形态的非观念性与物质性与他对"毛泽东主义"的阐发之间的关联，那么，从"毛泽东主义"到阿尔都塞的意识形态国家机器理论再到文化研究强调对各意识形态国家机器（如文化、教育系统）加以研究的这条脉络也就清楚了。斯图尔特·霍尔指出，阿尔都塞对意识形态的定义提供了一种人们可以理解意识形态的理论框架，也就是说，使得人们与身处其中的人与物质条件之间的"活的"关系变得有意义；而阿尔都塞的《意识形态和意识形态国家机器（研究笔记）》这篇论文之所以对文化研究具有重要性，就是因为其中对意识形态的定义非常符合文化研究对"文化"的更为宽泛的理解，同时，这篇论文还强调了意识形态是"实践"而不仅仅是"观念"。① 因此可以说，阿尔都塞对意识形态的非观念性、物质性的强调就直接为文化研究提供了广泛的物质性的研究对象，这就极大地扩展了"文化"和文化研究的范围，使其可以触及几乎一切社会领域和社会实践。

其四，阿尔都塞强调意识形态或意识形态国家机器是斗争的"场所"，对当代西方文化研究有直接的启发作用，尽管又正是在这一点上文化研究学者对阿尔都塞感到不满，从而转而倚重于葛兰西的领导权（hegemony）概念。在上述章节中，已经阐明了阿尔都塞对意识形态作为（阶级）斗争的场所与他对"毛泽东主义"及中国革命思考和阐发之间的关联，故此，存在着从"毛泽东主义"到阿尔都塞强调意识形态领域内的特别是针对意识形态国家机器的（阶级）斗争，再到西方当代文化研究中对针对意识形态国家机器进行持续不断的斗争的这条脉络。杰姆逊指出，当今马克思主义受惠于阿尔都塞理论，强调国家和国家机器的"相对独立性"，因而试图将这个全新的、扩大化了的资本主义下的国家机器的概念作为阶级斗争和政治行动的场所（locus），而不是仅仅将国家机器作为要砸烂的障碍。② 阿尔都塞将意识

---

① Stuart Hall, "Cultural Studies", in *The New Social Theory Reader: Contemporary Debates*, Steven Seidman, Jeffrey C. Alexander, ed., London & New York: Routledge, 2001, pp.94–95.

② Fredric Jameson, *The Political Unconscious: Narrative as a Socially Symbolic Act*, London & New York: Routledge, 1983, p.23.

形态国家机器视为斗争场所，这就意味着提出了一种新的斗争的策略。如前所述，阿尔都塞将意识形态国家机器内的斗争看作是针对镇压性国家机器的阶级斗争的演练，并且他反复强调意识形态国家机器内的斗争是西方资本主义社会中较为可能的和较为可行的斗争方式。不但如此，由于阿尔都塞将意识形态理解为物质性的存在且意识形态的功能正是再生产劳动力／主体，因而对当代文化研究和主体性研究产生重要影响。研究者指出，由于阿尔都塞的《意识形态和意识形态国家机器（研究笔记）》强调意识形态是生产主体的各种物质实践的集合，因此这实际上就突破了结构主义的马克思主义的问题域即对社会再生产采取结构主义的决定论的观点，而将意识形态转变为一个或然论（probabilistic）的领域，在其中，社会再生产成为政治化的社会主体可以争夺的（contested）领域，故此，这篇论文对伯明翰学派的社会学研究和电影研究产生了重大影响，同时也对文化研究探究文化实践的社会主体性形成产生了重大影响。[1] 由此，当代文化研究转而将意识形态及意识形态国家机器视为一个主体可以"争夺"的领域。

不过，霍尔认为，正是在将意识形态作为斗争场所这一点上阿尔都塞没能充分阐发，因此，在霍尔看来，这就阻止了阿尔都塞的理论成为CCCS（英国当代文化研究中心）的"完全正统的立场（fully orthodox position）"；霍尔认为，阿尔都塞给予"系统"或"结构"太多的重要性，因此拒绝了当事人或能动者（agency），以及任何政治干预的可能。[2] 在霍尔看来，尽管阿尔都塞的意识形态概念将"统治阶级"的意识形态生产与所有的生产和再生产社会意识形态结构的机器联系起来，如教会、家庭、文化机器等等，但是同时，阿尔都塞的意识形态概念却又将上述关系视为对统治阶级的社会安排的一个特定结构的"功能性的支撑"，故而一惯性地低估了文化矛盾和斗争的概念，因而尽管阿尔都塞在《意识形态和意识形态国家机器（研究笔记）》的文末强调了斗争和阶级斗争的重要性，但霍尔认为这不过是"最后一刻的"更正，是"姿态性"的，故而，也正是在对阿尔

---

① Geoff Boucher, *The Charmed Circle of Ideology: A Critique of Laclau and Mouffe, Butler and Žižek*, Melbourne: Re-Press, 2008, pp.8–9.

② James Procter, *Stuart Hall*, London & New York: Routledge, 2004, pp.45–46.

都塞上述观点的批判上，当代文化研究中心开始发展自身的理论，并开始注重对葛兰西等其他人物的借鉴。① 这正是存在于英国当代文化研究中心以及霍尔思想中的阿尔都塞—葛兰西的两极对立。不得不说，上述存在于西方当代文化研究学者的理解中的阿尔都塞—葛兰西的两极对立，很大程度上可以归因于阿尔都塞的与"毛泽东主义"相关的著述在当时尚未发表或未得到足够重视。如前所述，"毛泽东主义"是理解阿尔都塞意识形态理论的斗争性和革命性维度的重要视角，但是这个维度却在阿尔都塞的意识形态理论影响的顶峰时期也即 1970 年代和 1980 年代在传播过程中缺席了。尽管西方当代文化研究从阿尔都塞意识形态的非观念性、物质性以及意识形态国家机器的论述中找到了其对之研究并为之斗争的物质性的对象，但是由于他们认为阿尔都塞的意识形态理论恰恰低估了意识形态领域的斗争，故而转向葛兰西的领导权理论寻求支援。故此，对"毛泽东主义"与阿尔都塞理论特别是阿尔都塞理论中的斗争性和革命性的维度所做的"复原"工作，或可为重新审视"毛泽东主义"、阿尔都塞意识形态理论、西方当代文化研究之间的复杂交错关系提供理论的反思和参考。

---

① Stuart Hall，"Cultural Studies"，in *The New Social Theory Reader: Contemporary Debates*，Steven Seidman，Jeffrey C. Alexander，ed.，London & New York: Routledge，2001，p.96.

参考文献

外文文献

著作:

[1] Althusser, Louis. *Ecrits philosophiques et politiques Tome I&II*, François Matheron ed., Paris: Stock/IMEC, 1994/1995.

[2] Althusser, Louis. *Éléments d'autocritique*, Paris: Librairie Hachette, 1974.

[3] Althusser, Louis. *L'avenir dure longtemps, suivi de Les faits*, Oliver Corpet and Yann Moulier Boutang ed., Paris: Stock/IMEC, 1992.

[4] Althusser, Louis. *Machiavel et nous*, Paris: Editions Tallandier, 2009.

[5] Althusser, Louis. *Pour Marx*, Paris: La Découverte, 2005.

[6] Althusser, Louis. *Réponse à John Lewis*, Paris: Maspero, 1973.

[7] Althusser, Louis. *Solitude de Machiavel, et autres textes*, Yves Sintomer ed., Paris: Presses Universitaires de France, 1998.

[8] Althusser, Louis. *Sur la reproduction*, Paris: Presses Universitaires de France, 1995.

[9] Althusser, Louis, Étienne Balibar, Roger Establet, Pierre Macherey, and Jacques Rancière, *Lire le Capital Tome 1 & 2*, Paris: Maspero, 1965.

[10] Macherey, Pierre. *Histoires de Dinosaure: Faire de La Philosophie, 1965-1997*, Paris: Presses Universitaires de France, 1999.

[11] Althusser, Louis .*Essays in Self-Criticism*, Grahame Lock tr., London: NLB, 1976.

[12] Althusser, Louis. *For Marx*, Ben Brewster tr., London & New York: Verso, 2005.

[13] Althusser, Louis. *Lenin and Philosophy and Other Essays,* Ben Brewster tr., New York & London: Monthly Review Press, 1971.

[14] Althusser, Louis. *Machiavelli and Us,* Francois Matheron ed., Gregory Elliot tr., London & New York: Verso, 1999.

[15] Althusser, Louis. *On the Reproduction of Capitalism: Ideology and Ideological State Apparatuses,* G.M.Goshgarian tr., London & New York: Verso, 2014.

[16] Althusser, Louis. *Philosophy and the Spontaneous Philosophy of the Scientists & Other Essasys,* Gregory Elliot ed., London: Verso, 1990.

[17] Althusser, Louis. *Philosophy for Non-Philosophers*, G. M. Goshgarian tr., London & New York: Bloomsbury Academic, 2017.

[18] Althusser, Louis. *Philosophy of the Encounter: Later Writings, 1978-87,* Oliver Corpet and Francois Matheron ed., G. M. Goshgarian tr., London: Verso, 2006.

[19] Althusser, Louis. *Politics and History: Montesquieu, Rousseau, Hegel and Marx,* Ben Brewster tr., London: NLB, 1972.

[20] Althusser, Louis. *The Future Lasts a Long Time and The Facts,* Richard Veasay tr., London: Chatto & Windus, 1993.

[21] Althusser, Louis. *The Humanist Controversy and Other Writings (1966-1967),* Francois Matheron ed., G.M.Goshgarian tr., London &New York: Verso, 2003.

[22] Althusser, Louis. *The Spectre of Hegel: Early Writings*, G.M. Goshgarian tr., London& NY: Verso, 1997.

[23] Althusser, Louis, Étienne Balibar, *Reading Capital*, Ben Brewster tr., London: NLB, 1970.

[24] Althusser, Louis, Maria Antonietta Macciocchi. *Letters from inside the Italian Communist Party to Louis Althusser,* Stephen M. Hellman tr., London: NLB, 1973.

[25] Anderson, Perry. *Considerations on Western Marxism,* London & New York: Verso, 1979.

[26] Badiou, Alain. *Philosophy and its Conditions*, Gabriel Riera ed., New York: State University of New York Press, 2005.

[27] Badiou, Alain. *The Communist Hypothesis,* David Macey and Steve Corcoran tr., London: Verso, 2010.

[28] Barry, Peter. *Beginning Theory: An Introduction to Literary and Cultural Theory,* Manchester: Manchester University Press, 2002.

[29] Benton, Ted .*The Rise and Fall of Structural Marxism: Althusser and His Influence,* New York: St. Martin's Press, 1984.

[30] Bosteels, Bruno. *Badiou and Politics,* Durham & London: Duke University Press, 2011.

[31] Bottomore, Tom, Laurence Harris, V. G. kiernan and Ralph Miliband ed., *A Dictionary of Marxist Thought,* Oxford & Malden: Blackwell, 1983.

[32] Callari, Antonio and David F. Ruccio ed., *Postmodern Materialism and the Future of Marxist Theory*, Middletown: Wesleyan University, 1996.

[33] Callinicos, Alex. *Althusser's Marxism*, London: Pluto Press, 1976.

[34] Callinicos, Alex. *Marxism and Philosophy*, Oxford: Oxford University Press, 1983.

[35] Clarke, Simon. *One Dimensional Marxism: Althusser and the Politics of Culture*, London: Allison Busby, 1980.

[36] Colebrook, Claire. *New Literary Histories: New Historicism and Contemporary Criticism*, Manchester & New York: Manchester University Press, 1997.

[37] Deleuze, Gilles. *Difference and Repetition*, Paul Patton tr., London & New York: Continuum, 2004.

[38] Diefenbach, Katja and Sara R. Farris, Gal Kirn and Peter D. Thomas ed., *Encountering Althusser: Politics and Materialism in Contemporary Radical Thought*, London & New York: Bloomsbury, 2013.

[39] Dirlik, Arif, Paul Healy and Nick Knight ed., *Critical Perspectives on Mao Zedong's Thought*. New Jersey: Humanities Press, 1997.

[40] Dosse, François. *History of Structuralism: The Rising Sign, 1945-1966*, Deborah Glassman tr., Minneapolis & London: University of Minnesota Press, 1997.

[41] Eagleton, Terry. *Ideology: An Introduction*, Verso, 1998.

[42] Elliott, Gregory ed., *Althusser: A Critical Reader*, Oxford UK& Cambridge USA: Blackwell, 1994.

[43] Elliott, Gregory. *Althusser: The Detour of Theory*, London & Boston: Brill, 2006.

[44] Ferretter, Luke. *Louis Althusser*, London & New York: Routledge, 2006.

[45] Freud, Sigmund. *The Interpretation of Dreams (The Complete and Definitive Text)*, James Strachey tr., & ed., New York: Basic Books, 2010.

[46] Hamza, Agon. *Althusser and Pasolini: Philosophy, Marxism, and Film*, Palgrave Macmillan, 2016.

[47] Jameson, Fredric. *Representing Capital: A Commentary on Volume One*, London &New York: Verso, 2011.

[48] Jameson , Fredric . *The Political Unconscious: Narrative as a Socially Symbolic Act*, London & New York: Routledge, 2002.

[49] Jameson, Fredric. *Valence of The Dialectic*, London & New York: Verso, 2009.

[50] Jay, Martin. *Marxism and Totality: The Adventures of a Concept from Lukács to Habermas*, Berkeley & Los Angeles: University of California Press, 1984.

[51] Kaplan, E.Ann and Michael Sprinker ed., *The Althusserian Legacy*, London & New York: Verso, 1993.

[52] Lahtinen, Mikko. *Politics and Philosophy: Niccolò Machiavelli and Louis Althusser's Aleatory Materialism*, Gareth Griffiths and Kristina Köhli tr., London & Boston: Brill, 2009.

[53] Lemaire, Anika. *Jacques Lacan*, David Macey tr., London & New York: Routledge, 1977.

[54] Lewis, Williams S. *Louis Althusser and the Tradition of French Marxism*, Maryland: Lexington Books, 2005.

[55] Lucchese, Filippo Del, Fabio Frosini and Vittorio Morfino ed., *The Radical Machiavelli: Politics, Philosophy and Language*, Leidon & Boston: Brill, 2015.

[56] Macciocchi, Maria Antonietta. *Daily Life in Revolutionary China*, Kathy Brown tr., New York: Monthly Review Press, 1973.

[57] Majumdar, Margaret A. *Althusser and the End of Leninism*, CT : Pluto Press, 1995.

[58] Makaryk, Irena R. ed., *Encyclopedia of Contemporary Literary Theory*, Toronto: University of Toronto Press, 1993.

[59] McLellan, David. *Ideology*, Milton Keynes: Open University Press, 1995.

[60] Moder, Gregor. *Hegel and Spinoza: Substance and Negativity*, Evanston: Northwestern University Press, 2017.

[61] Montag, Warren. *Althusser and His Contemporaries: Philosophy's Perpetual War*, Durham & London: Duke University Press, 2013.

[62] Montag, Warren. *Louis Althusser(Transitions)*, New York: Palgrave Macmillan, 2003.

[63] Morfino, Vittorio. *Plural Temporality: Transindividuality and the Aleatory between Spinoza and Althusser*, Leiden: Brill Academic Publishers, 2014.

[64] Procter, James .*Stuart Hall*, London & ew York: Routledge, 2004.

[65] Rancière, Jacques. *Althusser's Lesson*, Emiliano Battista tr., London & New York: Continuum International Publishing Groups, 2011.

[66] Rehmann, Jan. *Theories of Ideology: The Powers of Alienation and Subjection*, Boston: Brill, 2013.

[67] Resch, Robert Paul. *Althusser and the Renewal of Marxist Social Theory*, Berkeley: University of California Press, 1992.

[68] Resnick, Stephen A. and Richard D. Wolff. *New Departures in Marxian Theory*, New York: Routledge, 2006.

[69] Ross, Andrew. *Nice Work If You Can Get It: Life and Labor in Precarious Times*, New York&London: New York University Press, 2009.

[70] Schram, Stuart. *The Thought of Mao Tse-Tung*, Cambridge & New York: Cambridge University Press, 1989.

[71] Smith, Steven B. *Reading Althusser: An Essay on Structural Marxism*, Ithaca: Cornell University Press, 1984.

[72] Sinnerbrink, Robert .*Understanding Hegelianism*, London & New York: Routledge, 2014.

[73] Thomas, Paul. *Marxism and Scientific Socialism*, London & New York: Routledge,

2008.

[74] Tian, Chenshan. *Chinese Dialectics: From Yijing to Marxism,* New York: Lexington Books, 2005.

[75] Walton, David. *Doing Cultural Theory,* Los Angeles: Sage Publications, 2012.

[76] Wolfreys, Julian. *Critical Keywords in Literary and Cultural Theory,* New York: Palgrave Macmillan, 2004.

[77] Wongyannava, Thanes. *Evolving Views of "Historicism": Althusser's Criticisms of Gramsci,* University of Wisconsin-Madison Press, 1984.

论文等:

[1] Althusser, Louis. "À propos du marxisme", *Revue de l'enseignement philosophique,* Vol. 3, No. 4, 1953.

[2] Anonyme (Attribué à Louis Althusser), «Sur la révolution culturelle», in *Décalages,* Vol.1, Iss 1, article 8, 2010.

[3] Balibar, Étienne ."Althusser et Mao", http://revueperiode.net/althusser-et-mao/, 18 mai 2015.

[4] Althusser, Louis. "Letter to the Central Committee of the PCF(18 March 1966)", in *Historical Materialism: Critical Research in Marxist Theory*, Williams S. Lewis tr., Vol. 15, 2007.

[5] Althusser, Louis. "The Only Materialist Tradition, Part I: Spinoza", in *The New Spinoza*, Ted Stolze tr., Warren Montag and Ted Stolze ed., Minneapolis: the University of Minnesota Press, 1997.

[6] Anonymous(Attributed to Louis Althusser), "On the Cultural Revolution", in *Décalages,* Jason E. Smith tr., Vol.1, Iss 1, 2010.

[7] Balibar, Étienne ."A Period of Intense Debate about Marxist Philosophy" . July, 2016, http://www.versobooks.com/blogs/2782-a-period-of-intense-debate-about-marxist-philosophy-an-interview-with-etienne-balibar.

[8] Balibar, Étienne, Margaret Cohen and Bruce Robbins, "Althusser's Object", in *Social Text,* No.39, 1994.

[9] Balibar, Étienne. "Structuralism: A Destitution of the Subject?" in *Differences:A Journal of Feminist Cultural Studies*, James Besaid tr., 2003, Vol.14, No.1.

[10] Barker, Jason. "Blind Spots: Re-reading Althusser and Lacan in Cultural Studies", in *British Marxism and Cultural Studies: Essays on a Living Tradition*, Philip Bounds and David Berry ed., New York: Routledge, 2016.

[11] Barker, Jason. "Missed Encounter:Althusser-Mao-Spinoza", in *Angelaki*, 2015, Vol.20, Iss 4.

[12] Bosteels, Bruno. "Reading Capital From the Margins: The Logic of Uneven Development". http://www.princeton.edu/~benj/ReadingCapital/

[13] Bourg, Julian. "Principally Contradiction: The Flourishing of French Maoism", in *Mao's Little Red Book: A Global History*, Alexander C.Cook ed., New York: Cambridge University Press, 2014.

[14] Davis, Colin. "Althusser on Reading and Self-reading", in *Textural Practice*, 2001, Vol.15, No.2.

[15] Dirlik, Arif. "Mao Zedong and 'Chinese Marxism.'" In *Encyclopedia of Asian Philosophy*, I. Mahalingam and B. Carr ed., London: Routledge, 1995.

[16] Elliott, Gregory. "The Cunning of Concepts: Althusser's Structural Marxism", in *The Edinburgh Encyclopedia of Continental Philosophy*, Simon Glendinning, ed., London & New York: Routledge, 1999.

[17] Glassman, Jim. "Rethinking Overdetermination, Structural Power, and Social Change: A Critique of Gibson-Graham, Resnick and Wolff", in *Antipode*, Vol.35, No.4, 2003.

[18] Hall, Stuart. "Cultural Studies", in *The New Social Theory Reader: Contemporary Debates*, Steven Seidman, Jeffrey C. Alexander ed., London & New York: Routledge, 2001.

[19] Hall, Stuart ."Signification, Representation, Ideology: Althusser and the Post-Structuralist Debates", in *Critical Studies in Mass Communication*, Vol.2, No.2, 1985.

[20] Hamza Agon and Frank Ruda. "Interview with Pierre Macherey", in *Crisis &Critique*, Vol.2, Iss 2, Nov 2015.

[21] Kavanagh, James H. "Marxism's Althusser: Toward a Politics of Literary Theory(Book Review)", in *Diacritics*, Vol.12, No.1, 1982.

[22] Kavanagh, James H. and Thomas E. Lewis. "Interview with Étienne Balibar and Pierre Macherey", in *Diacritics*, Vol.12, No.1, 1982.

[23] Liu Kang. "The Legacy of Mao and Althusser: Problematics of Dialectics, Alternative Modernity, and Cultural Revolution", in *Critical Perspectives on Mao Zedong's Thought*, Arif Dirlik, Paul Healy and Nick Knight ed., New Jersey: Humanities Press, 1997.

[24] Liu, Kang. "The Problematic of Mao and Althusser: Alternative Modernity and Cultural Revolution", in *Rethinking Marxism*, Vol.8, Iss 3, 1995.

[25] Matheron, François. "Louis Althusser, or the Impure Purity of the Concept", in *Critical Companion to Contemporary Marxism*, Jacques Bidet and Stathis Kouvelakis ed., London&Boston: Brill, 2008.

[26] McCarney, Joseph. "For and Against Althusser", in *New Left Review*, Vol.0, Iss 176, 1989.

[27] McLennan, Gregor, Victor Molina and Roy Peters, "Althusser's Theory of Ideology", in *On Ideology* (Volume III), Centre for Contemporary Cultural Studies Classic

Texts, London & New York: Routledge, 2007.

[28] Montag, Warren. "A Process Without a Subject or Goal(s): How to Read Althusser's Autobiography", in *Marxism in the Postmodern Age: Confronting the New World Order,* Antonio Callari, Stephen Cullenberg and Carole Biewener ed., New York & London: The Gulford Press, 1995.

[29] Montag, Warren . "Althusser's Lenin", in *Diacritics,* Vol.43, No.2, 2015.

[30] Montag, Warren. "Althusser's Nominalism: Structure and Singularity (1962-6)", in *Rethinking Marxism,* Vol.10, No.3, 1998.

[31] Montag, Warren. "Marxism and Psychoanalysis: The Impossible Encounter", in *Minnesota Review*, No.23, 1984.

[32] Montag, Warren. "The Soul Is the Prison of the Body: Althusser and Foucault, 1970- 1975", in *Yale French Studies, Depositions: Althusser, Balibar, Macherey, and the Labor of Reading*, No. 88, 1995.

[33] Morfino, Vittorio. "The Concept of Structural Causality in Althusser", in *Crisis & Critique*, 2015, Vol.2, Iss 2.

[34] Ning, Yin-Bin ."Althusser's Structuralist Model", in *Humanities East/ West,* 1994, Vol.12, No.6.

[35] O'Boyle, Brian and McDonough, Terrence. "Epistemological Problems and Ontological Solutions: A Critical Realist Retrospective on Althusser", in *Sraffa and Althusser Reconsidered: Neolibralism Advancing in South Africa, England, and Greece,* Paul Aarembka ed., UK: Emerald Group Publishing Limited, 2014.

[36] Pippa, Stefano ."The Necessity of Contingency: Rereading Althusser on Structual Causality", in *Radical Philosophy,* 199(Sept/Oct), 2016.

[37] Pozzana, Claudia ."Althusser and Mao: A Missed Encounter?" in *The Idea of Communism* (Volume 3 The Seoul Conference), Alex Taek-Gwang Lee & Slavoj Žižek ed., London&New York: Verso, 2016.

[38] Robcis, Camille. "'China in Our Heads': Althusser, Maoism and Structuralism", in *Social Text,* Vol.30, No.1, 2012.

[39] Ruddick, Susan M. "A Dialectics of Encounter", in *Hegel or Spinoza,* Pierre Macherey ed., Minneapolis & London: University of Minnesota Press, 2011.

[40] Speer, Ross ."The Machiavellian Marxism of Althusser and Gramsci", in *Décalages*, Vol.2, Iss 1, 2016, article 7.

[41] Thomas, Peter. "Philosophical Strategies: Althusser and Spinoza", in *Historical Materialism,* Vol.10, No.3, 2002.

[42] Webster, Frank . "Sociology, Cultural Studies, and Disciplinary Boundaries", in *A Companion to Cultural Studies,* Toby Miller ed., Cambridge: Blackwell, 2001.

[43] William S.Lewis, "Editorial Introduction to Louis Althusser's 'Letter to the Central Committee of the PCF, 18 March, 1966'", in *Historical Materialism*, Vol.15, Iss 2.

[44] Wu, Joseph S. "Understanding Maoism: A Chinese Philosopher's Critique", in *Asian Philosophy Today,* Dale Maurice Riepe ed., New York & London & Paris: Gordon and Breach, 1981.

[45] Žižek, Slavoj. "Introduction: The Spectre of Ideology", in *Mapping Ideology,* Slavoj Žižek ed., London: Verso, 2012.

中文文献：

著作：

[1]《毛泽东选集》，北京：人民出版社，1991年。

[2]《毛泽东文集》，北京：人民出版社，1999年。

[3]《建国以来毛泽东文稿》第6册，北京：中央文献出版社，1992年。

[4]《毛泽东哲学评注集》，北京：中央文献出版社，1988年。

[5]［德］黑格尔：《美学》（第一卷），朱光潜译，北京：商务印书馆，1979年。

[6]［德］马克思：《资本论》（第1卷），北京：人民出版社，1975年。

[7]［德］马克思、恩格斯：《马克思恩格斯选集第1卷》，中共中央马克思恩格斯列宁斯大林著作编译局编译，北京：人民出版社，1995年。

[8]［德］马克思、恩格斯：《马克思恩格斯选集第2卷》，北京：人民出版社，2012年。

[9]［法］阿兰·巴迪欧：《巴迪欧论张世英（外二篇）》，孙向晨编，谢晶等译，上海：上海三联书店，2016年。

[10]［法］路易·阿尔都塞：《保卫马克思》，顾良译，北京：商务印书馆，2010年。

[11]［法］路易·阿尔都塞：《来日方长：阿尔都塞自传》，蔡鸿滨、陈越译，上海：上海人民出版社，2013年。

[12]［法］路易·阿尔都塞：《论再生产》，吴子枫译，西安：西北大学出版社，2019年。

[13]［法］路易·阿尔都塞：《孟德斯鸠：政治与历史》，霍炬、陈越译，西安：西北大学出版社，2020年。

[14]［法］路易·阿尔都塞：《政治与历史：从马基雅维利到马克思（1955-1972年高等师范学校讲义）》，吴子枫译，西安：西北大学出版社，2018年。

[15]［法］路易·阿尔都塞：《哲学与政治：阿尔都塞读本》，陈越编译，长春：吉林人民出版社，2003年。

[16]［法］路易·阿尔都塞、［法］艾蒂安·巴利巴尔：《读〈资本论〉》，李其庆、冯文光译，北京：中央编译出版社，2001年。

[17]［荷］巴鲁赫·斯宾诺莎：《伦理学》，贺麟译，北京：商务印书馆，1997年。

[18]［苏］列宁：《列宁全集》（第26卷），北京：人民出版社，1988年。

[19]李泽厚：《中国现代思想史论》，北京：东方出版社，1987年。

论文等：

[1] [法] E. 巴利巴尔：《阿尔都塞与中国》，吴志峰译，载《马克思主义与现实》，2015 年第 4 期。

[2] [法] 路易·阿尔都塞：《阿尔都塞访谈：马克思主义的危机》，王立秋译，"土逗公社"，http://tootopia.me/article/6890。

[3] [法] 路易·阿尔都塞：《今日马克思主义》，陈越、赵文译，载刘纲纪主编，《马克思主义美学研究》（第 5 辑），桂林：广西师范大学出版社，2001 年。

[4] [法] 路易·阿尔都塞：《论精神分析实践和艺术实践》，吴志峰译，载《文艺理论研究》，2015 年第 1 期。

[5] [法] 路易·阿尔都塞：《论马克思与弗洛伊德（1977）》，赵文译，载《当代国外马克思主义评论》，2010 年第 1 期。

[6] [法] 路易·阿尔都塞：《论偶然唯物主义》，吴子枫译，载《马克思主义与现实》，2017 年第 4 期。

[7] [法] 路易·阿尔都塞：《马克思与相遇的唯物主义》，陈越、赵文译，载《国外理论动态》，2009 年第 10 期。

[8] [美] 理查德·沃林：《毛泽东的影响：东风西进》，宇文利译，载《国外理论动态》，2014 年第 4 期。

[9] [美] 诺曼·莱文：《阿尔都塞对〈大纲〉的曲解》，李旸译，载《马克思主义与现实》，2011 年第 1 期。

[10] 郭建宁：《毛泽东关于否定之否定规律的三种表述》，载《齐鲁学刊》，1993 年第 2 期。

[11] 胡亚敏：《"概念的旅行"与"历史场域"——〈概念的旅行——西方文论关键词与当代中国〉导言》，载《湖北大学学报（哲学社会科学版）》，2015 年第 42 卷第 1 期。

[12] 胡亚敏：《关于文学及其意识形态性质的思考》，载《文艺意识形态学术论争集》（文艺意识形态学说学术研讨会会议论文集，2006 年 4 月 7 日），长春：吉林大学出版社，2006。

[13] 胡亚敏：《中国马克思主义文学批评的人民观》，载《文学评论》，2013 年第 5 期。

[14] 胡亚敏：《马克思主义文学批评中国形态的实践观》，载《华中学术》，2018 年第 2 期。

[15] 胡亚敏：《马克思主义文学批评"中国形态"探讨》，载《中国文学批评》，2015 年第 4 期。

[16] 蓝江：《症候与超定——对阿尔都塞 surdétermination 概念的重新解读》，载《马克思主义与现实》，2017 年第 6 期。

[17] 刘康：《毛泽东和阿尔都塞的遗产：辩证法的问题式另类现代性以及文化革命》，田立新译，载《湖南科技大学学报（社会科学版）》，2005 年第 6 期。

[18] 刘尊武、王长里：《毛泽东与否定之否定规律》，载《南昌大学学报（社会科学

版），1995 年第 1 期。

[19] 尼克·莱特:《毛泽东运用否定之否定规律的"正统性"》，毕岚编译，载《毛泽东思想研究》，2000 年第 1 期。

[20] 尚庆飞:《国外学者关于毛泽东〈矛盾论〉的复调式解读——从〈辩证法的内部对话〉与〈保卫马克思〉的分歧谈起》，载《现代哲学》，2006 年第 4 期。

[21] 夏莹:《关于阿尔都塞的四个常识性判断的再考察》，载《广西大学学报（哲学社会科学版)》，2016 年第 5 期。

[22] 俞吾金:《究竟如何理解并翻译阿尔都塞的重要术语 Overdetermination / Overdetermined?》载《当代国外马克思主义评论》，2011 年第 9 期。

[23] 张一兵、尚庆飞:《理解毛泽东:一种结构主义的尝试——从阿尔都塞的〈保卫马克思〉谈起》，载《中国人民大学学报》，2003 年第 6 期。

后　记

　　对毛泽东思想之于阿尔都塞理论的影响与形构关系加以提炼与梳理，可作为返转映照马克思主义批评理论中国形态的"必要的迂回"。在西方马克思主义与中国马克思主义之间往返观照，借镜西方而返回中国，在全球马克思主义的理论版图之中重新定位"中国形态"的世界价值与当代意义，是这本拙著着力趋向的目标。拙著以本人的博士论文为基础发展而来，并尽力作了修改、完善与扩充。恐仍有所遗漏或谬误，恳请各位读者批评指正。

　　拙著得以完成与出版，首先要感谢我的恩师胡亚敏先生。老师对我的博士论文选题确定为"毛泽东思想与阿尔都塞"给予了无条件的支持与鼓励。老师在极为宏阔的世界意识之中观照"中国形态"，强调"中国形态"无法在封闭与孤立之中得到发展。所以老师鼓励我，"中国形态"不仅要从中国大地上寻找，还要在异质文化中去寻找。然而，这个选题又是一片"未知的水域"。泅渡其中，正是老师点点滴滴的指导、包容与关怀，引领着我逐渐触及航道并抵达目的地。从总体结构的谋篇布局，到论点论证的深化完善，到语言与文风的琢磨推敲，是老师帮助我一点点纠偏、聚焦、优化。比如，老师督促我夯实研究内容，要我"挖好一口深井"；老师强调"有一分材料说一分话"，引导我要以材料说话、力求客观；老师更直接触发了我对阿尔都塞一些核心范畴的创造性思考，提醒我厘清阿尔都塞的"群众"和"人民"两个概念的关系，促使我重新整合相关文献、重新思考阿尔都塞的"群众"范畴。老师带给我的诸如此类的思想启发和思维重构不胜枚举。论文的具体题目亦是在老师的帮助下逐步清晰化并最终确定的。老师还全力支持我前往杜克大学学习与搜集文献，并在漫长的时光中，总是包容我那漫游式的、实则是过于缓慢的思考与探寻。如今终得成书，我想向恩师胡亚敏先生致以最深切的感恩与感谢！

在博士论文与书稿写作期间，我还得到了许多学界前辈的启发与帮助。作为联合培养博士生，我在杜克大学学习期间，与弗雷德里克·杰姆逊（Fredric Jameson）教授的访谈《"毛泽东主义"与西方理论》为我打开了西方"毛泽东主义"的理论地图。刘康教授从"毛泽东—阿尔都塞"问题域、中国不同选择的现代性等维度为我带来了启发与思考。沃尔特·米尼奥罗（Walter Mignolo）教授激励我在全球视野重估中国现代思想的重要价值。在博士论文开题、答辩期间，答辩主席张永清教授，答辩委员会王先霈教授、张玉能教授、孙文宪教授、黄念然教授帮助我深化思路，提醒我立足于中国视角，聚焦于文论问题，做好跨文化的原典细读，鼓励我作进一步的探究。在后来的博士后研究及书稿写作期间，阿尔都塞遗稿的法文版整理者及英译者戈什格瑞恩（G. M. Goshgarian）先生为我提供了他对阿尔都塞的"毛泽东主义"的独特见解。段吉方教授启发我在文化研究总体背景中探究阿尔都塞。吴子枫教授分享他的译文资料供我参考，并启发我思考阿尔都塞对马基雅维利的阅读与其"毛泽东主义"之间的联系。王行坤副教授对我的构思及写作提出过很多有益的意见。汪民安教授、蒋洪生教授均提供了建议与帮助。在书稿编辑出版过程中，人民出版社杨美艳老师给予了细致的指导。在此一并真挚致谢！

颜　芳

2023 年 7 月

责任编辑：杨美艳

封面设计：周方亚

图书在版编目（CIP）数据

毛泽东思想与阿尔都塞 / 颜芳 著 . — 北京：人民出版社，2023.8

（"马克思主义文学批评的中国形态研究"系列丛书 / 胡亚敏主编）

ISBN 978 – 7 – 01 – 025700 – 6

I.①毛…　II.①颜…　III.①毛泽东思想研究②阿尔都塞（Althusser,

　Louis Pierre 1918-1990）– 哲学思想 – 研究　IV.① A84 ② B565.59

中国国家版本馆 CIP 数据核字（2023）第 083155 号

毛泽东思想与阿尔都塞

MAOZEDONG SIXIANG YU A'ERDUSAI

颜 芳 著

人民出版社 出版发行

（100706　北京市东城区隆福寺街 99 号）

中煤（北京）印务有限公司印刷　新华书店经销

2023 年 8 月第 1 版　2023 年 8 月北京第 1 次印刷

开本：710 毫米 ×1000 毫米 1/16　印张：20.25

字数：350 千字

ISBN 978 – 7 – 01 – 025700 – 6　定价：98.00 元

邮购地址 100706　北京市东城区隆福寺街 99 号

人民东方图书销售中心　电话（010）65250042　65289539